アルメイダ神父とその時代

玉木 譲

弦書房

〈カバー表写真〉
天草市河浦町今富から遠望した羊角湾と﨑津教会(中央に塔が見える)
——小林健浩撮影

〈カバー裏写真〉
天草市の殉教公園内に設置された、ルイス・デ・アルメイダの肖像レリーフ

〈本扉写真〉
﨑津の潜伏キリシタンの子孫の家に伝来した白蝶貝で造られたイエズス会初代総長イグナシオ・デ・ロヨラの三つのメダイのうちのひとつ
(天草市河浦町、﨑津教会所蔵)

目次

【凡例】

潜伏キリシタン　「潜伏キリシタン」とは江戸前期～明治初期までの「禁教期」のキリシタンを指す。二〇一八年六月に世界遺産登録されて「長崎と天草地方の潜伏キリシタン関連遺産」となったことに倣い、本書では名称を「潜伏キリシタン」と表記する。

日本人〝パウロ〟　フロイス『日本史』には、何人かの日本人〝パウロ〟が登場するが、日本人の誰かについてはまだ解明されていない。

まえがき

一五八三年一〇月、日本キリシタンの黎明期に最大の貢献を果たした宣教師、ルイス・デ・アルメイダは天草《あまくさ》の河内浦《かわちうら》（現・天草市河浦町《かわうらまち》）の「貧しい家」（フロイス）において、別れを惜しむ大勢のキリシタンに囲まれながら、イエス・キリストの待つ天国へと永遠に旅立った。

ルイス・フロイスは、その著『日本史』において「宣教師ルイス・デ・アルメイダは、いわば『生きる車輪』のようなもので、人々の霊魂をキリシタン宗に改宗させたいとの切なる熱意に駆られるのあまり、ある時はここ、ある時はかしこと布教の援助に奔走してほとんどまったく休む間がなかった。いなむしろ彼の生涯はつねに不断の巡礼行というべきものであった」と述べている。

また今日、アルメイダは戦国時代の末期、豊後において孤児院と病院を創設し、西洋の進んだ医学や医療技術を伝え、日本の医学に大きな影響を与えた人としても高い関心が持たれている。そして大分市には、一五五七年に日本で最初の西洋式病院を開いたルイス・デ・アルメイダを顕彰して名付けられた立派な総合病院「大分市医師会立アルメイダ病院」が設立されている。

さらに、日本の歴史上あまりに有名な「島原・天草一揆」についても、もとをただせば、この男（アルメイダ）の存在に行きつくことが理解される。しかしながら、個人的に、アルメイダの知名度はまだまだ低いと実感している。

二〇一八年六月、熊本県天草市河浦町の﨑津《さきつ》集落を含む「長崎と天草地方の潜伏キリシタン関連遺産」が世界文化遺産に登録された。そこで、今回の世界文化遺産の構成資産となった島原（原城）、長崎（大浦天主堂）、平戸、五島、および﨑津集落の潜伏キリシタンの歴史は、約四五〇年前、アルメイダが平戸、島原、五島、長崎、および天草に布教したことによって、そのキリシタンの遺産が今日まで引き継がれてきた結果といえる。ただし、私は二〇一六年四月から「﨑津集落ガイダンスセンター」、翌年から「﨑津資料館みなと屋」に勤務し、﨑津集落の案内をしてきたが、全国各地から訪れる観光客に「アルメイダを知っていますか?」と聞いても、「フランシスコ・ザビエルは教科書で習ったが、アルメイダは知らない」という答えがほとんどであった。

ところで、一般に「日本のキリスト教の歴史を書いた歴史家はひとりのこらずこの人物の仕事について書いている」とされている。しかしながら、私は、アルメイダの生涯を体系だてて著した文献は東野利夫著『南蛮医アルメイダ』以外、知らない。そこで、アルメイダの存在とその業績を広く知っていただきたいという思いから、本書を出版するに至った。

なお、天草の郷土史家・濱名志松（故人）は、かねがね「フロイス『日本史』から、アルメイダに関する部分を抜き出せば一冊のアルメイダ本ができる」と話していた。その言葉に従い、本書は主として松田毅一・川崎桃太訳、フロイス『日本史』、および松田毅一監訳『十六・七世紀イエズス会日本報告集』を多く参考とした。

ただし、松田毅一はフロイス『日本史』の解題において「戦国末期から織豊時代の日本に関する記述から成り、かつ日本語の名称、ことに日本の地名・人名がおびただしく現れる」と記している。そのため、フロイス『日本史』を参考とした前著『天草河内浦キリシタン史』において、「人物がやたらと登場して錯綜し、読み通すのに苦労した」という感想を聞かされた。

アルメイダを中心としたイエズス会・日本布教史をまとめた本書においても、戦国末期のキリシタン史の脈絡を理解していただくため、アルメイダと関わりの深かったキリシタン大名やキリシタン領主、またトルレスやカブラル、フロイス、ヴァリニャーノをはじめとする他の司祭、修道士の動静も詳しく書き添えた。そのことによって、本書もまた、同様の感想を持たれるかもしれない。

世界文化遺産登録となった後「﨑津集落」には大勢の観光客が訪れていたが、現在（二〇二一年）、コロナ禍の影響もあってその数は激減し、その後も増減を繰り返している。そのような中にあって、本書を通して、改めて天草のキリシタン史に関心が寄せられ、今後の天草観光にいささかでも貢献できれば望外の喜びである。

第一章

アルメイダ修道士の誕生

ルイス・デ・アルメイダは一五二五年にポルトガルの首都リスボンのアルファマ地区で誕生したとされ、リスボンのかなり裕福な貴族の子であったとも言われている（ポルトガル国立古美術館には、アルメイダ家の紋章皿が展示されている）が、その家系は明らかでない。また、新しくキリスト教徒に改宗したユダヤ人で、彼らは「新キリスト教徒」、「マラーノ」（豚の意）とも呼ばれてさげすまれた。

彼二一歳のとき、トードス・オス・サントスのホスピタルで医学を修め、一五四六年、リスボンの王室秘書局で外科医師と医学教授の免許状を授かった。若桑みどりによれば「二〇世紀になってレオン・ブルドンの調査によって、アルメイダはポルトガル王ドン・マヌエルの『王つき大医者』の位にあったメストレ・ギルのもとで医学を学び、一五四六年の三月三〇日に、王領のどこでも外科医として開業できる資格を得た医者だったことが分かった」（『クワトロ・ラガッツィ』）。

一五三二年、リスボンに生まれたルイス・フロイスも、少年時代にはポルトガル王室の秘書庁で秘書官として働いていたが、一五四八年二月（一六歳のとき）にイエズス会に入会した。また、そのフロイスは「アルメイダは医学だけではなく、ラテン学・ラテン語の知識も豊富であった」と語っているが、どこかの大学でヒューマニズム（人文主義）的な教養を身につけたと思われ、これらの教養を習得し得たということから、アルメイダ研究の第一人者である結城了悟（旧名ディエゴ・パチェコ）は「彼の家族が経済的に裕福であったからだ」としている。しかしアルメイダは医者にはならず、貿易商としての大きな野心を抱いて東アジアに人生の新天地を求めようとした。

一四九八年、ヴァスコ・ダ・ガマ（ポルトガル人）がインド航路を発見し、その後ゴアを拠点としてインド西海岸の植民地化が進められた。一五一一年、ポルトガル軍はマレー半島のマラッカを占領――。一五一三年にはマカオをポルトガル領となし、マカオを中継地として東南アジアに進出した。ポルトガル、スペイン両国の東アジア進出は、アラブ商人、ベネチア商人が独占していた高価な胡椒を手に入れることもその目的の一つだった。

貿易商人となる

一五四八年三月一七日、アルメイダは黄金のゴアに向かうため、インド行き艦隊に乗船した。リスボンから出発した船はサン・ペドロ号とガジェガ号の二隻であったが、ペドロ号にはバルタザール・ガーゴ神父、バルセオ神父とフェルナンデス修道士が、アルメイダが乗ったガジェガ号には、アントニオ・ゴメス神父とフロイス修道士が同乗していた。船中、アルメイダとフロイスは王室秘書庁時代のよもやま話や、なぜフロイスが宣教師を目指したかの理由など聴かされたと思われる。そしてアルメイダは、これらイエズス会の宣教師たちが、船中で苦しむ病人を親切に世話する姿を深く胸に刻みつけた。

一五四八年一〇月九日、ポルトガル領のゴアに着いたアルメイダは、この地でイエズス会宣教師のザビエルと会ったと思われる。一方、フェルナンデスとフロイスの二人は、居を定めたゴアの聖パウロ学院に集まり住んでいる各種の人びとと知り合った。その中に、ザビエルの勧めに従って、彼自身の信仰のためと日本布教の準備のため、聖パウロ学院で学んでいた日本人アンジロウと従者二人がいた。そしてこのことが、その後の二人の人生を運命付けることになる。

ちなみに、大航海時代の船員や乗り込んだ医師、商人のなかにユダヤ系の人びとがいた。また日本に最初にポルトガル人が渡来したのは一五四三年であるが、それに続くヨーロッパ人のなかにカトリックに改宗したユダヤ人（新キリスト教、また「マラーノ＝豚」）がいたが、マラーノの出自であったアルメイダもその一人であった。彼らユダヤ人はユダヤ人追放、虐殺を免れるための自衛の策としてキリスト教の洗礼を受けたが、もし、マラーノ（表面上の改宗）が露見すれば、異端審問によって火あぶりの刑に処せられる運命にあった。そしてゴアにおいてポルトガル国王ジョアン三世にあて、異端審問所の設置を強く提言したのがフランシスコ・ザビエルであった（小岸昭『隠れユダヤ教徒と隠れキリシタン』）。

アルメイダが医師から貿易商に転身したはっきりした理由は明らかでないが、アルメイダはドゥアルテ・ダ・ガマ（ヴァスコ・ダ・ガマの子）のもとで東洋貿易商に転身した。またインドのゴアと中国の浪白澳（ランパカウ）間には、マラッカを中継地として莫大な富をもたらす交易路が開かれていた。そこで、実務能力に優れていたアルメイダはさっそく商才を発揮し、貿易商人、および船長として貿易事業に成功して巨万の富を築いていくことになる。

ところで、イエズス会士の書簡類、およびヨハネス・ラウレス著『聖フランシスコ・ザヴィエルの生涯』に、アルメイダが関わったとされる南洋貿易の実態が記されている。それによれば、アルメイダは一五五二年、インドのゴアから国際貿易港マラッカに着き、そこを拠点として南方の島々に渡り、世界中で唯一そこにしかないと言われた貴重な香料の原産地に着いた。そこの住民たちはみな無知で野蛮であった。そこで、アルメイダらポルトガル商人は、現地人をだましたり、すかしたりして莫大な香料を獲得し、それを数十倍の高値でマラッカの商人たちに売りつけていた。また、香料の一部はポルトガルの商船隊に渡したが、欧州では原価の百倍以上の高値で飛ぶように売れた。そのため、アルメイダは気が遠くなるほどの莫大な財産を蓄えることができた。

そうしてポルトガル商人は、南方の島々で現地の若い女性やきれいでたくましい奴隷たちを私娼や妻として囲い、日ごと夜ごと贅沢、豪遊の限りを尽くした。島の権力者の中には、六〇人から一〇〇人の私娼や奴隷妻を抱えている者もいた。アルメイダは「正直申しますと、私はリスボンには帰れない事情がありましたので、この極楽島のような生活を内心では憧れていました」と告白している（東野利夫『南蛮医アルメイダ』）。

アルメイダが「リスボンには帰れない事情」とは、あるいは、世界各地に離散したユダヤ人の調査を続けてきた小岸昭が説くように、「マラーノ性の強いアルメイダにとって、リスボンに帰れば異端者としての濡れ衣を着せられ、火あぶりの刑に処せられることを怖れたためだった」かについては、後述する。

ザビエルの日本布教

一五四七年一二月、日本人アンジロウと巡り会って強烈な感動を受け、地の果てにまで福音を伝える使命感に燃えた司祭修道会「イエズス会」のザビエルは、一五四九年四月、ゴアを出発―。同年八月一五日、コスメ・デ・トルレス司祭《パードレ》、ジョアン・フェルナンデス修道士《イルマン》、その他日本人アンジロウと二人の日本人、従僕としてインド人、支那人一人を伴って鹿児島の稲荷川（現・鹿児島市吉野町）の港に着陸した。こうしてここに、日本キリスト教布教の第一歩が印された。

サン・ミゲルの祝日（九月二九日）、薩摩国主島津貴久《たかひさ》に謁見したザビエルは、貴久からキリストの教えが真に良きものならば、そして臣下一同が望むなら、彼らをキリシタンにしてもよいという許可を与えられた。ザビエルはただちに布教を開始し、何人かの人に洗礼を授けたが、その中に、市来《いちき》城主新納《にいのう》康久《やすひさ》の家臣であった一人の老人がいた。彼はミゲルという教名を与えられた。このミゲルによってザビエルは市来城に呼ばれ、城主康久の奥方と親戚、家臣の何人かに洗礼を授けた。また市来を去るにあたって、ザビエルはミゲルに祈りと礼拝の指導について詳しく教え、カテキズム（問答体の教理書）と主要な祈りとその写し、聖母の御絵、苦行用の鞭、ロザリヨ、聖水などを残していった。

一五五〇年八月末、ポルトガル船が平戸に入港したという知らせを受け、ザビエル一行は平戸に赴くことにした。平戸に着いたザビエルらは、二一歳になる領主松浦隆信《まつらたかのぶ》はじめ家臣一同から歓待され、たちまち約一〇〇人の信徒ができた。平戸で最初にキリシタンになったのが、ザビエルが宿泊した木村という、松浦隆信の家臣とその家族であった。その後、木村には一五六五年ごろ孫が誕生したが、彼は木村セバスティアンと呼ばれた。後年、木村セバスティアンは天草のコレジヨに入学し、平戸出身のにあばらルイスとともに日本人最初の司祭に叙階された。

ザビエルは日本に渡来するに当たり、日本の風土・制度・宗教などにわたって情報を収集するなど、徹底的に準備を整えていた。そこで、当時の封建社会と階級制度に従って「上」から「下」へという方針に従って、まず、当時の政治行政の中心である都（京都）へ赴き、天皇に謁してキリストの教えを説き、続いて精神的な中心である比叡山、高野山、足利学校へ行き、知識人を相手にする伝道を行うことを目指した。そして京都はリスボンより大きな都であり、日本人は道理を解するがゆえに、多くの人がキリシタンになることを期待し、二年以内に日本の首都に聖母の教会を建てる希望を抱いた。

一五四九年一一月五日付、鹿児島発信、ザビエルからマラッカの司令官ペドロ・ダ・シルヴァに宛てた書簡に次のようにある。

「また閣下（シルヴァ）は、日本に、我が聖なる信仰を弘めたいという立派な考えの持ち主でありますから、ポルトガル王のためにも、大きな利益になるに違いありません。何故かと言えば、日本の最大の港都であり、京都から二日ばかりの隔てているだけの堺には、神の思召しに従って、物質的な利益の非常に大なるポルトガル商館を開くことができるからであります。この堺の港は、日本中で、最も殷賑《いんしん》を極めた富裕な町であって、全国の金銀の大部分が集まるところです。私は日本の国王に謁して日本の全権大使をインドに送ることを懸命に慫慂《しょうよう》（説き勧める）して見たいと思っています。そうすれば、日本大使はインドの富裕を知り、インドに在って日本にないものを見るのですから、インド総督と日本国王の間に立って、商館を開く方法等について、協議することになります」

このザビエル書簡から、当時、ポルトガル、スペインの対外貿易とキリスト教の布教活動は表裏一体と考えられていたことがわかる。

一五五〇年一〇月末、ザビエルは天皇への謁見を試みるため、フェルナンデス、および鹿児島でキリシタンになったベルナルドを伴い、創ったばかりの平戸の教会にトルレスを残して京都へ向けて旅立った。平戸から博多に渡り、山口へと到着した。山口に数日間滞留し、布教の許可を得るため周防《すおう》・長門《ながと》の国主大内義隆《おおうちよしたか》に拝謁して、しばらくの間、街頭で説教を行った。

一二月半ば過ぎ、安芸国の厳島から堺に向かった。途中、厳しい寒さと降雪の中、想像を絶する苦難の末、翌一五五一年一月中旬、ようやく念願の都に到着した。しかし、日本全国の首都である都に着いたザビエルは、その地は自らの目的を遂げるのに必要と思われる状態にないことがわかった。すなわち、すべては戦乱（応仁の乱）によって様相を変えており、公方様《くぼうさま》（足利義輝）は数人の重臣を伴って近江の堅田に逃れていた。そこで、全日本の最高の国主である天皇を訪問できないか試みた。だがザビエルは貧しい装いのうえ、天皇を訪問する際に必要な贈り物を持っているかどうかと訊ねられたが、それは平戸に残してきた。だが結局、なんにもならなかった。このためザビエルは、一月中~下旬までの一一日間滞在した後、平戸へと戻った。

一五五一年四月下旬、ザビエルは当時日本中で最大の君主は、人びとが語っているとおり、山口の君主（大内義隆）であることを理解し、再び大内義隆を訪問することにした。そのために、彼に捧呈する贈物を選定した。それらは、次のようなものであった。非常に精巧に作られた時計、三つの砲身を有する鉄砲、緞子、非常に美しい結晶ガラス、鏡、眼鏡などであり、その他、インドの初代司教と、インド総督からの二通の書簡を添えた。そして、それらの品々を船に積んだ後、フェルナンデスとベルナルドを伴って、西の京都と呼ばれて繁栄していた山口に赴いた。それらの献上品を見た義隆は非常に満足の意を示し、ただちに布教を許可する立札を市中に立てさせた。こうして布教の許可を得たザビエルは、九月中旬まで山口に滞在した。その間、ザビエルが山口で宿をとった家主の内田トメと彼の妻、また、平家物語を弾奏して暮らしを立てていた二五、六歳の盲目の琵琶法師が洗礼を受けたが、彼は日本人最初の同宿（剃髪して世俗を捨て、宣教師と一緒に生活して協力者になった人）となった。そして琵琶法師は、ザビエルからロレンソという洗礼名を授けられたが、後日、「了斎《りょうさい》」という斎名を付け加えられた。

ザビエルの日本滞在は二年三カ月に及んだが、その間、日本はもっか戦乱状態にあり、人びとがキリストの教えに耳を傾ける環境にはないと思い始めていた。その折、同年八月の終わりごろ、豊後府内の沖の浜港にザビエルの友人であるドゥアルテ・ダ・ガマの船が入港したとの知らせを受けた。そこでザビエルは、ヨーロッパかインドからの船便を受け取るため豊後に向かった。また、バテレンに好意を寄

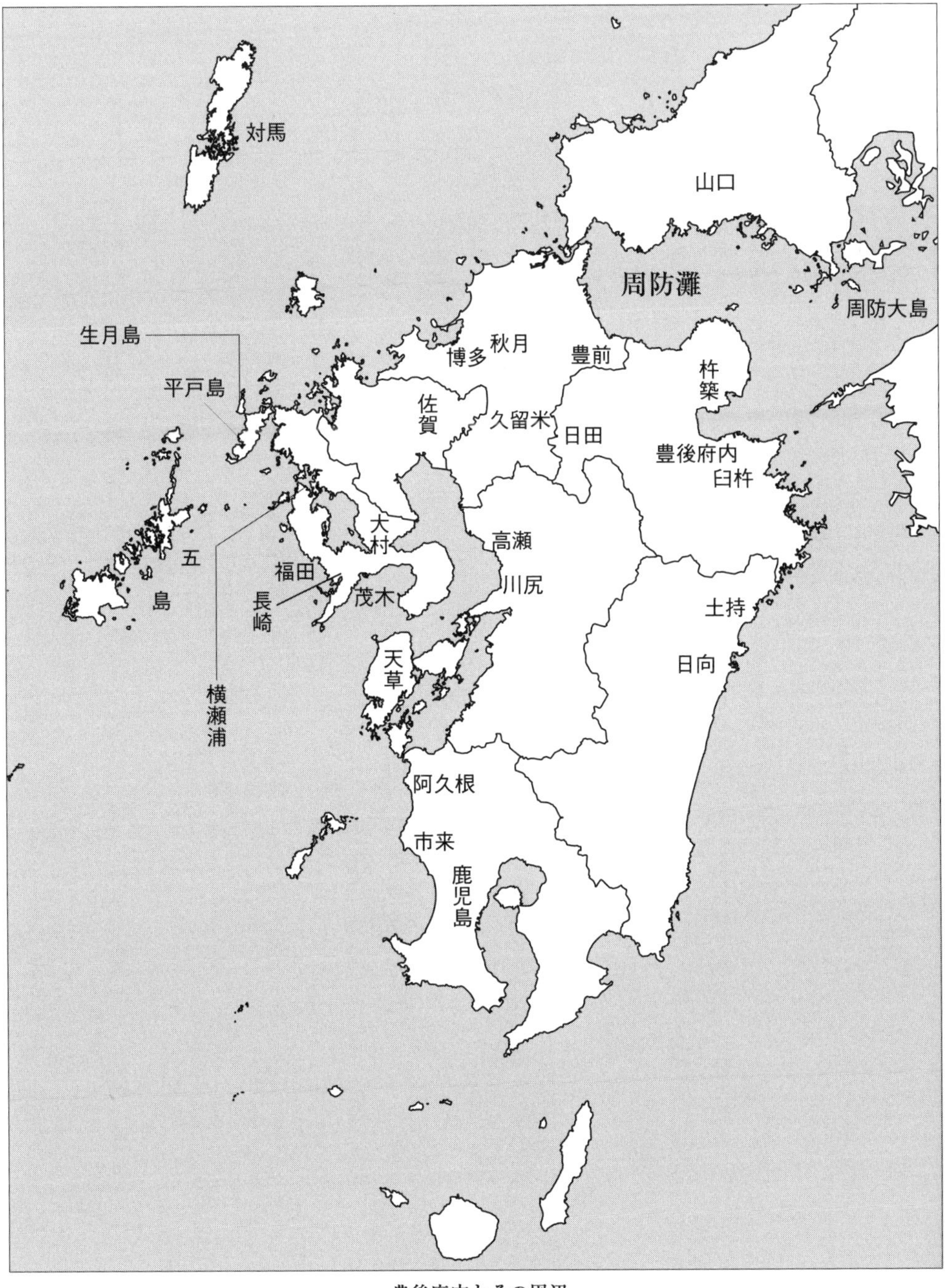
対馬
山口
周防灘
周防大島
生月島
平戸島
博多
秋月
豊前
杵築
佐賀
久留米
日田
豊後府内
臼杵
五島
大村
高瀬
福田
長崎
茂木
川尻
土持
天草
日向
横瀬浦
阿久根
市来
鹿児島

豊後府内とその周辺

せる豊後国主大友宗麟《おおともそうりん》からも招聘状が届けられた。宗麟はザビエルに大いに敬意を表して歓待し、豊後領内に留まるよう懇願した。

ちなみに、一五五〇年、宗麟は大友家の家督を継いでからは義鎮《よししげ》と称したが、一五六二年に入道し、宗麟と号した（本書では「宗麟」に統一して述べる）。

しかしながら、府内に入港したポルトガル船は、ザビエルが期待していた郵便物をもって来なかった。このため、ザビエルはインド管区長としての責任を感じ、インドに帰ることにした。またザビエルは、日本人は、仏教にせよ儒教にせよ、隣国の中国から学んでおり、まず中国を教化すれば、日本はこれにならって容易にキリスト教を受け入れるであろうと考え、中国での布教を志すことにした。そのため、軌道に乗りはじめている山口での布教や信者の世話のため、平戸のトルレスを呼ぶことにした。

一五五一年九月一〇日、トルレスはザビエルに呼ばれ、平戸から山口に至った。その一八日後の二五日、大内の筆頭家老陶隆房《すえたかふさ》が主君の大内義隆を急襲し、義隆は息子とともに自刃した。隆房は義隆の後継者として大友宗麟の実弟であった大友八郎を担ぎ出したが、大内家を相続した八郎は大内義長《よしなが》と名も改めて周防・長門の新国主となった。

トルレスは、一五五一年九月二九日付、インドの修道士らに書き送った書簡で「彼ら日本人は、世界のいかなる国民よりも、我が聖教を扶植するのに適している」として、「日本人は、自分が知るいずれの国民よりも知識欲が旺盛で、かつ彼らは、はなはだ交際に秀でており、皆、貴人の御殿で育てられたかのようであり、（中略）もし、彼らの有する良き資質を書き表そうとすれば、記すべき事柄よりも先にインクと紙がなくなるであろう」などと、日本人の資質を高く評価している。

一五五二年九月一六日、国主大内義長は、ザビエルの意志を継いで日本布教長となったトルレスに廃寺となっていた大道寺《だいどうじ》創建の裁許状を与え、ここに日本最初の教会が建てられた。そしてトルレスは、大内義長の庇護のもとで布教を続け、一五五六年五月初めに豊後に移るまでの約六年近く、山口においてて布教活動を展開した。その間、トルレスの教化を受けたロレンソは、天性の聡明さと記憶力をもって、平家物語を吟じて人びとの感情に訴えたように、今度はキリシタンの教えを暗記して物語り始めた。トルレスが日本人との議論を可能にしたのは、このロレンソの存在があったからであった。またトルレスは、もう一人のベルショールという日本人少年を育て上げた。ベルショールはポルトガル語を読むことが出来、しばしばキリストの一代記を日本人に読み聞かせるという役を務めた。こうして山口の地には教会も創建され、二〇〇〇人以上のキリシタンを誕生させたが、その中には相当身分の高い武士もいた。

一五五一年一一月中旬、ザビエルは中国布教を目指すため、ドゥアルテ・ダ・ガマの船で豊後沖の浜から平戸を通ってインドに向かった。またザビエルは、山口出身のマテウスとベルナルドを司祭候補者としてヨーロッパへ送るため、この二人を同行させた。

一五五二年一月一九日、コチン発信、イグナシオ・デ・ロヨラ宛て書簡の中で、ザビエルは「私はシナへ行くことを希望しているが、これは今後、シナと日本の両国において、我らの主なるデウスへ大いに奉仕するためである。すなわち日本人は、もしシナ人がデウスの教えを受け入れたと知れば、己の宗派（註・仏教）の誤りをいっそう迅速に棄てるであろう。私は、イエズスの御名の会によって、シナ人も日本人も偶像崇拝を脱却して、全世界の救い主たる主イエズス・キリストを崇拝することを大いに期待するものである」として、中国渡航を志した理由を明かしている。そして一二月末、マラッカに帰国してゴアに向かい、その後ゴアに到着した。ザビエルはゴアのパウロ学院に二カ月間滞在したが、その間、ザビエルから日本人の優秀さを聞かされた若きフロイスは、改めて、日本における福音と日本文化に対する憧憬を深めていった。またザビエルは、トルレスらを手助けするため、バルタザール・ガーゴ神父を上長として、ドゥアルテ・ダ・シルヴァ（ポルトガル人）、ペドゥロ・デ・アルカソヴァの両修道士を日本に派遣することにした。

一五五二年四月一七日、ゴアを出発したザビエルは、マラッカでガーゴらと別れて独り、広東《カントン》沖の上川島《サンショアン》を目指した。そして、同地で中国へ密入国しようと中国人と交渉を始めた。だがザビエルは、中国入国を目前にしながら、極度の高熱に侵され、一二月二日、上川島の山上の小屋に引き籠り、聖母の名を幾度となく口誦しながら、翌三日の未明、四六歳でその生涯を閉じた。

居合わせたポルトガル人たちは、ザビエルを司祭衣服の姿で葬り、その上に多量の石灰をふりまいた。その三カ月後、彼らはザビエルの遺骸を掘り出したが、その遺骸は腐食せず、肉体も衣服もまるでその日に埋葬したかのような状態で保たれていた。そこでその遺骸を棺に収め、マラッカまで運んだ。

ザビエルとの邂逅

このころアルメイダは、マラッカを拠点として南方のモルッカ諸島（香辛料諸島）の島々に渡り、貿易商人として莫大な財産を築き上げていた。

既述したヨハネス・ラウレス著『聖フランシスコ・ザヴィエルの生涯』によれば、そんなある日、インドの俗僧のような黒衣をまとい、腰帯も長衣もつけていないみすぼらしい男が南洋の島に現れ、現地人をイエズス会に改宗させようと熱心に従事していた。アルメイダには彼の行動は、不思議であり、謎のような人物に見えた。当時、アルメイダは莫大な財産を獲得していたが、なぜか心の中は空しく、強い罪悪感に苛まれていた。そこで、そのことをザビエルに告解したところ、ザビエルは「本当に救われるならどうしたらいいか。富んでいる者が天国に入ることは難しい。それは駱駝《らくだ》が針の穴を通るよりももっと難しい」と語った。そこで、アルメイダは「富を得ることは悪いことか?」と訊ねたところ、ザビエルは「金銀にはそれ自体に罪はない。罪人にとっては災いの元ともなるが、善人にとっては善行の種ともなる」と語った。この言葉を聴いたアルメイダは、たしかな心の安らぎを覚えると同時に、これまでの自分の生き方に思い悩むようになった。

こうしてザビエルとの邂逅が、アルメイダのイエズス会入会の起因となったとされているが、アルメイダがサビエルと会ったとする直接の記録はない。ただ、結城了悟は「アルメイダは、ザビエルが日本から帰ったとき、ランパカオかマラッカか、コチンあるいはゴアで逢うことができたはずですし、また一五五二年の旅行の初めにも逢う可能性があったが、断定はできない。それでも、日本においては確かに、ザビエルの道に従って布教しました。そして、祈りあるごとにザビエルのことを思い出しては、自ら励ましを受けていたのです」(パチェコ・ディエゴ『ルイス・デ・アルメイダ』)と記している。

一五五二年六月六日、アルメイダの共同経営者であるドゥアルテ・ダ・ガマの船で、ザビエルから日本行きを命ぜられたガーゴ神父、シルヴァ、そしてアルカソヴァ修道士の三人は日本に向かった。またマカオから来たか、浪白澳《ランパカウ》から船に乗ったかわからないが、わがアルメイダも彼らと同乗した。ガーゴ神父とは、一五四八年にリスボンからゴアへ渡航するとき一緒だったが、そのときは乗船が別々だったので接触する機会はなかった。だが、今回は親しく会話を交わし、ガーゴ神父からキリスト教の教えの何たるかを詳しく聴かされたと思われる。

ガーゴ一行が着いた最初の地は種子島であった。種子島に到着後、ガーゴらは鹿児島から小船に乗り換えて豊後に向かったが、アルメイダはガマの船に乗って、商談のため平戸へ向かった。その平戸において浪白澳で仕入れた生糸を銀貨に換えた後、アルメイダは、平戸の瀬戸を北上して周防の三田尻に寄港し、そこから陸路山口に向かった。そして山口の教会（大道寺）でトルレスに会い、トルレスから告解と聖体の秘跡を授かった。また山口の教会で、アルメイダはロレンソとも初めて会ったと思われる。

この出来事を、フロイスは「ルイス・デ・アルメイダといい約三千クルザードの財産を持つ富裕な商人である若者がコスメ・デ・トルレス師を山口の市に訪ねるためにわざわざやって来た。彼は天分に恵まれており、イエズス会の仕事と奉仕活動に対してははなはだ希有の特性を備えていた。（主なる）デウスは彼がこの平戸から山口までの巡礼の旅を行うように導き給うとともに、（数年後には）彼を召して日本でイエズス会員に採用された最初のポルトガル人になるよう導かれた」と記し、この平戸から山口までの〝巡礼の旅〟が、イエズス会入会の動機だったと述べている。

九月七日、豊後国主へのインド総督からの書簡と贈り物をたずさえて豊後に到着したガーゴ、シルヴァ、アルカソヴァ一行は、大友宗麟から「当地に留まり、予《よ》の領国でキリシタンを作っていただきたい。予は汝らに必要な物を給与する」として、彼らの居所として一軒の家を与えられた。その後山口に赴いてトルレスに会ったガーゴらは、トルレスから豊後での布教方法や日本人たちとの交際において必要なことを教えてもらった。

一五五三年二月半ば、ガーゴがフェルナンデスを伴って豊後府内に戻って間もなく、大友の重臣である服部右京亮、一万田鑑相、宗像鑑久が主君宗麟を殺害しようと謀叛を起こした。しかし彼ら三人はすぐに成敗され、彼らの妻子、親族まで殺されてしまった。そして、この叛乱騒ぎも静まった七月、宗麟から与えられた地所に教会や司祭館が建てられ、本格的な布教活動が開始された。

一五五四年、大和の国で知られた五〇〇人以上の僧院と多数の仏僧を有する多武峰《とうのみね》という寺院で密教の修行をしていた二人の僧侶がトルレスを訪ねて来た。そのうちの一人はキョゼン、他はセンキョウと称した。彼らは非常に賢明、いとも有能な人物で、とりわけ、キョゼンは繊細、かつ鋭敏な才能を有し、自然科学にきわめて精通し、日本の諸宗教にも通じ、優れた医師でもあった。彼らは詳細にキリシタンの教理について説教を聴いた。そして二人は、教理を完全に理解した後、キリシタンの洗礼を受けた。

フロイス書簡にも「都地方でもっともすぐれた学者であり、非常に尊敬されている仏僧二人が、バルタザール・ガーゴ師と論議するため、いとも遠隔の地より豊後を訪れた。この宗論の中で、ガーゴ師が聖パウロを典拠とすることをいくつか引用して話したところ、キョゼンはキリストの使徒としてパウロがなした業《わざ》にならうため、洗礼名・パウロの名を与えることを請い、パウロ・キョゼンと称した。他の一人はベルナベの教名が授けられた」とある。

一五五二年の末、アルメイダはガマ号に乗ってマラッカ経由でゴアに帰ったが、当地で、中国布教を目指したザビエルが上川島《サンショアン》で昇天したことを知らされた。ザビエルの死をアルメイダがどう受け止めたかわからないが、その後もアルメイダは、マラッカと浪白澳《ランパカウ》間の東洋貿易に従事した。そして、彼の卓抜した商人的才覚もあいまって、交易による莫大な利潤（ポルトガル貨幣で四〇〇〇〜五〇〇〇クルザード）を得て、貿易商としての名声を高めた。

ところが、一五五五年九月一五日付、フロイス書簡に次のような出来事が記されている。

一五五四年の夏、ドゥアルテ・ダ・ガマらの船主たちと共同経営で四隻の商船に貿易品を満載したアルメイダの船が日本に向かったところ、まもなくひどい暴風雨に遭遇した。アルメイダの船はかろうじて広東の海岸に漂着したが、あとの一隻は行方不明となり、ガマの船など二隻だけがどうにか引き返した。そのとき、アルメイダは生まれてはじめて自然の脅威と神の恐ろしさに戦慄した。アルメイダの乗った帆船の大きな白地はずたずたに破れ、マストは捻じれるように折れ曲がり、竜骨だけがむき出しに残った。マストの下方には船員や雇用兵たちが溺死しないようにしっかりと体をマストにくくりつけていたが、最期の祈りのまま、無残な姿で息絶えていた。その悲惨な光景を見た瞬間、アルメイダは、それまで自分が執拗に憧れ求めていたものがどんなに儚い幻のようなものであったかを自覚した。

このとき、アルメイダは「人間はどんなに多くの財産を持っていても、その魂を失えば何にもならない」。そして「人もし、全世界を得るとも、その魂を失わばなんの益があろうか」と諭したザビエルの言葉を思い出した。

それからというものは陸に上がっても足が地に着かず、三〇歳になんなんとするこれまでの生き方を改悛し、人びとの心に平安と幸せをもたらすことがはるかに素晴らしい生き方ではないか、そのためには、貿易商人としての生活に区切りをつけ、自らの半生を神に捧げようと考えるようになった。アルメイダが豊後に来て、「『慈悲の聖母の住院』のため病院を創りたい」と思ったのも、ひとつには、それまでの愚かだった自分のデウス（神）に対するせめてもの贖罪のようなものであった。アルメイダは「私が南の島でザビエル師からこの眼で学んだのは〝大切に燃ゆる〟ということであった。そして、これが病院創設の動機となったように思います」と語った（前掲「フロイス書簡」）。

一五五三年一〇月、アルカソヴァは若干の必要な物を日本へ取り寄せるため、また日本の情報を直接報告し、今後のことを協議するためにインドへ派遣された。そのアルカソヴァは、ザビエルが逝去した広東沖の上川島に七日、ないし八日間滞在し、その後マラッカに着いた彼は、ザビエルの遺骸をゴアまで運んだ。翌五四年三月一六日、ゴアに着いたザビエルの遺骸は、盛大な儀式をもってイエズス会のサン・パウロ学院内に安置された。

ヨーロッパ留学を希望してザビエルに同行し、ゴアの学院に入学したマテウスは、その数か月後、ゴアの酷暑に耐えられず病死した。そのマテウスを臨終まで看病したのがフロイスであった。もう一人のベルナルドは、ゴアからローマへ赴き、一五五四年に教皇パウロ四世に謁見して、ローマ学院で倫理神学を学んだ。しかし一五五七年、ポルトガルに戻って病没した（のちにヨーロッパに派遣された伊東マンショら天正少年使節は、ポルトガルのコインブラ大学を訪れて大歓待を受けたが、コインブラ聖堂の地下には一五五七年に客死したベルナルドが葬られていた）。

アルメイダ、再び来日する

平戸の名は古くから外国に知られ、倭寇の頭目王直《おうちょく》の根拠地のひとつとして日中間の交易が盛んに行われ、京都・堺の商人たちが往来していた。しかしこのころ、倭寇の略奪行為に怒った中国船は日本に来なくなり、その空隙を埋めるように、一五五〇年、王直の手引きによって初めてポルトガル船が平戸に来航した。ただ、南蛮貿易といってもその実態は、ポルトガル人がマカオで中国の生糸とか絹織物を購入して日本に持ち込み、日本からはほとんど銀をもち出すという、いわゆる中国と日本の中継ぎ貿易であった。

一五五五年の四月、アルメイダは共同経営者であるドゥアルテ・ダ・ガマの定航船でマラッカを出帆して日本に向かった。そして同年七月、平戸に着いた。ドゥアルテ・ダ・ガマの九州への来航は、一五五〇年から六年間に及んだが、一五五五年九月二〇日付、バルタザール・ガーゴが平戸から出した書簡に、アルメイダが乗ったガマの船が平戸に到着したことを報告している。

「船長ドゥアルテ・ダ・ガマは日本で布教しているイエズス会士のために喜捨を行い、そのことを使命としていた。彼はフランシスコ・ザビエル師が日本を去るとき、その船に乗せたり、このほか銀貨、衣類、奴隷《どれい》、蝋燭など、我らが山口および豊後において必要としている物はことごとくもたらした。彼はすでに老い、辛苦のために疲労せるが、デウスの友であり、善行をなした」

キリスト教の布教を財政的に支えていたのはポルトガル王で、日本教会の財源はインド管区から送金されることになっていた。しかし、その送金はとどこおりがちで、これまで日本のイエズス会は六年間に一度だけ、それもわずかしかゴアから受け取っていなかった。その間、在留イエズス会の財政はガマの喜捨によって支えられていた。また、ガーゴ書簡の中に、我ら（イエズス会）が必要とする物のひとつとして〝奴隷《どれい》〟とある。このことから、老ドゥアルテ・ダ・ガマとアルメイダは〝奴隷売買〟にも関わっていたことが読み取れる。

ポルトガル国の奴隷交易については、特に渡辺京二『バテレンの世紀』に詳述されているが、一五世紀の初頭、ポルトガルは対岸アフリカに拠点を築くという意図を抱いていた。航海王子とうたわれたポルトガル国王ジョアン一世の三男エンリケは、度々探検船を送ってアフリカ西岸を南下させ、アジアへ至る航路を開拓する端緒を作った。その先駆けとなったのが、ポルトガル航海者による西アフリカ住民の奴隷狩りで、彼らは捕獲した黒人を奴隷として人身売買を行った。だがポルトガル人は、この拉致行為を無知な彼らをキリスト教に改宗させ、その魂をまことの道へ導くためだと正当化した。

渡辺は「大航海時代の幕開けを導いたのが、このような『文明化』の論理だったことは銘記されねばなるまい」と指摘している。

その後アルメイダは、ガーゴを平戸に迎えるため、三、四日がかりでガーゴがいる豊後府内へ向かった。そして豊後に到着し、ガーゴの指導のもとで数日間『霊操』を行った。霊操とは、カトリック教会の修道会であるイエズス会創立者の一人で、かつイエズス会初代総長であったロヨラによって生み出されたもので、瞑想によって神の愛に包まれるという心霊修行法であり、霊魂の鍛錬法を意味する。そこで、イエズス会士になる者は、キリストの姿にならって自己を全面的に改革しなければならず、そのために罪の認知と痛恨、キリストの救済活動の観想、キリストの受難の観想、キリストの復活の観想を行い、この霊操を通し、キリストの使徒としての自己を徹底的に作り変えられるとする指導法である。

またアルメイダは、ガーゴから戦国末期当時、土地を失った農民や貧しい人びとは子どもを捨てたり、堕胎、間引きがひんぱんに行われているという話を聞かされた。アルメイダはこの嬰児《えいじ》殺しの悪習を止めさせようと、孤児のための収容施設を設けることにした。そのことを大友宗麟に相談したところ、宗麟は大いに喜び、子どもを殺すことは大きな罪であるとして、アルメイダが望む孤児院を建てる許可を与えた。そうしてアルメイダによって、豊後府内に孤児院が設立された。そしてキリシタンの乳母数名を雇い、二頭の雌牛を飼い、孤児たちに牛乳を与えて育てさせることにした。

九月半ば、山口にあったトルレスは、バルタザール・ガーゴに平戸行きを命じた。平戸港に停泊中のドゥアルテ・ダ・ガマの船のポルトガル人から告白を聴くため、かつまた、平戸には五〇〇人のキリシタンがいたが、新たに改宗したキリシタンから教義を説くことを切に請われたためであった。平戸駐在を命ぜられたガーゴは、フェルナンデス、日本人パウロ、そしてアルメイダを伴って平戸に向かった。ガーゴらの出立に際し、宗麟は一人の武士を同行させ、また道中の在城の武将たちに馬、および糧食を供給するよう命じた。そのため、ガーゴ一行は安全な旅ができた。

一五五五年九月二三日付、ガーゴが平戸から出した書簡に「平戸には約五〇〇人のキリシタンがすでにおり、領主松浦隆信は自分もキリシタンになることを望んでいて、土地も寄進してくれました」とあり、隆信の改宗にかなりの期待を寄せている。

一五五五年九月一六日付、平戸発信、アルメイダからベルショール・ヌーネス宛ての書簡によれば、アルメイダは、マカオにおいてインド管区長ベルショール・ヌーネスと出逢い、日本に渡来することを知らされるとともに、ヌーネスの人品骨柄に強く惹かれた。そして、この書簡の中で「私はもう三〇歳になろうとしているのに、いまだに生活が立たないので苦悩しています。教会からは早く処世の方針を定めるように教えられました。一つはデウスの奉仕のため、そして次は少しでも自分自身が救済されたいがためであります」と、神に奉仕すべきかどうか、未だ判断に迷う苦しい胸の内を吐露している。

一方、一五五五年一一月二三日付、日本に赴く途中、マカオ港よりインド、ポルトガル、ローマおよび全ヨーロッパのイルマン宛てに送ったヌーネス書簡に次のようにある。

「ルイス・デ・アルメイダと称する人は、当地方で甚だ有名であり、本年、日本へ行ったが、彼はもし、我らが日本へ行くのに船を購入する必要がある場合に使えるように、彼の一友人に二千クルザードを託した。(中略)彼は私に一書簡をしたためてきたが、それによると彼は三〇歳であり、我らの主(なるデウス)が己に霊魂を救う最良の方法を悟らせ給わんことを希望し、また、我らの主にもっともよく仕え、自分が生まれた目的を果たしうる方法について、私が彼に助言することを望んでいるので、豊後で我らの到着を待っているとのことであった」

しかしながら、ヌーネスの到着を待つことなく日本に定住し、神に奉仕する決意を固めたアルメイダはガマの船には戻らなかった。

孤児院を設立する

平戸においてガーゴらと別れたアルメイダは、再び豊後へ帰って来た。そして孤児院の運営に当たったが、実質的な運営はミゼリコルジア（慈悲の組）の組織に委ねた。

一五五五年九月二〇日付、平戸発信、バルタザール・ガーゴから国王ジョアン三世宛て書簡に、この間の経緯が詳しく記されている。

「この国民の間に行われる悪事の中に、子供を育てる労苦、または貧困のために出産直後に赤子を殺す悪習がある。本年、ルイス・デ・アルメイダと称するポルトガル人が引き籠もってイエズス会の心霊修行に従うため豊後に留まったので、この件について話したところ、彼はすぐさま心を動かされ、そのことに役立てるために千クルザードを提供し、何ぴとも子供を殺さず、これがために設ける病院に子供を密かに連れて来るべきであり、もしこれに背けば何らかの刑に処するとの命令を発布するよう、我らが殿（大友義鎮）に対して懇願することを求めた。右の病院には貧しいキリシタンの乳母数名と二頭の雌牛、そのほか、子供を欠乏死させぬための手立てがあり、子供たちは病院に入るとすぐさまキリシタンにする予定である。我らは殿にこのことを話し、これにより生ずる幸福を説明した。彼は甚だ喜び好意を示して、子供を殺すことが大きな罪であることを承知しており、我らが望むようになすであろうと述べた」

ちなみに、一クルザード（ポルトガルの金貨）は、当時の米一俵金一両に値した。

だがしかし、アルメイダの開設した孤児院は、牛の乳を人間に飲ませるなど日本では初めてのことであって、当時の日本人には抵抗があった。そのこともあってか「人間を畜生にする仕業では……」「バテレン（註・外国人の宣教師）は肉を食べるので、台所には肉や骨や血があり、赤ん坊を集めてはそれを食っている」などという噂が広まった。そのため、アルメイダが建てた孤児院は約一年後に廃止されたが、アルメイダ自身は、この孤児院の設立について何一つ語っていない。こうしてアルメイダは、私財を投じて社会福祉事業を起こしたが、その考えは、貧しい人びとのための病院建設の構想へと発展した。

一五五五年一〇月、毛利元就《もうりもとなり》は陶晴賢《はるたか》（旧名隆房）討伐の軍をおこし、晴賢は厳島の戦いで敗れて自刃した。翌一五五六年四月、山口の町を襲った安芸の毛利軍は市中に火を放った。そのため、一万人以上の住民が住む山口の町は、非常に激しい炎によって一時間で全焼した。そのとき同時に、教会も、修道院も焼け落ちた。このため、五月初め、トルレスは山口のキリシタンに別れを告げ、豊後へと避難した。そうしてトルレスは、日本布教の本部を山口から豊後府内へと移した。

同年の五月か六月、アルメイダは、ロレンソ了斎、パウロと呼ばれた山口の青年とともに正式にイエズス会に受け入れられた。その際、貿易商人として築き上げてきた四〇〇〇～五〇〇〇クルザード（天正黄金で約一〇〇枚）の莫大な財産をすべて教会に寄付した。そこでイエズス会は、アルメイダが寄付した金子《きんす》をアルメイダの友人のポルトガル船の船長に委託し、ポルトガル人らは殖民都市マカオで中国産の絹織物や生糸を仕入れ、日本行きの船に積み込んだ。その貿易により得た利益によってイエズス会員を援助することが出来るようになった。

そのことを喜び、フロイスは「かくて彼は所持していたすべての物を、司祭ならびに修道士たちの生計、および貧しいキリシタンたちの扶助費としてイエズス会に譲渡した。当時司祭たちには、ポルトガル人らがその船で日本に渡航した時に与えられる寄付金以外に（収入とては）何もなく、ゴアの学院からミサ用の葡萄酒、衣服、物、および若干の（教会の）装飾品が供給されていたに過ぎない。しかるに今やわれらの主（なるデウス）は、このアルメイダ修道士をもっとも強力な柱の一つ、また（ここ）四十年間に日本に来た働き手の最良なる者の一人として選び給うたのであった」と記している。さらに、続けて「そして主（なるデウス）はこの初期の日本布教が順調にはかどるように、彼が日本人から格別愛され慕われるように天分を授けることを嘉し給うた。彼ら日本人の風習に関することや、彼らに快く思われる万事において、その才能が彼に匹敵するような者は今に至るまでイエズス会員の中に一人もいなかったのである。なおその上に彼の禁欲、愛情、従順、疲れを知らぬ霊的熱心さなどをその長所として列挙せねばなるまい」（『日本史6』第七章）。

そして、フロイスは「それらは今日までヨーロッパに向けて書かれた書簡から詳しく分かるであろうし、以下本書（註・『日本史』）の該当箇所で示されるであろう」としている。そこで、本書もフロイスに倣い、フロイス『日本史』や『アルメイダ書簡』、およびその他の宣教師の書簡を参考として以下、書き進めることとする。

府内病院の開設

トルレスらが豊後に移った直後の一五五六年七月、大友家の重臣佐伯惟教、小原鑑元、本庄新左衛門尉、中村直長、賀来紀伊守らが大友宗麟に謀叛を企てて挙兵した。その二カ月後、約二年三カ月を費やし、東インド管区長メストレ・ベルショール・ヌーネスをはじめ、ガスパル・ヴィレラ神父、ポルトガルからゴアの修道会に引き取られていた孤児のアントニオ・ディアス修道士（ユダヤ教からの改宗者「新教徒」）、ギリェルメ・ペレイラ修道士、ルイ・ペレイラ修道士ら一行がようやく豊後に到着した。だが間違って大友氏に叛乱を起こした重臣の領地に着いたが、その家臣らが船に乗ってやって来て「豊後は滅亡し、パードレらもみな死んだ」などと聞かされた。

このため、ヌーネス一行はひどく悲しみながら府内の港に引き返したところ、そこでは死んだものと聞かされていたトルレス、ガーゴの両神父、およびフェルナンデス、シルヴァ、アルメイダの諸修道士が健在で、彼らを待ち受けていた。またヌーネスらの豊後到着の一五日前に叛乱は鎮圧された。しかしながら、重臣らの新たな蜂起を恐れた宗麟は、無防備な府内の大友館から七里離れた臼杵の丹生島《にうじま》の館に逃れ、のちに三方が海に囲まれた自然の岩の上に本格的な居城を築き、正式に本拠地をそこに移した。

一方、ヌーネスは「我らが到着すると直ちに、修道院では日本語の修練に多大の熱意が注がれ、同地に留まっているガスパル・ヴィレラ師と修道士三名はこれにはなはだ専念したので、相当上達している」と記しているが、豊後の教会にいたトルレスとヴィレラの二神父、修道士のアルメイダ、シルヴァ、フェルナンデス、ギリェルメらは日本語を覚えるため、その学習に日々を過ごした。そして彼らは日本語を流暢に話せるようになるため、司祭館ではつねに互いに日本語を話し、食卓では毎日、日本語による説教がなされていた。その一方で、アルメイダは、アントニオ・ディアスから外科学の本などを届けさせ、ヨーロッパにおける外科治療法の習得に励んだ。ディアスは、日本における慈善事業に従事するため、マラッカを出帆するにあたって多量の医薬、処方、外科学入門の書物を持参して来ていた。

ただし、ヌーネスは「日本人の日常生活を軽蔑し、木の枕、むしろに寝ることを野蛮とした。また味気ない米と大根や干魚を食べている人種を低級とした」（一五五七年一〇月二八日付、ヴィレラ書簡）。そのため、来日早々、ヌーネスは病気となった。また宗麟の改宗に期待を寄せ、何度も国主の館を訪問して洗礼を勧めたが、宗麟はキリスト教やポルトガル人に好意を持ち、彼らを保護することや、ポルトガルと国交を開くことは望んでも、自分自身が改宗することは別だとして、洗礼を受けようとはしなかった。無理もない話で、宗麟は一五五三年、一五五六年と二度にわたって重臣らに叛旗されるなど、その統制力、支配機構は未整備で政権基盤は脆弱なものがあった。その上、宗麟は日本の諸宗派にも造詣が深く、殊に禅宗に傾倒していた。

ヌーネスはまた、トルレスを評して「彼はいかなる種類の肉もパンも鮮魚も口にせず、日本風に調理された米――それはひどい味で、はなはだしい空腹時か、必要にせまられてやっと食べられるようなものであります――と、塩漬けの魚と野菜だけで生きていたのです。しかも彼はこうした食物にすっかりなれてしまい、もし肉を食べると（かえって身体に）良くないと自分で思うほどになっていました」（一五五八年一月一〇日付、ヌーネス書簡）と記しながら、自分は「国内は戦争でいっぱいだから、日本で得るところは何もない」と失望し、インドへ帰る義務があるからとして、一〇月の末にインドへ帰ってしまった。同じく、アルメイダに医学的知識をもたらしたディアス修道士も、一五五八年にゴアのコレジヨにいたことが確認されることから、ヌーネスとともに帰国したと思われる。

一五五五年四月、マカオで出会って以来、これまでヌーネスを処世の師と仰いできたアルメイダの落胆は大きかった。しかも彼は、宣教師最高の司教であり、日本布教の陣頭指揮にあたるはずであった。

これに対して、トルレスは来日して七年間も騒乱に明け暮れる山口に留まり、耐乏生活に耐えていた。また、来日当時は太って元気な姿だったが、今は衰弱し、たいそうやせてしまっていた。それでも、日本人が肉食をする宣教師らを嫌っていることを知ると、いかなる種類の肉も食べず、日本風に料理した米と塩魚と野菜だけを食べ、今ではこれに慣れていた。そして当時、まだ四六歳であったが、その姿は老人にしか見られなかったという。そうして再び、日本布教の全責任はトルレスが負うことになった。

アルメイダは改めてトルレスへの忠誠を誓い、トルレスにならって肉を絶ち、米の粥と味噌汁と大根の葉っぱで満足することにした。日本人が口にするもので満足しなければ、本当の布教はできないという思いからであった。

一五五七年一一月七日付、ポルトガルのイエズス会修道士ら宛てのトルレス書簡に「一五五六年の秋、ベルショールたちが豊後からインドへ帰ってから府内もようやく平穏となった」。そして「バテレンらに対する好意の証しとして、インド総督は、ポルトガル国王の名の下に、豊後国主に対して幾つかの武具や、そのほか同様の品々をたずさえた使節を彼のもとに遣わした。このインド副王の使節への見返りとして、国主宗麟は我々に、杉材で造られた豊後で最良の家屋数軒と、毎年五〇クルザードの俸禄を与えた」とある。この地所は、かつて宗麟がガーゴらに与えた場所とは別の、はなはだ良い地所の側にあった。アルメイダもまた、「国主が我らに与えた修道院は、かつては彼の家であり、すべて杉材で造られている。もし我らがこれと同じものを造ろうとすれば二千クルザードをもってしても果たし得ないであろう」と記している。

そこでトルレスは、宗麟が先に与えた地所をふたつに分け、ひとつは死者の埋葬のため、今ひとつには、国主の許可を得て病院を建てることにした。この病院建設には、大友配下の重臣、寺社の神官や僧侶らから猛反対があったが、トルレスやアルメイダの熱意に心動かされた宗麟が英断を下し、これを許可した。そのことが、先の一五五七年一一月七日付、トルレス書簡に述べられている。

「我らは、国主がこの豊後においてバルタザール・ガーゴ師に与えた地所を二つに分け、一つは死者のために用い、いま一つには国主の許可を得て病院を一軒設けた。国主や領内の人々はこれを大いに喜んだ。この病院は二つに区分されており、一方は当地に数多く見られるハンセン病患者に当て、他方は種々の病人のために用いられる。ここに我らは治療の才能を有し、はなはだよき治療をなしうる善良な修道士（アルメイダ）を迎えた。彼は日に二度これに従事している。また、キリシタンの日本人一人（パウロ）は郊外、ならびに市内において治療をなし、もっとも窮乏している人々に何がしかの喜捨を分かち、また、薬により病人を助けているが、これは彼らが非常に貧しいからである」

このようにして、一五五七年初めに府内病院は完成し、『豊後のあわれみの聖母マリア』と名付けられた。そして一般的な病人は内科病棟に、腫れ物や外傷など外科的治療を要する者は外科病棟に、同室の奥にあるもう一つの部屋は、人びとから忌み嫌われ、見捨てられていたハンセン病患者専用の病棟に当てられた。なお、この府内病院の設立について、海老沢有道は「前にあった住院を改築あるいは増築して内科外科病棟とし、一部を墓地としたのは弘治二（一五五六）年の終りであった」（『切支丹の社会活動及南蛮医学』）と記している。

また、フロイスは「アルメイダは、まわりにいる貧乏なキリスト教徒たちが窮乏したり、寄る辺なく打ち捨てられていたりすることに同情して、病院をつくり、そこに貧しい人々を収容してたいへんな愛情と自愛とをもってこれを看護した」と記している。このようにして、一般的には府内病院の開設に際し、アルメイダがトルレスを説得したとされているが、一五五七年一〇月二八日付、平戸発信のヴィレラ書簡を見れば、病院開設の発案者はトルレスだったと考えられる。

それによれば、トルレスは当地の窮状を見て、病院を建てれば我らの主（なるデウス）へ奉仕することになるであろうと考えて国主に進言したところ、宗麟は「すでにそうすることを決心していたが、機が熟していなかったので実行しなかったのだ」と答えた。そこで、トルレスは直ちに実行に移し「今教会がある場所に隣接し、かつての教会があった所に、二室を有する大きな家屋を建設した」とある。

ただ、病院建設の発案者がいずれだったにせよ、トルレスはアルメイダの熱意に動かされ、そしてイエズス会への入会に際し、アルメイダが寄付した莫大な資金と、医学知識と外科術を心得ていたアルメイダがいたからこそ、この計画が持ち上がったはずである。

このハンセン病の病院は、極東ではこれが最初に建てられたものであったとする文献もある。だが、服部敏良『室町時代医学史の研究』の中に、「鎌倉時代、僧忍性は鎌倉桑名に癩《ライ》病院を建て、一般病人と癩病人とをそれぞれに別棟に収容していた。わが国最初のしかも最大の病院であった」とある。

また、仏典の慈悲の思想にもとづいて、孤児や貧窮者などを収容するために造られた施設として知られる「悲田院《ひでんいん》」は、七二三（養老七）年、奈良の興福寺内に設けられたのが初めとされている。

南蛮医師アルメイダ

府内病院の開設と同時に、さっそく多数の人が治療に訪れたが、医師の資格を持っていたアルメイダは、医学上の知識を活かして多くの患者の外科治療に当った。また、内科を担当したのは「日本の宗派中もっとも学識があり、かつ第一流の医者」（フロイス）であるパウロ・キョゼンであった。パウロは薬学や医学について書かれた中国の本を読んで、それを基にして漢方薬を作った。彼が処方する薬の効能は大きく、豊後の市中やその周囲、一、二里〜四里の山々には多数の病人がいたが、パウロは薬草やその他薬草から作った薬をたずさえて、彼らの治療に赴いた。そのパウロは、薬では効かなかった病気がアルメイダの外科医術によって治癒するのを見て「アルメイダ様の外科の手法は今までこの日本では見られなかった新しい医療法だ」と感心した。その一方で、トルレスやアルメイダらもパウロから薬草の作り方を学んだ。

しかしながら、アルメイダが漢方薬の処方を高く評価したパウロ・キョゼンは、一五五七年年九月病床にあって、一〇月中旬ごろ死去した。ヴィレラは「彼は有徳の人で、彼のごとき良き働き手を見出すことは困難である」と、その死を深く惜しんだ。パウロ・キョゼンの後任として、同じく〝パウロ〟と呼ばれる二四歳の日本人修道士が内科を担当した。パウロも医術に精通し、まったくの無給で、日本人の信者や仏教徒のために必要な薬の調合を行った。また、病院の開設当初より聖堂に義援金箱が設けられ、ミゼリコルジアの組の信者が寄付金を集めてこれに納め、地方の病人を訪問するとともに、はなはだ窮乏する人びとにこれを与えた。

一五五七年一一月一日付、アルメイダからメストレ・ベルショールに宛てた書簡に、「本年五月一日、山口国主大内義隆を滅ぼし、新国主となっていた大友宗麟の弟・大内義長は毛利元就軍によって急襲され、長門に逃れ自刃した。このため、内田トメは画像二つと十字架一つをたずさえ、山口から逃れてきたが、彼の息子は修道士になることを希望して当修道院に留まった。そして今、この秋に死去したパウロ・キョゼンに代わって医師として勤めているが、この青年（註・内田トマス）は、修道院にとってははなはだ必要な人である」とある。

医師としてのアルメイダの手腕について、ガーゴは「アルメイダは我らの主より外科医術における特別な才能を賜っている」と評している。フロイスも「アルメイダは、たいへんな愛情と慈愛をもって彼らの医療をした」としたが、それは主に鉄砲玉の負傷、腫瘍の治療、また瀉血《しゃけつ》などであったが、ある武士が火薬で火傷を負い、皮膚が焼けただれていたので、他の医者は治療ができないとしてこれを見放した。しかしアルメイダは、彼の危篤状態を救い、短期間に完全に健康を取り戻させた。これを見た人びとは「アルメイダ様にはあらゆる病気を治す能力がある」として、より敬意を表すようになった。

その後、患者が増加して多忙を極めた。そのため、アルメイダは数人の日本人に外科、および内科や各種の疾病について治療法を教授し、専門家を養成しようとした。アルメイダはまず、薬草の使用法を教え、焼瀉（しょうしゃ）、癌の治療などを過程に盛り込んだ体系だてた医学教育を施した。ドゥアルテ・ダ・シルヴァも医学の指導を受け、霊魂のためには説教を、身体のためには粉薬、膏薬および焼灼（しゃこう）剤を用いて患者を治療した。フェルナンデスもまた、治療に当たった。

さらにアルメイダは、マカオとゴアから種々の薬の材料や薬品を取り寄せて、立派な薬剤室まで建てた。病人用のオリーブ油、ぶどう酒、やし油、大風子油《だいふうしゆ》など、日本では手に入らない薬用品が府内病院では不断に使われていたという。特に大風子油はハンセン病の特効薬とされていて、ハンセン病患者の塗布薬として使用された。ヴィレラは「我らの病院では、一〇年、二〇年来の負傷や腫物を治療し、五日で全快する」と記している。

その一方で、ミゼリコルジア（「慈悲の組」）の一二人の「兄弟」からなる会員のボランティアによって、病院の掃除や病人の世話ばかりではなく、貧乏な家庭を援助したり、囚人を見舞ったり、葬式を世話したりした。

「この（病院の）一事業は今日までキリシタンならびにポルトガル人数人の寄付と我らの住院の物を持ってこれを維持している。またこの事業のために一つの箱があり、ミゼリコルジアの会員が寄付金を集めてこれに収め、毎日曜日ミサのあとで箱を開けて、中の施しを収入に入れる。当番の組頭は二、三の山の地方まで行って病人を訪問し急病の人びとに『ミゼリコルジア箱』から施しを与える」（一五五九年一一月一日付、ガーゴ書簡）。

このミゼリコルジアに関し、フーベルト・チースリクは「ルイス・デ・アルメイダ修道士が府内で病院を開設したとき、その経営のために『ミゼリコルジア』といわれた団体をつくり、自分が指導して看護法ないし外科の手術を教えた青年たちをすべてこのミゼリコルジアの組でもって団結させ、また信者の間にも一種の後援会としてこのような組織を設け、その後病院の経営を全くこの団体に委託させたことがわかる」として、「この組はおそらくアルメイダがその目的のためにつくった自己流のミゼリコルジアの組に過ぎず、たぶん将来それを一層完全な本格的なミゼリコルジアにさせ、正式にローマから承認してもらうように計画していたであろう」（『キリシタンの心』）としている。

なお、府内病院があった場所については、「現在の大分市顕徳町二丁目付近にあった」とされ、府内病院の建物考証として「敷地は東西が約六〇メートル、南北が約八〇メートル前後と推測される」（東野利夫『南蛮医アルメイダ』）とある。

その後、府内病院の噂はますます広まり、年々と患者数も多くなった。

一五五九年一一月二〇日付、コチンのイエズス会の学院長メストレ・ベルショール宛ての書簡の中で、アルメイダは「病院の事業は、当地方にこのような慈善事業がないため、日本全土にとって少なからず伝道の鏡になっている。（中略）ただし、彼らは治療の方法、とりわけ外科手術を知らず、この種の病については不治の病と考えており、私が見た中で、全快した者は一人もいない。我らの薬は主の思召しにより驚くほど病に効く。一五年、二〇年と病を抱えていた患者が三〇日や四〇日で健康体になるほどであり、この種の人は数多くいるので、五〇里、六〇里の所から人々が当病院に治療に訪れ、この噂はすでに都にも広まっている」として、「病人があまりに数多くなり、今も増え続けているので、病人のために諸室を備えた大きな家屋を建てることが必要になった」と述べている。

このため一五五九年に増改築が行われ、七月一日、この病院の向かいに、もう一つ、もっと大きい一六室もある二階建ての新病棟が完成し、その翌日に開院式が行われた。新築の内科病棟の周囲にはベランダがあり、そこに外科手術のための特別なベランダを造った。そしてアルメイダは、このベランダで外科手術を公開して見せた。また、中央廊下をはさんだ両側に部屋があり、入院患者用ベッド、手術用ベランダ、内科と外科、さらにハンセン病棟、それに眼科や産科の診療を行うなど、当時としては画期的なものとされた。また改築した病院は、建設技師としての知識があったアルメイダが設計した。

一五五九年一一月一日付、豊後発信、バルタザール・ガーゴ書簡に次のようにある。

「ここ豊後の市に我らは二つの場所を有している。すなわち、(一つは)下の地所で、ここには当初一軒の家屋を建てて教会としたが、今は当地の病やそのほか各種の傷を負う者の病院になっている。また、この地所のすぐ向かいに、本年、他の種類の病のため、石を土台とした木造の大きな家屋を一軒建てた。(中略)同家屋はそれぞれの側に八つの病院を備え、患者が多いときには一六名を収容することができ、各室には戸があって閉ざされるようになっている。この家屋には隣接した住居が一つあり、病人を世話する委員に供せられている。家屋の周囲には縁側があって、病院は皆ここに出て公に治療を受ける。これは外傷患者に対するもので、そのほかの内科の薬については一人の年老いた日本人がいて、適宜、薬を与えることに専念している」

そして、ガーゴは「病院の評判を聞いて、五畿内や坂東など各地より人々が訪れ、この夏以来、二〇〇人以上の人々が外科および内科の各種の病の治療を受けた。トルレス師はあらゆる人に門戸を開き、寄る辺ない身の者や不治の者がことごとく訪れた」と述べている。

また、トルレスによれば「この二年間で二〇〇〇人が治療を受けた。それとともに、入院患者も一〇〇人を超えるまでになったが、常時、六、七人の医師が朝早くから夜遅くまで働いた。そしてこの年、六〇人を超える重症患者と一四〇人に内科と外科的な治療を施し、大病から快復させた」。その中には、癌などの重病者もいたが、「あまりにも病気の回復率が高い」と、アルメイダ自分が驚いたという。

このことに関し、若桑みどり『クワトロ・ラガッツィ』の中では、「それは処置や薬がいいのはもちろんであるが、いろいろ調べてみると、病院の食事が相当に影響したのではないかと考えられる」として、「フロイスらが書いているところをみると、まず貧しい者にはけっして口に入らない米が主食で、魚、犬、猿、猪、鶴、猫などの肉、それに野菜に味噌汁というバランスのよい食事で、その上に、牛乳、バター、チーズ、鶏卵などが栄養食として出されていた」。そして「このタンパク質の摂取によって、食うや食わずの生活を送っていた多くの病人が死の淵から立ち返った」とある。

これに対して、殺生を嫌う仏僧らは、魚や肉を食することで宣教師を激しく非難した。しかしながら、のちに第三代日本布教長カブラルが織田信長に拝謁した折、信長から「バテレンは肉を食するのか」と問われ、カブラルがそうだと答えると、信長は大いに喜んだという。仏僧は建前では魚や肉を食べないことになっているが、その裏では隠れて食していたことは広く知られていた。

同じころ、アルメイダはゴアの学院のイエズス会某修道士にも書簡を送っている。それによれば、「病院は大いに発展し、これを維持する寄付もまた、同様に増えていった。これらの寄付により多数の貧民を救済したが、これが消費されるとすぐに主（なるデウス）が増やし給うので、これまで不足を感じることはなかった」。そして「一二人の日本人イルマンが交代で病院を世話し、彼らは病人の受け入れや、寄付金支出の規則を定めた」としている。また「本年、一五年、二〇年来、病にかかっている者が多数訪れ、三〇日〜四〇日で健康体になっている」としながらも、「私にはこれが薬によるものではなく、主の御業であるように思われる」として、神の御加護の賜物であると報じている。

同時に、アルメイダは「病気から快復して健康となった者、病にかかっていた者のみならず、その両親や妻子もまた、普段の説教によって教えを理解した後、キリシタンになっている」として、病気治療の目的は、信者の獲得にほかならないことを率直に述べている。ただし、トルレスは一つの方針を定め、治療中は何ぴともキリシタンとなさず、彼らが健康を回復した後、引き続き説教を聴き、教理を理解し終えた後はじめて洗礼を授けた。というのも「キリシタンになれば、なおいっそう良い治療を受けられるとの考えから、洗礼を希望する者があるからである」と思われたからであった。

また、アルメイダからインド管区長に宛てた書簡に「同所には今、立派な十字架一基が建っており、その周囲には石の段が据えてある。人々はそこにしばらく留まって祈りを捧げ、教会には墓を警護する日本人らが武装して留まっている」とある。そして病人の死後は丁重な葬儀を行い、病院の墓地にあるキリシタン墓地に埋葬したが、実は、この教会の墓はアルメイダによって建てられたもので、フェルナンデスは「豊後の教会に聖体を納める立派な墓が建てられたが、これは豊後の教会の墓というよりもゴアのサン・パウロ教会の墓であるように思われた」と述べている。

その一方で、アルメイダは入会したばかりの修道士で、そのための勉強や修行、勤行にも励まなければならず、また、暇をみては各地の布教にも出かけなければならなかった。アルメイダは「日本に来た修道士の中で、言語にかけてジョアン・フェルナンデス修道士に並ぶものは一人としてなく、今後多くの者が渡来してもそのような者がいるとは思われない。しかし、私に同伴する青年は非常に話術に長（た）けているので、彼と語る人たちの心を奪う。今、年の頃二二歳であり、聖書の大部分を暗記しており、また同様に、二〇を超える日本のすべての宗旨を覚え、その一切をいとも巧みに論破するのは驚くばかりである」と評した青年を伴って、キリシタンの村々を巡回したが、この青年とはベルショールのことと思われる。

ただ、フロイス『日本史』には、ザビエルが平戸に着いた時に生まれ、当修道院で育てられ、トルレスから洗礼を受けた一三歳になるアゴスチイノという少年と、山口出身で、誕生八日目にしてトルレスから洗礼を受け、日本人修道士の中でポルトガル語を話せる唯一のジョアン・デ・トルレスについては触れているが、このベルショールについては具体的に名前を記さず、〝一日本人同宿〟としか記されていない。

ところで、府内から九里隔たった九重連山の南麓一帯に、雄大な休火山のすそ野にゆるやかに起伏する一望千里の高原地帯は、かつて朽網《くたみ》と呼ばれ、大友の重臣朽網鑑康《あきやす》が治めていた。一五五四年、ガーゴはフェルナンデスとともに朽網に赴き、その地の主要な人物に〝ルカス〟という洗礼名を授けた。ルカスは、彼の邸のそばに豊後国で最初の教会を建てた。そして彼の模範的な生活と堅固な信仰によって、朽網の二六〇人がキリシタンとなった。その後アルメイダは、その朽網の地にベルショールを伴って赴き、二〇年來病んでいる一人の患者を治癒させたところ、その地のキリシタンらが感化され、彼らの信仰心はいっそう高まったと、アルメイダは報じている。

このようにして、府内病院は隆盛の一途をたどるかに見えた。だが一五六〇年七月、豊後府内に入港したマヌエル・メンドーサの船便で、イエズス会総長からの伝達として、イエズス会員が医学研究、医学の教授あるいは施術をすることを禁止する、いわゆる「医療禁令」の通達がトルレスのもとに届けられた。東野利夫によれば、この「医療禁令」は一五五八年、イエズス会本部で行われた「最高宗門会議」で決議されたもので、この禁令の主旨は「聖職者は死すべき宿命をもった人間の魂の永遠の救済こそが真の職務で、現世での肉体の生死に関わる医療行為や生殺与奪の権を持つ裁判官になってはならぬ」というものであった（『南蛮医アルメイダ』）。このため、アルメイダは府内病院の経営から一切離れて、その後の病院経営は日本人の医療従事者の手に委ねることにした。

一五六一年、アイレス・サンシェスと称する一人の善良なポルトガル人が平戸から豊後にやって来て、イエズス会に入会したいとトルレスに願い出た。そして彼は、アルメイダに続き、当日本でイエズス会に採用された二人目のポルトガル人修道士となった。そのサンシェスは、日本人、およびシナ人の少年（奴隷として連れてこられた）ら一五人に読み書き、ならびに祭儀がより荘厳に行われるように歌とヴィオラ・デ・アルコ（擦弦楽器）を教える任務を担った。その一方で、サンシェスはアルメイダが開設した病院で医療的技術を習得し、慈善病院の患者を世話した。
だが、このときすでにアルメイダは府内病院の診療から手を引いていた。

府内病院の今日的評価

府内病院における外科診療は、アルメイダとその弟子によって西洋医学に基づく医療が行われていた。そのため、アルメイダによって行われた医学教育は、日本における臨床医学教育の始まりとされている。そして今日、アルメイダは西洋の進んだ医学や医療技術を日本に伝え、また病院事業や社会福祉事業を創始した人として高く評価されている。

服部敏良は「わが国に西洋医学がもたらされたことは画期的なことであり、これを基礎にして、わが国に南蛮医学が導入され、ついでオランダ医学へと発展した。従って、近代医学発展の基はアルメイダによってもたらされたものである。アルメイダの功績はわが国医学史上、画期的なものであり、アルメイダのわが国に与えた影響は、きわめて大きく、われわれは彼の業績をいかに称賛しても、なお足りないものがあると言うべきであろう」と、手放しで称賛している（『室町時代医学史の研究』）。

若桑みどりも「海老沢有道氏の『キリシタンの社会活動及び南蛮医学』では、治療のカルテは残っていないが、このときアルメイダのもとで実地に学んだ医者や医者の卵が、日本の教会が滅亡しても残っていて、戦争の際に出る刀傷、銃傷、打ち身などに苦しむ人を救ったと書いている。またこれは江戸時代長崎オランダ医学にも受け継がれて日本外科医学のはじまりになった」(『クワトロ・ラガッツィ』)と評価している。

ただし、松田毅一は「世はまだ戦乱に明け暮れていた。日本のキリシタンの教会は、この時代にはまだ不安定であった。改宗した者のほとんどは貧しい民であり、その数も全国的には微々たるものであった。豊後には、あたかも近代的な西洋医学専門の病院ができたように思う人がいたとするとそれは事実に反する」(『南蛮のバテレン』)」と指摘している。

キリシタン初期のポルトガル人ら宣教師は、日本国の人びとが打ち続く戦乱や飢餓のため苦しむ様を見て、食料を与えたり、捨て子を養育し、また病人に薬を与えるなど救いの手をのべることに労をいとわなかった。それに比べ、わが国の僧侶の多くは、乱世にあえぐ無告の民を自業自得として顧みず、ただ寺院に安居して、人びとの苦しみを傍観しているに過ぎなかった。イエズス会はこれら僧侶の腐敗堕落を攻撃するとともに民衆を救済した。この行為は多くの人びとの感謝となり、信頼となって、そのことがわが国にキリスト教が急速に発展した一因でもあったと思われる。

豊後府内の町における布教の当初、トルレスは日曜日の食事を終えた後、アルメイダをもっとも身分の高い一人のキリシタンの家へ遣わすことを習慣としていた。そこで彼らは、アルメイダの説教を聴聞して自分たちの疑問点を質問し、仏僧や、その他の異教徒たちと出会ったときにどのように答えるべきかを教わったりした。そのほか、アルメイダに説教を聴きたがっている異教徒の名を告げたり、仏僧たちの策略とか陰謀、また彼らが教会に対して何を企んでいるかについて報告し、かつ仏僧らがその親族、友人のキリシタンを棄教させるため、どのような説教術を用いているかを告げた。それは同時に、教会側に必要な対策を講じさせるためでもあった。

これらの会合は、デウスへの奉仕として霊魂の役に立ち、隣人を強化することに大いに貢献した。そしてアルメイダは司祭館に戻ると、トルレスにこの日、どのようなことがあったかを逐一報告した。さらにまた、彼らは寄る辺なく病を患った異教徒たちを探し出し、アルメイダが建てた病院で霊魂と肉体の世話を見てもらおうとして、大勢の人を病院に連れてきた。こうして異教徒たちの間では、病人が健康になるためには、イエズス会の教会に行かなければならないという考えが広まっていった。

しかしながら、豊後における育児院や病院の設立は、キリスト教布教にとってプラスばかりではなかった。というのも、国主宗麟はこの事業を評価したが、仏僧や異教徒らは府内の司祭館でなされていた聖なる行事や、その他多くの慈悲の業（わざ）に反感を抱いていた。また、育児院や病院の施しを受けたのはほとんど貧しい下層民の人びとであり、武士や有力者の入信はおろか、府内の町民さえ入信する者はいなかった。彼らは施しを受けるのを恥としたから、貧民の入信は布教にとって逆効果となった。

のちに来日したカブラルは、アルメイダによる府内病院の開設を「慈善事業は生命とともに大なる教訓を与えたが、キリシタンの増加についてはかえって妨害となった」として、「病める貧しい人びとに対する慈善事業は、武士階級の間での『デウスの教え』の評判を悪くした」と批判した。

フロイスもまた、「彼らはそうした慈善事業を軽蔑し、低級なことと見なしているからである。そして、こうした彼らの考えと偏見は、国王フランシスコ（大友宗麟）がキリシタンとなり、それによって、彼らのこうした優越感が打破されるまで二十年以上も彼らの許で継続した」と記している。これらの経験から、イエズス会はまず支配層を改宗に導くという、いわゆる「上」から「下」へという布教方針をとるようになるが、イエズス会宣教師のもっとも有効な宣教手段は「最高の権力者を味方にし、また大切にしなければならない」という布教方針は、ザビエル以来のイエズス会の布教の基本理念でもあった。

一方、アルメイダはイエズス会入会に際して所持金四〇〇〇～五〇〇〇クルザードをイエズス会に寄進したが、イエズス会はそれをマカオ・日本間の貿易に投資してその利潤を教会・社会事業・修道院の維持に充てることにした。そして一五五〇年後半から貿易が開始されたが、イエズス会宣教師はポルトガル商人と日本の領主や商人との仲介者としての役割を担ってゆくことになった。

アルメイダは修道会員になってからも、当初は経理に関して特別な資格を有していた。そこで病院経営からは離れたが、かつて貿易商人であったアルメイダの外交手腕を高く評価したトルレスは、日本のイエズス会の各地の司祭館の世話についての総指揮権と、世俗的な業務管理に関するすべてをアルメイダに委ねた。

その関係で、アルメイダはイエズス会の財務担当者（プロクラドール）として毎年、ポルトガル船が平戸、横瀬浦、福田、長崎などに入港する際は当地へ出かけたが、同時に、病弱な布教長トルレスの代理として、各地の教会を巡りながら、宣教師間の連絡にあたる一方で、大友宗麟をはじめとする九州各地の国主や領主との交渉にあたった。

同時に、これらの旅を通して、活発な福音宣教を展開し、数々の小さな島々を別にして、島原、口之津、長崎、五島、志岐、河内浦、本渡、秋月など九州各地における布教の創始者となった。それ以後、席のあたたまる暇もなく東奔西走するその姿は、宣教師のあいだで、絶えざる運動者とあだ名された。

「彼は人々に深く尊敬されていたので、彼が教会へ来た時には、救いを求める人びとの一隊が使徒を迎えるように、十字架を前に立て、キリストの教えを唱えながら彼を迎えた。彼が帰る時には涙を流しながら後について来て、その足跡に接吻した。あるポルトガル人がそれを見て、自分のすべての旅行中に見たことの中で、これはもっとも注目し記憶すべきことである、と言った」(J.E.NierembergS.J.『ルイス・デ・アルメイダ伝』キリシタン研究　第二十四輯)。

第二章　平戸に派遣される

話は前後するが、一五五七年の夏、大友宗麟は毛利氏と通じた豊前の山田隆朝、筑前の秋月文種、筑紫惟門を破って筑前全域と博多の町を手に入れた。

先の一五五七年一一月一日付、アルメイダ書簡に「大友宗麟は山口が占領され、彼の弟である大内義長が殺された後、弟の所領を征服するため大軍を派遣して勝利を得て、数カ月で臨むところをことごとく占領した」。そして「ガスパル・ヴィレラ師は平戸に留まっており、同所でデウスに多大な奉仕を行っている。とりわけ今は、その地に停泊中の二隻の船のポルトガル人のことに従事している」とある。

ヴィレラ、ロレンソの平戸追放

一五五七年の初めに豊後を出て、再び平戸に赴いたバルタザール・ガーゴは、同年九月、松浦隆信から修道院建設用地を与える旨を伝えられた。一方、大友宗麟はトルレスに対して、博多の町に宣教師の住院と教会を建てるための地所を授けた。そのため、平戸において教会の再建に着手したばかりのガーゴは、トルレスの命によって博多に移った。そのガーゴに代わって、トルレスは、まだ二五歳前後と若く、豊後に到着したばかりのガスパル・ヴィレラとロレンソ修道士の二人を平戸へ派遣した。平戸領主松浦隆信はキリスト教を毛嫌いしたが、南蛮貿易の利益を魅力に感じていた。そしてそのことが、一五五五年一〇月一六日付、平戸国主松浦隆信からインド管区長メストレ・ベルショールに宛てた書簡に次のように書かれている。

「メストレ・フランシスコ（ザビエル）師は余《よ》の所領に来て幾人かのキリシタンをつくり、余はこれに大いなる喜びと満足を感じている。余は彼らに多大な恩恵を受け、また、いかなる害も彼らに加えることを許さない。そして、豊後から司祭が二度訪れて、余の親戚数人と、そのほか身分ある者多数をキリシタンにした。余は彼の教話を数回聴き、はなはだ良いと思い、これを心に記したが、余がキリシタンになるのも目前である。余は尊師が当地に来れば喜ぶであろう。すなわち、かつて一度は欺きはしたが、再びこれをなすことはなく、尊師は能う限りの栄誉と厚遇を受けるのであり、デウスに多大な奉仕をなすであろう」

右の松浦書簡に「豊後から司祭が二度訪れて、余の親戚数人と、そのほか身分ある者多数をキリシタンにした」とあるが、一五五五年九月、豊後から来たガーゴ神父によってキリシタンとなった松浦の親戚数人の筆頭が、籠手田安経《こてだやすつね》（ドン・アントニオ）と勘解由《かげゆ》（ドン・ジョアン）の兄弟であった。また籠手田は、平戸島の生月島《いきつき》と度島《たくしま》、平戸島北西部の春日《かすが》・獅子《しし》・飯良《いいら》などを領していた。

そこで、平戸に着いたヴィレラは、平戸の城下町は仏教の影響が強く、また領主松浦の「キリシタンになるのも目前である」という言葉は、ただ対外貿易への欲求に過ぎないのを見ると、キリシタンとなってまだ満一年と経っていなかった籠手田安経と相談のうえ、籠手田の知行地である度島、生月島の島々と平戸島の獅子、飯良、および春日において本格的な伝道を開始した。ところが、籠手田領で集団改宗を始めたヴィレラは、布教熱に燃えるあまり、住民への洗礼に引き続き、寺院から仏像、経典、その他の仏像の信心道具を集めさせて海岸まで曳いて行き、それを焼却し、また寺院を聖堂に改造させたりした。そのため、安満岳《やすまんだけ》、および志々伎山《しじきさん》の二つの寺の住持の猛烈な怒りを買い、領内における騒乱を招いてしまった。そして僧侶らは隆信に愁訴し、ついに隆信もヴィレラの追放を決めた。その結果、教会と祭壇、および聖像は破壊され、ヴィレラとロレンソは平戸から追放された。

一方、一五五八年の復活祭の後、博多に移ったガーゴは、フェルナンデス、ギリェルメ修道士とともに博多の地に宣教師の司祭館と教会を建て、布教活動を開始した。そして大勢の人びとが説教を聴きにやって来て、ごく少しずつではあったが、幾人かキリシタンになる者もでき始めた。

ところが、一五五九年一一月二〇日付、アルメイダ書簡に「悪魔は平戸で企んだ陰謀に飽き足らず、霊魂の救済を妨害するため、さっそく博多において別の陰謀を企て始めた」とある。すなわち、博多において、ガーゴがおよそ一年前からデウスの教えを説き、すでに霊魂の上に成果をもたらし始めていたところ、豊後国主の家臣なる一大身（筑紫惟門）が他の大身らと組んで宗麟に叛旗を翻し、筑紫の二〇〇〇人ほどの軍が博多に来襲した。そのため、博多津は破壊されてしまった。このときフェルナンデスは間一髪、教会の所持品をたずさえて平戸の船に乗って逃げおおせたが、ガーゴとギリェルメは敵に捕らえられ、所持品を略奪されたうえ、数多《あまた》の苦難と危機に瀕した。だが、カトク・ジョアンという、謀叛人によく知られているキリシタンによって救出され、乱後の三カ月目に女物の着物を着せられ、その上に色とりどりのマントを着用し、頭には編み笠をかぶせられ、市外に用意された馬に乗ってからくも脱出に成功した。ガーゴらの帰還を、彼らを博多に派遣した責任を感じていたトルレスが一番に喜んだ。

一方、筑紫の兵たちは、バテレンとイルマンがいなくなったのに気づき、彼らが逃げたことを知ると、カクト・ジョアンを責め立てた。そのためジョアンは、彼らの手から逃れるために少なからず苦労した。

こうして一五五九年夏には、平戸の教会も博多の教会も壊滅し、すべての宣教師九人が豊後に集まった。その九人とは、布教長トルレス、ガーゴ神父、ヴィレラ神父、フェルナンデス、シルヴァ、アルメイダ、ギリェルメ、およびルイ・ペレイラ、日本人のロレンソら修道士であった。その後、ギリェルメはキリシタンの子どもにドチリナを教えるなど日本布教で大きな役割を果たすことになるが、ルイ・ペレイラは病弱だったため、一五六〇年にガーゴと一緒にインドへ帰国している。

博多の乱後、強大な大友氏の勢力の前に筑紫惟門《つくしこれかど》は降伏し、宗麟は再び博多を奪還した。

ヴィレラ、都で苦闘する

一五五六年の初めごろ、トルレスはロレンソと多武峰出身の改宗僧ベルナベを京都へ派遣し、比叡山の允許と承認を得ようとしたが、二人は僧侶らの理解が得られず、何ら収穫なく、同年晩夏に豊後へ帰って来た。

一五五九年、トルレスは再び、ザビエル以来の念願であった都地方の布教に力を入れようと乗り出した。そこで、ヴィレラとロレンソ、そして博多で受洗したダミアンという学識ある同宿を京都へ派遣することにした。同年九月、ヴィレラは日本の風習に従って頭髪と髭を剃って、巡礼行にふさわしく質素な着物をまとって豊後沖の浜から乗船した。豊後から京都までは三百里あるので、その間に被った苦難は筆舌に尽くしがたいものであった。ヴィレラは何度も首を斬られかけ、石を投げられ、なおかつ、盗賊を避けるため幾度も家屋や道に身を潜め、飢えや寒さや海上での危険にさらされた。こうして艱難の末にようやく堺に到着した。そして比叡山を訪問した後、比叡山の允許なしに一一月初め入洛した。

ヴィレラにとって、平戸における苦い経験は良い勉強となって、京都での伝道を開始するにあたり、全面的な順応方針を取った。ただし、布教の当初、京都の人びとは宣教師（彼らは「南蛮のバテレン」といわれた）について何の知識もなかったので、聴聞に訪れる人もほとんどなかった。それどころか、バテレンらに宿を貸そうとする者は誰一人なく、ヴィレラらは最初、地面に藁を敷いただけの掘っ建て小屋を借りたが、街路には馬に乗った人ほどの高さまで積もった雪が幾日も消えず、そのためにヴィレラは病気になったが、幸い死ぬまでには至らなかった。

また彼らは、食事を用意するための鍋さえ持っていなかったが、幸い、豊後のキリシタンの病院で重湯を作るために使用していた鍋を、そこから持って来ていた。ダミアンはそれで米を炊き、次いでカブラ汁を作り、それが煮えてから水を沸かしたが、汁が出来たときには、飯の方は冷え切ってしまって食べられたものではなかった。そしてダミアンは、ヴィレラが健康を維持するために必要としたため、毎日瓢箪を下げ、少しばかり酒を買い出しに行った。その際、街頭の子どもたちは彼を見つけると、嘲笑したり罵倒したりして後を追うばかりでなく、石を投げて、彼の瓢箪を割ることができるかどうかを競ったりした。こうして彼らは、都合六回も住居を変わらざるを得なかった。

そのうち、彼らの説教を聴く人びとが集まり出した。だが、それらの人びとは真剣にデウスの教えを学ぶというより、異国人の格好を面白がったり、インドやヨーロッパの事物や習慣についての好奇心から訪れる人たちであった。そんな中、若狭の生まれで、養方軒と称する一人の医師が受洗し、養方《ようほう》パウロと呼ばれた。彼は生来善良で、自らの霊魂を救うことに熱心であったが、日本の言葉に長じていて、バテレンに対して、自分が精通していた日本の諸宗派や、故事についての知識を授けた。彼の息子も洗礼を受け、ヴィセンテ洞院《とういん》と称した。

京都へ来てしばらく後、ヴィレラは京の町は日本全体の首都であり、日本において万事に優る最高の二つの顕位があることを理解した。第一は内裏であり、日本国六十六カ国すべての国王であり、最高の統治者であるが、四〇〇年以上も前から人びとは彼に服従しなくなっていた。第二は公方様（足利将軍）で、日本の貴族は皆、彼を天皇の総司令官として大いに畏敬していた。そこでヴィレラは、この公方様である足利義輝《あしかがよしてる》を訪問できないものかと切望した。その際、キリシタンの医師（養方パウロ）から建仁《けんにん》寺《じ》の高僧として知られていた永源庵に宛てた書簡を授けられたのを思い出した。ヴィレラはその書簡をたずさえ、永源庵を訪ねて相談したところ、彼はその引見役を引き受けてくれた。

当時、室町幕府第十三代足利義輝は日蓮宗四十四本山の一つである妙覚寺に住んでいた。一五五九年一一月末、ヴィレラはロレンソを伴って足利義輝に拝謁した。そして二人は、将軍義輝から非常に手厚いもてなしを受け、大いに礼遇された。そのうえ、義輝はヴィレラに盃をとらせて酒まで供した。ヴィレラは、一五六〇年初めにも将軍義輝を訪問したが、その年の夏、義輝から「バテレンには賦課とか見張り番、その他の義務を免除してその布教を許可し、これを妨害するものは罰する」などとした三カ条からなる布教の許可状を授けられた。

ところで、大友宗麟はポルトガル船が一隻入港するたびに入港税や生糸収益などを含めて莫大な収入を得て（アルメイダが南蛮貿易の利潤が宗麟のもとにもたらされるよう便宜を計っていた）、その中から足利将軍へ上納金を届けていた。一五五九年には、義輝に多額な献金運動をして、義輝から豊前・筑前・筑後国の守護職に補任され、九州探題職にも補任されている。こうして義輝がヴィレラに允許状を与えた陰には、これまで義輝のもとに南蛮の鉄砲や火薬調合書、そして多額の黄金を献上していた大友宗麟の力があずかっていた。

また宗麟は、ヴィレラの都入りに際し、数人の大身、および友人たちに宛て、ヴィレラを庇護する書状を送っていた。フロイスは「かの仏僧（永源庵）とともに、甚だ身分の高い、幕府の政所執事である伊勢守貞孝の両人によって、ヴィレラは希望するような公方の制札を獲得した」と記している。

さらにヴィレラは、五畿内（山城国・大和国・河内国・和泉国・摂津国）で最大の勢力を誇示していた三好長慶《ながよし》を訪問し、三好からも布教の許可状をもらい受けた。そして、その制札の写しはさっそく板に書かれ、通行人の目につくように竹に結ばれ、街路に面した戸口に張り出された。それ以後、ヴィレラへの様々の侮辱や、宿舎への投石はなくなり、バテレンの説教を聴きにくる人びとの殺到振りは日増しに高まった。そんな中、日本の最高の天文学者の一人で、はなはだ高貴な公家である賀茂在昌《あきまさ》は、ヴィレラから日蝕、月蝕、および幾つか天体の運行に関する話を聴聞した。そのことで、彼はバテレンを深く尊敬するようになり、ついには京都でキリシタンになった最初のひとりとなった。

しかしながら、デウスの教えが京都で弘まるにつれ、京都の町で絶対的権威を有していた日蓮宗の僧侶を中心にバテレンに対する猛烈な反対運動が起こり、一般住民たちの憎悪はいっそう激しさを増していった。そしてバテレンらは京の町をすべて焼き払い、一軒の家もなくなるという流言飛語まで市中に広がって、ついには、人びとはバテレンを殺すか、バテレンを京都から追放するしかないなどと言い出し始めた。また、京都は日本の神々に対する信仰がもっとも盛んで、かつ文学と文化が進歩した地であった。そのため、キリシタンになった者は軽蔑され、迫害を受け、背教者となる者も数しれずあった。

こうしてヴィレラには当面、京都においての布教は何ら進展しないだろうと思われ、どこかもっと成果を収めて働けるところはないかと思案した。そしてヴィレラは、都以外の場所として、堺の町以上に重要な場所はないように思われた。堺の町は大きく、富裕であり、盛んに商取引が行われるだけでなく、絶えず全国各地から人びとが参集するところであった。その折、トルレスからも堺を開拓するようにとの指令を受けた。しかし堺には、頼るべく何らの手づるもなかった。そのヴィレラのもとへ、堺の会合衆の一人である日比屋了珪が、もし伴天連様が堺に来ることがあれば拙宅に住まわせてよいという手紙を寄こし、救いの手を差しのべた。了珪は、九州において中国との交易ルートを持つ富裕な貿易商で、茶人として千利休とも親交があった。

一五六一年八月、ヴィレラは日比屋了珪に招かれ、京都から堺に至った（この日比屋邸には、かつてザビエルが上洛の折に宿泊したとされ、一九四九年、その日比屋了珪屋敷跡にザビエル来航四〇〇年を記念して「ザビエル公園」が造られた）。

こうして堺に着いたヴィレラは、この堺を「ヴェニスのように執政官によって治められている」と報告している。そこで、ヴィレラはさっそく布教を開始したところ、数人の者が説教を聴きに訪れるようになった。だがしかし、堺の商人たちは、現世の利益を求め、贅沢や逸楽を尊ぶ者たちであり、そんな彼らにとってキリシタンになることは堕落を意味し、恥辱であるとさえ思われた。また、キリスト教信者は賤しい貧民に多いという先入観から、富裕な市民たちは世間の思惑や評判を気にしてキリシタンになろうとする者はなかった。

その堺で最初にキリシタンの洗礼を受けたのが、日比屋了珪の娘（モニカ、サビナ、アガタ）、そして嫡男のヴィセンテ兵右衛門（了荷）とその親族であった。のちに来日したヴァリニャーノは、ヴィセンテはわずか七歳のときに受洗したと記述しているが、フロイスは一三歳のときだったとしている。それから二年後には、父の了珪も洗礼を受けた。そして彼の家は教会の役目を果たし、その二階は司祭たちの居室として、またミサを捧げ、告白を聴き、キリシタンたちにその他の秘跡を授ける場となった。以後、了珪は一八カ年以上にわたり、堺のキリシタンの柱石となり、生活の亀鑑《きかん》とされた。

アルメイダの平戸派遣

一五六〇年一〇月、バルタザール・ガーゴはトルレスの指令を受け、日本の事情を報告し、日本にできるだけ多くの宣教師を招くため、日本を発ってインドに向かった。しかし、悪天候のためシナで冬を越し、一五六二年四月二四日、ゴアに到着した。一五六二年一二月一〇日付、ゴアのガーゴからポルトガルの司祭らに宛てた書簡の中に、「（博多において）自費をもって新たな教会を建立しつつあるコスメと称するキリシタンは私がインドへの道中の助けとするため一五クルザード（に相当する）目方の銀の欠けらを送ってきた」とあるが、このコスメとは、博多の貿易商である末次興善《すえつぐこうぜん》のことである。

また「豊後より九レグアの朽網に名をルカスという他のキリシタンがいる。彼は自費をもって甚だよき大会堂を建設し、死者を葬るため木をもって一つの地所を囲い、中央に石の大十字架を建て、おのれの死したるとき十字架の下に埋葬するよう命じた」と述べている。

そのことに関連して、二〇一一年一二月三日～二〇一二年二月二八日、「天草コレジヨ館」において企画展『Amacusa と九州西岸の NAMBAN』が開催された。その中に、一九九九年に大分県臼杵市野津町下藤地区の集団キリシタン墓地で発見された「ＩＮＲＩ」銘石碑の頭部の一部が展示されていたが、もともとは干型十字架であったと推定されている。また頭部に刻まれたＩＮＲＩとは「ナザレのイエス、ユダヤの王」と訳され、イエス・キリストが磔刑のとき、十字架の先端につけられた罪標《ふてふだ》（処刑者の名前などを表示する札）に横書きされた文字がＩＮＲＩであった。

実は、それと同じ「ＩＮＲＩ」という文字が刻まれたT字型の石碑が大分県竹田市直入町大字長湯に残されている。そして結城了悟・松田毅一は、この長湯に残るＩＮＲＩの石碑は、ガーゴ書簡にある

「ルカスが建てた大十字架」の先端Tの部分だろうと主張している（加藤知弘『バテレンと宗麟の時代』）。

また、大友宗麟による日本に滞在するイエズス会宣教師への援助に感謝し、一五六二年三月一一日付、ポルトガル国王セバスティアンから豊後の太守（大友義鎮）に宛てた書簡が残されている。

「（前文略）卿《きょう》（大友義鎮）が貴国民に我が聖なる信仰を受け入れてキリスト教徒になる許可を与えていることであり、また、これに関して前述の司祭らに絶えず大きな恩恵を授け、危険や艱難、困難が生じた際には彼らの身とその安全に必要なものは何事であれ、常に救済と維持に役立つ忠告や助言、援助、施しをもって我らを保護したことである。予はこれに深い喜悦を覚えたし、今なお感じている」「卿（大友義鎮）が教えを奉じるよう光明と恩恵を授け、卿の霊魂と、未だこの幸福を知らざる卿の家臣をことごとく救うべく卿を信仰に迎え給わんことを余は望んでいるからである」

こうして、ポルトガル国王セバスティアンは豊後太守とその家臣のキリスト教入信を期待した。しかしながら、大友宗麟はバテレンに理解を示して支援者とはなったが、豊後領内における混乱と動揺、そして家臣団や仏僧の反発を怖れ、自らは受洗することはなかった。

そのような折、平戸、博多の信者から神父の派遣を切に依頼してきた。そこでトルレスは、司祭の不足から慰める者がいない博多、および二つの島（度島と生月島）、そのほか多数のキリシタンがいる所にアルメイダを派遣することにした。また既述したように、先にガスパル・ヴィレラとロレンソが平戸に派遣され、平戸領の島々で一三〇〇人をキリシタンにしたが、ヴィレラは仏僧や領主松浦隆信の反感を買って追放され、平戸領の布教は途絶えていた。そのため、トルレスは平戸布教の可能性と、平戸に代わる新たな貿易港を探索するという密命を託してアルメイダを平戸へ送り出した。

その間の経過を、フロイスは次のように記している。

「豊後のコスメ・デ・トルレス師は、いたずらに時が経って、自分が余生をかけることができるような布教の道がなんら開けていかないことを痛感していた。彼はそのことで聖なる熱意に駆られ、ルイス・デ・アルメイダ修道士を、二人の日本人とともに密かに度島に派遣した。（中略）アルメイダらが派遣されたのは、下の諸侯の誰か一人をキリシタンにする何らかの方法がないものかどうか調べるためで、その際彼らは、その殿に、適当な港があればポルトガルの貨物船がマカオからその殿のところに来航するという希望を抱かせることにした。そうしたのは、ルイス・デ・アルメイダ修道士がこれらのことに特別の手腕と才能を有していたからであった」（『日本史6』第二五章）。

一五六一年六月七日、平戸に向かうため、アルメイダは府内を出発した。一日目は博多の市に至ったが、キリシタンらはアルメイダの来訪を知らされていたので、およそ一里、あるいはそれ以上の遠方からやって来て、アルメイダを出迎えた。アルメイダは博多に一八日間滞在し、この間に七〇人近くの人をキリシタンになした。このうちに日本の宗旨に通じた二人の僧侶がいたが、彼らは、アルメイダとの宗論を通してその教えを理解し、キリシタンの洗礼を受けた。さらにアルメイダは、多数の病人を治療し、そして二人を大病から快復させた。当市で所帯を構えていた一人の男は、激しい頭痛のために何度も自殺を考えていた。またもう一人の青年はハンセン病に冒されていたが、アルメイダはその病を治す薬はないと言った。だが、彼が失望しないように非常に簡単な薬を与えて、三日後に再び来るように言った。その三日後、彼は、かつてこの病がなかった者のように清潔になっていた。アルメイダは、ハンセン病に侵されていた青年の信心が篤く、わが身の徳が少ないことを恥じ、そして病が治癒したのは薬のせいではなく、デウスがその教えを愛して病を癒し給うたと思うようにと、彼に語った。その青年はキリシタンになることを願い出て、先に頭痛の癒えた既婚者とともにキリシタンとなった。

平戸の島々を巡る

平戸へ出発するに際し、博多の重立《おもだ》った既婚者の二人がアルメイダを博多に連れて帰るまで同行すると言って準備を始めた。その決心が固かったため二人を同行させた。六月末に博多を発ち、およそ五〇人のキリシタンがいる度島《たくしま》と称する島に向かった。平戸の一大身である籠手田安経はアルメイダを招いて全家をあげて歓待し、家族それぞれ熱心に神のことを聴聞し、ほとんど夜半にいたるまで彼を引きとめた。同所に二週間滞在して八人に洗礼を授けたが、これによって島民の全部が信者となった。

アルメイダは「キリストにおいていとも親愛なる者たちよ、もし尊師らが天使の島を見たことがあるならば、この島がそうであると確信することができよう」。そして「彼らの慰めと喜びはすべて教会に行くことであり、彼らは非常に美しく、よく整えられた教会を有し、彼らの大半は教えを知っている。同所にはキリシタンに転向した僧侶一人が司祭の代わりにいるが、善良なるキリシタンであり、同人がキリシタンをいともよく教化しているのは驚くべきことである」と記している。

アルメイダが同島に留まった一五日間、彼らはアルメイダと同行者四、五人のために、領主だけが食べうるような食事を提供してくれた。またアルメイダは、約一〇〇人の子どもが教えを聴くために教会に集まって来るのを見たが、教会に入ってすぐ聖水をとり、ひざまずいて祈る姿はまさに修道者であり、中でも、二人の子どもはドチリナを高唱するたびごとに、初めから終わりまで身じろぎもせず、入魂恍惚の境に浸っているようだった。アルメイダは、この島々の子どもたちのドチリナを聴きながら、昨日まで悪魔（異教徒）に仕えていた子どもたちの大なる信心と整然とした様を見て、涙を流さずにはおられなかった。

また、平戸から、アルメイダがまだ宣教師になる以前から彼を知っていた数人の信心深いポルトガル人が当修道院を訪問し、キリシタン宗団の様子を見るためにこの島に着いた。そしてポルトガル人は、信徒たちの熱烈な信仰と、アルメイダに対する服従と愛、その他多くのことを見て、感激の余り「彼らは自分たちよりはるかに優れたキリスト教徒である」と告白し、大いに感じいった。

余談になるが、一九八一（昭和五六）年に度島を訪問した東野利夫は、地元民から聞いた話として、アルメイダの人物像を彷彿させる、実に興味深い伝承を書き留めている。

「むかし、南蛮の薬師《くすし》（医者）がここに来たげな。あっけらかんとした人で、足ば投げ出し長キセルのようなものを吸うて、ひょうきんなことば言うたりして、病人ば看てやったげな。村のもんたちあ気楽に看てもらいよったとげな」（『南蛮医アルメイダ』）。

その後、度島から西方四里ほど離れた生月島から迎えの船が来た。生月島の人口は二五〇〇人ほどであったが、そのうちの八〇〇人がキリシタンであった。そして、当地には六〇〇人以上を収容できる立派な教会があったが、教会の堂内に上がる階段の下に水槽があり、裸足で歩く貧者たちは、教会の内部に敷き詰めた敷物を汚さないようにと、教会に入る前に入念に足を洗った。

翌日、いくつかの小集落を訪ねた。この島には、多数のキリシタンを擁する集落があったが、教会までの道のりが遠く、また難儀であるため、子どもたちがドチリナのために毎日通うことができるようにと教会を建てさせることにした。人びとは大いに喜んで作業に取り掛かり、数日の短期間で教会が建てられた。

アルメイダはまた、教会から遠く離れた子どもたちのため、別の場所に教会を建てた。平戸に五隻のポルトガル船が来航していたので、この教会のために平戸より画像や祭壇用の掛布、その他の装飾品を届けさせた。当教会で数日間説教を行い、他のキリシタンの集落を訪れるため、彼らと別れた。

この生月島を発って、三、四里足らずの獅子《しし》と称するキリシタンの集落に向かった。彼らを訪問したのは、説教を行うほかに、キリシタンらが新たに建てた教会に聖堂を設けるためであった。この工事のために、生月のキリシタンらが七人の大工と、その他必要な援助を提供した。獅子に上陸した後、さっそく工事に取り掛かり、日中は労働し、夜と早朝に説教した。工事が終わると、聖堂をミサが行われるように整え、この教会を世話する仏僧にキリシタンを教化し、子どもたちにドチリナを授ける際に採るべき方法を教えた後、飯良《いいら》と称する他のキリシタンの集落へと向かった。

ただし、トルレスより八月末に豊後に帰るよう命ぜられていたため、彼らを訪問するのみに止め、彼らにデウスに仕える方法を教えようと考えた。その村に着き、十字架のもとに至って祈りを捧げた後、この村にはまだ教会がなかったため、一キリシタンの家に赴いて宿泊した。その夜、キリシタン全員が集まってアルメイダの説教を聴聞し、慰められた。ここは大きな集落であり、異教徒は一人もなかったため、アルメイダはこの地にも教会を建てるように命じた。平戸からこの教会に額入りの画像、その他必要な装飾品が届けられ、その一切を贈ったため、飯良のキリシタン一同は大いに喜んだ。

飯良のキリシタンに別れを告げ、彼らの用意した船に乗って、飯良から約三里離れた春日《かすが》と称する別のキリシタンの集落に向かった。ここでも、アルメイダの到着を知らされていた人びとから歓迎を受け、この地の主要なるキリシタンの家に宿泊した。この地の人びともことごとくキリシタンであったが、ここで数回の説教を行い、司祭が来てミサを行うために教会を建てることにした。人びとは皆、これを喜び、ただちに工事に着手した。また教会に要する装飾は獅子《しし》、飯良《いいら》と同様に、ポルトガル船によってマカオから送られた聖像などを平戸から送らせた。アルメイダは「春日の教会は清浄で荘厳な場所にあって、海と陸の眺望がはなはだ美しい」と記しているが、春日集落に〝丸尾さま〟と呼ばれる小さな山があり、かつて教会のあった推定地だとされている。

春日村であったか、あるいは別の場所であったか、よく思い起こされるのは、土地の人たちが語った二つのことである。それというのも、語った人の信心深さに釣られたからであるが、第一の話はこうである。あるキリシタンの子がみんな死に、妻が出産しようとしていたとき、仏教徒である親戚の一人が夫である男に向かって「なぜキリシタンになるのか、そのせいで汝の子はみんな死んだのだから、キリシタンの信仰を捨てよ」と迫った。親戚の言葉を信じた男は、十字架のもとに行き、短剣を抜いてこれを十字架に突き立てた。この出来事の後、その男の妻は子どもを産んだが、下顎がなく、胸のところが開いて内臓が見えていた。これを見た男は大いに驚愕し、今や彼は、同所で最良のキリシタンの一人となっているとのことである。

もう一つの話は、次のようであった。生月に妊娠した婦人がいて、彼女は子をおろすために薬を用いた。だが流産した後、これが原因で病にかかって死んだ。キリシタンらは彼女が大罪を犯して死んだのを知ると、彼女をキリシタンの墓地に埋葬せず、仏教徒のようにそのあたりの墓地に埋葬した。それから数日後、あるキリシタンの青年が病にかかり、ほとんど死にかけたとき、彼のもとに件《くだん》の婦人が現れて「キリシタンたちは私の亡骸を十字架の墓地に埋葬することを望まなかったが、今、私は彼らの想像するような地獄にいると思わないでもらいたい。なぜなら、死ぬ前に主なるデウスが私の悔悛と嘆きを聴き届け、私の霊魂に慈悲を垂れたもうて下さったからである」と言った。青年は、このことをキリシタンらに打ち明けたところ、その後、その青年は健康を回復したという。

フロイス『日本史』、および宣教師らの書簡には、洗礼や聖水その他によって病気や「悪魔憑き」(狐憑き）が治癒したなどとする奇蹟がしばしば記されている。のちに来日したヴァリニャーノは、こうした迷信を好まず「日本ではいっさいこういう奇蹟はなかった」と記しているが、松田毅一も「このような奇跡がじっさいにあったかは大いに問題の存するところである」と記述している。ただ、新興宗教の世界においても、信仰によって不治の病が快癒した事例が多く語られていることから、ある種の精神効果があったことは否定できないと思われる。ただし、アルメイダの話は奇蹟譚ではなく、信用ある人から聞いた話だとして語られているが、アルメイダは不遇な境遇にあっても、彼らのその健気で美しい信仰心を讃えている。そうして「キリスト教の神は弱い者、後悔した者の味方である」と語っているが、アルメイダの貧者、そして弱者たちに向ける眼差しはどこまでも優しい。

これらの島々を巡回した後、いったん生月に帰って、領主松浦隆信に謁見すべきかどうかについて籠手田安経の返答を待った。安経の意見では、領主には謁することなく、なしうる限り秘密裡に平戸での用務を行うべきだと伝えてきた。このため、密かに平戸の市に赴いたアルメイダは、まずポルトガル船の船長を訪問し、次いで籠手田邸を訪れ、家人全員から歓待され、夜半まで神のことを語り合った。

その夜はポルトガル船に帰ったが、翌朝、定航船《ナウ》の船長と相談して、ポルトガル船の後甲板に画像を掲げることを話し合った。船長はこれを大いに喜び、船室をいくつか取り壊して立派な広間を作らせ、そこに聖像の額を掲げて臨時の会堂を設けた。この知らせを受けた籠手田安経、弟の勘解由、その家臣をはじめとして、多くの信者が画像を拝みに来た。アルメイダは平戸諸島のキリシタンに使いをやり、次の日曜日、聖像を観るためになるべく多くやって来るように、そして説教を聴くようにと伝えさせた。

平戸に着いて二日目の夜は、某キリシタンの家に泊まって、集まって来た信者たちに密かに説教をなし、また何人かの信者宅を戸別訪問し、デウスの教えを説いた。この間に、ポルトガル船の船長を介して、領主松浦に教会堂建設を願い出たが、隆信からは色よい返答がなかった。そこで、イエズス会の所有地にある一信者の家を改造し、祭壇を設けて教会とした。同地には九〇人のポルトガル人が滞在しており、集まって来るのはポルトガル人が多かったが、アルメイダは毎夜祈禱文を唱え説教を行った。

次の日曜日、予定通り、ポルトガル船の甲板を飾って聖像の額を開いた後、平戸諸島その他の島々からも多数の人が船に乗ってやって来た。当日は聖ロレンソの日であったため、ポルトガル船から数発の祝砲が発せられた。そしてアルメイダが、船中に集まった大勢の信者に向かって説教を始めた。その日の後も、聖像が掲げられていた間中、信者を満載した船があちこちからやって来て、ポルトガル船の中は、まるで復活祭の週の金曜日のような賑わいが続いた。こうして、アルメイダが平戸に滞在した二〇日間に、約五〇人が洗礼を受けてキリシタンとなった。

一五五六年一〇月八日付、フェルナンデス書簡に「アルメイダは会堂の装飾を多くたずさえて平戸に向かった。平戸には会堂が五、六カ所あったが、同地においてアルメイダがこれを修繕した」とある。ただし、生月の中心部にあった松浦家の実力者・加藤氏の領地には、キリシタンができなかった。籠手田安経の姉妹の婿である当主加藤源之助は、大いにキリシタンを嫌っていたためであった。

難渋した豊後への帰還

八月下旬、豊後へ出発するに当たり、聖像を博多に送るためこれを船に載せ、平戸より豊後に帰ることにした。そして船の準備が整った後、生月と度島のキリシタンに別れを告げるため、土曜日の午後に訪れて日曜日の午後に去ることを伝えさせた。島のキリシタン信者の様子を見ようとして何人かのポルトガル人も同行した。土曜日の夕方に生月島に到着した。同所では、薪で作った多数のよく燃える松明を持った人たちが出迎え、アルメイダ一行を教会に案内した。そこにはすでに多くのキリシタンが待ち受けていた。到着した後、しばらく説教を行い、次にアルメイダは、子どもたちにドチリナを唱えさせたが、ポルトガル人は皆、その唱え方が非常に整っているのを見て大いに満足した。

翌日曜日の朝、多数のキリシタンが参集した。アルメイダは説教の後、一二、三人をキリシタンにし、この教会から一里離れた所にキリシタンらが建てたという教会を見に行くため、乗船した。教会ははなはだ荘厳でよく整っていて、多くのキリシタンが集まっていた。彼らのために説教をなした後、アルメイダが別れを告げると、人びとは大いに哀情を表し、アルメイダらが船に乗るやいなや、皆、浜辺におりて来て、再び深く悲しみながらアルメイダに別れを告げた。この感動的光景を見て、ポルトガル人たちも溢れる涙を抑えることができなかった。こうして、別れを惜しんで泣き叫ぶ信者に後ろ髪を引かれながら、生月島のキリシタンに別れを告げた。

日曜日に度島のキリシタンを訪ねる約束をしていた。生月から度島へはおよそ二時間で着いた。浜辺には晴れ着を着た男児と女児が出迎えていて、アルメイダらを十字架の方へ案内しながら、途中、ドチリナを高らかに歌唱した。十字架は大きな石塀で囲い、堀を巡らし、非常に美しく保たれていた。十字架の前で祈りをした後、教会に向かった。そこには大勢の信者が待ち受けていた。そこでアルメイダは、イエス・キリストが弟子に対して言った「汝らが互いに愛するならば、汝らは我が弟子である」との言葉について説教を行った。しばらくして、彼らに別れを告げたが、彼らは、ぜひ一晩くらい泊まっていただきたいと懇願したが、時間がないとそれを断ると、一同は別れを惜しんで多くの涙を流した。

いよいよアルメイダが船に乗る時間になると、島中のことごとくの者が浜辺に出て来て、船着き場に至るまでのかなり長い道を歩く間中、彼らは大いに嘆き悲しみながらアルメイダとの別れを惜しんだ。

そうして船着き場に着くと、アルメイダに速やかに再来してくれるように求めた。アルメイダは「その悲嘆たるや、実際の有様に比べれば、本書間に記したことは無に等しい」と書き留めている。

また、同行していたポルトガル人らも、彼らの悲哀と涙を見ると一緒に泣き始め、彼らキリシタンの篤い信心を見て感嘆し、大いに恥じ入った。彼らの何人かは、アルメイダに対して「世界中を回って語るにふさわしいことを数多く見てきたが、どこにあっても語るべきはこの日曜日に見たことが筆頭である」と語った。それを受け、アルメイダは「もしイエズス会の神父がこれを見たならば、必ずや、このような良い信者とともにこの島で死にたいと祈ることだろう」と答えた。

八月二二日、キリシタンの船に乗って、平戸より三里の所から別の船に乗る予定であったが、強風と波が高いため進むことができず、平戸に引き返して陸路によって某町まで行くことにした。平戸への帰途、強い潮流と強風のため、大きな浪が船首のみならず両舷から侵入したので、船はほとんど沈没しそうになった。そして嵐が陸に向かって吹くのを待ってただちに上陸し、陸路をとった。だが、このために非常に難渋することになった。

アルメイダには二人のキリシタンが同行したが、彼らとともに数カ所の河川を渡り、悪路の中を歩き続け、日没後しばらくしてある町に着いた。その町に投宿した後、翌日は七里の道を行かなければならなかったので、翌早朝、宿主に頼んでいた小舟に五人が乗船し、海路目的の町に向かったが、町に到着する直前、反対の方向から一艘の武装した船が全速で漕ぎ来った。船の持ち主は、これを見るや「海賊だ！」と叫んだため、全員が驚いて、全力を尽くして陸地に沿って舟を漕ぎ進めた。アルメイダの乗った船が陸に着きかけたと同時に、かの船は引き返した。アルメイダは「これらの海路は海賊が多いため、この航路を通る者は時に捕えられ、飢えと苦難に見舞われ、また当地の海賊の習慣として、その後彼らを奴隷として使用者に売り飛ばすことがある」と聞かされた。

こうして一行はある町に着いたが、まだ日没まで時間があったので、翌早朝、さらに七里先へ運ぶ船に乗るため、約四里歩むことにした。ところが、この間の道が非常に悪く、たいそうぬかるんでいたので、アルメイダは馬から降り、膝の上まで泥に浸かって歩かざるを得なかった。救いだったのは、身体を洗うため、数多く流れていた河に行き当たった時であった。だが、このことによってアルメイダの病気はますます悪化していった。さらに、当日は雨がひっきりなしに降り続いたため、アルメイダ一行はすっかり濡れそびれ、疲れ切ってある大きな町に着いた。ここに至って、アルメイダは道中の難儀を感じ始め、自分はここで死ぬのではないかと思われるほど病状は悪化していた。

その翌日は強風のため、また異教徒の祝祭の日であったため、あえて当地に留まった。アルメイダはたいそう衰弱して食欲もなかったが、生命をつなぐため何かを食べようと思っても、米か、塩魚、もしくは腐った魚よりほかになかった。ところが、この町では各々の家で鶏を飼っていた。そこでアルメイダは、同行していたキリシタンを使いにやったところ、数個の卵を持って帰って来た。彼の話では「ちょうどこの日は祭日なので売りたくはないが、病人の薬ということであればお金はいらないからと、善良な村人があるだけの卵を恵んでくれた」と。アルメイダはこのように喜捨の心を持ち、かつ、このように親切な日本人を何とかキリシタンにできないものかと、神に祈らずにはおられなかった。

その後博多に着くと、病気に効くという薬や、多くの見舞品をたずさえたキリシタンたちの訪問を受けたが、アルメイダは豊後に行って病気を治し、また豊後の修道士たちに囲まれて死にたいという望みから翌朝出発した。その際、もっとも裕福なキリシタンが二頭の馬と豊後までの付添人や、病人用の多数の品々を準備して豊後まで送り届けてくれた。

アルメイダはこの約三カ月におよぶ旅において、アルメイダ主従四、五人が要した費用は、実にキリシタンらが慈愛をもって出してくれたと考える以外にない。しかも彼らは、これに対して支払いを受けようとはしなかったと、感謝の言葉を記している。アルメイダらが二〇間滞在した平戸の宿屋の主人は、宿賃を払おうとすると、アルメイダが宿泊するという大きな恩寵を主から垂れ給うたのであるからと言って、けっして報酬を受け取ろうとしなかった。博多においても、一八日間滞在した費用を払おうとすると、家の主人はこれを大いに遺憾として「私の有するものは己のものではなく、司祭らのものであり、私の望みとするのは博多に滞在する司祭と修道士を扶養することである」と言って、アルメイダを非難した。アルメイダは「今、自らの費用で教会を建てているのはこの人である」と述べているので、この博多の宿主とは末次興善《すえつぐこうぜん》であった。博多や秋月に居を構えて商いをしていた興膳は、ポルトガル人との交易の下地があった。その南蛮貿易の実務を担当していたのがアルメイダで、言わば二人は、持ちつ持たれつの関係を持つことになる。

また、博多から始まり、度島、生月島、獅子、飯良、春日と平戸の島々の旅を通して、アルメイダとは初対面ながら、多くの人びとから心からの歓迎と祝福を受け、そして別れを惜しみ、嘆き悲しむ善良なキリシタンとの交流を果たすことが出来た。だがしかし、そのために相当の無理を重ね、健康を損ねて、疲労困憊の体で何とか豊後に帰り着いた。

一五六一年一〇月一日付、イエズス会司祭らに宛て、平戸での出来事を詳細にしたためた書簡の末尾で、アルメイダは「豊後に着いて、私はいとも親愛なるトルレス師と修道士たちの深い慈愛に包まれたにもかかわらず、病はいよいよ重く一カ月間続き、今は非常に衰弱している」と、報じている。

一五六一年一〇月八日付、フェルナンデス書簡にも「ルイス・アルメイダ修道士は大いに病んで八月末に豊後に着いたが、今は幾分良くなっている。我らの主なるデウスが我ら一同に肉体の力を保持せしめ、これによって精神の力を得させ給わんことを。我らがその双方を得るに適した地にいることは我らの主を賛美すべきことである。というのも、当地（豊後）の米と湯は、貴地ゴアのさらに栄養ある食物よりもいっそう大きな力を与えるからであり、このことは私が経験により認めるところである」とある。

極秘に横瀬浦港を探索する

ところで、一五六一年一〇月一日付、アルメイダ書簡では隠されているが、既述したように、ポルトガル船は最初、平戸に来航した。平戸領主松浦隆信はこれを喜び、南蛮との交易を大いに期待した。だが、隆信はポルトガル船の来航を嘱望しながら、一方では、仏僧や家臣の抵抗を怖れ、ヴィレラとロレンソを平戸から追放するなど教会に対する態度はあいまいで、首尾一貫しなかった。そこでトルレスは、平戸港に代わる新しい貿易港を求めるため、西九州の諸侯の誰かをキリシタンにする方法がないかどうか探った。そのためには、ポルトガルの船が来航することによって、領国に物質的利益がもたらされるという希望を抱かせる方法が効果的に思われた。そこでトルレスは、これらのことに特別の手腕と才能を有したアルメイダを平戸へと派遣していた。

某日、アルメイダは、その折平戸に入港していた総司令官フェルナン・デ・ソーサの船のドミンゴス・リベイロという水先案内人と、都出身の古参のキリシタンである近衛バロトロメウと申し合わせ、松浦隆信に気づかれないようにして、大村領主大村純忠《おおむらすみただ》の港である横瀬浦を測量し、視察すること。そして横瀬浦港がポルトガル船の入港ができるだけの条件を備えていることが判明すれば、近衛バルトロメウが大村殿のもとに赴き、「殿みずからキリシタンになり、自領でデウスの教えを説くことを許していただきたい。そうすることによって、殿には精神的にも物質的にも大きな利益をもたらすことになろう」と説得することにした。

その後、この二人は漁船に乗って西彼杵半島北端の入江にある横瀬浦港（現・西海市西海町）を測深調査し、南蛮船が入港するのに十分な深さがあることを確かめた。そこで、近衛バロトロメウは大村の街に至り、大村家の主席家老である朝長純利《ともながすみとし》と談判した。そして、朝長から「コスメ・デ・トルレス師が当国に来訪されたければ、大村家としてはデウスの教えを説き、それを理解してキリシタンになることを欲する人びとに授洗してもよい」との許可を与える。また「大村の殿（純忠）御自身がキリシタンに改宗することに関しては、トルレス師が到着後、直接に殿とゆっくり相談すればよろしかろう」として、バテレンが布教を始めるのであれば、喜んで迎えるとの言質をとることに成功した。近衛バロトロメウは、この返事をたずさえて平戸に帰り、結果を心待ちにしていたアルメイダに伝えた。さっそく、アルメイダはこのことを豊後のトルレスに報告した。トルレスがたいそう喜んだことはもちろんであった。

ところが、アルメイダが平戸を去った直後の永禄四（一五六一）年八月、横瀬浦港の水深調査に当たった水先案内人が乗っていたソウサ船の数名のポルトガル人が、一枚の絹布取引の価格のことで一人の日本人と争った。この争いは大きく発展し、総司令官のフェルナン・デ・ソーサが助勢に駆けつけて来るまでの騒ぎとなった。平戸港そばの七郎宮の門前で起きた、いわゆる「宮の前事件」である。そしてフェルナン・デ・ソーサ以下一二、三人が松浦家臣により惨殺されたが、フロイスは「肥州の家臣たちは、数も少なく不案内なポルトガル人に対して実に非道、かつ残虐な態度で挑み、総司令官、および一三名のポルトガル人を殺害するに及んだ」と手厳しく批判した。だが、日本側の資料では「喧嘩の仲裁に入った日本人を言葉の通じないポルトガル人が加勢に来たと勘違いして剣で傷つけた。それを見た侍たちが激昂し、相手の全員を取り巻いて殺害した」となっている。

いずれにせよ、このとき領主松浦隆信が誠意ある態度をとらなかったとして、ポルトガル人は平戸での貿易を拒絶した。トルレスもまた、平戸での貿易を拒否することに決めた。そして、このような事情を背景に、平戸に代わる新たな貿易港として横瀬浦の開港に大きな期待が寄せられた。

以後、アルメイダの活躍によって、西九州の布教事業はにわかに活況を呈することになる。

第三章

薩摩への旅

平戸から豊後に戻ってからの一カ月、アルメイダはトルレスが豊後の外へ派遣するのをためらうほど病に苦しんだ。その後もアルメイダは、しばしば布教の派遣先から病気になって帰ったが、平戸への旅は余程つらかったらしく、「私は旅の疲れよりも病気で死ぬのではあるまいか？　と思われるほどにきつくなっていました」と語っている。

一五六一年一〇月初め、アルメイダの体調はすでに快方に向かっていたため、トルレスは豊後の周囲にあるキリシタンの村々五カ所に、祭壇を備えた教会を建設するのが良いと考え、アルメイダを派遣した。アルメイダはこの教会において機会あるごとにミサ、および説教を行うことにした。また、病気のため豊後の教会に赴くことができない者は、日曜日、および聖人の祝日ごとに集会してデウスに祈るように定め、各祭壇に聖ロザリヨ一連とこれを用いる規則を記したものを備えおき、すこぶる立派な祭壇を造って多数の人をキリシタンとなした。そして、その使命を果たした一カ月後に豊後へと戻った。

一一月、豊後のトルレスのもとに、薩摩半島の泊港（薩摩半島西南端に近い坊津の北側）で越冬中のポルトガル人船長マノエル・デ・メンドンサの一行が告白のためやって来て、アルメイダを派遣するよう要請した。そして薩摩国主島津貴久からインド副王に宛て、鹿児島にもポルトガル人が駐在するよう書状が送られたが、それと同じ内容の書状がトルレスにも届けられた。「鹿児島はザビエル師が日本布教の第一歩を印した由緒の地であります。宣教師が常駐なされるのは当然のことです。神父の布教活動は自由であると約束します。……良い御返事をメンドンサ船長へ御ことずけ下さい……」と。

この書簡を信用すべきかどうかについて、イエズス会士の間で意見が分かれたが、布教長トルレスはアルメイダを薩摩に派遣することにした。

アルメイダ、薩摩へ旅立つ

一二月、マノエル・デ・メンドンサら三人のポルトガル人船員、それに豊後の住院（カーサ）の同宿ベルショールら総員一〇数人を伴って、アルメイダ一行は豊後を出発した。まず、九州脊梁山脈を越えて有明海に向かうため、二〇頭の馬を供として、険しい悪路の中、大寒の吹雪に身をさらされながら九重から阿蘇を横断することにした。ところが、第一の宿泊地である朽網の一里手前で日がどっぷり暮れ、道がわからなくなった。このとき、一〇人から一二人のキリシタンが松明をたずさえて出迎えてくれた。そして彼らは、アルメイダらを大きな教会に案内した。この教会には、アルメイダによってマカオから送られてきた聖像が安置されていたが、大勢のキリシタンが一同を待っていた。彼らはさっそく、足を洗うようにと温かいお湯を沸かし、盛んに火を焚いてくれた。ポルトガル船員らは、涙を流して喜んだ。

翌朝、約一里ほど同行したキリシタンに見送られ、朽網から三日間かけて高瀬に着いた。その道中、一行はかなりの苦労に見舞われた。アルメイダ書簡には「山より流れ落ちる水（滝）は空中に凝結して幾本もの巨大な帆柱のようになっていて、山の斜面は一面氷と霜で覆われていた」とあり、寒気はなはだ厳しく、山から流れ落ちる水は凍っていて、それを見た一同は驚嘆した。

ちなみに、アルメイダは豊後〜九重連山の南側の朽網〜阿蘇外輪山の北側の小国〜山鹿〜高瀬に至る山越えの陸路を四日間の行程でもって高瀬港に至っているが、現在、この道はアルメイダ街道（キリシタンロード）とも呼ばれている。

高瀬で乗船し、しばらく航海したところで逆風となって、やむなく、ある住民の多い町（八代《やつしろ》？）に寄港した。上陸して一軒の家に入ったが、西洋人を見たことのない町の人びとがこれを見ようと大勢で駆けつけた。アルメイダは、通訳として同行させていたベルショールにキリストの教えを説かせた。その説教が終わるころには全員がキリシタンになることを希望したが、キリシタンを嫌うその地の領主を怖れており、彼らは憐れみを起こさせるほど悲しんだ。アルメイダは、大友宗麟の家臣であるその領主に宛て、豊後国主からキリシタンになる許可を求める書状を得ることを説いて彼らを納得させた。彼らとの交わりは一日半であったが、アルメイダは「かつて発見されたすべての地において、日本人ほど理解を有し、また優しい国民はないように思われる」と述べている。

さらに、その町から阿久根《あくね》に向かう途中、逆風にあって一三日間の足留めをくった。その間、小船の中で寒さと雨のために打ち震え、また大根の葉や米も底をついたが、大金を出してもこれを求めることが出来ず、ようやくにして阿久根に上陸した。阿久根にはポルトガル人のアフォンソ・ヴァスの所有船が越冬していたので、彼らのもとを訪れて歓迎された。その後、阿久根の領主（註・阿久根氏は島津家臣として阿久根地頭を世襲していた）を表敬訪問したところ、領主はアルメイダらを大いに歓迎し、饗応してくれた。そしてアルメイダは、機を見てデウスの教えを語り始めたが、話は非常にはずんで、すっかり時がたつのを忘れてしまって夜になっていた。そこで晩餐を共にした後、領主は多数の家臣を呼び寄せて夜遅くまで聴聞し、夜食まで供してくれた。

次の日、阿久根の領主が一三里の所にある別の港に運ぶために用意してくれた小舟に乗り込んだ。乗船後、非常に激しい風に見舞われ、海岸は荒れ狂って避難する場所がなかったので、逆巻く怒涛のためにはなはだ苦しめられた。アルメイダの舟は帆をごく僅かながら用いて、この一三里を三時間かけて進みながら目的地に着いた。その日の午後、同所に宿泊した。

翌早朝、ある港（市来か江口港）で下船し、市来の鶴丸城に赴き、かつてザビエルがキリシタンにした城主の妻と子どもを表敬訪問することにした。ただ、鶴丸城は高い山岳に築かれた四面は絶壁の山城で、それが一〇の砦に分かれていた。また砦は互いに遠く離れていて、ことごとく鶴嘴《つるはし》で掘ったとても深い濠をめぐらしていた。そして互いに吊り橋で結ばれており、橋を渡りながら下を見ると、そのあまりの深さに奈落の底を眺めているような思いがした。アルメイダには、これがとても人間業で造れるなど信じられない思いだった。こうして平城、番屋城、大根城などの城棚の中央に主城である鶴丸城があり、薩摩国主の家臣である新納康久が在城していた。

鶴丸城に着いたアルメイダは、かつてザビエルが帰依させた一五人のキリシタンはじめ諸人から多大な愛情をもって迎えられた。トルレスの名代として城主を訪問した後、城主の奥方や子女ら、またキリシタンの家臣がアルメイダを取り囲み、ザビエルのこと、ならびに豊後や都、その他の地方のキリシタン宗団の発展のことなど、多くの事柄を訊ね始めた。奥方からは、彼女が身につけていた聖宝袋から祈禱文を見せられたが、それはまさしくザビエル自筆のものであり、連禱がついていた。同じく、かつてザビエルから洗礼を授けられ、今は家令のような老人であるミゲルから、ザビエルから贈られたという苦行用の鞭を見せられた。アルメイダは城主康久にデウスについての講話を行い、また城主の二人の子を含む数人の子どもたちに洗礼を授けた。

翌日、城中の一室に、持参していた荘厳な聖母の画像で一種の祭壇を飾り整えた後、九人に洗礼を授けた。市来を離れるに際し、アルメイダは市来への再訪を約束した。

一五六一年の末か、翌年の初め、アルメイダは鹿児島の市に到着した。宣教師の鹿児島訪問は、一五四九年に到着したザビエル以来、一三年目のことであった。そしてポルトガル人らと一緒に国主島津貴久に謁見し、トルレスからの返書を差し出した。その後に通訳のベルショールを介して貴久の前で一席講話を行って、貴久から鹿児島滞在の許可を得た。

アルメイダと対面した貴久は、まず、第一に「ポルトガルの貿易船が薩摩の港に入るには、どうしたらよいのか教えてくれ」と質した。それに対して、アルメイダは「殿ご自身がキリシタンとなり、薩摩地方の布教に尽力されることが一番の近道である」と答えた。しかし貴久は、南蛮貿易は渇望しても、自身がキリシタンになることなど考えられないと応答した。アルメイダは、ずいぶん虫がよすぎると思いつつ、薩摩国主に別れを告げた。その後、鹿児島の市から二日のところにある泊の港に向かったが、途上、加世田《かせだ》にあった薩摩国主の祖父を訪ねて三日間滞在した。

この旅路では終始、多くの雪に見舞われ、そのために、深く積もった溝に馬が落ちてしまい、抜け出すのに難儀した。地面には白のほか見えるものはなく、道が見えないために前に進むことが出来ず、このため鹿児島に二、三日間留まった。アルメイダは「同所で私はかつて日本で見たことのないほど多くの雪が降るのを目の当たりにした」と記している。また「当地の寒さは都に比べれば微々たるものであり、都に滞在するヴィレラ師らが見舞われる寒さを当地によって察することができよう」などと、都のヴィレラを気遣っているが、アルメイダの健康には、特に寒さがこたえた。

泊港に停泊中のメンドンサの船に着いたアルメイダは、ポルトガル人から大いに歓迎された後、さっそく、病人の治療に取りかかった。彼らは冬季のはなはだしい寒気と、粗末な食べ物と冷たい水を飲用していたために、大半が病んでいた。アルメイダは医術により、あるいは主（デウス）の助けによって彼らの健康を回復させた。この地において、切にキリシタンになりたいと願い出た九人のポルトガル人をキリシタンにした。

これとは別に、アルメイダはトルレスからある使命を託されていた。当時、日本人は婦女子たちを中国で奪っては、それを非常な高値でポルトガル人に売りさばいていた。その日本人から買いとられたという婦人たちが、このポルトガル船内に多数閉じ込められていた。トルレスの使命とは、この婦人たちを皆、専用の船室に入れ、人望のある二人の男をその世話に当たらせるように、というものであった。アルメイダはポルトガル人たちに一定額を支払うことを約束し、奴隷となった婦女子への待遇改善を求めた。ポルトガル船員は、善処を約束した。アルメイダは「皆、私が求めたことの一切を深い信心と謙虚をもって実行した」と述べている。ただし、これは憶測にすぎないが、かつては貿易商人として奴隷の売買にも関わって莫大な財産を築き、一時は享楽を夢見たアルメイダにとって、内心忸怩たるものがあったのではないだろうか。

ちなみに、ポルトガル船が来航するようになって以来、日本人が海外に奴隷として売られる数が急速に増えた。特に西九州の貧しい日本人で海外に売られ、奴隷とされた者も多かったとされている。そこで一五七〇年、在日イエズス会員からの請願により、ポルトガル国王は日本人奴隷売買禁止令を発したが、効果はなかった。

後年、豊臣秀吉は島津討伐の帰途、博多の箱崎に滞在中、日本準管区長コエリョに対して「商用の為に渡来するポルトガル人、シャム人、カンボジア人らが、多数の日本人を購入し、奴隷として他の国に連行している。それらは許すべからざる行為である」と詰問したが、コエリョは「この忌むべき行為は、ここ下（九州）の九カ国においてのみ広まったものであり、もっとも肝要なのは、外国船が来航する港の殿たちが厳重にそれを禁止すべきだ」などと返答した。事実、彼ら宣教師は、日本人を捕獲して奴隷化する行為を犯したわけではない。しかし、ポルトガル船の九州の港への開港にイエズス会がその決定権を持ち、日本人捕虜の売買を含む貿易によって生じた収益によって、イエズス会の財政が支えられていたのも事実であり、コエリョの返答は責任逃れの詭弁としか思われない。

また、豊臣秀吉が薨去《こうきょ》する直前の一五九八年八月五日、ヴァリニャーノは新任の日本司教セルケイラとともに三度目の来日を果たした。そして、秀吉の死に先立ってまず着手したのは奴隷問題の解決であった。ヴァリニャーノとセルケイラは、ポルトガル商人に奴隷売買を禁ずる態度を明らかにした。しかしながら、この問題の解決は容易ではなく、その後も改善しなかったとされている。

仏僧と宗教談義を交わす

アルメイダは泊浦の港におよそ一五日間滞在した後、鹿児島の市に戻って当地に四カ月滞在した。この地は偶像崇拝や仏教の祭祀が盛んで、アルメイダの話を聴きに来る者はごく少数で、しかもわずかにいたキリシタンたちも仏僧らに妨げられて、ようやく密かに集まることができる有り様であった。そこでアルメイダは、この事態を打開するために、幾人かの重立った仏僧たちと親交を結び、彼らがデウスの教えを理解するよう導き得るかどうか試みることにした。

この鹿児島の市には、同国のすべての寺院の内でもっとも格式の高い島津家の菩提寺である曹洞宗の福昌寺《ふくしょうじ》があった。そこには一〇〇名あまりの僧侶がいて、同寺院の最高位の僧は東堂《とうどう》と称され、国主島津氏、およびすべての家臣から最高の尊敬を受けていた。そして当時、東堂の位にあったのが忍室《にんじつ》という長老の禅僧であった。

一五四九年、鹿児島に上陸したフランシスコ・ザビエルは、しばしば忍室のもとを訪れて宗教談義を交わした。この忍室について、ザビエルは「私の大いなる友で、まったく驚くばかり親密であった」と述懐している。そこで、アルメイダは忍室を訪ねていったが、すでに高齢に達していたその禅僧は、アルメイダに深い愛情を示して大いに歓迎し、ザビエルとの出会いの思い出など語ってくれた。アルメイダは忍室を訪問するに際し、彼がひどく目を患っていると聞いていたので、ある種の目薬をたずさえて治療を施し、そうして忍室を喜ばせた。また、忍室は「拙僧はフランシスコ師が当地に滞在なされた折、説教される内容を切に理解しようと熱望いたしたが、通訳がいなかったために全然おっしゃることが分からなんだ」と言い、「望めるものなら、今も洗礼を受けて死にたいという気持ちを抱いている」などと語った。そして、現実に創造主はいるのか、なぜこのように季節の変化があるのか、なぜ雨が降るのかなど、日本人が平素質問するようなことを訊ねてきた。忍室は、アルメイダの答弁を聴いて非常に喜んだ。

鹿児島の市のそばに、福昌寺の末寺である南林寺《なんりんじ》という禅宗の大僧院があった。そこに住んでいる長老もまた、東堂の位を有していた。この長老は、当初は忍室の門弟で、かつてザビエルからデウスの教えを聴いたことがあり、そのことに非常な好奇心を抱いていた。そこで、アルメイダを呼びに来させ、師の忍室にはるかに優る歓待、心遣い、親愛の情を示した。そうして二人は、きわめて親密で信頼するに足りる友誼を結んだ。その結果、もしもアルメイダが毎日、その僧院を訪ねて行かないときは、彼の方からアルメイダを訪問するまでになった。また、彼の僧院にアルメイダを泊まらせ、宗教談議に興じ、何日かにわたって二人の間で熱心な議論が交わされた。そしてその長老は、デウスの教えが正義にかない、神聖で真実のものだと理解したので、洗礼を授けてくれるように懇願した。しかし、アルメイダは「キリシタンとなったら、そのことを公にし、禅宗の信徒として身に帯びしておられる徴しを放棄しなければなりません。そして貴僧は、現下の長老の身分を放棄しなければならない」と教え諭した。結局、その長老はそこまでの決心はつきかねた。

その長老はまた、デウスの教えを聴聞させるために、学識の深い法泉寺という寺の住持と、コーカク寺の僧侶を呼んだ。法泉寺の僧侶は、日本の学問の水準からすれば、偉大な数学者とも言える人であった。彼はアルメイダに、日蝕、月蝕、干潮、満潮について訊ね、その他、空気層の不完全な混合について幾多の質問をした。こういう時のため、アルメイダは、これらすべての質問について回答を添えてノートに書き込んだものを持って来ていた。それによって件《くだん》の仏僧に幾つか図をもって解説したところ、僧侶はこの回答を理解し、完全に満足するに至った。その他、宇宙の成り立ちにも質問が及んだが、アルメイダは西洋思想にも知識があって宇宙談義ができたので、アルメイダの説明を聴いた仏僧たちは両手を叩いたり、頭をうなずけて納得した。そして、その仏僧は「僧侶の位は放棄できないが、心の中でキリシタンであるよう努めることにいたそう」と述べた。また、アルメイダは「忍室の弟子であった何人かの僧侶から、薩摩においてザビエルの身に生じたこと、およびその他の出来事について詳しく話を聞くことができた」と、記している。

その後もアルメイダは、何度か忍室と語り合ったが、忍室はキリシタン信仰のことを公にし始め、それらを大いに賞賛した。ある日、忍室は幾人かの貴人が居合わせていた場所で国主貴久と語らう機会があり、これまで自分がアルメイダから聴聞した幾つかのことを述べた。それに対して、貴久は「それは貴いことだ」と答えた。この国主の言葉とか、アルメイダが忍室のような高僧と親密な関係にあることは、多くの人びとを勇気づけ、自分たちの霊魂が救われるためデウスの教えを聴きたいと望むようになった。そのような折、国主の寵臣のうちはなはだ身分の高い二人の家臣が、キリシタンになることを強く望んだ。そこで、彼らが信仰のことをよく理解した後、その二人とその妻や家臣およそ三六人をキリシタンにした。続けて、他にも改宗する人が出てきた。アルメイダはこれらの信者の助けを借りて、鹿児島の市に小さいが教会風の清潔で立派な一軒の家を建てることが出来た。

薩摩を去る

その後アルメイダは、鹿児島から六里離れた市来のキリシタンに呼ばれ、鶴丸城に赴いた。同所に一二日ほど滞在し、その間に毎日、ドチリナの他に説教を二度行った。仏教徒たちのためには、仕事のない夜を選んで説教した。城中のもっとも身分の高い武士のうち四、五人が理解を示して改宗したが、その中の一人は、デウスによる世界の創造からキリストの生誕と受難の玄義に至るまで、自分が聴聞したことのすべてを一冊の書物（細字の約五五枚のもの）としてまとめていた。アルメイダは、この書物を豊後、その他の地方にたずさえて行き、一般信者に示し伝えるため、これを書き写してもらい受けることにした。また彼に、自分の持っていた日本語で書かれた教義書を謄写させたが、彼は熱意をもってこれを一日半で書き写した。そこでアルメイダは、日曜日の集会のときに同書をキリシタンのために読む役目を彼に与えたが、全員が集まってまず本の一章を読み、それについて一時間ほど討論させた。

この市来において、幼少のときザビエルから洗礼を授かり、今は一七歳となった城主の長子（又八郎）も明敏なる才知と記憶力に優れていた。彼は短期間に教義・祈禱・信仰問答などを覚え、他のキリシタンらに教義を教えた。その結果、同城ではすでに帰依している者のほかに七〇人近くがキリシタンになったが、彼らは城の内部に、非常に美しく整えられ、また非常に敬虔な教会を造り、その中に聖母マリアの祭壇画を安置した。ただし、城主の新納康久はキリシタンになろうとしなかったため、キリシタンたち、とりわけ改宗した殿の夫人とその子は、彼のためにデウスに祈り、彼を訪問してその誤りを悟らせるようにしてほしいと、アルメイダに懇願した。

そこでアルメイダは、城主康久を訪問し、すでにデウスの教えを幾度も聴いているのになぜ改宗しないのかと、その真意を問うた。すると、康久は「デウスの教えが真実であることを知ったために、我が子や家臣がキリシタンになることを認めた。だが、キリシタンになることを表明しないのは、もし国主の許しなくキリシタンになり、これが国主に知られれば、その寵愛を失うことになるのを怖れるからである。それが解消され、また私の希望が入れられるようになったら心からデウスを信奉するであろう」と答えた。この知らせはただちに城内の人びとに広まり、キリシタンらを大いに力づけ、慰めた。

鹿児島に滞在中、豊後から一人のキリシタンが来て、トルレスからの命として「某国の殿からデウスの教えを説くために宣教師の派遣を要請してきているので、豊後に来るべし」という書状がもたらされた。そこで、薩摩を去ることにしたが、キリシタンや仏教徒たちは、アルメイダがまもなく出発することを知ると心配し、仏教徒たちは慌てて、キリシタンになることを希望し始めた。アルメイダは、受洗する資格があると認めた人びとに洗礼を授けた。ただし、その他の人びとに対しては、これを慰めるに留めたが、その中には、デウスの教えについての理解を日々深めていた高僧の忍室と、七〇歳になる忍室の伴侶の僧がいた。アルメイダは、彼らに己の僧院を放棄するか、あるいは一緒に豊後に行くかして、公にキリシタンになる以外に道はないと慰めた。こうして彼らは、キリシタンにしてほしいと切に懇願したが、その一方で、国主、もしくはその他の殿が逝去したとき、彼らがその葬儀に赴き、そこで彼らの宗派・禅宗に基づいて祈るほかはないと、そのことに関しては決して譲ろうとしなかった。

翌朝、出発の段になって、当地のキリシタンらは旅路のため、土地の貨幣であるカシャや、米、酒、また鹿や猪などの獣の肉と紙を差し入れた。この好意をアルメイダはひどく喜んだが、薩摩滞在中、アルメイダは「キリシタンになった者は大勢ではなく、二〇〇人余りであったろうか」と記している。

鹿児島から乗船の用意が整うまでの間、アルメイダは市来の鶴丸城に一両日滞在した。そして今後、彼らがいかに身を処すべきかについて説いた。船の準備が整ったとの知らせが来たので、教会で彼らに別れを告げると、人びとは、言い表せぬほどの深い悲しみとともに涙を流した。また、領主の子息と親戚が船まで同行し、婦人たちはことごとく城の上からアルメイダを見送り、あまり長く豊後に留まらず、すぐに戻るようにと懇願した。アルメイダは「あたかも彼らの救いが私の帰還にかかっているかのようであった」と述べているが、この地に駐在する宣教師がいないという無念さをつくづく痛感させられた。

六月、串木野か京泊から乗船して一七日を要して、多くの人びとの出迎えと歓喜のもと豊後に到着した。というのも、アルメイダが薩摩へ派遣されれば、きっと大きな危険に見舞われるはずで、生きて再び豊後に帰還する望みはないと思われていたからであった。

ちなみに、フロイスは「『コスメ・デ・トルレス師がルイス・デ・アルメイダ修道士をして薩摩で行わせた布教旅行について』（『日本史9』第二三章）の経過を叙述するにあたっては、ある部分はルイス・デ・アルメイダ修道士の書簡、またある部分は旅行中、修道士と同行し、その通訳を務めた日本人同宿（註・ベルショール）が幾年も後に私に報告したことに基づくことにする」と記している。

ところで、一五六二（永禄四）年、薩摩の国主島津貴久からインド副王に宛てた書簡が残されている。「昨年、予（よ）の鹿児島諸島にコンパニヤ（イエズス会）の伊留満（イルマン）一名が来て、説教をなせり。このとき、予は戦のため救援の準備にあたっていたために、予が望むような彼ら（伊留満）にふさわしい栄誉を与えることができなかった。これは予のはなはだ遺憾とするところなり。（中略）閣下、もし予に書簡を送っていただけば、予にとって大いなる名誉で、予もまた毎年返書を送ります。こうしてポルトガル人や伴天連ら当地に来る時は、彼らには閣下の書簡、もしくは伝言を持参させてください。そうすれば、彼らに相当する歓待をなします」

それとは別に、インドのイエズス会管区長に宛てた書簡もある。長文になるので、その一部を紹介するが「豊後から伊留満二名が来たが、彼ら、その言葉に力あり、心は強く、教え新鮮にして彼らを天来の人のように尊重した」と述べ、「当国に伴天連が居なければ、天が覆われ、太陽が蝕（しょく）していかなる光彩もないかの思いである」などと、アルメイダが薩摩へ来たことを褒めちぎっている。ただし、フロイス『日本史』の訳者松田毅一は、本書状は、およそ日本人の書状らしくなく、おそらく島津貴久が、アルメイダに一任して執筆させたのであろうと記している。

こうして島津貴久、その後継者となった義久《よしひさ》しかり、内心ではキリスト教の教えは嫌っても、南蛮貿易がもたらす利益への期待を捨てきれなかった。その一方で、キリシタンを憎む僧侶や神官らは、島津家に病気や災難があると、キリシタンの祟りなどと言いふらしてアルメイダを悩ませた。しかし鹿児島城下に教会を建てるなど、アルメイダの第一回目の薩摩の旅では、それなりの布教の成果が得られた。

第四章　キリシタン大名大村純忠

過ぐる一五六一年、アルメイダから横瀬浦の開港について良き返答を受け取ったトルレスは、アルメイダがまだ薩摩に滞在中、この計画を確実にするため、内田トメを大村に遣わし、大村純忠が先に約束したことに変わりがないかどうか確かめさせた。純忠は、内田トメに対して、次のように証言した。

一、文書に作成した允許状を下附するのみならず、さらにキリシタンの教えを領内に弘めるため、一人の修道士《イルマン》を派遣してもらいたい。

一、横瀬浦に教会を建て、これに収入を与えるため周囲二レグア（約三里）の土地と農民を教会に提供する。さらに同港内には、パードレの意志に反しては、異教徒の居住を許さない。

一、横瀬浦の港はイエズス会に譲渡し、ポルトガルの商人が安んじて来航し、宿泊する便宜を提供する。かつ、ポルトガル人がこの港に来ることを欲するならば、今後十年間税を免じ、その他能う限りの便宜を計るであろう。

この知らせをたずさえて意気揚々、内田トメは豊後に戻った。そこでトルレスは、前途布教の道が展開したことを感謝しつつ、アルメイダを豊後に呼び戻し、彼を再び大村に派遣して、この横瀬浦開港の交渉を完結せしめることにした。

こうして豊後に到着したアルメイダは、まず、修道院で養育している二一歳くらいの日本人青年から博多で多大な成果を挙げたことを聞かされた。この青年とは、ヴィレラとともに京都に派遣されていたダミアンのことであるが、ダミアンは一五六〇年末か翌年初めに、辛酸をなめた京都から豊後に戻っていた。そこでトルレスは、ダミアンの徳とその謙遜さを信頼し、病気で臥せっていたフェルナンデスに代わって、京都から帰ったばかりの彼を博多へ派遣した。ダミアンは、二カ月間でおよそ一〇〇人の身分ある人びとをキリシタンに導いた。

横瀬浦港の繁栄

アルメイダは豊後に一カ月ほど滞在した後、トルレスからフェルナンデス、ダミアン、ベルショールとともに平戸行きを命ぜられた。そしてトルレスは、フェルナンデスは途中博多に留まり、アルメイダはダミアンとともに平戸に赴き、また平戸から大村領の横瀬浦の港に行くようにと命じた。

一五六二年七月五日、アルメイダは博多駐在を命ぜられたフェルナンデス修道士、同宿のダミアン、また、彼につねに随行するベルショールを伴って豊後を出発した。五日目に博多から四里のところにある一貴人の家に宿泊した。彼は、その家人一同とともにダミアンによってキリシタンとなった人である。二人は玄関の前にある庭に入ったが、そこには美しい立派な十字架が建てられていた。それは博多に建てられた最初の十字架であった。アルメイダらはキリシタンの貴人とその家族に取り囲まれ、大いに歓待された。アルメイダは「この貴人は博多市において大いに尊敬せられ、また諸人に知られた人であるため、彼によって同市において多数の人がキリシタンに帰依すること」を期待した。

翌日、その家族らと別れて博多の市に到着し、同地でキリシタンたちから深い愛情を持って迎えられた。フェルナンデスはダミアンに代わって博多で仕事を続け、博多からは平戸行きを命ぜられたダミアンが同行した。ダミアンを深く慕っていた博多のキリシタンたちは、我々以外にも受洗を希望している人びとがいるから、ぜひダミアンを残すようにと切望した。アルメイダは「トルレス師の命によってダミアンは平戸へ派遣されて行かざるを得ないが、彼はもう少しすれば平戸から帰ってくるから」と言って、彼らを説得させた。

七月一二日、博多から平戸の向こう七、八里にある横瀬浦の港を目指して出発した。途中、ダミアンと同伴の一キリシタンを平戸で下船させ、その三日後、ベルショールとともに横瀬浦の港に到着した。到着の翌日、数名のポルトガル人を伴って大村湾を船行し、大村領主大村純忠を訪問した。これは、領主純忠が過ぐる冬にトルレスに書状を送ったことについて、事を明白にするためであった。純忠はトルレスの名代であるアルメイダの来訪を喜び、アルメイダらを大いに饗応して歓迎した後「先に取り交わした約束については万事承諾する」と話した。そこでアルメイダは、大村の首席家老朝長伊勢守純利と会って協議のうえ、正式な約定書を取り交わした。

その後アルメイダは、家老朝長の弟・新助の家に三日間滞在した。この新助は、のちに主君純忠の受洗とともに洗礼を受け、ドン・ルイスの教名を授けられた。

その三日後、アルメイダはこの件をトルレスに報告するため横瀬浦に戻り、トルレスからの返答が得られる間、この地に逗留することにした。純忠は、アルメイダのため家臣に命じてヒノキ材の美しい家を建ててくれた。アルメイダはその家の中央に祭壇を設けたが、自らの設計による仮の教会の建設に着手した。同時に、横瀬浦のキリシタンたちもアルメイダのもとを訪れて説教を聴き始めた。

一方、アルメイダからの通知を受けたトルレスは、シルヴァ、ギリェルメ、サンショスの三修道士を豊後に残して、内田トメ、アゴスチイノらを従え、横瀬浦へ向け出立した。折から都合よく、薩摩の泊から豊後の教会に告白のために来ていたメンドンサの船が高瀬まで同行し、トルレス一行は伊佐早を経由して横瀬浦に向かった。このとき、アルメイダは豊後のトルレスのもとへ若干の物資を送ろうと準備していたところ、そこに人びとがやって来て、もうトルレスが近くまで来ていると知らされ、非常に驚いた。なぜなら、トルレスは高齢のうえ疲れており、旅路はとても難儀なことから、まさか本人が横瀬浦まで来るなど不可能であると思っていた。アルメイダは、一〇数人のポルトガル人とともにトルレスを出迎えるため船を出し、港から一里のところでトルレスが乗って来た船と出会い、再会を喜び合った。トルレスの船が横瀬浦港に入ると、ポルトガル船は旗を掲げて祝砲を放って彼を歓迎した。

その翌日、アルメイダは領主純忠との交渉の経過をトルレスに話したところ、トルレスは純忠との交渉をまとめるため、横瀬浦から約一五里内陸にある純忠の居所にアルメイダを派遣した。アルメイダは領主純忠から大いに歓待され、同所に五日滞在し、純忠からの返書を受け取って横瀬浦へと帰って来た。横瀬浦ではアルメイダから引き継いでトルレスが教会の建設に取り掛かっていたが、純忠はこれを援助するため建築用の資材とともに人夫を差し向けた。

横瀬浦の港はその幅一里、沖からずっと近づかなければ港口が見えないほど隠れていた。その内部の両岸には多数の村落があり、そのもっとも良好な港が右側の方へ半里入ったところにあった。そして、港の入り口に高く丸い小島があり、ここから港の右側の海辺を行くと、トルレスによって建てられた教会があった。さらに、高く鬱蒼たる林に全面囲まれ、中央に美しい泉の湧いている広場の真ん中に住院(カーサ)が建てられた。またトルレス神父が横瀬浦にいるのを知った平戸、生月、度島のキリシタンたちは、トルレスに会って告白するために船に多数の進物を積んで渡って来始めた。

この間、博多を統治していたある領主が、約三〇人を乗せた船を横瀬浦に派遣し、過ぐる戦で自分の家臣である三名の重臣が銃創を負わされたので、彼らを治療するためにイエズス会の誰かを派遣してもらいたいとトルレスに懇願した。この領主は異教徒であるとはいえ、バテレンに対し好意的で、大勢のキリシタンの家臣を有し、またこのたびに負傷した重臣を寵愛していた。そこでトルレスは、このことに熟達している修道院の一青年を博多に派遣した。その青年はもう数日来、鉄砲の弾が身体の中に入っていて、誰一人治療する者がいなかった彼らの身体から弾を抜きとって、彼らを一五日間で回復させた。しかもこの青年は、多額の謝礼を出されたが、いかなる報酬も受け取ろうとしなかった。このことは博多の領主とキリシタンの家臣に大いなる歓喜をもたらした（この「アルメイダ書簡」にある銃創《じゅうそう》処理法に熟達した修道院の一青年とは、アルメイダから銃創処理法を学んだとされているが、「医療禁令」を気遣ったアルメイダ本人であったとする文献もある）。

それから数日後の七月末、トルレスは毎年九月、国主宗麟がイエズス会の修道院を訪れ、晩餐を共にする習慣になっていたため、自分の代理としてアルメイダを豊後に派遣することにした。この命を受け、アルメイダはベルショールと平戸から来たダミアンを伴って横瀬浦の港を出発した。ダミアンを同行させたのは、博多の人びとが彼の到来を大いに望んでいたため、同地に彼を派遣するためであった。

博多において、四カ所に関所を設けた地方を旅していたときの出来事だが、アルメイダは豊後の司館の用にあてるために携行していた所持品に対して、役人たちが要求する課税がいかにも法外であると見なして、一人のキリシタンを通して、そのことを博多の領主に伝えさせた。その領主は、ただちに「バテレンたちが自分の領内を通過するときには、いつ何どきでも、彼らに課税することは罷りならぬ。彼らを自由に往来させよ」との命令を下した。その後、バテレンたちがその地を通過するときには、これまでとは反対に、多大の尊敬と客遇を示されるようになった。

こうして七月二五日、横瀬浦を発ってから九日間で豊後に到着し、豊後の修道士らと喜びの再会を果たした。その七日後、晩餐のため宗麟は、嫡男の義統《よしむね》と数人の重臣を伴って修道院を訪れた。というのも、アルメイダは前もって宗麟を訪問し、まだ五歳にならない彼の世継ぎの子を同伴するよう請うたところ、宗麟は大喜びでこれに同意した。そこでアルメイダらは、なしうる限り必要なものを整えて国主を迎えた。食卓に着くと、日本と西洋の双方の料理が出され、食事の間、白衣をまとった少年たちによってヴィオラが演奏された。アルメイダは「キリスト教国の王侯の前でも演奏できるほどである」と感じ入った。また宗麟らも、これを聴いて非常に喜んだが、まだ幼少の義統は食事するのを忘れて音楽を奏している少年たちのところに座っていた。夕刻、宗麟らは接待の労に感謝しながら辞去した。

その翌日、アルメイダは宗麟のもとを訪れ、横瀬浦に帰る許しを求めた。宗麟からは教会が司祭不在の状態になっているので、ただちにトルレスに戻るようにと伝言された。その翌日、豊後から博多に赴き、ここにダミアンを残し置き、博多からフェルナンデスを伴って横瀬浦に向かった。

九月二二日、横瀬浦の港に到着すると各自の職務に取り掛かり、アルメイダは土地の諸事に、フェルナンデスは悔悛と聖体についてキリシタンらへの説教を開始した。フェルナンデスが説教を始めると、平戸に近い島々や町からも人びとが訪れた。またフェルナンデスは、ミサを捧げた後、新たな改宗者たちにキリシタン宗門の教理を教えることに専念した。そして昼食を食べ終わるやいなや、さっそく子どもたちや求道者たちのために教理教育を毎日続け、横瀬浦の教会付近にいた約二五〇人に洗礼を授けた。また夜には、人びとが毎日唱えている連禱の後で、真夜中まで大村純忠が寄こした身分の高い貴人や仏僧と宗論を交わした。

一五二六年にゴルドバ（スペイン）の豪商の家庭に生まれたジョアン・フェルナンデスは、一五四八年、宣教師としてリスボンからゴアに渡った。その後、ゴアのコレジヨにあって、洗濯をしたり病人の世話をしていたが、その謙譲で敬虔な姿をザビエルに見い出され、ザビエルに伴われて来日した。ゴアを出発するに際し、ザビエルは彼を司祭に叙階しようとしたが、フェルナンデスは自らを司祭叙品から除外してもらいたいと、涙を流して訴えた（フロイス）。また、普段から日本語の学習に専念して、一冊の文法書もなしに日本語を自由に話せたとされている。アルメイダにとっても、このような敬虔な宣教師と生活を共にすることは最高の喜びであり、かつまた、彼から多くの感化を受けたと思われる。

そうして、トルレス、アルメイダ、フェルナンデスによって横瀬浦における布教は著しく進展したが、トルレスのもとには、日本各地から説教や洗礼を受けようと大勢の人が来訪した。トルレスが説教を始めると、平戸付近の島々、その他各所より人びとが秩序よく訪れた。彼らは告白をするために来て、その去った後、また他の少数の人が来て、このようにして一時に来る者は男女合わせて三〇人を超えることはなかった。そしてトルレスの前に来ると皆、大いなる感激をもって涙を流し、神に接するかのように尊敬を表した。聖体はかならず毎週、時には一週二回これを行ったが、この間、彼らは断食を行い、また悔悛をなして大いにデウスを称えた。アルメイダは「予がごとく冷淡なる者といえども大いに刺激された」と述べている。

一人のポルトガル人が、告白のためにやって来た数人のキリシタンが宿泊する家に泊まったが、彼らが終夜、その体を鞭で打つ音（ジシピリナ）を聞き、また翌朝早く教会に向かい、その他ここに掲げた以外の多くのことをなすのを見て自らを反省し、アルメイダに対して、大いなる感激をもってキリシタンの行状を称賛した。アルメイダは「当所において毎時起こる事件を記載することは価値があるが、詳述しようとすれば書き終わることがないのでこれを省略する」と記している。

以上のことは「一五六二年一〇月二五日付、アルメイダ修道士の横瀬浦よりイエズス会の修道士らに宛てた書簡」に基づいて記述しているが、この後、アルメイダは「いとも親愛なる者たちよ、尊師らが我らの主なるデウスを賛美するための材料をうるべく、デウスがキリシタンの所有となし給うた当港の位置と状況について述べたい」として、横瀬浦の様子を報じている。

「この港は平戸から六里の所にあり、外海から入る時にはかなり接近してからでないと入口が分からず、一帯に多数の集落と非常に良好な港がある。当港の入口には円形の高い山が一つあって、その頂上に一基の十字架が立ち、はるか遠方からでも見える。この島の内側の港には諸船が停泊しており、港の入り江に入った右手にはキリシタンの集落が、またこれに面した対岸の高いところに離れて我らの修道院がある。双方の往来のため、広い石橋が建てられ、その下を潮が流れている。教会が建っている地所はたいそう高い樹木に囲まれており、その木立の中には教会に必要な他の家々や、教会からほど近い場所に菜園もある。また我らは教会の近くに立派な木材を調達する二カ所の森も有しており、この修道院のもっとも良質の材木はその森から得られたものである。この入り江には多数の漁師がおり、妻子とともに海を生業の場とし、夜間はこの入り江に来て眠る。したがって当地は海獲物にたいそう恵まれている」

このようにして、一年前までは寂しい一寒村にすぎなかった横瀬浦であったが、アルメイダはここがまるで地上の楽園であるかのように美しく描写している。そして、豊後府内にあったイエズス会の本部も横瀬浦へと移された。またトルレスは、平戸、および平戸の島々の信者を巡教し、彼が当地に赴いたとき、信者がただちに告白ができるようにフェルナンデスと同宿のアゴスチイノを平戸へ送り出した。

アルメイダ、トルレス平戸に渡る

一五六二年一〇月一一日付、アイレス・サンシェス修道士の豊後における書簡の中に、ガスパル・ヴィレラ師が京都から堺に来た際、その地の大身日比屋了珪の援助を受けたこと。そして了珪の最年少の子息が受洗したが、「この少年は善きキリシタンぶりを盛んに示したので、大いに期待され、カスパル・ヴィレラ師は彼の両親に頼み込んで彼をこの豊後に送ったが、彼が当地に来た後に起こったことについては、ルイス・デ・アルメイダ修道士が書簡にしたためている」とある。

アルメイダは一五六二年一〇月二五日付、書簡の末尾に、この日比屋兵右衛門について触れている。

「ガスパル・ヴィレラ師が都で改宗させた多数のキリシタンの中に、同師が一年間滞在した堺の某貴人の一子息がいた。年の頃は十三歳で、彼については自然が外見のみに留まらぬ完璧なものとなすべく丹精したように思われる。というのも、私はかつて彼ほど美しい少年を見たことがなく、また彼には幾多の徳が溢れて欠けるところがないからである。彼は身分の高い人の子であるにもかかわらず、いとも慎み深い上に明敏な才知と並外れた記憶力を備え、祈禱と苦行をこの上なく好んで信心篤く、なおかつ注意深い少年であったが、これほどのものを目にしようとはかつて思いもしなかったことである」

豊後から横瀬浦に向かうに際し、トルレスはこのヴィセンテを同行させたが、父・了珪の願いによって、彼を堺へ帰らせるため従者とともに横瀬浦から船に乗せて都に向かわせた。デウスに奉仕して生涯を終えることを願っていたヴィセンテはたいそう嘆き悲しんだが、心ならずもトルレスの命に従った。この場に居合わせたアルメイダらには、この場の光景が何とも微笑ましいものに映った。

その後、ヴィセンテは都へ向けて乗船するため平戸の港に向かったが、平戸に着くとその足で教会に赴いた。彼が当地に来たことを知った籠手田安経の夫人ドナ・イザベルは、すぐさま従僕を介して、彼女のもとに来てほしいと熱心に請わせた。ヴィセンテは貿易商であった父・了珪の仕事の関係から同所ではよく知られていて、また人びとは彼を修道士と見なしていた。ヴィセンテは数日間、ドナ・イザベルや侍女らの前で悔恨の説教をなし、特に苦行について談話した。平戸には彼より巧みに、また大きな信心をもってそのような説教をできる者は誰もいなかった。

アルメイダは「このいとも愛すべき子どもたちは、我らの主なるデウスが日本各地に信仰の炎を燃え立たせるために大きな役割を担う者たちである。それ故、修道院には多数の子どもを受け入れており、日本人として必要な徳と教養を学ばせながら育てている」として、子どもたちへの教理教育の必要性を説いている。そして「願わくば主が私に恩寵を授け、当日本国にて主への奉仕を最後まで行わせ給わんことを――」と、この日本国を埋骨の地とすべく誓願をたてた。

一五六二年一一月初めごろ、平戸の籠手田安経は、彼の妻と親戚の告白を聴くためトルレスの平戸来訪を請うた。そこでトルレスは、彼らに告白の準備をさせるためアルメイダを先行させた。キリシタンらはアルメイダの到着を大いに喜んだ。その翌日、平戸の一キリシタンが死亡したが、領主隆信がキリシタンを憎悪していたにもかかわらず、十字架を掲げた一五〇人ばかりのキリシタンが集まり、彼を十字架の墓地に葬った。またアルメイダは、先に生月と度島に派遣されていたフェルナンデスに平戸へ来るよう伝言を送った。平戸に来たフェルナンデスは説教を始め、ドチリナを授けたが、隆信からの何らの妨害もなかった。それどころか、アルメイダの到着を知った隆信は、アルメイダを晩餐に招待した。隆信は食事の後、デウスのことについて幾多の質問をした後「トルレス師にお目にかかり、いろいろバテレンと相談したいことがある」などと語った。

平戸領主隆信は、横瀬浦開港の経緯を見て、改めてバテレンはポルトガル船が入港する日本の港に関する入港許可権を持ち、南蛮貿易に対する強い発言権を有していることを思い知らされた。そしてポルトガル船の誘致をはかるために、彼らバテレンに対していっそう敬意を払った。またその前年、平戸の武士、町人たちによるポルトガル船長らの殺人事件（「宮の前事件」）以来、ポルトガル船の平戸来航は途絶えていた。そこで隆信は、ポルトガル船の来航を再び実現するために籠手田安経を介してトルレスを招待し、イエズス会との親交回復を願った（『大村記』にも「大村純忠が横瀬浦に町を立てて南蛮船を呼ぶようになってから、日本の商船も平戸の瀬戸を打ち通り横瀬浦へ降り、旅人も横瀬浦へ向かう一方、平戸は大方物さびしくなり候」とある）。しかしアルメイダは、隆信は敵を欺くをつねとする人物であり、彼の本心は南蛮貿易により利益を得ること以外にないと、その正体を見抜いていた。

松浦隆信と会ったその翌日、アルメイダはトルレスの訪問に向け、祭壇に必要なものが備わっているかどうか見るため、平戸の島々を巡った。そして必要と認められた祭壇に、幾らかの寄付金を出して新たな掛布を備え付けさせた。

一二月二日、フェルナンデスを平戸に残し、アルメイダは籠手田安経の家臣数人とともに横瀬浦に戻った。その翌日、アルメイダから平戸における良き知らせを聞かされたトルレスは、籠手田の家臣の船に乗って横瀬浦から平戸に向けて出発した。

その一方で、トルレスは平戸へ出発するに際し、アルメイダの通訳として〝パウロ〟と称する同宿を同伴させた。パウロは堺出身の身分ある人で、五〇歳に近い年齢であったがきわめて壮健で、日本の文学に精通し、また既婚者であったが、キリストに仕えたいという希望を抱き、はるばる横瀬浦のトルレスのもとを訪れてイエズス会に受け入れられた人であった。

そこで、さっそくアルメイダとパウロは横瀬浦での降誕祭を祝うため、教会を整える作業に取り掛かった。降誕祭の終夜、キリシタンたちはすでに暗記している聖書の多くの物語を劇にして上演した。祝祭が終わると、アルメイダは子どもたちの教理教育を開始し、すでにある年齢に達している者には、イエズス会の司祭館に来て読み書きを学ぶように定めた。そうすることによって、異教徒である彼らの両親の教会に対する好感を得ようと考えた。また、昼間は働いて説教を聞く時間のない人びとのため、毎夜、教理の説教を開いてキリシタン信者を獲得していった。

アルメイダはまた、かつて寺院にあった多数の石を用いて教会と住院（カーサ）の敷地に塀を囲らせた。そしてそこに、二四、五段ある階段を作った。この教会には非常に立派な通路があった。そこはたいそう高く、かつ美しい樹木に囲まれ、この新しく開けた集落の中では最良の場所にあった。ただしかし、この地所には水がないため、非常に遠いところから運んでこなければならなかった。だが、教会の傍らに一つの泉が発見されたため、アルメイダは教会の上手に水が注ぎこむ水槽を造らせた。このことによって、司祭館が必要とした菜園に水をやることができるようになった。

使徒聖トマスの祝日の前夜（一二月二〇日）、平戸に着いたトルレスは、ポルトガル人を連れて籠手田安経の邸を訪問し、家人から大いに喜ばれた。トルレスが平戸にいる間、昼夜を問わず大勢の人びとが告白のため教会を訪れた。そのため、トルレスとフェルナンデスはほとんど寝る間もなかった。

それから一五日を経て、トルレスは生月島を訪れ、当地に三二日間滞在したが、その間、八〇〇人ほどの島のキリシタンから大いに歓迎された。そして毎日二〇人以上が告白し、生月には一〇歳以上の男女で告白しないものは誰もいなくなったほどであった。

御公現の祝日（一五六三年一月六日）が過ぎると、トルレスは、春日、獅子、および飯良の三つの村のキリシタンが生月の教会へ告白しに来ることが出来るようにするため、彼らの教化をフェルナンデスに命じた。この三つの各村には甚だ心のこもった教会があり、祭壇にはアルメイダがマカオから運ばせた聖像が置かれていた。またそこには、慈悲の組（ミゼリコルジア）と組頭や、特に教会の世話に当たって修道士や来訪者をもてなす人がいた。フェルナンデスらはこれらの教会にそれぞれ五日ずつ滞在し、朝晩に諸人がそこに集まった。そしてフェルナンデスの説教を聴いた各村のキリシタンは、それぞれ準備をして生月へ告白に行った。

籠手田安経の家臣ではないが、多数の異教徒がいる獅子では、一三、四人名が洗礼を受けたが、フェルナンデスはこの獅子に甚だ立派な二基の十字架を建てた。もう一つの十字架は、獅子と飯良の間にある一村に建てたが、獅子からは約一〇〇人のキリシタンが来て、十字架を祝った。フェルナンデスらが当地を辞去するにあたって、この地のキリシタンらは多くの涙を流して彼との別れを悲しんだ。

一五六三年一月二三日、アルメイダは生月に渡り、その翌日、生月にそれまで日本で建てられたうちでもっとも美しいとされる十字架を建てた。その十字架を見ようとして、頭に花環をつけた約一〇〇〇人のキリシタンたちが行列をなして、教会から四分の一里の道をたどってそこに赴いた。また数人のポルトガル人が踊りながら前を行き、トルレスとフェルナンデスがしんがりを務め、一同は聖母の像をたずさえ、連禱と「ラウダーテ・ドミヌム（すべての人びとを讃えよ）」を唱った。そして、すべてのキリシタンが十字架のある場所に参集して盛大な祝祭を催した。このとき、アルメイダは十字架を称賛し、その尊厳を語る説教を行い、キリシタンはなぜ十字架を敬い、尊び、誇るのかその理由を説いた。

その後横瀬浦に帰って、新たに改宗して洗礼を受ける人びとに祈りを教えることに精力を傾けた。

一月三一日、トルレスは生月から度島に渡った。度島にはわずか三五〇人のキリシタンしかいなかった（アルメイダ書簡では「およそ五〇〇名」）が、彼らの敬虔さとか涙のほどは、生月のそれに劣りはしなかった。またトルレスは、フェルナンデスに対し、キリシタン志願者の指導と教理教育に当たっているアルメイダを助けるように命じた。そのため、フェルナンデスは再び横瀬浦に帰ってきた。横瀬浦ではアルメイダとパウロが、未だキリシタンになっていない人びとに祈禱を教えていたが、フェルナンデスは、トルレスが帰って来たときに洗礼を授けられるようにと、それらの人びととの教理指導に当たった。

ところで、トルレスは豊後から横瀬浦に向かうに際し、宗麟のもとへは帰らないと別れの挨拶を交わしていたが、その宗麟から再三にわたって帰還を求める書簡が届けられた。そこで二月二〇日、トルレスは平戸から博多、さらに豊後へ赴こうと考えていたが、豊後の国主に従属する一大身（高橋鑑種）が博多の市とその他多くの町の領主とともに謀叛を起こしたとの知らせを受けた。このため、トルレスは博多を経由しての豊後行きを取りやめ、他の道を通って豊後に向かうため、二月二三日、いったん横瀬浦へと戻って来た。しかしトルレスは、この直後、教会のそばを歩いていた際、片方の足を脱臼した。そのために外出はおろか、松葉杖がなければ歩くことも出来なかった。このことによって、トルレスは豊後行きを諦めざるを得なかった。ただし、そのことによって、ポルトガル船の入港する横瀬浦には商人ばかりではなく、トルレスを慕って豊後、博多、山口、平戸、都からも多数のキリシタンが移り住み、横瀬浦の人口も家並みも日ごとに増加の一途をたどった。

島原へ派遣される

大村家第十八代大村純忠は、有馬国主有馬《ありま》晴純《はるずみ》の次男として一五三三年に生まれた。純忠の母、つまり晴純の妻は大村領主大村純前《すみさき》の妹だったが、一五三八年、純忠は大村純前の養継となった。そのことによって、純前の庶子（妾腹児）であった貴明《たかあきら》は、一五四六年に木村家を出でて、肥前武雄の城主後藤純明の世継となったが、木村家の近臣一八家は、貴明に従って木村家を去った。その後貴明は、伊佐早の西郷純堯《さいごうすみたか》の姉妹を室となし、平戸の松浦鎮信《しげのぶ》の弟を養子とした。貴明が後藤家に養子に出された理由を、フロイスは「大村の前領主の奥方も家老たちも、身分低き婦人との間に生まれた庶子の貴明が支配者になることを欲しなかった」と記している。大村純前死去後の一五五〇年、純忠は一七歳で大村家を継ぎ、当主となった。しかしながら、大村の家臣の中には、有馬氏によるお家乗っ取りだとして反感を持つ者も少なくなかった。そして純忠に終生恨みを持ち続けた貴明は、その後反純忠派の家臣たちと通じて、しばしば純忠を窮地におとし入れることになる。

一五六二年七月、大村領主純忠がイエズス会と協定を結んだことによって、ポルトガル人たちの船が横瀬浦の港に来るようになって以後、純忠は大きな利益を得られた。このことは、純忠の実父である有馬仙巖《せんがん》（有馬晴純は天文二一年に家督を義貞に譲って隠居し、法名・仙巖と称した）、後継者となった嫡子の義《よし》貞《さだ》を大いに刺激した。仙巖は、純忠と同じ目的をもって宣教師たちを招くよう義貞に勧めた。

過ぐる年、有馬国主有馬義貞は使者を遣わして、デウスの教えを聴聞するために一人の修道士の派遣を求めた。そこでアルメイダは、トルレスの命によって有馬の陣に向かった。当時、肥前の龍造寺《りゅうぞうじ》隆信《たかのぶ》と戦っていた有馬義貞は高来郡藤津地方に出陣していたが、アルメイダは陣中に彼を見舞った。このとき、アルメイダに強い関心を示したのが、有馬氏の麾下にあって、伊佐早の西郷氏と並んで「もっとも身分の高い殿」である島原城主島原純茂《しまばらすみしげ》であった。純茂は領地に帰ったならば、ただちにデウスの教えを説いてもらうため修道士の派遣を求め、ならびに領民がキリシタンになることを約束した。

「パードレ（トルレス）は、昨年私に出陣中の有馬の王を訪問させました。というのは、彼がこの地の領主であり、同地でデウスの事柄を聴聞することを望んだからです。彼の家臣の一領主（註・島原純茂）

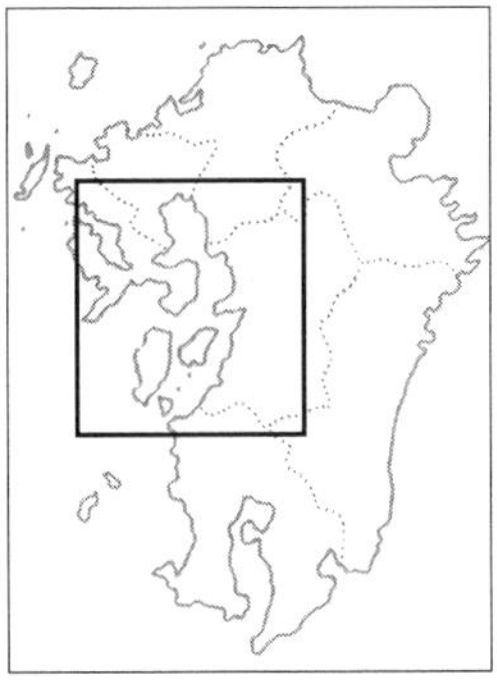

島原とその周辺図(右上枠内の拡大図)

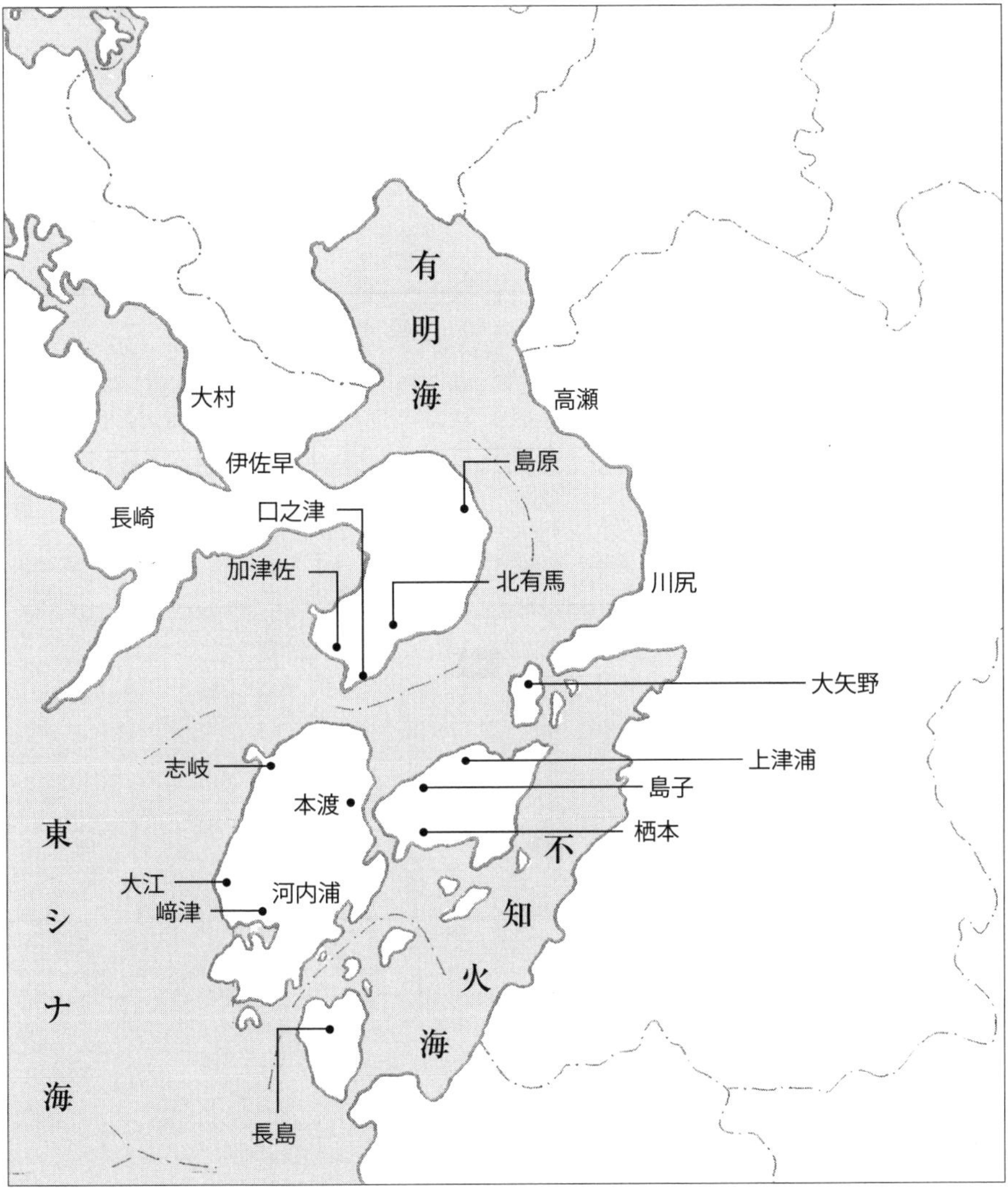

は、自領に戻ったならばすぐに、デウスの事をじっくり彼に教えて自領内をキリスト教徒にするためイルマン一人を送ってくれるようパードレに要請する、と約束しました」(一五六三年一一月七日付、横瀬浦発信、アルメイダ書簡)。

この島原領主純茂の言葉を、アルメイダは半ば、彼の外交辞令だと思っていた。しかしながら、純茂は所領に戻ると家臣の一人をトルレスのもとに遣わし、デウスのことを聴きたいので修道士を派遣するようにと請うた。そこでトルレスは、アルメイダと通訳のベルショールを送り出すことを決め、アルメイダに対し、その地の状況を調べてくるように命じた。

こうして一五六三年三月一四日、アルメイダはベルショールとともに、横瀬浦から三〇里離れた島原に派遣された。この旅路に五日間をかけて島原に到着すると、城主島原純茂はこれを喜び、晩餐をともにして彼らを大いにもてなした。晩餐の後、純茂は家中の者たちともっとも寵愛する家臣らを呼び寄せ、アルメイダの説教を聴かせた。純茂は、アルメイダが日本の風習に精通していることに驚いた。また当地では、山口でキリシタンとなった大内義隆の元侍医エサン・パウロの家に寄宿した。その翌日、アルメイダは人を遣わし、島原純茂にデウスの教えを聴く許しを与えるよう求め、また領内にデウスの法が弘まって教会が建てられれば、トルレス師は同所に駐在する者を差し向けるであろうと伝えさせた。これを受けて純茂は、デウスの教えを聴聞し、キリシタンになることを希望する重立った家臣にそうさせたい旨の伝言を寄こした。また、アルメイダのもとへは島原の人びとが聴聞に訪れ始め、幾人かはデウスの恩寵に触れ、キリシタンになる決意を固めた。

さらに、アルメイダが宿舎とした家では、家主がそこに造っておいた新しい戸口を押し破って、アルメイダの説教を聴こうと大勢の人びとが我先にと押しかけた。このためトルレスは、博多から呼び寄せていたダミアンをアルメイダのもとに派遣した。アルメイダはダミアンに教理教育を手伝わせた。

アルメイダが島原に到着してから三、四日後に領主純茂が訪ねて来て、家中の者と一緒に説教を聴きたいので日を定めるようにと依頼した。アルメイダは、それを純茂の都合に合わせることにしたが、それから三、四日後、領主の客人となるよう求める伝言が届き、アルメイダは純茂の邸に赴いた。午餐の後、夕刻まで純茂は家中の者や、有馬義貞の奥方の姉である自分の妻とともにアルメイダの説教を聴聞した。そして純茂は、已がすでにデウスの教えを理解していることをわからせようと、ただ独りの娘をキリシタンにすることを望みたいと述べた。また異教徒たちは、領主純茂とアルメイダの親交を見せられ、よりいっそうの敬意をもって聴聞に訪れるようになった。

このころ、聖週が迫っており、アルメイダは横瀬浦で復活祭を過ごすため、かつこの地についての状況をトルレスに報告するために島原を去ることを純茂に告げた。アルメイダが島原を知ることを知った多くの人びとが、アルメイダによってキリシタンにしてくれるよう頻りに頼んできた。そのため、アルメイダは五〇人に洗礼を授けたが、その大半は、身分ある純茂の家臣たちであった。

同じころ、出陣中の有馬国主義貞が島原を訪れ、領主純茂のもとに宿泊していた。アルメイダは義貞とはすでに面識があり、もし彼に会わねば怠慢と思われるので、ベルショールとともに義貞のもとに赴き、拝謁することにした。このとき、義貞は「昼間は時間がないので、労をいとわず夜分に御来駕いただきたい」と伝えてきた。そこで、アルメイダらは当夜、義貞のもとを訪問することにしたが、領主純茂がアルメイダを外まで出迎え、義貞に引見した。義貞はこれを大いに歓迎し、わざわざアルメイダを傍らに座らせた。その間、夜食の膳が運ばれてきたが、アルメイダが驚くほどのたいそうな料理が並べられていた。夜食が終わると、義貞はデウスについて数多くのことを尋ねた。また義貞は、とりわけ自然の事物、すなわち、なぜ雨が降り、大地が振動するか（地震のこと）等について質問した。アルメイダは自然科学的知識をもってこれに答えた。最後に、義貞は「横瀬浦のトルレスのもとへ使者を遣わし、有馬の市から二里の口之津に教会を建て、修道士一人を派遣するようにすでに依頼している」と述べ、アルメイダは「私が戻り次第、トルレス師は私を有馬の地に派遣するであろう」と答えた。純茂邸を辞するに際し、義貞は門の外まで出て別れを告げ、純茂は通りまで出て来てアルメイダを見送った。

枝の日曜日（四月四日）の午後、島原純茂はアルメイダが島原を去ることを知ると、アルメイダのもとへ人を遣わし、彼の独り娘をキリシタンにするために待っていると伝えてきた。そこでアルメイダは、洗礼用のよく整えられた華麗な祭具をたずさえ純茂の邸に行った。そして四、五歳になる純茂の娘とその侍女三人に洗礼を授けた。アルメイダは娘に〝聖母マリア〟の洗礼名を与えた。こうして純茂の娘は、「高来においてデウスの教えを受け入れた最初の高貴な人として教会に受け入れられた」として、そのことをアルメイダは誇らしげに書簡に書き付けている。

翌四月五日、出発に際して純茂が別れの挨拶にきて、アルメイダが教会を建てるための好適な土地を提供したいとするトルレス宛ての書状一通を手渡した。この後、海路にて横瀬浦へ戻ることにしたが、何人かのキリシタンが同行した。島原から半里ばかり離れた岬に至ると、陸から合図があった。それがキリシタンとわかったので、非常に美しい海岸に上陸したが、そこには日本風の宴席が設けられていた。アルメイダらは彼らの好意に甘え、その招きに与った。宴が終わってしばらく後、アルメイダは彼らキリシタンと海路を同伴して来た人びとに別れを告げ、横瀬浦へと向かった。アルメイダは「十年来、相知りし者に対するがごとき感をなしたり」と述べ、人情豊かな当地の人びとの様子を心にとどめた。

島原から安徳、口之津に赴く

四月七日、横瀬浦に到着したが、予定より遅れたため、墓や修道院の飾り付けを手伝うのに間に合わなかった。トルレスは、復活祭前にはアルメイダは帰ってこないものと思っていた。アルメイダは「装飾品があまりない地方としては、これ以上なし得ないほどすべては美しく敬虔に飾られてあったため、私の援助は必要なかった」と語っている。一方、トルレスをはじめとする人たちは、アルメイダから島原に関する善き知らせを聞かされ、大いに喜んだ。

四月一一日の復活祭の日、夜明けの一時間前にすべてのキリシタンが祝祭の衣服をまとい、頭には花の冠をかぶって参集し、多数の蝋燭を手にして行列を行った。行列が通る十字架までの上り道の両側には、蝋燭を吊るした多数の樹木と香を焚いた芳香を放つ祭壇も随所に設けられた。またこの道には、ポルトガル人らが各自の門前で用意した灯りをつけた美しい樹木が立ち並び、その他、細工や信心のこった物もあった。行列が教会に戻るとトルレスによるミサが行われた。午後になると、キリシタンらはきれいに着飾って教会を訪れ、デウスや聖母マリアを讃える多くの文を唱え始めた。その後、一同は十字架のもとへ参拝した。その他、アルメイダは「ここでは話が長くならぬよう割愛する」と記している。

四月一二日、大村において二人の重臣の間で大騒動が勃発したため、トルレスは大村純忠を見舞うためアルメイダを大村に派遣した。騒動はすぐに収まった。所領が平穏になると、純忠は説教を聴きたい旨をアルメイダに伝えてきた。そして、昼間は家中の婦人らも聴聞を希望しているので、夜分に来るよう請うた。このため、アルメイダは再び純忠のもとを訪れたが、純忠は夜食を供した後、終始、たいそう熱心に説教を聴き、多くのことを質問した。説教が終わるに際し、アルメイダは純忠の兄である有馬義貞が領内にキリスト教を弘めることを希望しているので、トルレスの命によって有馬国主を訪問する旨を伝えた。そこで純忠は、家臣の一人をアルメイダに同行させることにした。アルメイダは大村に五、六日間滞在し、他にも説教を行った。その後、トルレスから送られた三人の日本人通訳を伴って、島原から二、三里のところにいた有馬義貞のもとへと向かった。

有馬国主義貞は、アルメイダの到着を知るとただちに人を遣わして、有馬の町でも最良の家に宿泊させ、夜間は暇だから来訪するようにと伝えてきた。その夜、アルメイダは日野江城に義貞を訪れ、トルレスからの伝言を述べた。アルメイダが着座する際、義貞は彼と同じ場所（面前）に座らせた。義貞がデウスの教えのいくらかを質問した後、晩餐の用意ができ、ごちそうが並んだ食卓が運ばれてきた。晩餐を共にした後、アルメイダは彼らが信奉する禅宗の教えの矛盾を説いた。そしてこの宗派は万物に創造者はないと教えているが、創造主が存在することに関し、霊魂の優越性など多くの理由を挙げ、万物の創造主が存在することを証明した。またこの問題について、義貞からいくつかの質問がなされたが、義貞はアルメイダの明瞭な答えを理解した。談話が終わった後、翌日出立することを告げて義貞と別れた。

翌日、アルメイダのもとへ義貞からの使者がきて、絹一反と、諸人に説教を聴かせるため、彼の領地である港（口之津）の領主に宛てた書状、そしてトルレスに宛て、有馬の領国一帯においてデウスの教えを弘めることを許可する書状を受け取った。ただ、アルメイダに同行することになっていた義貞の家臣がもう一日待ってくれと言うので、同地から三、四里の所にある島原で待つことにし、逆風のため陸路をとって島原へ向かった。正午過ぎ、島原へ着いたが、アルメイダの来訪を知らされた全キリシタンから大きな喜びをもって迎えられ、また城主島原純茂からも使いが寄こされた。同地に数日留まり、その間、およそ七〇人が改宗した。そして彼らのためにダミアンを残し、一五日か二〇日以内に再び戻ってくることを約束し、有馬国主の家臣とともに島原から乗船し、口之津に向かった。

その途中、有馬義貞の義父・安富越中守入道得圓《やすとみ》の領地である安徳（現・有家町）に到着した。というのも、数日前、アルメイダが口之津に赴くことを知った得圓《とくえん》は、安徳はその途中にあるからぜひ立ち寄るようにと伝えてきた。この領主は、島原の領主の邸においてすでに二回説教を聴いていたが、さらにその理解を深めるため、デウスについて聴聞することを切望した（有馬義貞と島原純茂の妻は安富得圓の子女であった）。

当地安徳《あんとく》は、アルメイダが見た中でもっとも爽快な所で、安富氏の邸に向かう道の両側にはずっと同じ大きさの杉が植えてあり、この街路に沿って川がどこまでも続いていた。彼の邸に着くと、一同から深い愛情を持って迎えられた。茶菓子を供された後、安徳の殿と数人の家来、その奥方と親戚、子女らが出てきて、はなはだ穏やかにアルメイダの話を聴聞した。その後、いくつかの問答が交わされた。同邸を辞去するに際し、領主から救われるためには何をなすべきかと問われた。アルメイダは戒律を守るべきだと答えて、洗礼を授かるように説いた。彼はそのようにするという意志を表明した（註・安富得圓は一五八二年、聖霊降臨の祝日に洗礼を受け、シモンと名づけられた）。

この日は風が強かったが、口之津までの道のりは短いので乗船し、その夜、口之津に到着した。数日前からアルメイダの来訪を知らされていた人びとが、アルメイダを待ち受けていた。そして、有馬国主からこの地に遣わされていた口之津代官（西但馬守純房と思われる）の邸に宿を与えられた。この代官に有馬国主からの書状を渡した後、さっそく信仰についての聴聞を行った。彼らにドチリナを教えるため、重立った人びとが朝と夕に二回、また子どもたちは昼に来るように定めたが、物珍しさもあって、定員よりはるかに多くの人が来るようになった。また家がそれほど大きくなかったので、後から来た者は家の中に入れなかった。

この地に一五日間留まって伝道を行った後、約二五〇人に洗礼を授けた。その中には当地の代官とその妻子、および説教を聴くにはまだ幼すぎる大勢の子どもたちが含まれていた。またこの地に、日本の文学に精通していたパウロを伝道士として残し、再び島原に向かった。

島原におけるキリシタン迫害

「島原は非常に大きな町で海に近く、日本全国から人びとが集まる所であるため、また人びとがより優れた理解力を有するため、私たちはこの地をますます重視することとし、私は早急に当地に帰還するべく（口之津から）島原に戻ることを決めた」（アルメイダ書簡）。しかし今回の島原行きは、厳しい試練が待ち受けていた。島原の仏僧や異教徒たちはキリシタンを嫌悪し、布教活動に妨害を加え始めた。

当地の仏僧たちは、領主純茂に「殿はどうしてあんなに邪悪極悪の輩を領内に留めおくのか。彼らバテレンは人間の肉を食う悪魔で、その行く先々の地で戦乱と破壊をまき起こしている。もし領内に土地を与えて教会堂を建てさせれば、すぐポルトガル人が渡来し、そこに要塞を築き、この国を自分たちのものとする恐れが生ずる」と、キリシタンの教えを受け入れた後に破壊された山口や博多を例に出し、キリスト教が領内へ入ることに強く反対し、住民を扇動してキリシタンたちに罵詈雑言を浴びせた。また、この島原にはたいそう大きな僧院が三つあったが、この僧院の仏僧は他の仏僧と敵対していた。しかしキリシタンの布教を前にして彼らは手を結び、人びとがキリシタンになることを妨害した。

これに対して、アルメイダは「この地の領主の招きに応じて来ているのだから、仏僧の妨害で布教ができなければこの地を去るほかない」と、領主純茂にかけあった。しかし仏僧たちは諸地方の領主と親縁があり、相当の政治的勢力と影響力を持っていたので、純茂はアルメイダに対し、領地に謀叛が起こらぬよう、今しばらく隠忍するようにと伝えた。ただし、領主の支配圏内にある家臣や民衆に対しては、説教を聴くようにとの命令を出した。このため、約三〇〇人がキリシタンになることを希望した。

島原に到着してから一六日後、アルメイダが滞在したトイ・ジョアンの家で人びとが熱心に聴聞していたとき、かの僧院の重立った一人の僧侶が一〇人ばかりを率いて乱入し、家主が板に取り付けていた十字架をつかんで壊してしまった。人びとは騒然となり、とりわけ家主は激昂したが、もし争いになれば、領内に大きな騒乱が生じるからとアルメイダがこれをなだめた。その翌日、仏僧らはこの地の大身の助力を得て、キリシタンが信心の証しとして十字架を描いて戸口に糊で張り付けていた張り紙をはぎ取って回った。事前に、このことを知らされた領主純茂は「このような侮辱は自分が責任をもってしかるべき時に罰するので、キリシタンらは一切抵抗しないように」と伝えてきた。このため、キリシタンは少なからず苦痛を覚えたが、領主の指示に従い、無抵抗の態度を示した。

だがその翌日、すなわち精霊の祝日の前日に至って、ついに事が起きてしまった。午後の説教が終わったとき、島原から一里の所にある他の領から説教を聴くため二人の青年武士がやって来て、酒に酔った一人が、幾つか愚問を呈し始めた。他の一人がこれを制止して連れ去ろうとしたが、酔った青年は彼に侮辱されたと思い、およそ一〇〇人のキリシタンの前で刀に手をかけた。キリシタンらは彼を捕まえ、力づくで刀を取り上げた。これが事件の発端となって、面目を失った件《くだん》の武士の親戚、友人が集まって、アルメイダが滞在し、説教をしていた信者の家で侮辱を受けたのだから、その家主に復讐しようと島原を目指した。その知らせが同地に届くと、キリシタンや異教徒は皆、家主のジョアンに味方して武器をとり、全員が武装してジョアンの家を護った。この事態に、敵方は逆に自分たちが危険に身をおいていると恐怖を感じ、和解を申し出た。そして協議の結果、事は丸く収まった。

この事件が幸いとなって、翌日曜日の聖霊が盛大に営まれた。夜が明けると、多数のキリシタンが晴れ着をまとい、異教徒である大勢の親戚や友人を連れて、アルメイダの宿舎にやって来た。実は、アルメイダは大祝日のこの日、彼らに洗礼を授けることを約束していた。聖霊の祝日についての説教を終えた後、当日の朝、御恵みの聖母の美しい像を置いた祭壇を造り、その祭壇の前で洗礼志願者全員の名を記し、洗礼の際に各人をそれぞれの名で呼び出せるよう異教徒の名の傍らにキリシタンの名（洗礼名）を書いた。そして各人の名を一枚の紙にしたためて、洗礼が終わるとその紙を手渡した。

アルメイダが島原の町で気づいたことは、キリシタンになりたいという一二歳の少年に至るまで読み書きのできない者が一人もいないということで、彼らがたちまち祈禱を覚えるのもこのためだった。

午後になって、数日前から聴聞していた貴人数名が訪れ、洗礼を授かった。こうしてこの日、二〇〇人ほどがキリシタンとなった。アルメイダはこの三日間、仏僧らに煽動された者たちによる十字架が破壊されたこと、異教徒の二人の青年が乱入して騒動となったこと、また二〇〇人の人がキリシタンとなった喜びのこの日のこと、このことによってデウスの偉大さを認められることであろうことを――。そして、書簡の最後に「我らは当島原における経験から、敵がその僕たる仏僧を使って我らを攻撃する間、我らは聖教の弘布に大きな期待をかけているのである」と書き付けている。

この「アルメイダ書簡」には記述されていないが、フロイスは「島原における他の迫害、およびドン・バルトロメウ（大村純忠）をおとずれたことについて」（『日本史9』第五章）において、「仏僧たちの教会やキリシタンならびに布教活動に対する憎悪は、あまりにも恥知らずであり、かつひどいもので、彼らは激昂と憤激のあまり正気を失っているかに思われた」として、次にあった出来事を記録している。

アルメイダがトイ・ジョアンの家でキリシタンたちに説話を行っていたところ、一人の仏僧が短刀を隠し持って戸口から入り込んできた。彼は著名なダイナンボウという僧侶の門弟で、そこに集まっていたキリシタンたちを少しも恐れることなく、大胆不敵にも抜刀し、同宿である説教師とアルメイダを殺害しようとした。キリシタンたちは背後からその仏僧に抱き付いて短刀をもぎ取ったが、素早くアルメイダが中に入っていなければ、キリシタンたちはその僧侶を殺してしまうところであった。アルメイダは、キリシタンたちに忍耐するようにと訓戒し「これによってデウスの御前において大いなる功徳を積むことになるのだから、彼らから迫害されることをむしろ喜びとすべきである」と彼らを説得した。こうしてアルメイダは、キリシタンたちの心を鎮め、そして件《くだん》の仏僧は姿を消した。

また、島原におけるこの一年目に、島原の殿から全幅の信頼を寄せられていたジアン・新助という名望ある貴人がキリシタンとなった。ジアンは自宅の側に、小さいが感じがよく、かつ美しい教会を建てた。その小聖堂が完成した後、ある夜、アルメイダがキリシタンたちに説教をしているところに、誰かが屋外から彼に向かって数本の矢を放った。が、矢は室内に飛び込んできたが、誰も被害は受けなかった。ただちにキリシタンたちは武器を持って外に出たが、攻撃を加えた連中はすでに逃げ去っていた。

ただ、疑問に思うのは、この項でフロイスは「またコスメ・デ・トルレス師が彼らの世話をするようにとその地に遣わしていたアイレス・サンシェスを追放しようと陰謀を企てた」としているが、アルメイダ書簡、および一五六三年四月一七日付、フェルナンデス書簡にも「アルメイダに代わって島原で始めた事業を発展させるため、トルレスは博多から来たダミアン修道士を島原に派遣した」とある。

これに続けて、フロイスは「その地の騒動も収まったころ、コスメ・デ・トルレス師は彼らキリシタンを訪問し、新たに大勢の人々に洗礼を授け、布教事業は非常な熱意のもとに進展した」。そして「トルレス師が口之津に戻った時、島原には修道士のアイレス・サンシェスと養方パウロが残留した」と記している。しかしながら、この時点でトルレスは横瀬浦に、またアイレス・サンシェスは豊後に、養方パウロは京都か堺にいたはずで、ここに二人の名が登場するのはおかしいが、フロイスは後々の話までここに挿入しているためである。

このようにして、このあとも指摘することになるが、フロイス『日本史』には何年かの出来事が一章にまとめられ、正確な年代や日付を追って記述されていないので注意を要する。

さらに、この記述の後「当年（一五六三年）の六月二日に、ルイス・デ・アルメイダ修道士は横瀬浦のコスメ・デ・トルレス師のところに行った」。そしてその後、トルレスによって大村純忠のもとへ派遣されたとあるが、アルメイダ書簡では「同港（横瀬浦）には、七月五日、金曜日の早朝に到着した」となっている（註・正確には、七月九日、金曜日）。これも明らかにフロイスの間違いと思われる。

口之津と島原に教会を建てる

島原のキリシタン二〇〇人に洗礼を授けた翌月曜日、領主純茂に使いをやり、純茂が先に教会に与えると約束した旧城址に移ることを許可してくれるように願い出た。というのも、アルメイダが宿泊している家は広場にあることから用のない人が多数たむろして喧嘩が絶えず、また、同じ通りにある仏僧の一団から遠ざかるためであった。仏僧らは、多くの人が聴聞に訪れてキリシタンになるのを見ると激しい憎悪を抱き、彼らの僧院の脇にあった共同の大きな泉から水を汲むことを許さないばかりか、人びとがアルメイダと話すのを見ると、毎日、数多くの非道な振る舞いを加えた。そこで、純茂はアルメイダの求めに応じて地所を与えた。そこは海へ突き出た突角の上にあって、また仏寺からも遠いところにあった。アルメイダは、そこにダミアンを残し、口之津の布教を視察するため、島原から再び口之津へ向かった。

六月初め、口之津に着いたアルメイダはキリシタンたちから歓迎された。だが、先にアルメイダが口之津を去った後、口之津の人びとのキリスト教に対する熱意は冷めて、日を追うごとに人びとは聴聞に対する熱意を失っていた。そしてその子どもたちも同様に、ドチリナを聴かなくなり、多くの親は自分たちの子どもに文字を習わせるため寺院に通わせていた。さっそくアルメイダがその原因を探ったところ、パウロが宿泊している家は代官のもので、また、有馬国主が当港に来た際に宿泊する家であった。そのため、キリシタンや異教徒たちは皆、家の畳を傷つけたり汚したりすれば、家の主人である代官からお咎めを受けることを怖れ、パウロが住む家へ行ったり、自分の子をそこへ行かせるのもためらっていた。また、他に文字を教えてくれる人がいなかったため、文字を学ばせるため子どもたちを寺院に通わせていた。

そこで代官と会ったアルメイダは、以上のような理由によって人びとが家に来るのをためらっていることを述べ、誰もが気兼ねなく説教を聴きに来たり、彼らが希望する時間に祈りを捧げるための家を授けてくれるようにと交渉した。これに対し、すでに洗礼を受けていた代官は、アルメイダが好ましく思う所に決めるがよいと言ってくれた。そこでアルメイダは、教会を建設するために与えてくれた大きな廃寺に縁側を設けさせ、清掃して畳を敷かせるようにすれば、彼らに説教することができるであろうと伝えた。かの代官はすぐにこれを了承し、町の重立った人びとを呼び寄せ、寺院の家屋を教会用に改装するため、各々の能力に応じて援助するように命じた。翌朝、およそ一〇〇人の作業員が道具を持って集まってきた。そしていくつかの仏像が取り除かれた後、その日のうちにほとんど修理を終え、翌日、はなはだ荘厳な教会に造り変えられた。

教会が完成すると、アルメイダはキリシタン全員を集め、最初に教会を整えるために尽力したことに対して感謝した。次いで、今や祈りの家があるのだから、毎日欠かさず子どもたちを教会に通わせ、あなた方も可能なときに訪れて説教を聞き逃すことのないよう求め、未だキリシタンになっていない人には、日に二度説教を行うので、そのことを諸人に知らせるようにと話した。さらにまた、寺院には一つとして学ぶべき徳はないので、文字を学ばせるために我が子を寺院に通わせる者はキリシタンとは見なさず、子どもは教会に通わせるべきであり、彼らにはパウロが文字を学ばせるであろうと説いた。

この日を境として、子どもはことごとくドチリナのため、その他の子どもたちは文字を学ぶため教会を訪れるようになった。なおまた、親たちは絶えず説教を聴くようになり、異教徒たちも毎日聴聞に訪れた。アルメイダは口之津に約二〇日滞在し、その間、一七〇人をキリシタンにしたが、その当時、教会において読み書きを教えるなど、極めて画期的な出来事であった。

六月七日、口之津から再び島原に戻って、同地でキリシタンたちから大いに歓迎された。そして仏僧らはキリシタンに反発しているが、島原領主純茂がバテレンを大いに庇護していることから、仏僧らは日ごとに勢力を失っていることを知らされた。

先に島原領主純茂は、アルメイダが口之津に向かうに際し、仏僧らがいる場所から離れ、しかも島原でも最良の地所のひとつをアルメイダに与えていた。そこはかつて城があった場所で、今なお、城の名で呼ばれ、島原の町の中央に位置するが、町とは隔たっていた。というのも、港はEの形をしており、地所は中央の突き出た部分にあって、ほとんど四方を海に囲まれていた。そこでアルメイダは、この旧城址（註・現在の「弁天山」）に教会を建てることにした。

教会の建築に際し、領主純茂は建築に必要な木材をすべて与え、それを教会の地所に運ばせ、また教会用地をすべて均させたが、敷地には大きな石が数多くあったため、二〇日間、毎日、二〇〇人が石を取り除くために従事した。純茂は、それらの石を用いて教会の入り口に埠頭を造らせ、当国の最大級の船でもそこに直接着けるようにした。さらに、満潮時にキリシタンらが教会に来る際、海水を被らなければならなかったため、町の中央から教会の門に至るための橋を架けた。この港は、アルメイダが日本で知る限り、家並みを有するもっとも美しい港のひとつで、平戸港よりもはるかに大きく、家屋もまたいっそう立派であった。

また純茂は、教会に隣接したおよそ七〇戸の農民を教会に与え、教会を維持するための年貢を納めさせた。そして七〇戸の住民は皆、教会が必要とするときは奉仕する義務を課し、もしそれを怠れば、家が建っている土地から追放することにした。

こうして純茂は、仏教寺院などの激しい反発にも関わらず、教会建設のために援助し、他にもキリシタンのために便宜を図って教会に貢献した。ただし、その理由は、ポルトガル船の来航に大きな期待を寄せていたことにほかならないが、それを知らない人びとは、彼をキリシタンだと噂した。

島原にはおよそ二〇〇人の子どもがおり、そのうち七、八〇人がドチリナを学ぶために来ていた。彼らは裕福な家庭の子弟で、ほとんど毎日デウスと仏教徒の教えについて互いに討論し、仏教徒から出される質問にいとも巧みに答えを返した。彼らがたえず唱う讃美歌は、ドチリナ、あるいは旧約聖書の物語であり、これらを彼ら流の音調（「お国ぶり」）で唱った。アルメイダは「未開の地において、彼らほど鋭敏で慎み深い少年はいないと思われる」と述べ、トルレスもまた、「彼らは知識においては老人であると言っている」と記している。

フロイス著『ヨーロッパ文化と日本文化』（岡田章雄訳注）をはじめとして、アルメイダ、トルレスら来日した宣教師の記録には、ヨーロッパの子どもと比較して、日本人の子どもたちの優秀さが多く書き留められている。これもひとつには、日本をキリスト教国にするためには、まだ頭の柔軟な子どもたちにその可能性を見い出し、キリシタンの開拓を彼らに引き継いでもらいたいという願望が込められていたものと思われる。

大村純忠、キリシタンとなる

トルレスが横瀬浦に来て、すでに数カ月が過ぎようとしていた折、大村純忠がはじめてトルレスのもとを訪れた。純忠が二度目にトルレスを訪問した日、トルレスは御恵みの聖母像で飾った祭壇へと彼を案内し、非常に美しく作られた金扇を献上した。この日、はじめてキリスト教と出会った純忠は、その翌日から熱心にフェルナンドの説教を聴聞し、キリスト教を理解し、その奥義を究めようとした。

一五六三年六月初め、大村純忠と連れの家臣は銀の十字架のついたロザリオを首にかけて横瀬浦の教会を訪れた。そこでトルレスは、すでに大村純忠は教理をよく理解し、信仰においても幾多の光明と知識を身につけていると判断して、二五人の重臣とともに彼に洗礼を授けた。そして純忠に、ドン・バルトロメウという教名を授けた。こうしてここに、日本人最初のキリシタン大名が誕生した。純忠、三〇歳のときであった。

のちに、日本巡察師ヴァリニャーノは「司祭たちは一三カ年近くを過ごし、幾多の危険や苦難を経、あらゆる人びとから軽視され、侮蔑され、僅少の賤しい人びとしか改宗させることができなかったが、大村殿なる国衆が改宗するに至って日本で最初に改宗した領主で、司祭や我らの宗教が甚だ軽蔑されていた時代であったから、彼の改宗は司祭たちにとっては信じられない慶事であった」と述べている。

受洗したその翌日、純忠は龍造寺隆信との戦さのため有馬に従って出陣したが、途中、日本の軍神とされた摩利支天《まりしてん》という寺院の近くを通った。このとき、頭の上に一羽の鶏を冠した仏像を一刀の下に切り捨て、その寺院を焼き払うよう命じた。そして、そのあとに十字架を建てて、純忠はひざまずいて信心深く拝し、家臣たちにも同様にそうするように命じた。このことを契機に、大村、および横瀬浦の人びとの改宗は、大いなる熱意をもって進められ、同時に彼らは、領内の神社仏閣をも破壊し始めた。

六月二五日、アルメイダは島原港においてトルレスからの書状を受け取ったが、それは思いもよらない吉報だった。ポルトガル船がマカオから横瀬浦に到着したとの報に接したならば、速やかに私（トルレス）の居所に来るとともに、私を必要としないほどに当地二つのキリシタンの町を整えておくこと。また「御扶けの聖母の教会」（トルレスが建てた教会はそう呼ばれた）において、大村純忠殿が重臣二五名を伴ってキリシタンとなり、今では、ドン・バルトロメウと称している次第を伝えるものであった。

アルメイダは「当日本の九州には、三人の国主がいた。その第一にしてもっとも有力なのは豊後国主大友宗麟で、彼は十万の兵を動員することができた。残る二人は有馬と薩摩の国主で、薩摩にはフランシスコ・ザビエルが一年間近く滞在した。そして今、有馬国主義貞の弟であり、兄の義貞に劣らず収入を有していた大村純忠がキリシタンとなった」と記した。そして、純忠と初めて会ったときのことを思い起こして感慨深いものがあったと想像される。さっそくアルメイダは、この地のキリシタンたちに大村純忠がどのようにして改宗したかを語ると、一同は、かくも高貴な君侯が自分たちの頭となったことを知って新たな熱意に満たされた。大村領主純忠の受洗はキリシタンにとって大きな喜びであったが、仏僧らには深い困惑をもたらし、それ以後、二度とキリシタンを迫害することはなかった。かといって、キリシタンは従来通り警戒を怠らなかった。毎晩、アルメイダは八ないし一〇人のキリシタンや、純茂の数人の家臣によって警護されていた。

この島原では、すでに町中の身分高い裕福な人びとの内七〇〇人がキリシタンとなり、彼らは仏僧に対して服従することも尊敬もしなかった。そのため仏僧らは、年間の祭礼において習慣となっている飲食の接待も受けられず、また、葬儀があればそれなりの収入が得られたがそれも得られず、生計に大きな影響を及ぼした。仏僧は、バテレンが能う限り不名誉な形で死ぬことを願った。そしてバテレンは人間を喰らうとか、彼らが訪れる地は破壊され、彼らは悪魔であると吹聴してやまなかった。

六月二六日、口之津にいるパウロを手助けするようにとのトルレスの指令を受け、島原を発って口之津の港に着いた。この地に滞在中、教会の敷地付近の最良の地所に一基の美しい十字架を建てた。その地所は高地にして登るのに難儀したので、数メートルの高さの土塊を崩し、教会から十字架までの美しい階段を設けた。また、教会からは高さ三ブラサの十字架を見ることができた。口之津の地に十字架を建てる早々、二、三歳になる幼児二人が死亡したので、十字架の側に彼らを埋葬した。

同じく、島原において死亡した三歳から四歳までの小児もまた、島原に建てた十字架の傍らに埋葬された。この子らは息絶えようとしたとき、手を天に向かって掲げ「ただちに天国へ行くであろう」と語り、居合わせた人びとを大いに驚嘆させた。アルメイダは「今や二つの地の人たちのためにデウスの御前に祈る八人の天使がいる」「当地の司祭と修道士らが堪え忍ぶいとも小さき労苦に対して、主はかくも大なる霊的な喜びをもって報い給うゆえ、主なるデウスを賛美すべきである」と、したためた。

フロイスとバプティスタの来日

七月二日、マカオからの定航船が「御扶けの聖母の港」（横瀬浦港）の付近に到着したとの知らせを受けた。そのため、この日、口之津からいったん島原に戻って、ダミアンとジョアンという一キリシタンに自分が戻るまで従うべき方法を教え、自らは海路「御扶けの聖母の港」に向け出発した。

一五六三年七月六日、ポルトガル船が横瀬浦に入港し、ルイス・フロイス（ポルトガル人）、ジョアン・バプティスタ・デ・モンテ（イタリア人）の両司祭が、東インド生まれのミゲル・ヴァス（日本に来てからイエズス会に入会し、修道士となる）を伴って上陸した。横瀬浦のキリシタンたちは、フロイスたちがマカオからの船で到着したことを聞くと、二〇〇人ばかりが出迎えのために急ぎ馳せつけ、たいへんな感動ぶりを示した。また当時、在日司祭はトルレスと都のヴィレラだけで、そのほかには五、六人の修道士しかいなかった。そのため、フロイス（一五六一年に司祭に叙せられた）とバプティスタの来日を心待ちにしていたトルレスは、喜びのあまり滂沱《ぼう》の涙を禁じえなかった。そして「私はもう高齢となり、痛み、疲れ果てた。数日前からやっと松葉杖を外すことができたが、ミサを聴きたがっているキリシタンのために、患っている片足を小さな台の上に載せてミサを捧げている。こうしていないと立っていられない」と話し、「これで安心して死んで行ける」と。

さらにフロイスは、フェルナンデスがまるで魂を抜き取られてしまったかのように衰弱し切っている姿を一目見て、彼のこれまでの辛酸に思いを巡らせた。

七月九日（金曜日）の早朝、アルメイダは「御扶けの聖母の港」に帰着した。そしてアルメイダとフロイス、フェルナンデスの三人は一五四八年、ゴアで別れて以来の再会に司祭、修道士という立場をこえ、語りつくせない感動をもって言葉を交わした。

フロイスと再会した翌一〇日の土曜日、ポルトガル船の来着を知らせるため、アルメイダはトルレスによって大村純忠とその弟のもとに派遣された。そして横瀬浦の港から海路と陸路によって一〇里離れた地に出陣していた純忠の本陣に到着して純忠を訪問したが、純忠は門の外までアルメイダを出迎えた。

純忠と会ったアルメイダは、まず彼が以前と違って精悍な容貌をしていることに驚いた。彼の服装が振るっていた。純忠は、この地方の戦いにふさわしいはなはだ立派な戦闘用の衣類をまとい、その上に獅子色の衣服を着ていたが、両肩の少し下のところに円形を白く描き、その中に緑色の美しい文字でＪＥＳＵＳと記されていた。この文字の中央から慣わしどおりの文字「ＩＮＲＩ」が付けられている敬虔な十字架が出ていて、円の周囲の残っている部分に三つの釘が配置されてあり、背にも同じ模様があって、その布にはその他の非常に美しい絵が染め出されていた。頸には立派な十字架とコンタツをかけていた。純忠の近くに彼の配下の重臣多数もいたが、各々が金の十字架を頸にかけ、ほとんど全員が立派なコンタツ（信徒が用いる数珠）をたずさえていた。純忠との談話においても、アルメイダに対する純忠からの霊的な質問によって始まり、終わりもまた同様であった。

またある日、純忠はガスパル・ヴィレラが京都で編纂した本を持参するよう命じた。それはデウスの教えについて僧侶が質問した多くの問いに対し、神父からの答えを付したものであった。アルメイダに対し、純忠は「それはデウスの教えを非難する人々に対して応答が出来るように、その一々の質問、それに対する回答を明らかに説明するためである」と語った。

アルメイダは「私は今まで日本において彼ほどキリシタンらしく見える者を他に見たことがありません。殊にこれほど地位の高い領主の場合はなおさらのことであります」と述べつつ、「彼が日本のキリシタン宗団の鑑となるべく、我らの主なるイエズス・キリストが彼に恩寵を授け給わんことを」と祈らずにはおられなかった。

大村純忠の弟・千々石《ちぢわ》直員《なおかず》（千々石ミゲルの父）は、同所から三里離れた雲仙にあって、彼の城である釜蓋城にいた。純忠を訪問した後、アルメイダは千々石直員に謁見することになっていた。アルメイダが直員を訪問するに際し、純忠は、弟に「アルメイダ修道士が彼の地に赴くので、賢明な道理を持ってデウスの教えに耳を傾けるように」と伝言した。直員は「時が至り次第、兄の求める通りにするであろう」と答えた。七月一五日、アルメイダは直員と別れた後、横瀬浦に帰着した。

その千々石直員は、「元亀元（一五七〇）年、龍造寺との合戦に小城郡丹坂《にさか》の石切谷に三〇〇〇の兵を率いて出陣したが討死し、そのため嫡子・純員《すみかず》が千々石城主となった。その後天正五（一五七七）年、千々石城は龍造寺隆信の攻撃によって陥れられ、このとき、純員もまた討死にした」（『有馬晴信記』）。

話は戻るが、横瀬浦に司祭が到着したことを知らされると、籠手田安経とその妻からトルレス宛ての書状が五、六通届けられた。それは「横瀬浦の港には数名のバテレン様がおられることゆえ、この平戸の島々のキリシタンたちのためにそのうちの一人を派遣していただきたい」との依頼状であった。時を同じくして、島原純茂からも「先に新しい司祭が到着すれば、そのうちの一人を派遣すると約束されていたので、その約束を果たしていただきたい」とする書状が届けられた。

そのころ、トルレスは熱病を患ってあわや死に瀕していた。そこでトルレスは、双方に対して「自分の仕事に暇ができ、また健康状態がよくなったら、自らあなた方のところへ訪ねて行こう」と返答した。

平戸の島々のキリシタンたちは、新しいバテレンたちが聖別したコンタツやヴェロニカ（キリストの聖骸布、またキリストの顔面像）のメダイをたずさえてきたことを聞くと、それを得ようと我を争って舟を雇って横瀬浦に赴いた。彼らは、何をしに来たのかと問われると「ただ聖別した一個のコンタツと一個のヴェロニカをもらうだけの目的でやって来た」と述べた。

トルレスが横瀬浦へ移った後、豊後の修道士とキリシタンはすでに一年近くの間、ミサを聴かず（ミサは司祭しかできなかった）、告白もしていなかった。国主宗麟もまた、領内に司祭がいないことを不満に思っていた。その宗麟から、トルレスのもとへ豊後の司祭館に誰か一人司祭を派遣していただきたいという依頼状が届いた。そこでトルレスは、国主宗麟の好意を保持し、かつイエズス会との友好関係を維持するためジョアン・バプティスタ神父を豊後へ派遣し、これにアルメイダを伴わせることにした。

七月一七日、アルメイダはバプティスタに同行して豊後へ向かった。途次、アルメイダはトルレスの指令に基づいて、有馬国主有馬義貞を訪ねた。義貞は、バテレンたちが自分のことを憶えていてくれたことを深く感謝し、アルメイダを大いに歓待した。

その翌日、ダミアンがいる島原へ赴いた。当地で、ダミアンから聖なる洗礼を受けるために教えを受けていた二〇人に洗礼を授けた（一五六三年のこの年、ダミアンは、自分をイエズス会の修道士に採用されるよう願い出て、イエズス会員として採用された）。また、アルメイダに同行したポルトガル人たちは、六〇人以上の島原の子どもたちがキリシタンの教理を暗誦している姿に接し、大いに喜んだ。子どもたちはひざまずき、両手を合わせ、あたかもラテン語を学んでいる者のようにその言葉をそらんじた。そして、アルメイダがキリシタンの教理（教育）を説き終えると、子どもたちはキリシタンと異教徒との区別とか、なぜ異教徒たちが永遠の罰を受け、その一方で、なぜキリシタンたちが救われるのかなど幾つかの質問をし、アルメイダがそれに答えた。

一九日早朝、口之津に残したパウロを励ますため、口之津の港に向けて出発した。口之津に着いた後、ここでも子どもたちに教理を説いた。ドチリナが終わってから、参観に来た在留ポルトガル人のために、少年たちに幾つか聖書の歌を唄うように命じた。七、八人の幼い子どもたちがアダムとイブが楽園を追放された物語を、こんな幼い子どもらには表現できないと思われるような豊かな感情を込めて唱い始めた。少年らも同様に、大きな信心をこめて御パッショのミステリヨを唱った。これらの讃美歌は、絶えず唱われる彼らの俗歌を忘れさせるために作られたものであった。そしてアルメイダは、口之津の子どもたちは聖堂で教える以外に、他の歌はまったく唱わないようになったと聞かされた。この地で、パウロに新たなキリシタン宗団に対して採るべき方法を伝えた後、約六〇〇人の口之津のキリシタンに見送られ、島原に向けて乗船した。そして翌早朝、肥後国高瀬に到着した。

　一五六二年秋、大友義鎮は、それまで別館としていた臼杵の丹生島城《にうじまじょう》に正式に移り、はっきりした理由はわからないが入道し、剃髪して宗麟《そうりん》と名乗った。彼三三歳のときであった。

　豊後に到着して二日後、アルメイダはバプティスタを伴い、大友宗麟を訪れるために府内から七里離れた臼杵に赴いた。宗麟はバプティスタらが到着したことや、トルレスからの伝達として大村純忠の改宗、および有馬、島原における教団の進展状況を聞いて非常な満足と喜悦を示した。またアルメイダはバプティスタを伴い、大友の重臣である幾人かの異教徒の殿たちを訪問し、彼らにバプティスタを紹介した。それから府内に戻ったが、バプティスタは日本語の学習を始め、アルメイダは彼のため家事一切を担当した。同時に、七年間も修理せずに放っておかれた住院の修理作業を手掛けた。

　その折、トルレスから一通の書状が届いた。その内容は、大友宗麟と会って有馬の国主（義貞）と、彼と激しく戦っている別の殿との間をとりなしてくれるように依頼する二通の書状を入手するようにと書かれていた。そこでアルメイダは、さっそく臼杵の宗麟邸に赴いた。そこには、都で手に入れた絹、その他それに類した贈物をたずさえた大勢の武将がいたが、宗麟はアルメイダの到着を知ると、ただちにアルメイダを呼び、自分の側に座るように命じた。そして、トルレスからの伝言を聞いた宗麟は「予の家臣二人を、有馬国主、並びに有馬と戦っている二人のもとへ遣わすので、彼らはかならず和議を講じるであろう」と述べた。宗麟とアルメイダは、かれこれ一時間以上その他のことをいろいろ語らったが、その間、宗麟は部屋の外で待っていた大勢の来訪者の誰ひとり、座敷内に入ることを許さなかった。

　その数日後、宗麟は同国の重臣たちを伴い、イエズス会の司祭館を訪れるため府内に到着した。その際、宗麟は足利将軍の伯父にあたるという貴人を同伴した。横瀬浦発信のアルメイダ書簡には、この貴人はただ単に「都の使者」とあるが、フロイスは「この方は内裏の宮廷の公家で、公方様の伯父にあたる非常な貴人で、その名を久我殿と申される」と記している。この前右大臣久我晴通《くがはるみつ》の妹が第十二代将軍足利義晴《よしはる》の室で、義輝《よしてる》、義昭《よしあき》の生母である。晴通は将軍義輝の意を奉じ、毛利元就と大友宗麟を和睦させるため豊後に下向し、宗麟のもとに滞在していた。アルメイダに対して、宗麟は「この公家は都にいるガスパル・ヴィレラ師を大いに寵愛し、保護してくださるだろう」と紹介し、「自分がバテレンに格別の配慮を行う理由は、この両者の間に友好関係を結ばせることにある」と語った。アルメイダは、異教徒でありながら、こうしてバテレンに何かと多大な援助をなしてくれる宗麟に、深く感謝した。

　だがしかし、こうした国主宗麟のバテレン庇護にもかかわらず、未だに豊後の人びとのキリシタンに対する偏見と憎悪は収まらなかった。そのことが一五六四年一二月末、府内発信、バプティスタからローマに送られた書簡に詳細に記されている。以下、長文になるのでこれを省くが、バプティスタが豊後に赴いた一五六四年に至ってもなお、朽網や府内の市から離れた井田、および三重という村落の住民以外、府内のほとんどの人は仏教徒のままであった。

横瀬浦港、破壊される

フロイスたちが到着した一カ月後に、大村純忠は司祭たち、ポルトガル船の司令官、およびポルトガル人たちを訪問するため、横瀬浦を訪れた。純忠がポルトガル船を視察に来たとき、司令官のドン・ペロゥドおよびポルトガル人全員が、彼に格別の敬意をはらって歓迎し、船を飾り、すべての砲を発射させ、豪勢な祝宴を催した。また純忠は、彼の本拠地である大村に、非常にきれいな教会を建てるため、教会の開設に適した最良の場所を選定するためにトルレスの派遣を要請した。そして、純忠の家臣五〇〇人が受洗するなど、大村領内における宣教はいっそう高まった。

その一方で、有馬からきた養子の大村純忠がキリシタンになったことは、家中に大きな禍根を残し、大村家の親族の中に大きな軋轢を生じさせた。そうして信仰に徹した純忠は、教会を建設するため領国の寺院を破壊したが、決定的だったのは、死者のための祭りである盂蘭《うら》盆に大村家の先代である大村純前の位牌を、慣例の儀式によって崇拝するどころか、これを焼き払った。このことで仏僧や反対派の家臣の激しい怒りを買った。このため、これらの人びとは、密かに武雄の後藤家に養子に出された後藤貴明と謀議をめぐらし、君主純忠の殺害と同時に、パードレとイルマンを殺すことを決した。そして彼らは、純忠に対し、自分たち自身もキリシタンになりたいと願っているが、そんなに大勢を連れて横瀬浦に行くことはできないから、万難を排してトルレス自ら、自分たちのところへ来ていただきたい。また適当な場所に教会を建てるように進言した。そのような狡猾な企みがあることなど知らない純忠は、これを聞いてたいそう喜んだ。

八月一三日、純忠の意向を受け、純忠の寵臣ドン・ルイス（朝長新助）一行は再度横瀬浦に赴き、トルレスを迎えに来たことを伝えた。そこでトルレスは、病臥呻吟中の自分に代わって、フロイスとフェルナンデスを遣わすので、聖母の日まで待ってもらいたいと頼み込んだ。

折から横瀬浦では、八月の聖母被昇天の祝日（八月一五日）が迫っており、この日、トルレスは司祭フロイスの手によって自らの最終請願を行うことにした。その三、四日前には、その祭典が盛大に挙行されるようにと、豊後で少年たちに音楽を教えていたサンシェス修道士が、ヴィオラをたずさえた五、六人の少年らを引き連れて横瀬浦までやって来た。前夜の聖務日課の晩課《ばんか》（最初四つの祈りを交誦し、次に讃美歌が続き、最後に司祭が集禱文を誦える）には少年たちが唱い、フロイスがオラショをとなえ、当日は歌ミサが挙げられた。横瀬浦のキリシタンたちは請願とは何のことかわからなかったが、尊敬と畏敬の念を抱くトルレスが司教に叙階されるものと思い込み、街路や家の戸口を緑の枝で飾り、旗を立て、横瀬浦の地区や町はお祭り騒ぎとなった。こうして今、横瀬浦は繁栄の真っただ中にあった。

聖母被昇天の祝日の午後、ドン・ルイスは再びトルレスのもとを訪れた。そして、パードレの大村訪問を希望する理由として、何よりも早く教会の開設を望んでいること、また兄の有馬義貞から自らキリシタンになることを欲するという伝言があったため、改宗を希望する有馬国主について協議するためである、とする純忠からの口上を伝えた。このため、トルレスは翌日、夜が明けたらすぐに伺うであろうと答えた。このトルレスからの返答を得たドン・ルイスは、日没後、装備された船に乗って大村への帰途に着くことにした。

八月一五日のこの日、大村純前に連なる親族や譜代の家臣らは、後藤貴明とともに叛旗を翻し、純忠とトルレスの暗殺を企てた。その先端を切ったのが大村家の重臣で、横瀬浦を監督する奉行である小鯛城主針尾伊賀守《はりおいがのかみ》であった。そうとは知らないドン・ルイスは、針尾伊賀守の所領である針尾島の海域において、針尾が潜ませた武装兵によってドン・ルイス以下、全員が殺害されてしまった。針尾はまた、トルレスも同じ船に乗っているとばかり思いこんでいた。

こうして、大村当主への叛乱の口火が切って落とされた。そして次、敵は純忠の館を急襲した。不意を突かれた純忠は、わずかに身に帯びた刀と、トルレスからもらった祭壇用の聖母画像を持っただけで、迅速かつ機敏に館の塀を跳びこえて、数人の家臣とともに多良岳の金仙寺《きんせんじ》へと逃げ込み、九死に一生を得た。純忠が洗礼を受けて、わずか三カ月も経たない中での出来事であった。

八月一六日早朝、横瀬浦に「大村の殿」の死亡とともに、数々の流言と戦慄すべき報道がもたらされた。大村の変事を知らされた横瀬浦のキリシタンらは昂奮しながら、トルレスたちの住院にやって来た。人びとは前日とうって変わった事態に、悲嘆と恐怖に打ちひしがれていた。時を同じくして、横瀬浦は暴徒に襲われて破壊されるなど騒乱が生じ、横瀬浦のキリシタンとポルトガル人は周章狼狽し、恐れおののいた。この横瀬浦には、ポルトガル船から大量の中国産の絹・生糸を買い付けようと、豊後から多数の商人が来ていた。今や彼らは、ポルトガル人との関係を絶ち、殺せるものは殺し、ポルトガル人たちが陸揚げしていた多くの財貨を奪う好機として機会をうかがった。そして、理由もなく数人のポルトガル人と争い始めたが、ポルトガル人たちは自分たちの財貨を船に運び込んで安全をはかろうと必死で、その間に二、三人が殺されてしまい、争いが始まった。また新たに造られたばかりで、めざましく成長しつつあった横瀬浦の町は、豊後の商人ら暴徒に襲われ、放火によって街路は破壊炎上した。そんな中、婦女子たちの金切り声、子どもたちの泣き叫び、すべての町民の周到狼狽が加わって恐るべき光景が繰り広げられた。こうして針尾伊賀守の叛乱兵と豊後商人の手によって、横瀬浦は焼き払われた。教会や宣教師たちの家、純忠の住んでいた家や農家、はては倉庫に至るまで全焼し、開港以来、繁栄の道をたどってきた横瀬浦は廃墟と化し、キリシタンらは四散した。

この混乱のさなか、キリシタンたちは次々とトルレスのもとへ馳せつけて来て、同夜、バテレンらを殺そうとして異教徒の叛逆者が教会や町に来襲するのは間違いないなどと語り、トルレスに定航船か、または当港に停泊しているジャンク船に移るよう求めた。そして日本人同宿らは他領に逃げおおせたが、病気で床に臥していたトルレスとフロイスは逃げ遅れ、豊後の商人たちに捕まってしまった。そして二人は、人質として牢屋に閉じ込められた。彼ら商人たちは、定航船に六万クルザートの代金を先渡ししていたが、自分たちが二、三人のポルトガル人を殺すなど乱暴狼藉を働いたため、商品を引き渡さないままにポルトガル船が出帆してしまうのではないかと恐れた。

その後二、三日が経過したが、その間、トルレスとフロイスは人質として豊後商人らに拘束され、また病気を患っていたのと、牢屋が何かと不便であったので相当苦しい目に遭わされた。だが、その三、四日後に豊後商人との間で協定が成立し、ポルトガル人たちは商品を引き渡し、二人は解放された。その夕方、解放されたトルレスは停泊中のゴンサロ・ヴァスのジャンク船に、フロイスはペドロ・ダ・ゲーラ船長のナウ船に引き籠もり、病気療養を続けることになった。

こうしてわずか一年余にして、横瀬浦港は破壊され、ポルトガル貿易の拠点としての機能を失った。横瀬浦の崩壊が平戸に伝えられると、籠手田安経はトルレスのもとに家臣と船を送って自分の島に来るよう伝えさせた。しかしながら、トルレスは大村純忠の安否を確認するためと、ポルトガル船までは危険が及ばないことから港に残ることにした。そして、送られて来た船には横瀬浦の教会の祭服、その他の物を乗せて、平戸のキリシタンにその保存を依頼するためフェルナンデスを伴わせた。

トルレスの救出

一五六三年八月二五日、府内において多忙な毎日を送っていたアルメイダのもとに、有馬、大村から来た商人、および島原、口之津から来たダミアンとパウロによって、純忠の死とともに、有馬国主が追放されたこと、またポルトガルの定航船《ナウ》やジャンクは横瀬浦港を去り、教会と同地一帯は他の村々や集落ともども焼き払われたこと、そしてキリシタンは皆、殺されたり、迫害されたなどとするはなはだ悲しい知らせがもたらされた。

この横瀬浦からの知らせに、豊後のバテレンやキリシタンは茫然自失となって、他のことなど考えられないほど深い悲嘆にくれた。その反対に、異教徒たちはバテレンが説くようにデウスに力があるのならば、純忠を仏の力より解放したであろうとか、これほどのデウスの僕《しもべ》をどうして救ってくれないのかなどとあげつらった。そして、キリシタンの教えが入った地方では戦や紛争が生じなかったところは一つもなく、大村もその例にもれなかった。それ故に、バテレンの教えは偽りであり、根絶されなければならない。バテレンは人間を喰う妖術師であり、日本古来の八百万《やおろず》の神や仏像を拝むことを禁じるような教えを説く連中は、一切、国内から追放するべきだと息巻いた。

豊後の住院にいたバプティスタや修道士、ならびにキリシタンたちは、有馬国の急激な変転と、横瀬浦にいる司祭や修道士らの消息がわからないことを案じて相談した。そして、艱難に遭遇しているかもしれないトルレスらを救出するため、アルメイダを横瀬浦に向かわせることにした。

アルメイダは八月末に豊後を発ち、四日後に高瀬に至った。しかし島原に渡る船が得られないまま、高瀬に三日間滞在した。その間、数人から「ポルトガル船はまだ横瀬浦に停泊中で、トルレス、フロイスらは無事で、大村純忠も生存し、ただ、有馬義貞は父・仙巖から追放された」などと聞かされたが、多くの者は、アルメイダが横瀬浦に向かうと知ると「教会はすでに焼かれ、横瀬浦にはバテレンはいない」などと言って嘲笑した。

島原に向けた船を得たので高瀬を出発したが、島原もまた領主純茂がデウスの教えを大いに庇護していたため破壊されることを怖れて、住民は島原の町から逃げ出していた。アルメイダの船に乗り合わせていた豊後の商人は、もし、アルメイダの素性が知れたならば追放されるであろうから上陸しないようにと忠告し、暗に同地の騒動の原因がアルメイダにあることをほのめかした。彼らは商売のためにポルトガルの定航船を求めていくところであった。

日本人は日の出とともに船を動かし、日没前には停泊する習わしなので、その日は島原に宿泊せざるを得なかったが、乗船者たちは恐怖から上陸しなかった。アルメイダは島原のキリシタンを信じていたので、彼らの情報を得るため同伴者の日本人青年を派遣した。重立ったキリシタンは、アルメイダが到着したことを知ると、ただちに数隻の船でアルメイダを迎えに来た。彼らはバテレンらが迫害されているという情報によって、アルメイダとはもう二度と逢えないだろうと考えていただけに、その喜びは大きかった。その際、彼らは多くの栗と酒をたずさえてきたが、これによって全員をもてなしたため、乗船者はアルメイダと乗り合わせたことに感謝した。次いで、ドチリナを学ぶ子ども数人を乗せた船が何隻かアルメイダを訪ねて来た。アルメイダは、これらの人びとがデウスに対する揺るぎない愛を抱いていることに心を慰められた。そうして彼らは、アルメイダを自分の家に招待しようとして先を争った。同夜の大半はキリシタンの訪問がたえず、彼らはいかに迫害されたかを語ったが、アルメイダは彼らを慰め、いずれ事態は好転することを説いた。

翌朝、出発の時刻がきたが、アルメイダは海岸まで身分の高いとされるキリシタンらに見送られ、横瀬浦を目指して乗船した。日の出から二時間後に口之津に着いたが、この地の住民のほとんどはキリシタンであり、翌日まで口之津に滞在することにした。しかしながら、かつてあれほど大きな歓喜と慰めをもって出迎えていた男女や子どもの姿はなかった。アルメイダはすぐに異変を感じとった。そこへ二人が乗った小舟が近づき、アルメイダに上陸しないようにと伝えた。というのも、有馬仙巌が何びともキリシタンの教えを奉じてはならぬと命じ、またアルメイダを同地に迎え入れてはならず、もしこれに背けば死罪に処すると命じたためであった。この口上を彼らは大きな声で述べたので、アルメイダは少なからず腹が立った。豊後の商人たちはアルメイダに敵意を持っていたからであった。

一五五一（天文二一）年、有馬仙巌は家督を義貞に譲って隠居し、一線を退いていたが、義貞が弟の大村純忠に触発されて自らも受洗しようと図ったり、一五六三年、杵島郡の丹坂《にさか》峠の合戦で西郷純堯・島原純茂を大将とする有馬軍が龍造寺隆信に大敗を喫し、有力家臣の有馬離反が始まったこと。ついには、横瀬浦における叛乱を見るに至ってその怒りは頂点に達した。仙巌は有馬に敵対する謀叛人に対し、万事彼らの欲するように行うと伝えさせ、また国主であった義貞の追放を命じた。さらに、彼は領内にあった十字架を倒し、キリシタンには仏教に立ち返るよう命じた。これによって叛乱は静まった。

ただし、一時は南蛮貿易を期待し、キリスト教を受容した仙巌だが、つね日頃から仏僧らと親しみ、彼らの言うこと以外信用せず、内心ではキリシタンを毛嫌いしていた。横瀬浦の騒動後、仙巌は再び復権し、領国の大半を支配して改宗者の弾圧に乗り出した。そしてアルメイダが建てた大きな十字架を切り倒し、家臣一同にキリシタンの教えを棄てるように命じた。このため、豊後の商人たちは口之津の港に上陸したが、アルメイダは（いわば「面目を失わされて、顔向けもできず」）停泊した船に残された。

その翌日も雨と風と、恥辱にさらされた。だがすでに夜更けとなったころ、人びとを満載した一隻の船が近づき「伊留満様はどこにおいでか」と言いながら、物音静かに船内に入って来た。口之津において、もっとも身分の高いキリシタンらであった。彼らは皆、アルメイダの前に低頭し、これまでの出来事や、陸の上で歓待できない理由を語ってアルメイダを慰めた。そして彼らは、苦難の中にあっても、救い主のデウスのみを崇めることを約束した。アルメイダは、彼らにこれらの苦難がただちに終わるであろうという期待を抱かせて、なしうる限り彼らを慰めた。

次の日の一〇時ごろ、順風と潮をえて口之津を出帆し、一七里離れた次の港に停泊すべく向かった。この有馬領の港に着くと、武装した多数の部下とともに一人の大身が乗った一隻の艤装《ぎそう》船が近づいてきた。そして彼らは上陸すると、アルメイダの名前を呼びながら、アルメイダのもとへやって来た。アルメイダは、彼らは仙巌の命令によって自分を殺しにきたものと察知した。アルメイダには一人の従者がいたが、何の武器も所持していなかった。その大身は、アルメイダに対し「どこから来てどこへ行くのか」などと質問を始めたが、アルメイダは、彼がいつ刀に手を掛けるのか注視したが、そのような気配はなかった。その大身が離れた隙に、彼の部下に彼が何者かと問い、有馬仙巌の家臣であることを知らされた。アルメイダは、彼が理由もなくここに来るはずがなく、機会を伺い、自分を殺しにきたのだと確信した。次の朝、アルメイダは彼らに立ち去るよう求め、彼らも素直に立ち去った。

こうした苦労の末、九月二〇日、横瀬浦港に到着したアルメイダは、ポルトガル人のジャンクに避難しているトルレスの無事を確認し、涙の再会を果たした。同時に、陸地に残っていたフロイスから、状況はすでに好転していることを知らされた。というのも、有馬仙巌の側から、義貞とは従兄弟でありながら義貞に対して蜂起していた伊佐早領主西郷純堯に対して、義貞の嫡子で、かつ仙巌の孫にして、大村純忠の甥にあたる義純《よしずみ》を有馬国主に就かせ、彼と西郷純堯の一女とを結婚させ、そして皆が協力して大村純忠に大村を領有させて後藤貴明を滅ぼす――という提案がなされた。西郷純堯がこれを受け入れ、両者の間で和睦が結ばれた。この情報によって、横瀬浦にいた謀叛人側の大身（針尾伊賀守）は逃走し、事態はいったん収まった。

その後、あまり日を経ぬうちに、純忠は所領を掌握し、彼の敵は追い払われたとの報が届いた。そこでトルレスは、善良なるキリシタンの老人を介して純忠を訪ねさせたが、純忠はこれを大いに喜び、トルレスに宛て一通の書状をしたためた。そこには「かつて予は多くの苦難と危険から切り抜けたが、もっと深刻な問題が目前に迫っている。それは父・仙巖はじめ親戚や人びとからキリシタンの教えを棄てるように説得されている。しかし彼らは真理を知らないからであり、己の心はいよいよ主なるデウスとともにあって信仰にいささかの揺るぎもない」と書かれてあった。

トルレス、高瀬に留まる

一一月末、季節風を待った数隻のポルトガル船がインドに向かって出帆するまでの全期間、フロイスは定航船の中で病臥し、トルレスもまた衰弱し、病んだまま、ゴンサロ・ヴァスのジャンク船にあって、大いなる不安と困惑に陥っていた。豊後に帰るには道は遠く、かつ危険で、平戸にはキリシタンを嫌悪する松浦隆信がいた。島原へ行くことも、アルメイダからその危険性を聞かされた。こうして頼って行ける場所もなければ、乗せて行ってくれる船もなかった。だが、孤立無援のトルレスのもとへ神は救いの手を差し伸べた。ドン・ジアンという名の島原のキリシタンが、良く装備された大きな船に乗って現れた。彼は生まれながらの高貴の人であったが、島原にいたもっとも信頼できる人たちの一人で、教会の忠実な友でもあった。

彼、ドン・ジアンは領主純茂の感情を損ねたり、仏僧たちの反感を買うことなど気にすることなく、島原から四〇里ばかり離れた横瀬浦へ、トルレスとフロイスを救出するためにやって来た。そして司祭が行きたいと思うところへ運んでくれるという。トルレスとアルメイダ、そしてジャコベ・ゴンサルヴェス修道士（一五六三年、フロイスとは別の船で横瀬浦に着いた。インド人）の三人は、ドン・ジアンの船に乗り込み、豊後を目指して大友領の肥後国高瀬へ向かうことにした。またフロイスは、籠手田安経が寄こした平戸のキリシタンの船に乗り込み、フェルナンデスが待つ度島へと直行した。

そうして、ポルトガル船が横瀬浦を出帆すると同時に、横瀬浦の教会とキリシタンの家屋は焼き払われた。アルメイダは「キリシタンである有馬の某貴人が寄こした美しい船二隻にトルレスが乗船したところ、近づいてきた敵によって、たちまち我らの眼前で教会とキリシタンの家々が焼かれた」と記し、自らの手によって築かれた横瀬浦の無残な光景を、見るに忍びない思いで眺めつつ、インドのイエズス会の修道士に宛てた書簡の中で、その悲しい胸の内を伝えている。

「ごく数日前にはあれほど繁栄し、我らの主なるデウスが数他の人から敬われ、毎日、ドチリナによって主を讃える罪なき人びとに満ち溢れたかの場所が破壊され、人びとが皆、牧者なき羊のように別々の地方に向けて乗船するのみならず、その哀れなキリシタンらが家も食べ物もなく、我らの助けも得られぬまま子供を抱えて、残虐な敵の掌中に陥るのを見ることは、たしかに語りうる悲しみの中でも大なるものの一つであった。いとも親愛なる兄弟たちよ、これが我らにとって大きな打撃になったことを信じられたい」

アルメイダ一行は甚だ落胆し、横瀬浦港からドン・ジアンの船で高瀬に向かったが、航行の途中、トルレスは非常に容態が悪く、病気はさらに悪化した。そこで船が島原の港に至ると、ドン・ジアンは数日間、自宅で休養するようトルレスに請うた。そこでトルレスは、ドン・ジアン宅に滞在することにした。しかしここも有馬の各地と同様、状況に変わりはなかった。キリシタンは仏教徒に立ち戻って、仏教の教えを奉ずるよう厳命されていた。

上陸と同時に、トルレスはドン・ジアンの家に向かい八日間滞在した。また島原には八〇〇人以上のキリシタンがいたが、彼らはトルレスとは面識がなかったが、トルレスに逢うことを切望し、仏僧やキリシタンの敵である回し者から見つかることを警戒しながら、夜間にトルレスを訪れ、涙ながらに自分たちの苦難を語った。トルレスは彼らの一人を仏教徒とし、もう一人をキリシタンとして互いにキリストの教えや仏教徒について討論させた。そして、この人びとの信心を見てトルレスは深い慰めを得た。ところが仏僧たちは、キリシタンたちがバテレンのところへ通っていることを嗅ぎつけ、その夜、一団となって現れ、ドン・ジアンの家の屋根に石の雨を降らせた。屋根は薄い板ぶきだったので、ひどい騒音となって互いの言葉が聞き取れないほどであったため、キリシタンらをたいそう不安がらせた。

ところで、ドン・ジアンはその地におけるもっとも身分の高い一人で、また領主純茂とも近い関係にあった。そのためにトルレスを自宅に連れてくるという、大胆不敵なことをやってのけた。そこで、異教徒たちの暴挙に腹を立てたドン・ジアンと家人たちは、武器、および火をつけた松明をもって、僧院に火を放とうといきり立った。だが、トルレスの切なる説得によってその企てを思いとどまったが、仏僧たちもまた、ドン・ジアンが示した行動を知って、再びやって来ようとはしなかった。

フロイスは、この出来事に続けて、だが仏僧らは、ドン・ジアンに対する激しい憎しみに燃えていたので、同地の三つの僧院の住職と領主島原純茂の母親が密談し、陰謀をめぐらせた。そして純茂の母親が親しそうにドン・ジアンの友を装って彼を茶会に招いた。そのお茶には毒が盛られていた。そのためにドン・ジアンは数日後に死んだ。しかしキリシタンたちは勇気を失うことなく信仰、信心、熱心の業を続けるのをやめなかったと、記述している（『日本史9』第七章）。しかしながら、アルメイダ書簡によれば、ドン・ジアンが毒殺されるのは、アルメイダが五畿内の旅から口之津に帰った一五六五年八月ごろのことである。そしてこのあと、フロイス自身、上洛の途でドン・ジアンと会っている。

トルレスは高来のキリシタンたちが迫害され、見捨てられている有り様に悲哀の念を抱きながら、八日目の夜分、高瀬に向かって乗船した。翌朝、海岸沿いの高瀬の町に至った。当時、大友氏の直轄領であった高瀬（現・玉名市）は菊池川河口の水陸の要衝であり、町衆による一種の自治体制を維持し、また宣教師にとっても、豊後と平戸、長崎、有馬との布教拠点をつなぐ重要な結節点のひとつでもあった。

こうして何とか高瀬までたどり着いたが、トルレスは長年の持病を悪化させ、とても豊後までの旅路は無理と思われた。そこで高瀬に留まることになったトルレスは、ゴンサルヴェス修道士、および二人の従僕とともに簡素な藁葺小屋を借りながら、迫害されたキリシタン宗団を励まし、主（なるデウス）がいかなる決定を下し給うのかを見定めることにした。その一方で、豊後国主に対し、高瀬の代官に宛て、同所に滞在するための許可状をしたためてくれるよう依頼するため、アルメイダを豊後に送り出した。アルメイダは、横瀬浦の教会で育ててきた孤児の少年たちを同伴して、唯々、トルレスの安全と無事を祈り続けながら臼杵に向かった。またトルレスは、豊後のダミアンとアゴスチイノに対し、ただちに京都に向かうように命じた。二人は翌一月、無事京都に到着し、フロイスを援助することになった。

豊後に着いたアルメイダは、さっそく宗麟と会見し、トルレスの窮状を伝えた。宗麟はトルレスが已の所領に居ることを喜び、高瀬の代官に対し「神父たちの高瀬滞在を許可し、地所と家屋を提供するように、また、キリシタンになりたいものは自由にそうしてよい」という書状を届けさせた。そしてその三カ月後、領内のあらゆる人への改宗の許可、宣教師の保護、全領内の布教許可の三カ条を記した漆塗りの金で飾られた板に書かれた允許状二通を授けた。その一枚はトルレスのもとに送られ、高瀬に立てられた。もう一枚は、肥後国南の川尻でのキリスト教布教を保証するものであった。そこでトルレスは、修道士のシルヴァを川尻へ派遣して説教を行わせることにした。

アルメイダは一二月の降誕祭から翌年四月の復活祭まで豊後に滞在し、府内の教会で働いた。豊後では新しくキリシタンになった者や、当地の病院でなされている慈悲の業に関して、語ることは多々あるが、当地においては目新しいものではないが「これは私が体験した爽快な事柄の一つであった」としていとも盛大に、また荘厳に執り行われた降誕祭と復活祭の様子を詳しく伝えている。

このようにして、忘れ得ぬ多くの出来事を残しつつ一五六三年も静かに暮れていった。

口之津、イエズス会の根拠地となる

明けて一五六四年の復活祭が終わった数日後、トルレスはアルメイダに対し、川尻で布教中のシルヴァの病が思わしくないので、彼のもとへ行って看護と世話をするようにと伝えてきた。四月か五月、アルメイダは豊後を発ち、川尻に向かった。道中、雨が降り続き、河川はたいそう水かさが増していたため、もっと難儀な別の道をたどらざるを得なかった。そして五日目に川尻に到着し、そこで骨と皮だけの骸骨のようになったシルヴァを見出した。アルメイダはシルヴァを励ますべく取り掛かったが、シルヴァはすでに相当衰弱していたので、アルメイダが処方した薬も効果がなかった。死期を悟ったシルヴァは、この世を去るに先立って告白するため、トルレスに逢うことを強く希望した。そこで、ある非常に穏やかな夜、アルメイダはシルヴァを海路川尻から七里の高瀬へと運んだ。トルレスはあらん限りの慈しみの情をもってシルヴァを治療し、秘跡を授けた。だが、シルヴァは高瀬に到着した一〇日後、福者の国の喜びを享受すべくこの世を去った。

ドゥアルテ・ダ・シルヴァの死は、ドゥアルテ・ダ・ガマの船に乗って共に日本の地を踏んだアルメイダにとっても哀惜の念に堪えないものがあった。アルメイダは「修道士（シルヴァ）はかつて見たこともないほど奉仕した人なるが故に、寝食を忘れて日夜説教した労苦から病にかかったのであった。かつてひと時も怠惰にしているのを見たことがなく、日本の文字のみならず、非常に難解なシナの文字も理解するに至った。日本語の文法法を考案し、はなはだ分量の多い日本語の辞書を編纂（手稿本）した」と記して、その死を深く悼んだ。こうしてシルヴァは、日本で最初に死んだ在日宣教師となった（玉名市の旧家中山家には、シルヴァのものと思われる茶褐色の遺髪が「家宝」として残されている）。

同じころ、有馬仙巌は有馬の有力な仏僧を豊後の大友宗麟のもとへ遣わし、重要な仕事の交渉を続けさせていた。だが、それが意外に延引し、思わぬ出費の捻出に難渋していた。これを知ったアルメイダは、使者であるその僧を訪ね、府内のデウスの教会からであるとして四三クルザードの金子を用立てた。このような特別の場合、アルメイダにだけ教会の資産から特別支出の許可が与えられていた。件《くだん》の仏僧は、このアルメイダの好意にいたく感激し、有馬へ帰るとさっそく仙巌に対し、今回の交渉の成果を得たことは教会側の厚い好意の賜物だから、これを手厚く庇護しなければならないと進言した。一方、大友宗麟も自らしたためた書状を有馬仙巌に差し向け、「自分が行っているように大いに親切に、また好意をもって彼ら（トルレス師）を遇するように」と勧告した。そこで、仙巌は「伴天連が自領に戻ろうとなさるなら、自分にとって非常な喜びだ」と、トルレスに書き送った。これに対し、トルレスは日本の風習に倣い、まずアルメイダを仙巌のところに遣わして、その結果を豊後の国主に知らせてからでないと参ることはできないと伝えた。

　このため、アルメイダはトルレスの名代として高瀬を発ち、島原に向かった。当地のキリシタンから大喜びで迎えられた後、そこから五里離れた北有馬の日野江城で有馬国主と会見した。国主は「口之津の住民はことごとくキリシタンであり、その港には四五〇人のキリシタンがいるので、伴天連殿はそこへ行かれるがよい。伴天連殿が居住できるよう地所と家屋を与えることにする」と語った。こうしてアルメイダは、有馬での布教と教会設立のための許可を得ることに成功した（和辻哲郎はその著『鎖国・下』において「義貞は前年の騒ぎの時よりはよほど権力を回復していた」として、このときアルメイダが会見した有馬国主とは義貞であったとしている）。

　トルレスはさっそく宗麟に伝言を送ったが、宗麟からは、有馬へ行くようにと返答してきた。それを受け、トルレスは高瀬における約六カ月の生活に別れを告げ、ただちに船に乗って口之津に向かった。そしてその地の人びとから深い愛情を持って迎えられ、間もなく地所と家の整備が始まった。

　しかしながら、あれほどキリシタンを嫌った仙巌が態度を急変し、バテレンに好意的になった理由は、それだけではなかったと思われる。アルメイダによれば、大友宗麟に対して、仏僧らが「かくも公然と寺院を罵り、また人間を喰うとか、その訪れた国々は滅びるとの悪評を持ち、その他多数の悪を秘めた輩を支持することは国王の格を落とすことになるので、所領からバテレンを追放するように」と願い出たが、宗麟は「予は十二、三年来司祭らを領内に置いており、彼らが訪れる前は三カ国の領主であったが、今や五カ国を領し、また以前は金銭に窮していたのが、彼らが来た後には日本のいずれの国主よりも裕福になり、したがって予の家臣たちもそうなった。彼らのお陰で予にとって好ましく、切に望んでいた子を得ることができた。彼らの教えを領内で支持することによっていかなる利益が生じたか申してみよ。かくなる上はこのことについて予に話さぬよう汝らに申し付けると言った。それ故、仏僧らは国主の前から立ち去った」（一五六四年一〇月一四日付、アルメイダ書簡）とある。

ここで宗麟は、キリスト教保護政策によって実利を得、豊後が富国になったことを強調しているが、この言葉を書き留めたアルメイダもまた、宗麟はキリスト教を保護したことによって現世利益がもたらされたということを言いたかったのかもしれない。

既述したように、有馬義貞が治世を開始した一一年後の一五六三年、有馬領内にキリスト教が広まり、新時代の到来が予測された。だがその直後、新たに佐賀に勃興した龍造寺隆信によって百合野合戦において有馬軍が大敗した以後、領国は縮小し、ついには高来南部（島原半島）に押し込められてしまった。しかもなお、龍造寺軍の侵攻はやまなかった。

有馬仙巌の後継者である義貞は、もともと文雅を好む性格で、そのため父・晴純の代に強盛を誇った有馬氏も、佐賀の龍造寺隆信にしばしば領地を侵略され、重臣が厳しくそれを諫めても、義貞は「領地を得るも喜びに足らず、失うも何ぞ憂うるに足りん」と言ったといわれている。そのため仙巌は、有馬の弱体する勢力を前に、このような軟弱なわが子の態度に我慢ならず、宗麟に倣って、南蛮貿易の利益をねらってトルレスの口之津居住を認めたものと思われる。

一五六七年にはマカオからのナウの定航船のほか、二隻のポルトガル船がはじめて入港した。そうして以後、口之津は西九州におけるイエズス会布教の根拠地となった。

島原の暗雲

口之津に赴いたトルレスがもっとも驚嘆したのは、彼らキリシタンは皆、受洗してわずか三カ月後にキリシタン宗門を捨てるように命じられながら、信仰に踏み留まっていたことであった。かつてアルメイダが横瀬浦の変後の迫害のさなかに口之津の港に着いたとき、夜間に土地の重立った人びとが訪ねて来て「私たちはデウスの教えを捨てることはできません」と語ったが、彼らはその約束を忘れることなく、固く信仰を守り続けてきた。アルメイダは「彼らにこのような堅忍を授け給うた主（なるデウス）を賛美せんことを」と、感謝の言葉を捧げずにはおられなかった。

これに続けて、フロイスは「しかし、凶悪な敵（悪魔）は眠ってはいなかった。（中略）悪魔は島原のキリシタンたちに別の追い打ちをかけ災難をみまわせた」として、次の出来事を記している。

島原や口之津のキリシタンらが落ち着きを取り戻したころ、有馬の家臣である伊佐早の西郷純堯が突如、有馬国主に叛旗した。この伊佐早領は島原領に接していたから、島原純茂は伊佐早軍が自分をも襲って来るのではないかと怖れた。そこで彼らは、敵が破壊と略奪にやってくる前に逃避することを決め、自分たちの財産とか奉公人を一緒に乗せて行くために八隻の大型船と、それより小型の数多くの船を用意した。そのとき何の嵐の徴候もなしに、突如として猛烈な台風が襲いかかって、大小の船はすべて岸に吹きつけられ木端微塵となった。そのうえ台風は民家を襲い、大きな被害をもたらした。

島原の町の真ん中に海蔵寺《かいぞうじ》の地蔵という、仏教徒たちから少なからず崇められていた大きい地蔵があった。台風はその地蔵をも空中にかっさらったが、地蔵が地上に落下した場所が、何としたことか、その地蔵の大の崇拝者である仏教徒の家の便所の中であった。そして後日、その地蔵はそこで見つかった。

仏僧たちは、これらすべてのことにこの上もなく激昂し、領主純茂に対し「このたびの伊佐早が我らに対して新たな戦の災厄をもたらし始めたことといい、あのように突然予期せぬ台風が襲来したことといい、それらは殿、および有馬の国主に対する神と仏の激昂の明らかな徴候である。殿が伴天連や伊留満たちを領内に留まらせ、デウスの教えという日本で知られもせず拝まれてもいない宗教の布教を許したことで、神仏に対して大いなる罪悪とひどい侮辱を加えたことに外ならない」として、「同地で説教に従事している伊留満《イルマン》ダミアンをただちに放逐するようにと忠告した」とフロイスは記述している（『日本史9』第九章）。しかし一五六四年一〇月九日付、フェルナンデス書簡に「同地（都）にはガスパル・ヴィレラ師とともに、過ぐる（一五六三年）一二月に派遣されたダミアンが滞在している」とあることから、この伊留満とはダミアンではなくアイレス・サンシェスの間違いと思われる。

そこで、このたびの突然の台風襲来と混乱を不可解に思っていた島原純茂は、一方では、バテレン嫌いの母親からけしかけられ、そして他方では仏僧たちに対する恐怖感から、この伊留満を島原から追放することにした。これに対し、ダミアン（註・サンシェス）は「このようになったのは殿と仏僧方がキリシタンにならぬどころか、洗礼を受けた無実の人びとを迫害した結果に他ならない。それゆえ私は当地から立ち去ることも、キリシタンたちを見捨てもしません。それでもし殿が彼らを殺そうとされるなら、私は彼らといっしょに死にましょう」と答えた。そのため、純茂は「今は去って行かれるがよい。そして後日、仏僧たちの気持ちが鎮まり、この地が平和になったら戻って来ても差支えがない」と伝えてきた。この書面を見て満足し、イルマンは口之津へ行ったとある。

またフロイスは、島原のキリシタンたちは、僧侶が島原にいる限りは迫害はやまず、またそれが終わりそうな様子が見受けられなかったので、密かに仲間の間で相談し、郷里も家も土地も親戚も友人も捨てて、口之津へと逃亡した。そして重立ったキリシタンたちが退去した後、「まもなく島原殿は病気で死んだ」と記している。しかしながら、島原の殿はこの後もアルメイダと何度か会っているので、島原純茂の死去とこの出来事は、このとき（一五六四年）ではなかったと考えられる。

第五章　五畿内を視察する

一五六〇年、畿内・四国全域を支配した三好長慶は河内国の飯盛山に居城を定め、その麓に、配下の戦国武将たちにいくつかの城を構えさせた。その三好の家宰であった松永久秀《まつながひさひで》は、大和の国の奈良の市街に近い多聞山に築いた多聞城という一城に住んでいたが、松永は天下の最高統治権を掌握し、京都を中心とした権勢は主家・三好をしのぐものがあった。

その松永が信頼する重臣の一人に、結城《ゆうき》山城守忠正《ただまさ》がいた、宗教討論では自分の右に出る者はいないと自負していた結城は、ある日、京都の一人のキリシタンからデウスの話を聴き、大変興味を惹かされた。そして「ぜひとも神父によって、その教えの奥義をもっと詳しく伺いたい」と、ヴィレラに宛て書状を送った。松永と結城がキリシタンを嫌悪していたことを知っていたヴィレラは、結城の本心を探るため修道士のロレンソを奈良に派遣した。奈良の市街には、結城忠正の親友であり、かつ高名な儒学者で内府の師傅《しふ》を務める公家の清原枝賢《きよはらえだかた》がいた。結城山城守はその清原を自邸に招いて数日間、ロレンソを交えて宗論を行った。そして結城と清原は、ロレンソから聴聞したことを完全に理解した後、キリシタンになる決意を固めた。

一五六三年八月、ヴィレラは奈良に赴いて結城山城守と清原枝賢、および忠正の甥である結城弥平治《やへいじ》に洗礼を授けた。さらに、結城と清原の友人である沢城主高山飛騨守友照《ともてる》も受洗した。飛騨守は十市城にいた友人や、摂津の余野にいる友人らにもキリシタンになるよう一書をしたためた。彼らもまた、キリシタンの教えを聴いてキリシタンとなった。さらに結城忠正の長男で、摂津の岡山城主結城左衛門尉《さえもんのじょう》も父・忠正とともにキリシタンの洗礼を受けた。飯盛城に帰った左衛門尉は、仲間の若い武将たちに自分の改宗について語った。

一年後の一五六四年五月、ヴィレラは飯盛城を訪れ、飯盛山の麓の深野池にいた三ヶ《さんが》島の領主である三ヶ頼照《よりてる》と頼連《よりつな》の親子や一族、八尾の若江城主池田丹後守教正《のりまさ》とその家臣団、三好長慶の重臣である三木判大夫（長崎二十六聖人の一人であるパウロ三木の父）、同じく三好の秘書であった庄林コスメ、烏帽子形城の大身伊地智文太夫《いじちぶんだゆう》らに洗礼を授けた。その数日後、ロレンソは飛騨守に招かれ、飛騨守の妻、子どもたち、親族、家臣ら一五〇人に洗礼を授けた。その中の一人に飛騨守の嫡男・右近がいた。右近はジュスト（正しい人）という教名を授けられた。

その後ヴィレラは、堺から京都に戻ったが、一五六四年七月から八月にかけ、都、堺のほかに、砂、三ヶ、大和沢、摂津高山などに新しい教会が次々に設立された。

その二年後の一五六五年七月、結城左衛門尉は、財産の相続争いによって毒殺された。三二歳前後の若さであった。そして彼の息子である結城ジョアンが岡山城主となった。しかしジョアンがまだ幼かったため、左衛門尉とは従兄弟で、ジョアンにとっては叔父にあたる結城弥平次が彼の後見となった。また、結城ジョアンは若江池田丹後守の娘マルタと結婚するなど、血縁関係を通してキリシタンの信仰は深められていった。

こうして大村純忠の受洗と期を同じくして、河内国を中心として五畿内に強力なキリシタン宗団が形成されたが、この地の改宗にはロレンソ了斎の存在を抜きにしては語れない。

一五二六年、ロレンソ了斎は肥前国平戸島の北部、海辺の小さな入江にある白石という一〇軒ほどの集落の貧しい家庭にひ弱な幼児として誕生した。ロレンソは外見上はなはだ醜い容貌で、片目は盲目で、片方もほとんど見えなかった。その上に、ボロ服を身にまとい、杖を頼りに巡歴を続けた。また学問を授かる機会もなかったため読み書きもできず、何も知らず、何も学ばなかった。しかしロレンソは、デウスから幾多の恩寵と天分を授かった。彼は人並み優れた知識と才能と、恵まれた記憶力を有し、大いなる霊感と熱意をもって説教した。しかも体験から培った豊富な言葉を自由に操り、ロレンソの語る言葉はたいへん愛嬌があり、明快、かつ思慮に富んでいたので、彼の話を聴いた者すべてが驚嘆した。そしてこのロレンソによって多くの人びとがキリシタンに改宗した。

フロイスとの再会

横瀬浦の焼き打ちの後、大村の支配権を奪還した大村純忠は一五六三年の秋、新たに〝三城〟という城を構築させた。「大村記」によれば「永禄七（一五六四）年甲子春大村の地に城を築いて移居す、これを三城と云う、ここより前は大村の館に居れり」とあり、かねて構築中の三城城は翌六四年に完成した。

一五六四年八月半ば、ポルトガルの定航船サンタ・クルス号がインド出身のベルショール・フェゲイレド、バルタザール・ダ・コスタ、ジョアン・カブラルの三司祭を乗せて平戸港に向かった。フロイスは度島でこの報を聞くと、サンタ・クルス号の平戸入港を阻止するため、小船に乗って平戸に向かった。そして船を平戸から二里ほどの所に停めさせ、三人の神父を伴って度島へ帰った。その後フロイスは再び司令官（カピタン・モール）の船に赴き、神父の平戸往来と新会堂の建築の許可なしには、平戸へは入港しない、という旨を領主松浦隆信に伝えさせた。その結果、隆信から宣教師追放の取り消しや会堂再建の許可を取りつけることに成功した。

フロイスとフェルナンデスの平戸入りは、盛装したポルトガルの船員や、陸上に出迎えた信者たちによって盛大に歓待された。隆信のもとを訪れて入国許可に対する挨拶をしたフロイスは、その足で籠手田を訪ね、さっそく会堂再建の計画を相談した。そして一五六四年一一月、「我らが今日日本において有する会堂のうち最も大にしてまた最も美麗なるもの」(フェルナンド)という教会が建てられた。こうして横瀬浦港壊滅の一年後に、ポルトガル船の入港地として平戸が回復された。また来日したフェゲイレドは七、八日後、インドから託された文書をトルレスに手渡すため口之津に向かった。一方、コスタはフロイスとともに平戸に留まり、カブラルはフロイスと入れ代わって度島に赴いた。

そのころ、アルメイダは口之津にあってトルレスのもとで布教に従事していたが、大村領内は次第に平静さを取り戻していった。また当時、日本には四人の神父(トルレス、ヴィレラ、フロイス、バプティスタ)と八人の修道士(フェルナンデス、アルメイダ、ゴンサルヴェス、サンシェスと日本人のロレンソ、ダミアン、アゴスチイノ、ベルショール)がいた。そこに新たに三人の神父が加わった。そこで、その余裕からトルレスは、フロイスはガスパル・ヴィレラの供として京都に留まり、ヴィレラの職務を支援するために、アルメイダには、京都まで同行して現地のことを調べ、トルレスへ布教の状況を報告させるため、この二人を五畿内に派遣することにした。

一五六四年九月、アルメイダはトルレスから度島のフロイスと合流するよう指令を受けた。そこでアルメイダは、まず恒例となっている大友宗麟を饗応するため口之津を出発し、島原を経て、高瀬から豊後に至って宗麟に謁見した。豊後での用務を終えた後、再び高瀬へ引き返し平戸に向かったが、陸路四、五〇里のこの旅に一カ月を費やした。豊後を出発し、ある村で豪雨のため三日間の滞在を余儀なくされた。その地でアルメイダは説教を行い、多くの人びとが聴聞に集まった。そして何人かの者がキリシタンになりたいと望みを示したが、ただ彼らに世界の創造主があり、われらの霊魂の救い主であるデウスの存在を教えただけで先を急いだ。博多の市から一一里のところにあるキリシタンの村があったが、その住民は三年このかた宣教師の訪問を受けていなかった。アルメイダはこの村を再訪し、二日間留まった。その間、多くの人びとを慰め、幾つかの説教をなした後、六人の子どもに洗礼を授けた。

ここから彼らに別れを告げ、博多に近い姪の浜に着いた。ここにも多くのキリシタンがいた。また平戸への船便を待つため、当地に八日間の滞在を余儀なくされた。この姪の浜から乗船し、当地から一四里の名護屋《なごや》に赴いた。名護屋には真夜中に着いたが、大勢の人たちが彼を迎えに来ていた。アルメイダは「彼らは日本にいるキリシタンのなかでも最高の部類に入る人たちで、デウスのことについてもっともよく理解していた」と述べている。その翌日は、「一万一千人の乙女の祝日」(ケルンの殉教者の一人であった聖ウルスラは貞潔のまま死を遂げた)であったので、人びとはアルメイダに向かって「かの至福の乙女たちが、御身をこの日に当地へお連れになったのだ」と語った。それに応えて、アルメイダが説教を行った。

その後、名護屋からただちに平戸へ向かったが、平戸の司祭館においてコスタ神父と会った。しかしここには一日しか滞在せず、翌日、フロイスと合流するため度島へ渡った。そこにはフロイスとカブラル神父、そしてフェルナンデスがいた。翌早朝、アルメイダ一行はこの島の先端にある籠手田安経の一城に赴き、そこに十字架を建てた。そしてフロイスは教会に赴き、キリシタンたちに都へ旅立つ話をした。フロイスは度島に一一カ月間滞在していたこともあり、人びとは涙を流して別れを惜しんだ。

その日、フロイスとともに平戸へ帰り、キリシタンたちにフロイスが京都に赴くことを伝えた。平戸には一八日間留まったが、籠手田夫妻はじめ、多くのキリシタンが嘆き悲しみ、別れを惜しんだ。

一方、フェルナンデスは度島に残った。横瀬浦が破壊された後、籠手田安経を頼って度島に逃れたフェルナンデスとフロイスは、この島の会堂は狭かったので増築し、また聖品所を建てたが、火災のために会堂、聖品所は全焼した。その際、フェルナンデスが数年来、日本語で書き綴ってきた数冊の書籍が焼けた。また、日本にはこれまで、ラテン語の規則に従った文法書がなく、そのため言葉を学ぶ上で不利益を被っていた。そこでフェルナンデスは、日本語の動詞活用や、過去、統語論、その他の必要な規則を記した文法法と、アルファベット順によるポルトガル語、日本語で始まる二つの語彙（ごい）集を作成するなど、日本文典の編纂（手稿本）に専念することになった。

既述したように、大村純忠は一五六三年の春、三城城を完成させ、大村の館から三城の地に移居した。ところが、その純忠に再び危機が迫っていた。平戸に赴いたサンタ・クルス号の「ある身分高き一乗組員（ポルトガル人）」がこの戦闘のことを報じている。

一五六四年のサン・フランシスコの祝日（一〇月四日）、松浦隆信の平戸から一五〇隻の大船が現れ、各船には小銃を備えた一〇人、ないし一二人の戦闘員が乗り込み、一隻ごとに五挺の鉄砲を備えていたが、五島から一一〇隻が、また針尾から六〇隻が現れ、総計三二〇隻が大村を攻撃し、同地の船を幾隻か焼き払った。しかし、大村純忠は陸上に伏兵を配置して彼らを攻撃し、同所で四〇〇人以上を殺し、また多数の者を負傷させ、この戦いに勝利した。出陣した純忠は、左の胸に一つの十字架を、また右の胸には一つの茨の冠と複数の釘を描き、さらに背中にもう一つの十字架を描いて戦に臨み、戦上ではトルレスが彼に与えた十字架の旗を印とした。

五畿内に派遣される

一五六四年一一月一〇日、フロイスとアルメイダは大勢のキリシタンに見送られ、平戸から船に乗って三日後の夜半、口之津に到着した。トルレスとフロイスは、横瀬浦で別れて以来、こうして相見えることができた幸運を喜び合い、夜を徹して語り合った。そこでアルメイダは、改めてトルレスからフロイスとともに上洛し、五畿内を視察するよう命ぜられた。

口之津に四日間滞在した後、フロイスとアルメイダはトルレスに別れを告げ、九〇〇人のキリシタンがいる島原の市に着いた。当地で二人は、多大な歓喜と慰安をもって彼らに迎えられた。フロイスは、アルメイダが日本で体験した話として「島原は、日本にある中でもっとも爽快にして位置も最良の町の一つである」。また「人びとはアルメイダを非常に愛するが故に、彼を見て大いに喜んだ」と記している。二人は当地で説教し、四四人が受洗した。そして領主の島原純茂が宿舎を訪れ、夜食をともにした。

こうして島原に滞在した二日間、キリシタンたちから大いに歓待され、フロイスを喜ばせた。その後島原でもっとも身分の高いキリシタンの何人かをその自宅に訪ねて行った。横瀬浦にあったトルレスを救出してくれたドン・ジアンは大いなる愛情を示して、彼らを自宅に招待した。船の用意ができると、彼ら二人に親愛を示すために、多くのキリシタンたちが海岸まで馳せつけた。ドン・ジアンは自分の船に乗ってかなり遠くまで彼らを見送り、その足で大村純忠を訪問した。

既述したように、大村純忠は、先に松浦らとの戦闘において勝利したが、純忠は「余は多大の苦難と危機から切り抜けたが、これは主（なるデウス様）が、その無限の行為によってそれらから免れ給うたのである」として、トルレスに感謝の書簡を送った。また信仰の印として自分の持っている十字架を司祭に送り、別のを送ってくれるように願った。ドン、ジアンは聖遺物と一緒に、フロイスから送られた別の十字架を純忠に届けた。この純忠の勝利を喜び、アルメイダはヨーロッパの同僚に宛て「もっとも愛する者よ、主が公（純忠）の敵に対し、公に勝利を与え給うように祈れ。何となれば、公の敵は、またデウスの敵なればなり」と感動的な言葉を書き送っている（一五六五年一〇月二五日付、アルメイダ書簡）。

一一月一六日、島原を発って高瀬に渡った。翌日、陸路で豊後へ向かったが、季節はすでに冬を迎えていた。道中、厳しい寒さのなか、日本でもっとも険しく歩行が困難だとされる山道をたどった。加えて、数日来の豪雨と降雪のため、二人は上坂や泥道に足を取られ、たびたび転倒して泥だらけとなった。そしてやっと着いた宿には、米と、大根や芋の葉よりほかに供されるものとてなかった。豊後の手前の朽網に一泊し、高瀬から八日から一〇日を費やして豊後に到着した。豊後で七日間休養した後、臼杵の丹生島城に赴いて大友宗麟と会見し、都への旅行のことを報告した。宗麟は二人を歓待し、都の数人の貴人たちに宛てた紹介状を授けてくれた。

その後府内に戻り、五畿内へ向かう船を待ったが、天候悪化のため、まる一カ月間も船待ちを余儀なくされた。その間、当地で降誕祭を祝い、一二月二六日、ようやく京都に向けて出帆した。一行には三、四人の同宿少年と、同数のキリシタンが道案内役として加わった。だがしかし、その当時、異形の異国人（バテレン）が日本人と同船して瀬戸内を航行するのは、至難のわざであったと思われる。

話はさかのぼるが、一五五〇年の末、ザビエルは厳島港から乗船し、堺に赴いた。この船の中で、ザビエルは昼夜、甲板で若い商人たちの傍らに座っていたが、ザビエルが一度、そこにいた一人の席に横たわった途端、その日本人はそれをひどく憤り、ザビエルを厳しく罵倒し叱責し始めた。また船中の別の若者は、何度か退屈しのぎにザビエルを罵り、黒人や動物にでも物言うかのような口のきき方をした。

ザビエルは、自分はあなた方を愛し、あなた方に救いの道を教えたいと願っていることをわかってもらいたいと言っても、第一、言葉が通じず、ただ嘲笑されるしかなかった。

同じく、五五九年九月、トルレスによって都に派遣されたヴィレラ一行も、府内から半里足らずの港から乗船したが、船中の非常に狭く、悪臭を放つもっとも悪い場所をあてがわれた。そして守江という港に着き、守江から安芸の国の宮島に達したが、宮島までは距離が短いにもかかわらず、逆風のため五日を要した。乗客たちは、それをすべてバテレンを同船させたためだとしてヴィレラを罵り、罵詈雑言を浴びせかけた。また宮島から伊予国に赴き堀江に着いたが、この地で逆風のため一〇日間滞在を余儀なくされた。ここでも乗客たちは、この悪天候はバテレンのためだとして、船頭に対し「我々が彼らの船賃も払うから、あの男を船から放り出せ」と迫った。室港においても、ヴィレラが乗船すると、乗客の全員が「ただちに降りろ、同行は許さん」と怒り出して乗船を拒んだ。その他多くの難儀に遭遇しながら、ヴィレラらは豊後から航海に四四日間を費やして、ようやく目的の堺に到着することができた。

話をもとに戻すが、四国島は伊予、讃岐、阿波、土佐の四カ国に分かれていた。フロイスとアルメイダ一行は、乗船して三日後、伊予の国に到着した。しかし途中、ひどい嵐に遭遇した。船は小さく、また同じ船に乗っていた巡礼たちは、バテレンが身近に同乗していることをたいそう嫌ったが、豊後から四〇里離れた伊予の国の堀江という港に碇泊した。

フロイスとアルメイダはこの地に上陸すると、京都で改宗した初期のキリシタンの何人かの人びとに会った。そのうち、豊後に向かうという甚だ高貴な公家が訪ねてきた。ヴィレラから洗礼を受けた賀茂在昌であった。三人は夜を徹してデウスのことについて語りあい、慰めあったが、在昌の喜びようは大変なもので、彼が帰宅した時はすでに朝になっていた。その翌日、遠方にもかかわらず、出産間近の在昌の妻が息子や娘たちを伴い、贈り物をたずさえ、大喜びでフロイスとアルメイダのもとを訪れた。フロイスと在昌の妻は、この掘江の地で偶然にも邂逅できたことを喜び合った。そしてフロイスから信仰上の教えを受けた後、一同は夕闇迫るころになって家路についた。ところが、在昌の妻はまさにその夜、男児を出産し、翌朝、彼女は出産のためにたいそう弱っているとの情報が届けられた。そこでアルメイダは、人を介して彼女の所へ薬を持たせてやったところ、彼女は投薬によって快癒した。

フロイスとアルメイダ、そしてマノエル在昌は八日間、この地で交わった。そして在昌は、当時一一歳になる息子の一人をデウスに奉仕させるために捧げようと決心した（在昌の息子メルキオールは、一五八〇年にイエズス会員となったが、数年後脱会した。メルキオールはイエズス会を脱会した最初の日本人で、天草で殺されたとされている）。

次いで、フロイス一行は堀江港を出港し、六日間をかけて塩飽（しわく）の港に到着した。その間、船の中にもたくさんの雪が降りこんで寒気が募り、とりわけアルメイダにとって、この寒さは自分が今まで経験したものとは非常に違っていると思えるほど、ひどく身体にこたえた。ところが、塩飽に着いたものの肝心の都に連れて行ってくれる船がなかった。そうして大勢の海賊に遭遇しないかという恐怖に怯えながら、一隻の小舟に乗って兵庫県赤穂の東にある坂越の港に到達した。坂越の港には堺行きの堅牢な船があったが、その船に乗っていた商人たちは、バテレンやイルマンたちが五畿内地方へデウスの教えを弘めに行こうとしているのを知って、フロイス一行が乗船するのを絶対に許そうとしなかった。そのため同地に一〇日間ばかり滞在し、堺行きの船便を待って別の船に乗った。

一五六五年一月二七日、豊後から堺までの旅に四〇日を費やして、ようやく堺に到着した。フロイス一行が下船するに先立って、日比屋了珪は、折から港内はかなり荒れていたので、上陸用に一隻の大きなボートを差し向けてくれた。堺に上陸した一行は、ただちに日比屋了珪邸に赴いて家人たちから歓待された。そして邸内の母屋から離れたたいそう美しく新しい一室があてがわれた。フロイスらが休息していたところに、了珪の妻と息子や娘たちが訪ねてきた。フロイスは「彼らはその風采、教養、また礼儀作法の点においてまるで王侯の子女のようであった」と記している。彼らは一時間ほどそこにいて、バテレンたちと同席していることを喜んだ。だがこのとき、アルメイダは九州からの長い道中、絶え間なく厳しい寒さに凍え、身体を刺すような余りの痛みのため、一時は死を覚悟したほど疲労困憊していた。そこでアルメイダは、日比屋邸に留まって保養することになった。

翌二九日、フロイスは京都へ行くための準備を整え、約四年間にわたって独りその地に留まっていたヴィレラに一刻も早く逢いたいと、伴侶である少年たちと五、六人のキリシタンを連れて京都へ向け出発した。途中、大坂の道をたどったが、ここは一向宗の本山である石山本願寺の法主顕如（けんにょ）上人が鎮座する仏僧都市でもあった。フロイス一行は、人目に付かないようにとある異教徒の家に宿を取った。そして所持品や装飾品を取り片づけ、やっと就寝についた真夜中、突然火災が発生した。この火災によって大坂本願寺とともに、その仏僧の多数の財産も焼失し、三、四時間のうちに約五〇〇戸が焼け、婦女子、老人、病人ら一〇〇人が火中で焼け死ぬという大火に見舞われた。

大坂本願寺の仏僧は、この火災は自分らの敵の何者かが故意に仕掛けたものとみなして、あらゆる城門に守護兵や見張り人を配置し、もし自宅に他国の者を宿泊させれば死罪に処するとお触れを出し、そうしたことを知っている者はただちに届け出るように命じた。このまったく予期せぬ出来事に、フロイスらは極度に当惑し、悲嘆にくれた。フロイスを連れていけるような場所はどこにもなかったからである。しかしこのとき、フロイスに同行したキリシタンの一人に、かつて博多が破壊されたときに、バルタザール・ガーゴの生命を救った博多生まれのカクト・ジョアンがいた。そのジョアンが堺までの船中で知り合った、ある善意の異教徒の家に宿泊することが出来た。

こうして大坂市街が混乱と警戒網が敷かれる中、フロイス一行は厳しい警戒をかいくぐり、二月一日、無事京都に到着し、フロイスはヴィレラと感動の対面を果たした。ヴィレラはまだ四〇歳でありながら、頭髪は今やすっかり白くなっており、あたかも七〇歳であるかに見えた。また厳しい京都の寒さに耐えながら、流暢な京都弁で説教し、告白を聴いたりする傍ら、信心の書や教理の書をいくつか日本語に翻訳し、キリシタンの慰安のため諸聖人の華の翻訳を半ば終えていたところであった。

日比屋邸に逗留する

アルメイダは日比屋邸に二五日間留まり、保養に専念した。この間、宿主の了珪は二、三人とともにアルメイダの側に寝て、昼夜を問わず熱心に看病を続けた。また日本人の治療法に甚だ精通したキリシタンの医者（註・養方パウロ）が、アルメイダを治療した。アルメイダは「その並々ならぬ親切さはたとえようがなく、自分の両親の家にいてもこれほどの親切さに接することはないくらいであった」と感謝の言葉を残している。了珪は商売のために九州へ下向することが多かった。そして平戸あたりでポルトガル船や唐船と交易を行っていた。そのことから、すでにアルメイダの名声を聞き及び、アルメイダに敬意を表する意味合いもあったと思われる。

また、アルメイダは「何くれとなく身辺の世話をしてくれるコスメ・コーゼン（註・末次興善）という富裕でたいそう善良なキリシタンがいた」と記している。フロイスも「日本で何くれとなく我々の用事を世話してくれる男に、コスメ・コーゼンという、富裕で、たいそう善良なキリシタンがいた」と記しているが、博多の豪商である興善は、博多と交易のつながりが深い堺にも自宅を有していたと思われる。そして興善は、アルメイダの堺到着に伴い、日比屋邸に呼ばれていた。またヴィレラの時代、九州の港に入港する南蛮船の積んできた商品が、瀬戸内海を通って堺の町に次々ともたらされていたが、博多の商人として財務に明るかった興膳は、同時に、イエズス会の財政管理を委ねられていた。そこで、当主の日比屋了珪、末次興膳というキリシタン貿易商人とアルメイダが介したのは偶然とは思われず、あるいは、南蛮貿易に関する何らかの取り決めが話し合われたのではないかと推測される。

日比屋家に仕える八人もキリシタンになったが、アルメイダは「これも宿主の了珪とその子どもたちが、私を熱心に看病する姿に触発されたからである」と述べている。

日比屋邸での療養中、了珪の一六歳になる娘のモニカは、アルメイダが持っていた聖母マリア像に毎日祈りを捧げにきた。ある日、そのモニカから心の悩みを訴えられた。彼女は母の弟である叔父との結婚を迫られていたが、自分は生涯純潔を守り、キリストの教えに殉じたいと打ち明けた。アルメイダは、モニカに対し「肉体と魂の純潔を守ることは非常に困難な、勇気のいることだ。もしそれを主に誓って挫折したら、それこそ永遠に魂を失ってしまうことになる」と助言と励ましを授けた。翌日、アルメイダは了珪に、モニカの相手が異教徒で血の近い叔父であること、またモニカに結婚の意志がないことを説明した。了珪は「私はもうすでに彼女を嫁がせることを約束しており、もし娘を嫁がせなければ人びとは私に対して尊敬の念を失い、私は大勢の敵を作るに至りましょう。しかし、そのことがデウス様の戒律に反することになるのなら、アルメイダ様の御命に従いましょう」と言いながら、了桂はどのようにしてこの結婚を取りやめる方法があるのかと苦慮し、まったく困惑して去っていった。しかし彼はアルメイダの助言とモニカの意志を尊重し、多くの困難と犠牲を払ってその結婚を解消させた。

またアルメイダは、かつて横瀬浦で初めて会ったヴィセンテと語らって、キリストに対する愛情はいかばかりかと尋ねた。ヴィセンテは「デウスのために命を捧げ、たとえ異教徒らから身体を切り刻まれようとも、キリシタンであることを公言して止まないであろうと」と、その覚悟のほどを語った。

このころ、健康を回復しつつあったアルメイダは、ヴィレラからの要請によって三好長慶麾下の三好三人衆の筆頭三好長逸の家宰であった阿波国麻植郡上桜城主篠原長房《しのはらながふさ》を訪ねることにした。彼は当時堺にいたが、都では非常な勢力があり、人びとから怖れられていた。篠原邸までの長い道中、日比屋了珪はアルメイダの健康を気遣って駕籠を用意してくれた。篠原邸に赴くと、当主の長房はさっそくアルメイダを中に入れるように命じた。そして長房は、一緒にいた二〇人の武士とともにデウスのことを聴聞することを希望した。このとき、アルメイダに同行し、すでにデウスのことに通暁している一人の日本人修道士（註・ロレンソと思われる）が説教を行い、一同を感動させた。とくに長房の家臣である三人の武士はこの説教にいたく心を惹かれ、ついにキリシタンとなった。

その後アルメイダは、堺から六里隔たった飯盛城に逗留しているヴィレラを訪問するために、河内国に赴くことにし、明日、出かけることを了珪に告げた。そこで、茶人としても知られた了珪は、自分が珍蔵する甚だ高価な茶道具類をお見せしようと言った。身分ある裕福な日本人の間では、大いに好意を示そうとする来客がある場合には、別離に際して、親愛の証しとして自ら所蔵する財宝を見せるという習慣があった。アルメイダは了珪からその茶道具類を見せられたが、茶室の清潔さ、造作、秩序整然としているさまに驚嘆した。

その翌日、了珪はアルメイダと日本人修道士、コスメ・コーゼンのもとに使者を寄こし、彼らを食事に招待した。三人は了珪邸の居間の側面から案内された。そこには一人だけ入れるくらいの大きさの小さい戸口があった。そこからまっすぐな狭い廊下を通り、杉材の階段を登ったが、その階段は、はじめて人が足を踏み入れるかのような完全な造りで、筆舌に尽くせないかのようであった。

次いで中庭に出、廊下を通り、食事をする部屋へ入った。部屋の片側には一種の戸棚があり、そのすぐ側には周囲が約一メートルの真っ黒の粘土でできた炉があった。その上には形の良い鉄釜が、非常に優雅な五徳にかかっていた。また真っ赤に燃えた炭火が置かれていたが、その炭は一般に使用されるものではなく、非常に遠方から運ばれてきたもので、それを手鋸《てのこ》で巧みに小さく挽いて、わずかな時間で熾《お》きとなって長らく火を保たせた。従者のコスメ・コーゼンは、アルメイダに「了珪はこの釜を六〇〇クルザードで購入したが、その価値はそれよりはるかに上回るものだ」と語った。

食事がすんでから、了珪は手ずからの点前《たてまえ》で茶をすすめてくれた。それから、彼の持っていた多くの宝のうちから三脚（五徳）を見せてくれた。それは鉄製で、年代がたっているために諸所が破損し、二個所に罅《ひび》がはいったのをまた接ぎ合わせてあった。了珪は「これは日本でもっとも高価な三脚の一つであって、一〇三〇クルザード（天正黄金約三〇枚相当）の代価を支払った」と話したが、彼はそれをもっとはるかに高く評価しているということであった。

アルメイダは「これらの道具の価について驚いてはいけない」として、「みやこの霜台という殿は柘榴の実くらいの大きさの茶入を所蔵しているが、人の話によると、二万五千から三万クルザードの額になるになるということだ」と、のちに松永久秀が織田信長への降伏の証しとして献上した茶入である九《つ》十九《くも》髪《かみ》茄子《なす》のことにも触れている。

飯盛城、および三ヶに赴く

翌日の朝、アルメイダらが河内国に向かうに際し、了珪の家族一同、親類、および数人のキリシタンが市街の外れまで見送ってくれた。彼ら全員、アルメイダに敬意を払おうとたいそう立派な衣服をまとっていたが、殊に一一歳くらいになる兵右衛門は、甚だ華麗な衣服を着て、すべて金で飾った刀剣を帯び、その様はまるで君子のように見えた。

日比屋一族と別れ、午後三時にある川（註・大和川）に達した。そこから、堺から六里離れた飯盛に行くためには船に乗らなければならなかった。そしてそこには、アルメイダがその時刻に着くことを前もって知らされていた三ヶ頼照（サンチョ）の二隻の船が待っていた。そのうちの一隻に、頼照の息子で一二歳くらいになる頼連（マンショ）が乗っていて、自分の船に乗るよう請うた。その後、父・頼照からの伝言として「自ら御身をお迎えに参らないことをお許しいただきたい。実は数日前、バテレンのヴィレラ様が客人として当地におられるので、お一人で残しておくのが忍びなく、その代わりに、当家までお供をするように息子を遣わします」と口上を述べた。この少年（三ヶ頼連）は、肩に火縄銃を担い、大小の刀を腰に帯び、また非常に鄭重で風采も優れ、アルメイダにはすでに二五歳くらいに思えた。船中、折から寒さが厳しかったが、十分温かくした食事やお茶がふるまわれた。

ほとんど陽が沈みかけたころ、船は飯盛城の麓に至った。しかし、ここから飯盛城（今の大阪東方、四条畷）までは非常に険しく難儀な道を半里ほど登って行かねばならなかった。上陸すると、すでに一丁の駕籠が用意されていた。途中、駕籠かきは大いに急いでくれたが、すでに夜に入りかけていたので、小高い杉や松の森林で蔽われて山上はたいそう暗かった。だが、頂上から燃え盛る松明が運ばれて来たので助かった。こうしてすでに夜も更けたころ、無事、目的地に到着した。そこには二月一三日、フロイスを伴って公方様（足利義輝）に正月の挨拶を終え、翌一四日、飯盛に赴いていたガスパル・ヴィレラ、ならびにその地の貴人とその家族らが、大きな喜びと満足をもって待っていた。

アルメイダが到着した翌朝、大勢の人びとが説教を聴きにやって来た。アルメイダは、彼らのため毎日三度、痛悔について説教した。この飯盛城には、今や都、および周辺の諸国を支配している当国主の高貴な家臣たちが住んでいたが、その国主が三好長慶の養子である義継《よしつぐ》であった（長慶は一五六四年に死去した）。今ではヴィレラらは、飯盛城の大身たちの優遇を受けていたので、仏僧たちは、以前のようにバテレンに対して無礼を働くことはなかった。

そのころ、ヴィレラは毎年一度、慣例となっていた国主への謁見のため、アルメイダを同行させた。国主三好義継は、ヴィレラとアルメイダに盃をとらせ、敬意を表した。その間、義継はバテレンらと同様に畳にひざまずき、また別れに際してはたいへん慇懃《いんぎん》な態度を示した。

次の日曜日、ヴィレラは飯盛城の麓にある三ヶの教会でミサを捧げることにした。この教会は長さ四、五里の大きな淡水湖の傍にあって、三ヶ頼照がまだ仏教徒の折に小さな寺院を建てていた。しかし、彼はキリシタンになると、さっそくその寺院を堅固で美しい教会に造り変えた。アルメイダが訪問したとき、この島は大きさが半里ほどあり、「大河に囲まれた島の中に教会はあった」（アルメイダ書簡）。

当主の三ヶ頼照はすでに老人であったが、日本の宗教にはなはだ造詣が深く、日本の風習や知識に大いに通じていた。そうして、キリシタンに改宗して日ならずして、河内国において最初の教会を建てるなど、河内国キリシタンの柱石となって、絶えずイエズス会を保護・援助した。また頼照は、日本語に訳したキリシタン宗門に関する書物を愛読し、その大方の本を謄写し、蒐集していたとされている。

三ヶに着いたヴィレラとアルメイダは、この島の頼照の家に宿泊した。そしてアルメイダと対面した頼照は、日本の全諸国をキリシタンに改宗させたいなどと語ったが、アルメイダは「これまでこれほど熱心な信仰心を抱いたキリシタンに会ったことがなかった」と述懐している。土曜日の夜、たいそう美しく飾られた三ヶの教会に赴いた。日曜日の朝には、飯盛城から来たキリシタンたちも集い、ヴィレラがミサを捧げ、教会の慣例に従って結婚しようとする何人かあったので、ヴィレラは彼らに婚姻の秘蹟について説教した。また、八人のごく身分の高い人らがキリシタンとなった。

京都見物、奈良の寺社の見物記

ところが、飯盛においてアルメイダは再び病気がぶり返し、激しい腹痛に見舞われた。そこで、ヴィレラと頼照はアルメイダを京都に送り、フロイスのもとで治療に専念させることにした。ただちに頼照は、三ヶから一〇里離れた京都へアルメイダを送り届けるために駕籠を寄こした。アルメイダが京都に着いてみると、フロイスも同様に、旅路における寒さのために病臥していた。

アルメイダの病気は非常に悪化して、まったくやせ衰え、助かる見込みはなく、脇腹の痛みと嘔吐が二カ月続いた。だが、暖かい春が訪れたころ、アルメイダは再び健康を取り戻した。そしてアルメイダは、この地の修道院（聖堂）の中に甚だ立派な墓を設けさせ、また聖体を同所に納め、豪華な武器を持った人びとを置いてその墓を警備させた。

一五六五年四月七日付、フロイス書簡によれば、病気が回復したアルメイダが豊後へ戻るべく旅路につくことから、アルメイダはフロイスやヴィレラとともに、約三〇人のキリシタン信者に案内されて都の市の幾らかを見物することになった。というのも、京都には古い寺院や名所旧跡が数多くあって、諸国から絶えず人びとが見物に来ていた。それで、病臥のため外出もままならなかったアルメイダに、少しでも京都の印象を目に焼き付けてもらいたいという配慮からであった。

そこで、まず初めに公方様（足利将軍）の宮殿を見に行った。宮殿の門を出ると一つの街路に通じているが、この街路は内裏の宮殿（御所）に通じていた。その宮殿には入ることが出来ないので、宮殿と庭を外から見るにとどめた。そこを出た後、西陣の繁華な街を通って大徳寺へ行った。帰途、引接寺《いんじょうじ》（千本閻魔堂）を見て回った。

その翌日は東山見物で、多数のキリシタンを伴って出向いた。祇園から知恩院に赴いたが、僧院にはおよそ二〇〇〇人が参集していた。フロイスらは説教を聴いて、仏僧がいかにして説教を行うのか確めることにしたが、「それは我らにとって甚だ恥ずべきことであった」と、フロイスは述べている。すなわち、説教が始まる一時間前、聴衆は皆、数珠を持ってひざまずき、両手を掲げてできる限りの敬虔さを外に表す。また小さな鐘が鳴らされると、その音に合わせて彼らは深く感動した高い声で、ある者は大いに涙を流しながら、間断なく〝南無阿弥陀仏〟と唱えた。説教師は高貴な生まれの四五歳ぐらいの人で、容貌が非常に優れ、また説教における声の質、柔和で熟練した態度や動作は注目に値した。彼が説教する方法は、書物の一説を読んだ後、それについて解説するのだが、それがあまりにも巧みであったため、一同は彼の技能と手法に驚嘆した。

フロイスは「この度説教を聴きに行ったことは、以後のキリシタンに対する説教を、彼らの嗜好と言語に合わせてよりよく行うための教訓を得るうえで、少なからず益するところがあった」として、これを高く評価している。

その後アルメイダは、都周辺の一〇、一五ないし二〇里の周辺各地のキリシタンを訪ねることにした。そして四月二九日、この地での絶え間ない艱難労苦から健康を害していた修道士のロレンソを伴って、京都から一路奈良に向かった。京都から三里進んだところに、奈良のキリシタンたちが迎えに寄こしてくれた馬がいた。そこで、その地まで同行してきた都の人たちと馬を送り返し、土砂降りの雨の中を奈良へと急ぎ、夜分になって目的地に到着した。

翌日、大勢のキリシタンがアルメイダを訪ねて来た。同じ日、アルメイダはロレンソとともに、松永久秀の家臣で、たいそう高貴な二人のキリシタンの貴人を訪ねてある城に赴いた。アルメイダらは約二時間にわたってデウスについて語らった後、食事を供された。そして辞去しようとすると、身分の高い方の一人から、この際、日本中で最良・最美の城の一つだからと、松永久秀の多聞城を案内された。

松永弾正は、この多聞城を築くため高い山を選び、その山を切り開いてその岩石で数多の塔を造り、その真ん中の大広場に多数の重立った重臣たちに邸宅を建てさせていた。その中でも、弾正の館はことに優れていて、建物は総檜造りで、一間廊下は一枚板で張られており、障壁にはことごとく古い歴史が記され、絵を除けば余白は金で出来ていた。宮殿の中で見た庭園と樹木の技巧はさらに優美なものであった。アルメイダには、「世界にこの城よりも豪華にして優美なものはなかろう」と思われた。そして「そのすべてではなく、ただ一部を記すためにも多くの時間を要することは確かでしょう。それほどこの建物はすばらしく完璧で、すべて杉材で造られていることはともかく、その芳香だけでも見物に入ってきた人びとを喜ばせるに足りる」と、その感想を述べている。

この松永について、アルメイダは「弾正殿は、さして高い身分の者ではないのですが、その知力と手腕によって、自らは家臣であるにもかかわらず、公方様と三好殿をいわば掌握してしまいました。すなわち彼は甚だ巧妙、裕福、老猾でもありましたので、公方様や三好殿は、彼が欲すること以外何もなし得ないのです。しかも彼はデウスの教えの大いなる敵なのです」と語っている（一五七三年、松永久秀は織田信長に謀叛を起こした。そのため、信長は多門城の破却を命じ、多聞城は破壊された）。

その翌日、アルメイダは日本人が遠方から並々ならぬ苦労をして見物にやって来るという奈良の社寺を案内された。最初に訪れたのは、興福寺という名の僧院だった。その境内はベレンの修道院（リスボンにある聖ジェロニムス修道院）とほぼ同じくらいの大きさであろうと思われた。この興福寺の建物内のすばらしい構造について、アルメイダは詳細に記録しているが、興福寺は明治新政府による廃仏毀釈によって、アルメイダが訪れた当時とは比べ物にならないほど衰退したとされている。

この興福寺から、女の神を祭神とする春日神社へ行った。神社の本殿までの道の両側には、杉、および数は少ないが非常に高い松の木があって、真昼にもかかわらず、ほとんど道路全体が陰のようになっていた。それらの木は太さと言い、高さと言い、これまでアルメイダが見たうちでもっとも見事なものだった。貿易商人でもあったアルメイダには、仮に、現在就航しているインド航路の船を上回る大きさの船があれば、それらの木は、その巨船のマストとして十分役立つだろうと思われた。

この神社に達する手前の両側には、非常に精巧に創られた石柱が立ち並んでいた。その礎石の上には、それぞれに木製の燈籠があり、それらは漆で黒く塗られ、塗金した真鍮の枠がはめられていた。また豪華な通し細工や浮彫りの飾りがつけられ、その上に石の笠があって、雨風が降ったり、吹いたりしても燈籠が消えないように出来ていた。そして石柱の中央には、これらの燈籠を建てさせた寄進者の名前が金文字で刻まれていた。この道を追った先に、巫女と称される、ほとんど四、五〇歳以上の女性たちの大きな家屋があった。彼女らは表向きは結婚を許されなかったが、社人（祠官または神官）と呼ばれる者と結婚し、巨大な春日神社に仕え、それぞれに業務を分担していた。

この巫女の業務について、アルメイダは興味深い記述を残している。

これら巫女たちの職務（神楽）は、魔法使いとでもいうべきものであった。というのも、何びとかが健康、財産、安産、勝負事、紛失物を取り戻すなどのため、巫女の所に赴いて願い事をする。すると数人の社人と巫女が、太鼓その他の楽器をたずさえて現れ、そのうちの一人が縦長に切った紙片を結び付けた棒を手にして、神像の前で踊った。そして地獄の叫喚と咆哮もかくやと思えるほど、その鋭く速い音楽に合わせていとも激しく踊っていた巫女が、突然失神したように床に倒れてしまった。人びとには、そのときに神の霊が巫女に乗り移ったように見えた。ついで巫女は立ち上がり、人びとが頼みにきたことについて神託を告げた。これに対して人びとは謝礼を支払うが、依頼者の信心の程度によってその額は多かったり、少なかったりした。それから巫女は、この喜捨を楽器を奏した社人たちに分配した。また、絶えず神社に参詣する巡礼者たちに、お茶の接待をするのも彼女たちの職務だった。この春日神社は、日本国中でもっとも収入が多いところのひとつで、この神社の神官や巫女は、日本全六十六カ国において最高に贅沢な生活を営んでいた。

この記述に続き、アルメイダは神官らの日課を詳しく報じているが、神に奉仕するこれら社人たちの皆が諸侯に尊敬されていたのではなく、諸侯が彼らを厳密な意味で聖職者と見なしているわけではなかったと述べている。そして彼らは聖職者ではなく、ただ単に、神の召使いに過ぎないからである——と、宣教師の立場から鋭く観察している。

この春日神社から、同じ森にある戦の神を祀るという手向山八幡宮に赴いた。ここは他の社寺と変わりはなかったが、特に目立ったのは、それまでに見た中でもっとも美しい燈籠で、それらはすべて金属製で、すべて塗金された多数の装飾や浮彫りが施されていた。そして多数のミカンの木を植えた中庭があり、その中に、矮樹《わいじゅ》、草花、観賞用花弁等が植えられ、この庭園にいっそうの興趣を添えていた。

この森の外に、日本人がその華麗さにおいて他に類を見ないと誇りとしている東大寺があった。この寺には三つの門があった。その一つは正面で、庭のそれぞれの側面に驚くべき高さと大きさの門があった。回廊があるこの中庭は、これまでアルメイダが見た家でもっとも美しく、完全、頑丈で、また見た目に快い建物の一つであった。この庭の中央に長さ約四〇ブラサ、幅約三〇ブラサ（一ブラサ＝一・八一メートル）の大仏殿が建っていた。その寺院の階段、玄関、および床は一面大きい方形の石で敷きつめられていた。内部に入ると、戸口の左右に二体の仁王像が立っていたが、何とも奇怪に思われた。寺院の内部には、入口の両側に、それぞれ一体の巨大な像が立っており、一つは多聞天《たもんてん》、他は毘沙門天《びしゃもんてん》と聞かされた。一体の巨大な像は、それぞれが鬼を足で踏みつけていた。その大仏殿の中央には「観音」と「勢至」の菩薩を側に置いた釈迦の像（大仏様）があった。釈迦像は、内部は粘土、外部はすべて銅でき、たいそう良く塗金され、きわめて良く均整がとれていた。

その後アルメイダは、大仏殿の片側にある説教壇や、寺院を支える、驚くべき高さと太さの杉材でできた九八本の柱について詳しく記している。この柱は、遠方から海路堺へ運ばれ、そこから陸路一五里、ないし二〇里もあるこの場所に運ばれたものであった。

ただし、アルメイダは「日本のあらゆる遠隔の地方から人々がこの寺院に参詣する盲目さ、ならびに彼らが拝む悪魔や偶像によるよりほかに何の救いの道もないかのように、こうして誤った救いを渇望している有様に接しては、涙し、同情せずにはおれない」「私どもがもっとも驚かざるを得ないのは、日本人は、シナ人やインド人とはすべてにおいて非常に異なっているにもかかわらず、かくも賢明、清潔、優秀な国民の許で（なおかつ）こうしたひどい無知を見出すことなのです」と評している。

さらに、アルメイダは次のように続けている。

「この大仏殿の全域、および半里離れた奈良の全市には、鹿と鳩が驚くほど多くいます。私は幾度か、それらが民家に入っていくのを見ましたが、誰もそれを妨げはしませんでした。なぜならばそれら鳩や鹿は、往昔、この大仏殿に奉献されたもので、それらを殺すことに対しては死罪が科せられているのです」。そうして「(以上)私が見た以外の僧院や寺院について述べると、あまりにも饒舌になりますから、そうならないために言及いたしません」として、奈良の寺社見物記を締めくくっている。

そこで、アルメイダも記すように、奈良の神鹿の殺傷はご法度とされていたが、三木判太夫は松永久秀との戦いで奈良に駐屯中、春日大社の迷い鹿を見つけて殺し、その肉を家来に食べさせたという逸話を残している。そのため、バテレンを嫌う三好三人衆の一人である三好政康《まさやす》は、判太夫はバテレンにそのかされてその行為に及んだのだと憤慨してやまなかった。政康の怒りはもっともで、フロイスによれば「奈良の市中に非常に多くの鹿がいて、犬のように市中をうろついているが、誰もこれには手を触れず、捕らえもしない。もし鹿を叩くものがあれば、捕らえられて大きな罰を受け、もし殺したならば、その罰として殺され、財産をことごとく失う。また、どこかの町内で鹿が死んだ場合には、病死した確証がない限り、その町は破壊され、財産は失わされた」という。

ちなみに、フロイスは「一五六五年三月六日付、フロイス書簡」、および「四月二七日付、フロイス書簡」において、「都の市街、およびその周辺にある見るべきものについて」として、京都の古寺やその建築様式、風俗等多岐にわたる記録を残している。このようにフロイスは、日本文化に深い関心を寄せ、『ヨーロッパ文化と日本文化』を著わした。

このことに関し、和辻哲郎は「フロイスが日本の文化に丹念な注意の眼を向けた態度はアルメイダにも影響を与えたらしい。堺の日比屋の茶会記を書いたことなどもその結果と思われるが、奈良地方の見物記などにもその趣が現れている」(『鎖国(下)』)と指摘している。そしてまた、フロイスもアルメイダの観察力を認め、横瀬浦の教会、および奈良における松永久秀の多聞城や興福寺をはじめとする見聞録の全文をそっくり『日本史』に載せている。

沢城を訪問する

奈良のキリシタンと別れたアルメイダらは、奈良から五里離れた十市城に向かった。十市《とおいち》の城主は、高山飛騨守の勧めによってキリシタンの洗礼を受けていた。十市には予定より遅く到着したが、そこの殿たちから非常な喜びと歓待を持って迎えられた。アルメイダは十市城の城主について、その名前を記さず、「この重立った者は都の大身である。当然全国の君であるべき公方様の従兄弟で、彼には殿下の敬称が与えられる」と報じている。そしてフロイスは、この人物を「イシバシ殿と称する城主は、当初は織田信長の主君同様の人であり、尾張の国の半ば以上を領有し、公方様の従兄弟でありました」と述べている。しかし、松田毅一は『日本史3』(第一五章)の注釈において「石橋氏が邦文献の誰にあたるかは判定し難い」としている。

アルメイダは四月二九日から三日間だけ十市に留まり、多くのキリシタンたちに説教を説いた。そして別れに際し、城主は幾つかの贈物を授け、それとともに、これから向かう沢城までの道中のため、馬と一人の警固の者を世話してくれた。沢城までの道の半ばまで進んだところで、沢城主高山飛騨守(ダリオ)が寄こした二頭の馬と弓矢をたずさえた一五人ばかりのキリシタンが待っていた。アルメイダは十市から同行した人びとに別れを告げ、都から東方二〇里に位置する大和の沢城へ向かった。沢城は非常に高い山の上にあり、まるで空中に浮かんでいるように思われた。そして周囲半里にわたって、高い杉や松など美しい樹木に取り囲まれた快適な場所にあって、その眺望がまた素晴らしく、そこから一五里、二〇里の遠方まで集落が開けていた。

この地において、アルメイダはキリシタンたちから大いなる愛情をもって迎えられた。しかし予定より早く着いたため、高山飛騨守には出会えなかった。そこでアルメイダは、城内にある教会の傍の一室に案内された。その建物は小さかったが、中には多くの部屋があり、礼拝堂、香部屋、司祭や修道士、またその従者のための部屋など、すべて杉材で非常に良く造られていた。その夜、飛騨守は二〇人の重臣、その他大勢の家臣を伴い、一頭の非常に大きい猪をたずさえてアルメイダのところへやって来た。アルメイダは飛騨守から、その大きな猪を捕獲するため二人の家臣が負傷し、また飛騨守が大切にしていた犬があちこちに傷を負わされたと聞かされた。

高山飛騨守は、日本人としては大きい方だった。また体格が人より優ると同様に、主なるデウスは、その霊魂にも多くの恩寵と贈物を授けた。すなわち、彼は非常に好感が持てる人であり、きわめて快活でもあった。それにたいそう勇敢で、日本人の間では、並々ならぬ強者と見なされていた。武器や馬の扱いに巧みで、武術にも長け、鷹狩りや音楽にも長じていた。そして日本人の宗派の途にも精通していたが、改宗してキリシタンとなった。アルメイダは「飛騨守は改宗してまだ一年ほどしかたたず、また改宗後はただ一度だけしか司祭（ヴィレラ）の訪問に接していないのに、かくも偉大で強力な信仰心を見出した」として、「この領主は私が会った日本人の中でもっとも偉大な人物である」と評した。

あるとき、アルメイダは飛騨守が同家の一〇人か一二人の重臣と語らっているのを見た。そのうちの幾人かはまだ仏教徒だったが、飛騨守はデウスと仏教との違いについて述べた。そして談話が進むうちに、非常な熱心さに駆られるあまり「キリシタンでない者がいかなる奉仕ができ、いかなる功績がたてられるようか。またデウスを知らず、畏れもしない者など、いかにして信頼など出来ようか。予はキリシタンでない者を人とは思わぬ。そのような者と交わったり、そのような者を仕えさせるなどは、いっそう望まぬことだ」と、熱弁を振るった。

沢城に滞在中、日曜日にはすべての重立ったキリシタンとその妻たちが教会に集い、連禱を歌い終わった後、彼らに対して説教が行われた。またアルメイダは、キリシタンになりたがっている者が数人いたので、予定より長く当地に留まった。そして身分の高い武士六人を含めた九人の者に教理を説き、その後洗礼を授けた。アルメイダの沢城の訪問にはロレンソも同行した。この沢城には、ロレンソによって洗礼を受けた飛騨守の嫡子である右近もいた。アルメイダは、この右近とも会っているはずだが、右近のことには一言も触れていない。彼がまだ幼少であまり印象がなかったためと思われる。

口之津へ向かう

数日後、堺の町で乗船するための船の用意が整ったとの知らせが届いたので、五月一〇日ごろ、アルメイダらは沢城を去ることにした。アルメイダとの別れに際し、飛騨守は火縄銃、弓矢、槍で武装した二四人の兵士を伴わせ、沢城から四里の所まで見送らせた。また四人の男が堺まで随行したが、堺まで三五里に至る道中を通じ、飛騨守は食事、その他何事においてもその費用一切を負担してくれた。

堺に着くと、一行は日比屋了珪邸に赴いた。アルメイダは日比屋邸で家族一同から、大きな愛情と喜びを持って迎えられた。殊にモニカの喜びは大きかった。アルメイダはここに三日留まり、船の出帆を待った。その間、キリシタンたちを励まし、デウスに捧げるべき愛と畏敬を説いた。また了珪の娘（モニカ）が固く徳を守っていると聞かされた。それというのも、都のきわめて身分の高い君侯から、彼女を嫁にしたいという使いが来て、その懇望を断るのは不可能と思われていた。しかしその求婚を望まない娘の切なる願いを受け入れ、了珪はその異教徒の殿との結婚話を破談にしたという。

アルメイダは話が長くなるので、キリシタンらが我らに道中の食べ物を用意した際の愛情については述べないとしながら、「堺から六里の所にあるキリシタンの城、飯盛では、私が堺に到着したことを知ると、さっそく、（同地より）主たる大身らが我らに別れを告げるため、多数の貴人を伴って来着し、堺の重立ったキリシタン全員も同様にし、皆がこぞって我らを船まで見送り、船頭に私のことを依頼した」「確かに国主に対してもこれ以上のことはあり得なかったであろう」と書き付けている。

アルメイダが堺を去るに際し、今日まで日本で得たキリシタンの中、もっとも謙譲にして善良な一人であり、甚だ偉大な医師で、同市（堺）の諸人から非常に尊敬されていた老齢の養方パウロが同行を願い出た。パウロは世を捨ててイエズス会に入りたいが、堺や京都には知人が多いことから、豊後かどこか知らない地に赴き、主に仕えて死にたいと訴えた。そして彼は、自分の所持品の一切を同じく医師である息子のヴィセンテ洞院に譲ってアルメイダに付き従った。ただ、アルメイダはパウロに対し、都の絹で作ったはなはだ豪華な衣をたずさえるように言った。というのは、日本人は外見を重んじて事を行うのがつねであり、このため大身らを訪問し、トルレス師の使者となる者は十分に身なりを整え、かつ清潔な身なりで接することが肝要だからという理由からであった。

第六章

口之津に帰る

一五六四年五月一五日、ロレンソ、養方パウロを伴って堺を出帆したが、今回は天候に恵まれ一三日間で豊後に到着した。豊後の学院に駐在する司祭、および修道士から慈愛をもって迎えられ、都のキリスト教界の盛況などを報告すると、この朗報にキリシタンたちは大いに喜んだ。到着から四日後、大友宗麟を訪問するため、豊後から七里の臼杵の市に赴き、大友宗麟から大いに歓待を受けた。

この宗麟との会見で、臼杵で最初の教会堂を建てるために適当な地所を与えてくれるよう願い出た。というのも、少なからぬキリシタンは、宗麟を慕って府内から臼杵に移ったが、そこにはまだ教会がなく、またキリシタンらに説教する適当な場所を有していなかった。そのため、キリシタンたちはアルメイダに対し、教会を建てる場所とその許可を宗麟に頼んでほしいと訴えた。宗麟はアルメイダのこの願いを聞き届け、瓜生島城近くの、海に沿った市内最良の地所を付与した。その土地は基礎作りをする必要があったので、宗麟とともに、同地の代官であり、バテレンとも親しい某貴人がその工事を進んで引き受けることになった。また宗麟は、イエズス会員のため家屋《カーサ》を提供することを約束した。

豊後の学院に戻り、同所に二、三日滞在した後、六月初めに府内を出発し、陸路と海路により八日間で、恐らく一〇〇〇人以上のキリシタンがいる島原に到着した。当地で、口之津の港から来ていたトルレスと合流した。トルレスは、当地に滞在した数日間で一八〇人をキリシタンにしていた。その翌日、島原の領主と妻、親戚、その他身分の高い人びとが訪ねてきた。そこでトルレスは二時間にわたって彼らに説教を説いた後、キリシタンが用意してくれた大きな船二隻に乗って口之津に向かったが、この船に多くの人たちが同乗してトルレスとアルメイダに付いてきた。

六月中旬、口之津に帰ってトルレスに五畿内視察の成果を報告した。養方パウロは同宿として受け入れられ、口之津の教会学校の教師として活動することになった。この初等学校では女子にも教育が授けられたが、児童のラテン語の聖歌の暗唱、その発音の素晴らしいことについて、アルメイダは驚嘆してやまなかった。また以後、養方パウロは長年にわたって司祭たちの伴侶として過ごすことになった。彼はまた、その徳操と謙虚さによって、人びとに甚だ良い模範を示したとされている。アルメイダは「今、彼が謙遜と柔和のうちに司祭館で仕えているのを眺めていますと、わたしは彼によって恥ずかしい思いをさせられるのです」と語っている。

バテレンの都追放

話は前後するが、日本では正月（新暦二月一日）の九日から二〇日まで大身らが公方様（足利義輝）を訪問し、進物を献上することが習慣となっていた。そこで一五六五年二月一三日、フロイスはヴィレラに伴われて、豪華な衣と外套をまとい、駕籠に乗って二条の宮殿まで赴いた。公方様とは初対面であったフロイスは、将軍への贈物として、大きい水晶鏡、黒帽、小量の麝香、ベンガル産の籐杖をたずさえ、ヴィレラは自身の紙と塗金した扇を持参した。

将軍義輝の宮殿に着くと、年賀のため全国各地から伺候した大勢の貴人とともに、まずヴィレラが公方様に拝謁した。そしてヴィレラが挨拶をして戻ると、今度はフロイスが拝謁した。将軍義輝がいる部屋の障壁画はすべて金が塗られ、蓮と鳥が描かれてあり、部屋に敷き詰めたごく薄いマットは数多の技巧が凝らされ、窓の格子は最良の様式が施されていた。フロイスは、ことごとく木で造られた家にして、これほど豪華で一見に値するものをかつて目にしたことがない――と、感想を漏らしている。またヴィレラは、毎年一回、将軍義輝に仕える大身の五、六人を修道院に招き、共に食事することを習慣にしていた。京都は偶像崇拝がもっとも盛んな所であり、何かの必要に備えて彼らの好意を得ておくためであった。だが、そのような努力を無にする出来事が生じた。

同年六月一七日、三好三人衆、ならびに三好義継を陰で操る梟雄《きゅうゆう》松永久秀が将軍義輝暗殺を企て、三好義継の軍を飯盛から、松永の息子・右衛門佐の軍を奈良から京都へ差し向けた。そして三好、松永の一万二〇〇〇の兵が義輝一族の住む宮殿を包囲し、義輝とその母堂、またその末弟や、宮殿から逃れ出た側室をも殺害した。彼女は義輝の子を身ごもっていた。

天下の公方様が討たれたことで市中が騒然とする中、今や将軍義輝の後ろ盾を失ったバテレンやキリシタンに対し、都の仏僧らは憎悪をむき出しにして、バテレンを懲らしめ、殺してしまおうといきり立った。殊に熱烈な法華経の信仰者である公家や三好・松永はバテレンの殺害を企てたが、正親町《おおぎまち》天皇がそれを認めず、バテレンの京都からの追放のみに同意した（宗麟は朝廷にも献金していた）。

京都のバテレンに危機が迫る中、七月二七日未明、ヴィレラは三ヶ頼照とともに河内に向かった。そして七月二九日、ついに伴天連追放の勅令が出された。しかし、フロイスとダミアンは京都の教会に踏み留まった。京都のキリシタンたちは、フロイスが教会を去ると仏教徒らがやって来て教会を破壊すると聞かされると、教会の中の戸、木製の窓、階段、畳などすべてを取り去って自宅に運び始めた。フロイスは、その前日まで毎日、ミサ聖祭を行っていた祭壇がバラバラにされ、短時間のうちに分解され、取り壊されるのを見て涙を禁じることができなかった。祭壇が壊される様子を見ていた仏僧や大勢の異教徒らは、大声を立てて笑い、キリシタンたちが悲嘆する有り様に喜び、満足した。そして多くの石を投げて教会を襲った。この危機に際し、京都奉行の一人で、かつバテレンに好意的であった三好長逸がフロイスの身を案じ、通行税免除の允許状を与えた上、二隻の船を提供してくれた。そこでフロイスはその船に乗ってヴィレラが待つ飯盛城に向かった。その道中、熱心な信者三人が飯盛までついて来た。その一人が小西行長の父・小西隆佐《りゅうさ》であり、もう一人は三好氏の秘書である庄林コスメであった。

フロイスと再会したヴィレラは、都からの報告に接してひどく落胆した。その後、ヴィレラとフロイスは三ヶの教会に身を寄せた。しかし河内国のキリシタンたちは、このたびの伴天連の都追放は、彼らの主君である松永久秀によるものなので、バテレンらを自分たちの所に匿っておくことは主君を侮辱し、無礼な振る舞いと見なされることを怖れた。

そこで二人は、迫害の嵐が過ぎ去るまで堺の町に身をひそめることにした。堺には日比屋了珪がいた。了珪は、彼ら二人を大いなる愛情と歓待をもって迎えた。ただし、今回の伴天連追放は天皇の名によるものなので、表立って二人を保護しようとはしなかった。また彼らの保護を引き受け、住まわせようとする者は誰一人いなかったが、了珪の骨折りによって一軒の粗末な家に住むことになった。そこは非常に狭く、彼らが道具を入れてある小さな蔵に行くために、明るい昼間でも蝋燭を灯さなければならなかった。さらにまた、屋根は老朽化し、雨が降ると、泥のために下駄を履いて家中を歩き回らねばならず、雨漏りのために傘をさしたり、粗末な家財をどけなければならなかった。こうして雨露もしのげず、太陽を見ることもままならなかった。その一方で、おびただしい数のネズミと悪臭に悩まされ、ついに二人は寝込んでしまった。このため、異教徒である隣人は、彼らが苦闘する様子をからかい半分で真似たり、彼らの難渋ぶりを見て大笑いした。そうして、アルメイダと一緒に都教区に送られていた同宿の二人は、あまりにみすぼらしい堺の家に住むことに耐えられず、ついに逃げ出してしまった。

ところで、若桑みどり『クワトロ・ラガッツィ』では、「当時の男性たちが、(女性に対して)自分の欲望を貫くときにどれほどの暴力が許されていたかを書いている例が非常に多い。代表的なのはフロイス『日本史』七十四章に書いている、一五六六年(永禄九年)堺の商人でキリスト教徒の日比屋了慶の娘モニカの結婚である。女性たちに起こったことをこまかく伝えているのはやはりアルメイダで、この話も彼がフロイスに報告したものである。彼が堺の了珪の家に世話になっているとき、彼女を強く望んでいた宗礼《そうれい》という金持ちの息子が、うるさくモニカに求婚し、それを断られたときにむりやり誘拐してしまった」として、日比屋宗礼とモニカの結婚に至るまでの顛末を紹介されている。

このことに関して、ヴィレラとフロイスが京都を追われて堺へ退いてからも、なおも異教徒たちは彼らに対して深い嫌悪の感情を抱いていた。だがしかし、日比屋了珪の娘・モニカは、先のアルメイダの報告にあるとおり、キリストの教えへの模範的態度によって、偉大な徳の香りと良い感化を人びとにもたらしていた。その同じ町内に、堺の裕福な商人で、了珪の妻のイネスの父・奈良屋宗井も住んでいたが、彼には当時二二歳くらいの宗礼という息子がいた。彼は幾度となく了珪の許にしつこく使者をやり、モニカとの結婚に同意するようにと強要してやまなかったが、了珪もモニカもそれを拒んだ。そこで、宗礼は警備の隙をついてモニカを強奪し、宗井家の一番奥の部屋へ連れ込んだ。このため、武器を構えた日比屋家対宗井家の対立にまで至り、堺の市をまきこんだ騒動と混乱に発展した。しかし、この問題は、モニカの説得によって宗礼がキリシタンになることで決着した。

ただこの中で、若桑みどりは「女性たちに起こったことをこまかく伝えているのはやはりアルメイダで、この話も彼がフロイスに報告したものである」としているが、アルメイダが日比屋邸に世話になっていたのは一五六五（永禄七）年一月で、一五六六（永禄九）年にはアルメイダは九州にあった。フロイスは『日本史』七十四章において、このモニカの結婚騒動は、司祭たちが堺においてモニカと同じ町内に住むことになった頃の出来事だとしているので、「この話もアルメイダがフロイスに報告した」ものではなかったと思われる。

一五六六年四月、ヴィレラはフロイスに後事を託して豊後へと向かった。

フロイスとダミアンの堺における滞在は、一五六五年七月から足掛け五年後の一五六九年まで続いた。その間、フロイスは阿波国三好家の実権者である篠原長房に都への復帰を依頼した。このとき、足利義輝の従弟である阿波の足利義栄《よししげ》を擁して将軍宣下に尽力していた長房は、都の国主に使者を遣り、バテレンの都からの追放解除を説いた。しかしこの願いは実現しなかったが、都の教会は同市のキリシタンらに返された。そこで、都のキリシタンらの要請を受け、修道士のダミアンが京都まで足を運び、約四〇日間留まって、いずれも高貴な人びと四〇人をキリシタンにした。しかしながら、フロイスの都への帰還は許されず、フロイスとダミアンが入京するには「天下布武」の理念を掲げ、室町幕府第十五代将軍足利義昭を傀儡として、天下統一の野望を抱く織田信長の台頭まで待たなければならなかった。

なおまた、三好家中の主導権を巡って松永久秀・三好義継の同盟軍と三好三人衆（三好長逸・三好政康・岩成友通）が対立し、奈良を中心に交戦を繰り返したが、一五六七年一〇月、松永久秀の多聞城を包囲した三好の軍勢の大部分は、奈良の大仏の寺院の内部と東大寺のあらゆる場所に宿営した。その中に、イエズス会の同僚にもよく知られていたキリシタン武士がいた。彼はデウスに対しての礼拝と崇拝に熱心さのあまり、夜分、自分が警護している間に、密かに大仏殿に火を放った。そのため、東大寺はなにも残らず全焼した（『信長広記』には、これを松永の仕業であったとしている）。このことから、アルメイダが残した奈良の寺社の見聞録は、当時の姿を伝える貴重な資料として高く評価されている。

また、この三、四年間にわたる三好三党と松永久秀との動乱の間、高山飛騨守は、松永の家臣として巻き添えに遭い、沢城は陥落した。

福田港の開港

大村純忠受洗の知らせは、遠くポルトガル国王セバスティアンを喜ばせた。一五六五年二月二二日付、国王セバスティアンからドン・バロトロメウに宛て「我らの主なるデウスが卿（純忠）を導いて我が聖教を識らしめ給うたことを知って、予はいとも大なる喜悦を得た」と純忠に敬意を表するとともに、「卿が道理をもって求めることは何であれ、予は喜んで便宜を計る」旨の書簡が送られた。

一五六五年、西彼杵半島の大村領である福田港が横瀬浦港に代わるポルトガルとの貿易港に選ばれるが、その前年の一五六四年ごろ、大村純忠から重臣であるキリシタンの福田城主福田左京介兼次《かねつぐ》に宛てた大村純忠書状（『福田文書』）に次のようにある。

「南蛮船が必ず、このあたりに渡ってくると思いますが、もし船が、横瀬浦から平戸の間に着岸すると、豊州（大友氏）と手を組んでいる伊佐早（西郷氏）・（武雄）後藤が事を図ると思われます。特に鉄砲や大砲等が敵方に数多く渡るようになっては、高来（有馬氏）や我々にとって良くないので、どうにか貴殿の才覚によって、南蛮船が福田や戸町（長崎市）、口之津あたりに着岸するように、策を巡らせてもらいたいのです」

こうして純忠にとって、横瀬浦港に代わる新たな南蛮との貿易港の開拓が急がれていた。

そのような折、翌一五六五年に至って、大村純忠から籠手田安経宛ての書簡をたずさえた四人のキリシタンが大村から平戸に向かうポルトガル人の船に乗ってやって来た。これを聞き知った松浦隆信は、純忠と安経との間に盟約があるものと邪推し、その見せしめとして四人のキリシタンを殺害した。

また、松浦隆信の嫡子・鎮信《しげのぶ》が一キリシタンの少年が首に掛けていた錫製のメダイ（ヴェロニカ）を引きちぎり、足で踏みつけ、さらに石で押しつぶして投げ捨ててしまった。ヴィレラが平戸でなした行為に比べれば些細なことだったが、これに対して、隆信は謝罪の約束をしながら「子どものいたずらじゃから」としてそれを履行しなかった。そのため、宣教師たちの感情を逆なでしてしまった。そこでトルレスらは、ただ貿易のための方便として嫌々ながら布教を許しているような平戸の領主から貿易の利を取り上げ、また大村殿を援助するために、長崎湾の入口に位置する福田を貿易港とする方針を決めた。

一五六五年の七月上旬、総司令官ドン・ジョアン・ペレイラの乗った定航船が大村領横瀬浦に着いた。しかし横瀬浦港は先の内乱によって焼滅していたため平戸に向かおうとした。この知らせを受けた平戸のコスタ神父は、ペレイラの平戸入港を止めて新しく開港した福田に回航させた。

アルメイダが口之津に着いてから一五日後、トルレスはペレイラの定航船が福田の港に到着したとの知らせを受けた。そこでトルレスは、アルメイダとロレンソを福田に派遣し、二人は福田に赴いた。アルメイダが福田に派遣された理由は、イエズス会の委託投資の財貨の処分とは別に、大村純忠に有利な取引条件を指示するためだったと思われる。

またそれ以前、福田にはトルレスから派遣されたフェゲイレドが滞在し、ポルトガル人のためにミサを行い、告白を聴くために留まっていた。アルメイダがフェゲイレドとともに福田に滞在していた折、大村純忠から、七歳になる長女が重い病で死にかけているから病気治療のため来るようにと呼ばれた。

このためアルメイダは、ロレンソを伴って三城城に赴き、絶大な歓迎を受けた。純忠は「二年このかた司祭にも修道士にも逢っていなかった」と語り、彼が知りたいと願っていた多くの質問をした後、これまで彼に愛情をもって仕えてくれた家臣一同にもキリシタンの教えを説いてくれるように請うた。

アルメイダは、この領主のデウスに対する深い謙遜と崇敬を述べずにはおられないとして、第一に、純忠はアルメイダがいかに固辞しようとも、自分より高い場所でなければ、アルメイダが食卓につくことを決して許さなかった。そして晩餐の後、ロレンソが説教を始めると、すかさずアルメイダとロレンソの間から立ち上がり、ロレンソから遠く離れた下座の家臣の間に座った。これはデウスを話す人に敬意を表すためであり、純忠は家臣に対して、創造主、また主の言葉に対して持つべき敬意を自らの規範によって示した。同所に滞在した日々、夜分に三時間前後の説教を行い、純忠から日本の諸宗旨に関する説教を求められた。純忠はキリシタンと異教徒を問わず己の家臣を集め、彼らに聴聞させた。

アルメイダとロレンソは、純忠の娘の病が回復した後、福田の港に戻った。そして同地でトルレスから、豊後に行く必要が生じたので口之津へ帰るようにとの伝言を受けた。夜分、口之津に向かっていたアルメイダの船がある人気のない港に停泊していたとき、二隻の盗賊の小舟が出没し、アルメイダたちは一晩中恐怖に駆られたが、アルメイダの乗った船はよく武装されていたので盗賊は襲撃をあきらめて立ち去った。口之津に帰ってみると、トルレスは何度も悪寒と熱に襲われて寝込んでいた。そのため、同地に一〇日ほど滞在した。

「一五六五年一〇月二二日付、平戸発信、バルタザール・ダ・コスタからポルトガル人に宛てた書簡」によれば、先に平戸領主の世継ぎがイエス・キリスト像に侮辱を加え、彼とその父がキリシタン宗団にとって大敵であるため、ポルトガル船の平戸来航は途絶えた。そのため、平戸領主と当地の不信心者はポルトガルの定航船が来ないことに対して激しい憎悪と憎しみを抱き、福田港に停泊中のジョアン・ペレイラの船を攻撃し、その莫大な積み荷を奪おうと決意した。そうして、定航船から絹の買い付けのため平戸港に来ていた堺の商人たちの八艘ないし一〇艘の大船と結託し、定航船から奪い取った獲物を両者で分かち合おうと申し合わせた。

そして彼らは、周到に準備を整え、多数の精鋭の兵士と大量の弾薬を積んだ大小五〇余隻の艦隊を福田に向かわせた。平戸のコスタは、このことを幾度もポルトガル船とフェゲイレドに知らせたが、ポルトガル人はこれを信用しなかった。そして、ジョアン・ペレイラのポルトガル船は福田港の三里手前で平戸の艦隊に出会ったが、何ら警戒することなくすっかり安堵して休息していた。そこに突如の猛攻撃を受けて、はなはだ苦戦に陥った。その折、福田港に入港していたマラッカの司令官ディオゴ・デ・メネーゼスの小ガレオン船（「船」内には奴隷のほかに七〇人近くのポルトガル人がいた）が、平戸艦隊に向け砲弾をことごとく命中させ、三時間の激闘の末、松浦の水軍は平戸に引き揚げた。

平戸艦隊が平戸を出発して帰還するまで、コスタと平戸のキリシタンたちは皆、絶え間なく祈りを捧げ、ポルトガル船の無事を祈った。その五日後、平戸の艦隊は壊滅し、散り散りになって平戸港に戻ってきた。異教徒からそれを聞いたキリシタンらの話によれば、死者は六〇余名、負傷者は二〇〇余名であった。六〇余名の死者の中には、大村や平戸の十字架を切り倒すなど、キリシタンの最大の敵である松浦家の有力者加藤源之助の親戚六名が含まれていた。

ただし、籠手田安経はポルトガル船襲撃に対して異を唱えていたため、安経の動静を恐れた隆信はこれを彼に知らせないまま事を起こした。そして籠手田兄弟はポルトガル人の勝利を喜んだが、異教徒たちは両人を深く恨んだ。コスタは「当地では国主に次いで有力な大身であるこの両人がいなければ、彼らは我らと教会に対してすでに復讐を遂げていたように思われる」と、書簡の中で述べている。

ドン・ジアンの葬儀

一五六五年八月か九月、アルメイダはトルレスの熱病が去ると豊後に向けて出発した。口之津から海路によって最初に島原に着いたが、そこには修道士のサンシェスがいて、その地のキリシタンたちに教理を教えていた。アルメイダは、島原のキリシタンたちの切なる願いによって、同地に八日間滞在して説教した。その間、領主島原純茂を訪問した。その後純茂は、再び教会にアルメイダを訪ねて来た。

また、当地のキリシタンらが埋葬する土地が不足しているため、死者を家の庭に埋葬せねばならず、大いに悲しんでいることを知らされた。そこでアルメイダは、キリシタンらが切望する適当な土地を与えてくれるように人を介して領主に要望した。純茂はさっそく、当初与えてくれた地所のすぐ近くにある三つの小島を贈与に加えた。そしてたいそう気前良く、その三つの小島を与えると記された寄進状をアルメイダのもとへ遣わした。また島原のキリシタンは、この地一帯で行われる厳粛な祭りへの参加を、自分たちはキリシタンであるからと、殉教を覚悟でこれを拒むなど「この地のキリシタンは現在の日本においてもっとも熱意溢れる人たちに属する」と、アルメイダは述べている。

その数日前の出来事であるが、当地のキリシタン一同が父と仰ぎ、また彼らの擁護者とみられていた某貴人が亡くなった。彼は領主と甚だ近い関係にあった。その人ドン・ジアンは、「彼が死にさえすれば、キリシタンらを仏教に立ち返らせるのは容易だ」と考えた領主純茂の母親、仏僧らが盛った毒によって殺された。そして異教徒たちは、彼の葬儀を盛大な仏式で営み、名刹の寺院に埋葬しようとした。

これに対して、キリシタンたちは、このキリシタンの貴人を我らの望み通りの盛大さをもって埋葬したいとトルレスに伝えてきた。そのころ、健康状態の悪かったトルレスは、代わりにアルメイダを派遣した。アルメイダはこの国の人びとがいかに外見に動かされるかを知っていたので、力の及ぶ限り盛大にドン・ジアンの葬儀を執り行った。この葬儀に七〇〇人のキリシタンが参列し、その全員が火を灯した蝋燭を持って声高に連禱を唱えたが、たとえ土地の領主であってもこれ以上のことはなし得なかったであろうと思われた。そうして、キリシタンによって作られた棺に彼を納めて、絹衣で全体を覆った。

その翌日、アルメイダらは石で墓碑を作り、頭部に十字架を建てた。また墓地の周囲の一プラザ離れたところに木柱が立ち並んだ柵をもうけ、その中央に墓が建てられ、柵の両側におよそ五プラザの道と墓の中に入るための門を造り、この門の上にもう一つの十字架が建てられた。彼の墓はほとんど教会のようになって祈りを捧げに来るキリシタンが絶えず、彼らの大きな励みになった。

その後、島原から豊後に赴いたアルメイダは、先に国主宗麟から付与されていた臼杵にある最良の土地に、教会と司祭館を建設するための打ち合わせと、バプティスタを手助けするため、しばらく臼杵に留まった。そして同年一〇月ごろ、臼杵から福田に赴いた。福田において、五畿内の訪問から始まり、島原におけるキリシタンの動静までの長文にわたる書簡をしたためた。

籠手田兄弟の最後とその後

同じく、一五六五年九月二三日付、平戸からのフェルナンデス書簡によれば、生月島の一部浦の領主一部大和守の娘が松浦隆信の弟である平戸信堅に嫁いでいたが、一五六三年に相神浦の戦いで大和守が戦死した後、信堅が一部家を継いだ。しかしその信堅が二一歳の若さで急死したため、籠手田安経の弟・勘解由がその未亡人を妻とし、一部家を継いで一部浦の領主となった。しかしながら、その実権は一部勘解由の妻の母である老女（寡婦となった大和守の妻）が握っていた。この老女は非常に偶像を信じ、特にデウスのことを嫌っていたため、キリシタンであった勘解由は家庭において大いに苦労していた。ところが、この老女が大いに愛し、信頼していた娘が病となったため、老女は各所を巡拝して施与をなし、また寺を修理し、新たに寺を建て、その一女が生命と健康を取り戻すことを期待して、僧侶をして多くの祈禱を行わせた。しかしその祈願は空に帰し、娘は死去してしまった。このため老女は仏教の教えを嫌悪し、僧侶の教化から遠ざかるどころか、ことごとく仏像を燃やすように命じた。その一方で、娘婿である勘解由の話に悟るところがあり、キリシタンの教えを理解し、自らも洗礼を受けたいと申し出た。その結果、一部氏の領する生月島の一部村と根獅子は、同地に赴いたカブラル神父とフェルナンデスによって、村民五五〇人が改宗し、両村はキリシタンの村となった。

後日談になるが、一五八一年、籠手田安経の死去後、籠手田安一《やすいち》（ドン・ゼロニモ）が後継者となった。また一部勘解由の死去（没年は不明）後、その一子・一部正治《まさはる》（ドン・バルタザール）がその後を継いだ。そして二人は、ともに熱心なキリスト教信者となった。

一五九九年、松浦隆信が死去すると、その後継者で、大のキリシタン嫌いであった松浦鎮信は、父・隆信の仏式の葬儀に参列するよう籠手田安一らに命じた。その当時、仏式の葬儀に参列することはキリシタンの信仰を捨てることを意味していた。そのため悩んだあげく、籠手田安一と一部正治は、夜間ひそかに六〇〇人の信徒とともに生月島を脱出し、長崎に向かった。長崎に逃れた一行は、その後キリスト教に殉じた細川ガラシャの夫である細川忠興の招きに応じ、彼の領地である筑前国に移って二～三の村を与えられた。また、その後籠手田安一は筑前の黒田長政に船手衆として仕えたとされている。

話は戻って、ドン・ジョアン・ペレイラの定航船が福田港から出帆した後、アルメイダは一〇月、福田から口之津の港に向けて出発し、降誕祭が過ぎるまでトルレスのもとに滞在した。この間、アルメイダの目をひいたのは、トルレス自らの指導によってよく訓練された少年と少女とに分かれた二組の聖歌隊が日課に仕えていたことであった。アルメイダは「少年聖歌隊と他の少女聖歌隊とが、われらの主を賛美して、聴く者を驚かしめるほどの大きな信心をこめてカント・チャン（グレゴリオ聖歌）に調子を合わせベスペラスを唱った。彼らは私より二倍以上も詩篇歌を覚えているようであり、彼らの発音も歌い方も見事で、彼らは青年修道士でもあるか、それとも楽典をよく知り、歌を芸術的に学んだ者であると断ずるべき程である」と賛辞の言葉を述べている。

降誕祭が近づいてきたので、トルレスから二週間、悔悛について説教するように命ぜられたが、土地の人びとが絶えず訪れ、約三〇〇人が告白をした。この祝祭はキリスト教の荘厳さをことごとく伴って執り行われた日本で最初の祝祭であった。当日朝になると、町のすべての通りに多数の樹木と枝からなる森が姿を現し、祝祭が行われた。そして終夜、ミサが始まるまで、正装した青年たちによってイエズスと聖母マリアを賛美する演劇と踊りが数多く催された。

一方、平戸のコスタのもとに、五島からの使者が、領主宇久《うく》純定《すみさだ》からデウスの教えを聴聞するため宣教師の来島を請うという書簡をたずさえてやって来た。純定がこの書簡を送るに至った動機は、かつての戦いに、純定は謀叛者のひとりとして松浦・針尾とともに大村純忠を襲ったが、純忠が己の生命、領地を賭して固守したその教えがどんなものかを知りたく思うというものであった。コスタはさっそく、そのことをトルレスに伝達した。

第七章　五島の島々の布教

平戸から四〇里離れたところに五島の島々があった。そこは魚と塩だけが豊富なところで、肥後と肥前の両国はその地から鮮魚、魚油、干し物や塩漬けの魚などを買い求めていた。その一方で、五島の住民はその見返り物資として、コメ、小麦、大麦、および衣服地などの供給を受けていた。また漁業に従事するだけでなく、そこは盛んに鹿狩りが行われる地域で、住民は相当狩猟に熟練していた。

また、日本で疱瘡《ほうそう》（天然痘）はごく一般に広まっていたが、五島の住民はひどくこの病を嫌って、もしも家族のだれか一人が疱瘡にかかろうものなら、ただちにその者を隔離した。そして人びととの交渉を絶ち、森の中に藁葺小屋を建て、病人が健康になるか、それとも死ぬまでそこへ食事を運んだ（天草においても疱瘡は不治の病として怖れられ、家族でさえも罹患したら山野に捨て、また無人の離島に置き去りにされた。もしも無事に治っても、家に帰ることはなく絶縁された）。

五島の住民のもっとも滑稽な迷信は、くしゃみをすることを極度の凶兆と見なしていた。そのため、殿のところへ赴くときとか、あるいは殿に呼ばれたときに「自分は今朝、くしゃみをしましたので罷《まか》り出でられません」と答えると、その日、その家臣は出仕しなくても許された。また家臣が殿のところに罷り出ようとして偶然くしゃみをしたならば、その日、彼は早々に帰宅しなければならなかった。

既述したように、この島の領主宇久純定は宣教師の来島を強く希望した。そこでトルレスは、もっとも信頼するアルメイダとロレンソの二人を五島の島へ派遣することにした。

一五六六年一月一五日、アルメイダとロレンソは口之津から乗船し、同所から三五里離れた五島に向かった。最初、大村領の福田に寄って、天候の事情で一日滞在して五島に向かったが、その間、つねに船の中で眠った。また旅の間、始終、大量の降雪に見舞われた。こうして道中に八日間を費やし、五島の領主が居住している福江島に到着した。そこへ領主の使者が訪れ、アルメイダらが宿泊するための土地（現在の清浄寺とその墓地が広がる場所）を与えるという領主純定からの伝言を述べた。

宇久純定の江川城は福江川のほとりにあった。その翌日、日本人は衣装によって人を尊敬することから、できうるかぎり着飾って純定を訪問した。純定はアルメイダの訪問を喜び、以後、日ごとに二人の友愛は深まった（アルメイダは「殿は皆の父親のようであって、皆から深く愛されていた」と記している）。また、この地の大身たちも訪問して来るようになった。だがこのとき、アルメイダは身体がたびたび刺すような痛みと胃痛におそわれ、一切の物を吐き出した。が、しばらくして健康を回復した。

ロレンソ、大いに説教する

五島は三つの島に分かれており、互いに三分の一ほど離れていた。ところで、島の重立った大身らは、新年の一五日（お鏡開き）には祝辞のため、領主がいる町（今の福江。旧称大値賀《おおちか》）を訪れることが慣例となっていた。そこでアルメイダは、領主純定に、家臣たちに七日間説教を聴聞するよう集めて欲しいと申し出た。純定はこの願いを聞き届けた。そして翌日、「余の所有する屋敷がよい」と通知してきたが、アルメイダによれば「その屋敷は、島々のあるうちの最良の屋敷だが、殿の長男が二五歳の若さで亡くなりましたので縁起が悪いので殿はそこには住んでいないのです。それは町中で、一番良い場所にあっ

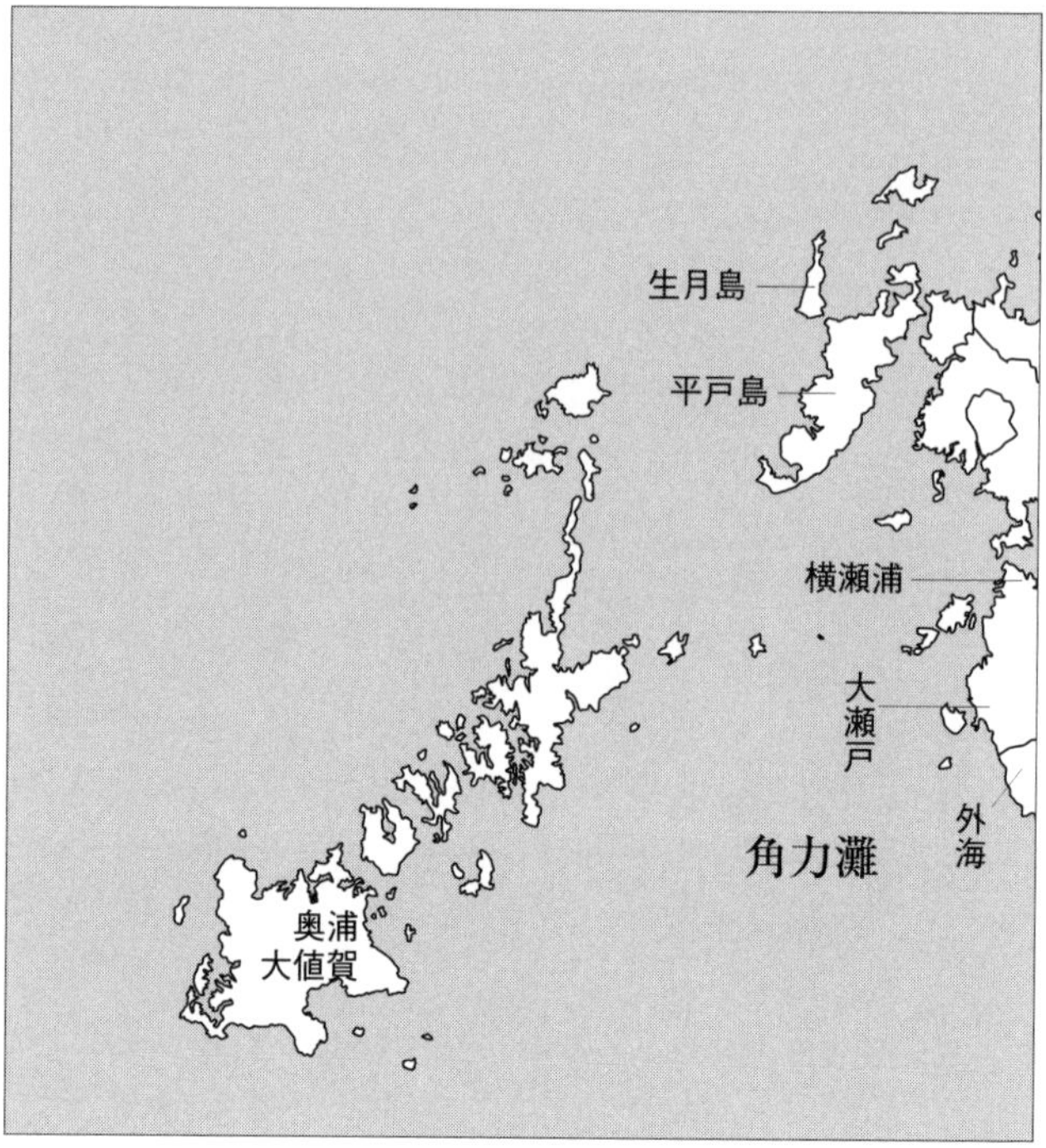

五島列島と横瀬浦周辺図

て、町の中央にあたります」という曰く付きの屋敷であった。

二月二四日（金曜日）の夜、アルメイダは祭服をまとい、ロレンソを伴って領主純定の指定する屋敷に赴いた。大広間には四〇〇人もの人びとが集っていたが、この広間に隣接する別の部屋には婦人らがいた。説教に先立ち、アルメイダは「自分は日本語にあまり習熟していないので、ロレンソ修道士が代わって説教するが、彼が説くことは私の口から述べられることだと了解していただきたい」と述べ、アルメイダに代わってロレンソが語り始めた。ロレンソは「私たちが拝んでいる神々は悪魔であり人間の敵である。私たちが頼りとして生きているあらゆる宗教や戒律は偽りであって、それらにおいてはなんら救われないばかりか、私たちがそれらを奉じ、それによって生きているならば、永遠の苦しみに陥る」と前置きし、語り始めた。

そして「あなた方が大いに畏敬しておられる仏僧たちは、悪魔が欺瞞のために用いる道具であり、彼らの生活は厭うべきもので、その行為は非難と懲罰に値するものである」として、「若衆たちと、仏僧たちとの交わりはきわめて重大で嫌悪すべき罪悪である」と批判した。また「ただ一人の妻しか持ってはならず、殺したいと思うものを殺してはならぬし、高利をむさぶり、他人の財産を奪うこともしてはならない」などと説いた。

また、全知全能なる神《デウス》について「デウス様は人類を救うために人となり、一人の処女《おとめ》からお生まれなされた。そして四十日四十夜断食し、その他多くの苦行を行い、ついには捕えられ、唾を吐きかけられ、柱に縛られて鞭打たれ、荊棘《いばら》の冠をかぶせられ、肩に十字架を負うて、カルヴァリオという山頂で磔にされて死し、それから三日後に復活し、四十日目に天にお昇りなされた。そしてそのお弟子たちは天からお恵みを受けた後、世界の大部分を改宗なさった。かくて伴天連様たちはキリストのお弟子たちの模範に倣って私たちにも教えを説くためにおいでになったのである」。

続けて、ロレンソは「世界の一部である『ヨーロッパ』というところには、私たちの誰も見たことがなく名も聞いたこともない都市がある。それをローマ市という。そこには彼らが『パッパ』と称している一司祭がおられ、その方は全世界におけるキリストの御名代である」などと、まったく想像でしかないヨーロッパの話まで披露した。そしてロレンソは、そのほかにも、日本人がかつて見聞きしたこともない幾つかのことを語った。

ロレンソの話は、大胆かつ軽妙にして明解なものであり、そうして万物の原因たる創造主の存在を立証し、日本の誤った神仏の教えを打破し、それらの信仰によっては現世においても来世においても救われないことについて、幾多の理由をあげて説いた。これを聴いていたアルメイダは、思わず「ロレンソが述べたことは、私たちが日頃語っている内容と変りはないが、彼が述べたことのすべてを人びとに理解させる際の軽妙さと明瞭さや、人々の心を掴んで離さぬ弁舌巧みな話法には驚嘆し、感嘆の念に満たされた」と、ロレンソの才能と話術に舌を巻いた。

宇久純定の病気治療

ロレンソの説教を聴いた多数の人がキリシタンになることに心を動かされたその翌日、にわかに領主純定が頭と全身に疼痛を伴う激しい高熱に見舞われた。この変事を知った異教徒や仏僧らは、純定がデウスの教えを聴いて、これを大いに庇護したために神仏がお怒りになって下した罰にほかならず、彼らの教えは悪魔の教えであると吹聴し始めた。このため、人びとはアルメイダを嫌い、もう誰も彼を訪ねて来ようとしなかった。アルメイダは、私にとって今までに受けたと思う最大の、また、もっとも辛い打撃のひとつであったとして「これも自分の信仰の薄いためだ」と、わが身を責めた。

当土曜日の夜、純定は疼痛と心臓絞扼感のために、非常に苦しみ始めた。翌日曜日の早朝、仏僧らは僧衣をまとって大津八幡宮に赴き、力持ちの男が四人でも運べないほどの分量の霊験あらたかな法華経と大般若の経典を読み始め、この読経によって純定の健康回復が得られるものと確信して祈禱を行った。しかし、純定は健康を回復するどころか、容態はさらに悪化した。

ところで、これまでアルメイダは、どこへ赴くにも日本で入手し得た漢方薬や、ヨーロッパのもっともよく試された薬のいくつかを常時たずさえ、不意の事態に備えていた。そこで純定の病気が募り、仏僧らが行うすべての儀式が何の助けにもならないことがわかると、アルメイダは宿の主人である家臣を介して純定へ伝言を送り、健康の回復を約束した。翌日、純定から呼ばれたアルメイダは、荘厳ミサに捧げるときのように着物を着て、日本人が行う方法をもって純定の尿を調べて、脈をとり、口あたりがとてもよく、美しく金色に塗った丸薬三粒の解熱剤を服用させた。その晩、純定の頭痛はさらにひどくなったため、アルメイダは夜分純定のもとを訪れ、純定にその痛みが何に基づくかその訳を話し、すぐ疼痛が治まり、熟睡できるようにと鎮痛剤を服用させた。すると、純定の病気はたちまち回復した。アルメイダは純定に、デウスの御加護に感謝するように説いて、彼のもとを辞去した。

健康を回復した領主純定は、アルメイダの労を非常に感謝して野猪二頭、雉二羽、家鴨二羽、大鰊より大きい鮮魚五匹、酒二斗、米一俵を届けさせた。アルメイダはこのあり余るほどの品を見て、再び純定と親交を結ぶため、宇久家の身分の高い貴人たち数名を招待して、純定の健康回復を祝って祝宴を催した。純定はそれを非常に喜んだ。こうして従前どおり、アルメイダは純定を訪問するようになった。

その後アルメイダは、純定のもとをしばしば訪れ、デウスの御加護のことを話したが、純定とその家臣の貴人たちは、純定の健康を回復させたのが誰であったのか、仏僧たちの祈禱であったのか、アルメイダが投与した薬であったのか、その判断に迷っていた。そこでアルメイダは、私の本心を打ち明けたいとして、純定に「私は殿の領内で無為に日々を過ごしていますが、考えてみますと、トルレス師は、他の諸国では大勢の人びとが救いを求め、創造主のことを聴きたがっているのに、私をそこに遣わすことを思い留まって殿のところに遣わされました」と伝えた。純定は、アルメイダが言わんとすることを理解し、翌日、アルメイダの説教を聴くようにと、家中に命令を出した。その晩は五旬節の日曜日（二月二四日）にあたっていたが、殿の奥方はじめ、その地のすべての貴人たちや、大勢の人びとが集まった。

ところが、アルメイダとロレンソの説教を聴いた多数の人が、デウスの教えを相当に理解したと思われたその翌日、最初のときと同じ様に、悪魔が現れて妨害した。突如、大値賀の町で大火災が発生し、大勢の人が焼け出された。アルメイダには、それがキリシタンを嫌う異教徒の仕業のように思われた。それと同時に、純定の指が腫れて激しく痛み出した。この原因を、デウスの聴聞のためと考えた純定がまっ先に冷淡になり始め、それにならって、町の住民も霊魂の救済のことを聴こうとする者はなく、自然とアルメイダのもとから離れていった。

一五六六年三月一七日付、平戸より、アルメイダから島原のベルショール・デ・フェゲイレド宛ての書簡が残されている。平戸に関する情報については、「我ら一同健やかに過ごしていること、ならびに多大な成果を得たことである」として、この四〇日間で一一〇人がキリシタンになったこと。バルタザール・デ・コスタ師がすでに日本語を話すようになったことにキリシタンたちが驚いていること。また「ドン・バルトロメウ（大村純忠）が瀬戸と雪ノ浦で謀叛を起こした敵（註・後藤貴明とその内通者）に対して兵を差し向けたが、彼らはある城に退避し、ドン・バルトロメウは彼らを包囲して二五隻の船を奪った。平戸から彼らを救出すべく、一〇隻の船体が派遣されているが、その結果についてはまだ報告を受けていない」ことなどが簡単に記されている。ただしこの時点で、アルメイダは五島に滞在しており、このアルメイダ書簡は平戸を経由して送られたため「平戸発信」となったものと思われる。そして、このとき未だ、五島における布教の成果は何ら実を結んでいなかった。

五島における布教が進まず、少なからず悲しい思いをしているアルメイダの慰めとなったのは、平戸にいるコスタや修道士からの書簡であった。当地において、国主松浦隆信に次ぐ有力者である籠手田安経や一部勘解由、および籠手田の甥が告白し、聖体を拝領し、また彼らの妻や他の貴人たちも、夕刻の連禱すらゆるがせにしなかった。その結果、大勢の異教徒たちがキリシタンになることを希望していると知らせてきた。アルメイダは、人びとがキリシタンの教えを受け入れる上で、身分の高い人や裕福な人たちの規範や感化に由来することを改めて認識させられた。

こうしてアルメイダが、五島の人びとにデウスの存在を認めさせる手立てが得られないまま、暗澹としていたとき、博多の市から二人の商人が訪れた。彼らは日本の宗派に精通していたので、自分たちにとって新たなものなどありえないと考えながら、キリストの教えを一五日間にわたって熱心に聴聞した。そして二人はその教えを理解し、聖なる洗礼を受けた。このことによって純定やその家臣は、これほど思慮深い人たちが生来の教えを捨て、キリシタンになったことを非常に不思議がった。そして彼らは、デウスの教えをいくらかは評価するようになった。

五島の人びとがアルメイダとの交際からすっかり遠ざかっていたころ、領主純定の伯母が重態に陥ったため、純定はアルメイダに救いを求めてきた。翌朝、アルメイダは彼女のもとを訪れたが、彼女の病気はアルメイダが与えた薬によってすぐに治った。これにはアルメイダ自身が驚いた。というのも、この薬にはそれほどの効能はなかったからである。しかしこのことが評判となって、人びとは彼を神聖な人と見なすようになった。またその後、純定が胃痛を訴えたため、アルメイダは深夜に呼び出された。そして純定は、アルメイダから与えられた薬によって、アルメイダが帰宅するより前に胃痛が癒えた。

同様に、純定の娘や庶子、甥、兄弟と相次いで病人が続いたが、いずれもアルメイダの治療によって快癒した。この評判を聞きつけ、あらゆる身分の人びとがアルメイダに救いを求めて来た。アルメイダは一切治療代を受け取ることなく、彼らを快癒に導いた。こうしてアルメイダの名声は日々高まって、人びとの眼はアルメイダに対する尊敬の念へと変わっていった。

五島の島々の布教

それに先立つおよそ四〇日前、アルメイダはトルレスに当地の状況をしたため、デウスのことを当地の人びとに伝えることがいかに困難であるかを知らせていた。それに対して、トルレスから「同国に来た目的が達成されないのであれば帰還するように」との伝言が寄こされた。同時に、アルメイダと若干のことで話し合いたいという豊後国主の書状一通が送られてきた。そこでアルメイダは一計を案じ、大値賀を出発する二日前にその伝言をたずさえて、領主やその奥方と息子たち、親戚、知己の大身らに別れの挨拶を行った。彼らにとって、アルメイダとの別れは青天のへきれきであったが、アルメイダの決心のほどを認めると、種々の手立てを講じて、島に留まってほしいと懇願した。だがしかし、アルメイダは「これは上長から呼ばれているので行かざるを得ない」と、縷々《るる》そのことを説明した。

翌日、領主純定は、アルメイダがこれまで見た中でも最大と思える程の盛大な宴の場を設けた。そして純定は、この食事に貴人たち全員を呼んだが、彼らは豪華な絹の着物をまとい、秩序整然と宴席に列した。別れに際し、アルメイダは「いかなる人間も、万物の創造主から絶えず恩恵を受けているのであるからその主に対して義務を負うている」ことを話したが、純定は注意深くこれに耳を傾けた。

その日の夜、翌早朝にアルメイダが出帆することを知った純定は、二〇歳くらいと思われる思慮深い庶子（宇久純堯《すみたか》）とともに訪ねて来た。二人は深夜に至るまでアルメイダに留まるよう懇願し、種々理由を挙げて説得に努めた。そして、純定は「貴殿を当地に招いて百日以上滞在したにもかかわらず、一人のキリシタンも作らず、このままなにもせずに去って行かれるということは予にとってははなはだ不名誉なことであり、予の家臣たちは何というであろうか」と語って、涙まで流した。

アルメイダは彼らの切なる願いを見て、この島々は日本の中でもっとも平和なところであるから、当地で我らの主なるデウスに対して最大の奉仕を行うことが出来るかもしれないと考え、トルレスから新たな伝言が届くまで待つことにした。純定はこれを非常に喜び、「教会を建てたいなら、どこでもお望みの地所を与える」。また「修道院建設への援助や、キリシタンになりたいと思う者には許可を与え、その人びとには異教徒の祭りに加わることが義務づけられないようにする」など、多くの便宜を与えることを約束した。そして純定は一つの地所を与え、そこからの収入の半分を慈善事業のため教会に与えると語った。こうしてアルメイダの思惑は功を奏した。

アルメイダが残留することを知らされると、大値賀の町の人びとは歓喜した。そして領主や奥方、その他の大身たちから数々の数えきれない贈物が届けられた。また純定は、アルメイダを迎えるために来ていた船に、トルレスへの進物としてたくさんの猟の獲物や大きな魚を多数持たせて帰らせた。そしてトルレスに書状をしたためて、アルメイダを領内に留めるよう切に願い「やがて認められるような成果が得られることを期待していただきたい」と、伝えさせた。

アルメイダが五島に留まることを決意した二日後の五月、純定は、五〇人の貴人と一緒に説教を聴くことを希望した。これより先、一四日間説教が行われたが、その間、アルメイダの意を受けたロレンソがデウスの教えと仏教の相違を述べ、途中でキリストのことに触れ、また創造主の偉大さを説いた。この結果、聴聞に来た重立った者のうち二五人が受洗した。

アルメイダは、二五人の武士に洗礼を授けるに際し「結婚後は一人の夫人と死ぬまで夫婦関係を保たぬ者はキリシタンとしない」と伝えた。というのも、当時、権力ある者は三、四人の女を囲うのが普通とされていた。それを聞いた純定夫人は、その一人に向かって「汝がキリシタンとなれるため汝の妻は幸福なり」と語った。説教には純定夫人をはじめ、高貴な夫人が多数聴聞に参集した。そして純定夫人をはじめとする夫人たちは、夫がキリシタンになることを切に望み、彼女らもまた、洗礼を授かることを強く希望した。

事態がこのように進展するのを見た仏僧たちは、デウスの教えは悪魔の教えであり、バテレンが行くところにはたちまち戦が起こると言い出し、山口や博多、京都を例に挙げ、また「有馬国はバテレンが足を踏み入れてからほとんど破壊された」などと説いた。そして実際に、平戸の海賊がやって来て、五島のある島を襲い多数の人を殺傷して、二七人を捕えて連れ去った。アルメイダは、洗礼を授けた二五人の貴人が熱を冷まさないかと非常に心配したが、彼らはいっそうデウスの教えを深めて行った。

一五六六年六月初め、アルメイダは当地から約一里半にある奥浦《おくうら》に行く必要が生じた。奥浦はかつて八日間ほど滞在した地であったが、奥浦の人びとは、五島の領主の大値賀でデウスの教えがすでに報じられているのを知って、彼らもまた、それに倣いたいとアルメイダの来訪を求めてきた。アルメイダが到着すると、彼らはこの町にあった永林寺を取り除く許可を得て、代わりに教会を建てようとする願いを領主純定が許可したため、大いに喜んだ。そして大値賀のキリシタン二四人が馬に乗り、スキやクワを持った二〇〇人以上の労働者を伴って訪れ、奥浦の町の最良の場所に教会が建てられた。またアルメイダは、教会の正面内の一角に高さ四プラザ以上もあるきわめて出来栄えの良い美しい十字架を建てた。

奥浦にはおよそ二〇日間滞在したが、その間、日曜日と聖ヨハネ誕生の祝日（六月二四日）の二度にわたって洗礼式を行い、一二三人の住民に洗礼を授けた。しかしながら、アルメイダやロレンソは修道士であったため、ミサや聖体拝領はできなかった。

ちなみに、五島で初めてミサが捧げられたのは、その年の一二月、降誕祭の三、四日前に豊後から五島に派遣されたバプティスタ神父が到着したときであった。降誕祭にはミサの勤めを見ようと、五島の各地方からキリシタンが一人残らずやって来て、バプティスタに挨拶した。そしてバプティスタは降誕祭のミサを三度行い、キリシタンらは多大な信心と崇敬の念をもってこれに参列し、終夜、教会で過ごした。最初のミサの後、ロレンソがキリストの降誕について説教し、最後のミサが終わると全員で食事を共にした。彼らキリシタンは満足のうちに各村へ帰って行った、と記録されている。

その後、アルメイダは奥浦から大値賀に戻ったが、キリシタンや洗礼を希望する異教徒から深い愛情を持って迎えられた。また領主純定は、アルメイダのため、かつて彼の祖父が住んでいたほぼ町の中心地に教会を建てさせた。そして、会堂の正面内の一角に四プラザ余のはなはだ精巧、かつ美麗な十字架を建てた後、当地のもっとも名誉ある一二三人に洗礼を授けた。

さらに、領主純定の七五歳になる母もキリシタンとなったが、当地の仏教徒たちはその生存中、来世での救いのため全財産を費やして宝物、および護符を買う習慣があった。そこで、この老夫人は洗礼を受けたのち、アルメイダを訪問し、その宝を納めた箱をアルメイダの前に置き、その内に納めた物を取り出した。彼女が最初に引き出したのは、一面シナの文字が書いてある白衣であった。そこに書かれているのは法華経と称する書から引用したもので、仏教徒はこの着物（経帷子《きょうかたびら》）を着て死に、これを着たままで葬られる者は、必ず一切の罪を赦されると信じていた。このほか、一面文字が書かれた二つの衣服を取り出したが、その一つにはその神とその生涯を記した伝記者の絵が、古い黒衣の方は高名な僧侶のものを、多額の金銭をもって買い求めたものであった。また一面文字をあしらった二枚の手ぬぐいと、死んだときに首にかけるための二枚に折りたたんだ護符を取り出した。最後に、彼女は平生祈りに使っていた数珠を差し出した。アルメイダは、老女があの世で地獄に落ちないために高額の金を払っていたことに驚いたが、老女は「自分がキリシタンになるためにお与えできる財産はこれだけしかありません」と言って、その一切をアルメイダに授けた。これに対して、アルメイダは十字架を付したロザリヨを与えたが、老女はこれをたいそう喜んだ。

大値賀の町に二五日間滞在した後、再び奥浦のキリシタンのもとに赴いたが、この地において、身体を刺すようなひどい痛みにおそわれ、熱くした重湯以外のものを食べるとたちまち吐いてしまい、骨ばかりの身体になった。この間、絶えずキリシタンたちから見舞いを受けた。

だがしかし、五島領主のバテレンへの接近は、これまで友好関係にあった平戸松浦との関係悪化を意味した。アルメイダの痛みが徐々に和らぎ、いくらか元気を取り戻したころ、五島領主純定の一家臣が謀叛を起こした。謀叛を知った純定はすぐさま謀叛人の領地を襲ったが、謀叛人は平戸へ逃れ、彼の義兄弟である平戸の松浦鎮信に救いを求めた（一五六八年、松浦隆信は鎮信に家督を相続させた）。そこで鎮信は、ただちに二〇〇隻からなる大艦隊を五島へ向かわせた。このとき奥浦にあったアルメイダは、奥浦の集落から半里の広野にある山頂に避難した。その山はきわめて険しく、かつ急勾配であったため、骨と皮ばかりとなったアルメイダは、後ろから背中を二人の手で支えられながら、半死半生の状態で、一歩ごとに休みながら山頂に到着した。ここには薬もなければ、健康を回復させるようなものは何もなく、ただ米と、わずかばかりの塩魚と、少量の乾かした大根の葉が数枚あるだけで、それで何とか飢えをしのいだ。

籠手田安経を司令官とする平戸の艦隊は、最初、五島の海沿いの数カ所の集落を焼き払ったが、五島の城には、あえて向かわなかった。五島の城には多数の守備兵がおり、もし攻撃すれば平戸の兵にも少なからず犠牲者を出す恐れがあった。そのため艦隊は、五島のある島に二五日間留まったが、平戸の他の敵が平戸領内を侵略したため帰還するようにとの命令が届けられた。このため、平戸の艦隊は五島の島から去った。

一方、トルレスはアルメイダの病気のことを知ると、当地には回復するための薬がなかったので、アルメイダを呼び戻すための伝令を送った。こうしてアルメイダは、日本人修道士ロレンソ独りを五島に残し、口之津に戻ることになった。アルメイダが去ることを知った領主純定、そしてキリシタンたちはこれを嘆き悲しみ、アルメイダを行かせぬようにと大いに努めたが、アルメイダは自分の代わりに一司祭が来ることを約束し、そして彼らも納得した。

奥浦にも別れの挨拶を述べに行ったが、奥浦のすべてのキリシタンが米や酒、魚など道中の食糧をたずさえ、アルメイダを見送るために奥浦の港まで同行した。

こうして領主純定やキリシタンと別れて乗船したが、途中、絶えず暴風雨に襲われ、また海賊に対する恐怖も待ち構えていた。その後、およそ三〇里におよぶ有馬までの航海中、湾の中ほどで激しい風と大きな波に遭遇したが、船内では乗組員が船酔いにかかったために舵を操る人も、絶えず入り込んでくる水を掻き出す人もいなかった。そして船内に入ってくる大波で衣服がたいそう濡れたまま、大村領の最初の地に到着し、次いで福田の港に向かった。

一五六六年七月、シマン・デ・メンドンサ船長の定航船が福田港に入港した。そこでトルレスは、ポルトガル船員の告白を聴くために、五畿内から戻った後、府内に留まって朽網地方などで巡回伝道を行っていたヴィレラを呼んだ。そのため、ヴィレラは福田に派遣されていた。

福田に上陸したアルメイダは、福田のキリシタンから非常な慈愛をもって迎え入れられた後、福田の教会に赴いてヴィレラと涙の再会を果たし、そして彼から大いに慰められた。同所に四日間留まった後、福田から陸路約二五里の口之津までの歩みを進めた。こうしてようやく口之津に着き、トルレスのもとで二〇日ほど病気治療に専念した後、今度は天草島の志岐へ派遣されることになった。

アルメイダが五島を去った後、一五六七年の降誕祭の三、四日前にバプティスタが赴任して来た。そして一五六八年、純定の側室の子である宇久純堯はバプティスタによってキリシタンの洗礼を受け、ドン・ルイスの教名を授かった。アルメイダは「彼は領内一帯でたいそう信用があり、その良き才能のために諸人から愛されている。彼が父の家と財産を継ぐものと推測される。というのも、老国主（純定）の孫である嫡子（註・五島純玄《ごとうすみはる》）はレプラにかかっていると見られ、その父もまた同じ病で死んだからである」と記している。

ところで、アルメイダは「一五六六年一〇月二〇日付、志岐の島発信、イエズス会の修道士ら宛ての書簡」において、五島における布教の状況を報じているが、その最後に「尊師らがデウスをその業において、なおいっそう賛美すべき題材を得られんがため、私はこの冬に滞在した五島の国で目撃したある怪物について語らずにはおかれない」として、なんとも不可思議な話を書きとめている。

「五島の国には六里の広野があり、猟の獲物が数多くいるが、その中に犬に似た、手足の短い獣がいる。その皮は薄茶色で絹のように柔らかい。日本人はこの獣を最高の珍味と見なしており、皮は彼らの間ではなはだ高価なため、宴で食べるときには、いっそう豪華にして贅沢なものにするため皮ごとそれを焼いて煮込む。この獣は非常に老いた後は、海を求めて行く。海に入ると、徐々に鰹ほどの大きさの魚に変わる。人々はこれを捕えるが、元は陸の獣であったことを知っている。私は陸の動物が腐敗することなく、他の動物に変化するなど作り話だと思っていたが、人々は私に、半ば魚に変化して半ば陸の動物のままとなっているものを捕えることがあると断言したので、私はこれを見ようと欲した。折しも、偶然にその半獣半魚が一匹領主純定のもとにもたらされ、彼はこれを私に届けさせた。それを見た私は、それが陸の動物であることも、また、完全に魚へと変化しつつあることも否定し得ず、大いに当惑した。あまりにも自然を逸脱していたので私はかつて今日に至るまで書物に記されたことのない物を見られるよう、その動物の手足を切り、骨を抜き取り、これらを乾燥してイエズス会の尊師らのもとに送る。手はすでに鰭《ひれ》に変化しているが、まだ手の先には爪と毛がある。足は先端が半ば鰭になっていたが、関節と爪が付いた指を持ち、下方に向かうにつれて鰭が大きくなっている。ただし、これは全体的にはたいそう異なって見えた」

この怪物の正体については、山椒魚だとされている。ただ、山椒魚が「老いると海に入って魚に変わる」などという話は聞いたことがない。また、アルメイダは「この怪物は、かつて今日に至るまで書物に記されたことのない物だ」と記述しているが、サンショウウオはアジアやヨーロッパにも生息しており、アルメイダがこれを知らなかったとは考えられないが。

島原純茂の背信

アルメイダが五島から帰還し、口之津に滞在した二〇日間のあいだに「我らの主なるデウスのため、これを語らずにはおられない」として、次の出来事を記している。

口之津から七里離れたところに島原というはなはだ立派な町がある。その地の領主（島原純茂）は、先にアルメイダらと親交を結び、領内にデウスの教えを弘めることを許可した。そのため、この三年間で一三〇〇人がキリシタンになり、その地には、アルメイダによって建てられた一宇の教会があった。

アルメイダが口之津に滞在時に、トルレスは修道士のサンシェスを島原に遣わした。やがて一五日が過ぎてこの町で一つの祭りがあった。この日には土地の重立った者全員が参加し、諸人が城の模型やその他の作り物を持って参加するのが同地の義務とされていた。だが、キリシタンたちはその祭りはデウスの教えに背くものであるとして、過ぐる年も祭りに加わらなかった。このため異教徒の住民や仏僧、領主の母やその親戚は領主のもとへ行って、デウスの教えについて数多の悪口を並べたて、領内にキリシタンがはびこるようになって以来、一度として平和になったことがないなどと不満をぶちまけた。そして「その地の領主もまた悪魔の手先であったが故に、すぐさま、修道士を領外に追放して教会を取り上げ、今後は何びともキリシタンになってはならないし、キリシタンはデウスの教えを捨てた証しにコンタツを領主のもとに差し出すよう命じた」（アルメイダ書簡）。

一方、領主からの達しを受け取ったキリシタン一同は、デウスの教えを捨てるよりも、むしろ自らの生命を捧げ、コンタツ（註・ロザリオの祈りに用いる数珠状の信心用具）は差し出さないことを全員一致で決めた。また領主に対し、自分たちは領主の許可を得てキリシタンになったのであり、今、キリシタンだという理由によって我らを殺そうというなら、そうするがよいと伝えた。このため、領主は新たに使者を送ったり、土地の役人を介してコンタツを差し出すよう命じたが、キリシタンたちは「自分たちはすでに死ぬ覚悟ができている」という返答を繰り返すばかりであった。また、トルレスは彼らに宛て、慰めと励ましの書簡を送った。これに対して領主の母や仏僧、異教徒であるキリシタンの親戚らが一緒になって、彼らに棄教するよう説得した。それでも彼らの決心は揺るぐことはなかった。そのため、彼らの説得に当たった人びとは、あえてそれ以上は立ち入ることをやめた。これを知った領主は、いかなる方法によってもコンタツを差し出させることも、彼らを改宗させることもできず、とはいえ、多数のキリシタンを殺すこと、また彼らが島原から逃亡を図れば、自らがもっとも多くの損害を被ることになるために、彼らへの迫害を断念した。

その争いが続いた一五日間、キリシタンたちは日を追うごとに死を覚悟し、この恐怖から食事をとることも、衣服を脱ぐことも、また眠ることもできず、ただデウスに祈るときや、彼らを励ますトルレスからの書簡によって慰め、勇気づけられた。

この嵐が過ぎ去った後、重立ったキリシタン数人がトルレスを訪ね、トルレスからの件《くだん》の書簡により安らぎ、力づけられたことに感謝した。そして「自分たちにはイエス・キリストに仕えて生涯を全うする資格がないのでキリシタンと呼ばれるに値しない」と言って、トルレスの足元で子どものように泣きだした。トルレスは彼らを抱いて、彼らとともども生命が救われたことを喜び、彼らとともに泣き始めた。この光景を見たアルメイダは、「我らは皆、キリシタンの堅実なりしを見て大いなる喜びを感じた。主(デウス)が彼らに最後まで信仰を持続するよう恩寵を授け給わんことを。アーメン」と、涙ながらに祈った。

これまで島原純茂は、アルメイダと深い親交の契りを結び、独り娘に洗礼まで授けさせていた。しかしながら、アルメイダはそんな純茂に対して未練がましい言葉など一切語っていない(偏狭なフロイスなら、なにがしかの批判や愚痴のひとつも書き付けるところだが…)。

そこで勝手な推測だが、アルメイダは、布教を進める上で、背信や信仰のつまずきは付き物であることを理解していたと思われる。有名な「最後の晩餐」において、イエス・キリストは「あなた方のうちの一人が、わたしを裏切ろうとしている」(ヨハネ福音書)として、これまで深く愛し、信頼して財布まで託していたユダから裏切られ、十字架にかかって死ぬことがわかっていながら、ユダに対して「しようとしていることを今すぐするがよい」とすべてを許した。また、イエスから「鶏が鳴く前にあなたは三度わたしを否《いな》む」と言われたペテロにしても、五十歩百歩であった。

その純茂は、それからわずかして病死するが、その後を継いだ嫡男の島原純豊《すみとよ》もまた、父・純茂と同じくデウスの教えをきつく禁じた。

一五六七年一一月二二日付、ミゲル・ヴァスが口之津からしたためた書簡によれば、四旬節（二月）の時、浄土宗と称する宗派の僧侶が島原に来た。島原の領主は家臣一同とともに従来の宗旨を捨ててこれを奉じた。それとともに、キリシタンらにも慰撫と威嚇とをもってその宗派に入らせようとして、また迫害を加え、これに応じなければ領内にいるキリシタンをことごとく殺戮せんとする噂が立った。これを聞いた大村純忠は、キリシタンを苦しめ憤慨させないように要請したが、島原の殿は「己について求めることは何でも行うが、キリシタンのことに関しては己の意のままに行うので口出しすべきでない」と答えた。このことを知ったキリシタンたちは家財を残し、妻子のみを連れて島原を出て、ある者は海路で、ある者は陸路によってトルレスが滞在する口之津へ脱出した。これを知った領主は、家と財産を没収し、キリシタンの街に多数の番兵を置き、領外への逃亡を防いだ。それにもかかわらず、生命の危険を冒して逃れる者が後を絶たなかった。

既述したように、フロイス『日本史9』（第九章）を読めば、純茂は一五六四年に死去したように思われるが、『日本史9』（第一一章）には、アルメイダは五畿内の視察を終えて島原に到着し、ここでトルレスと合流したが、このとき島原純茂と思われる島原殿がトルレスを訪問したことが記されている。そこで、このアルメイダ書簡に「その地の領主」とあるのは、すなわち、島原純茂のことを指している。

ただし、ミゲル・ヴァス書簡にある島原殿とは純茂ではなく、嫡子の純豊であったと思われる。島原純茂の後継者たる純豊は、南蛮貿易への期待以上に、自領内からキリシタンとその教えを一掃することを第一とした。

第八章　天草島の布教

口之津に向かい合い、そこにある入海の反対側に、肥後の国が一つの岬のようになって突出している天草島があった。その地の上島には大矢野氏、上津浦氏、栖本氏が、また下島は志岐氏、天草氏の五人の領主に分割、領有されていた。この五人の領主は、時には敵となり、時には味方となって離合集散を繰り返し、互いを牽制しながら住み分けをはかってきた。

一五六〇年、栖本氏の領する棚底城《たなぞこ》（現・倉岳町）の奪還を狙って上津浦氏が兵を進めた。このとき栖本氏は天草氏と、上津浦氏は志岐氏と提携したが、肥前国の有馬晴純は、有馬から志岐麟泉《しきりんせん》のもとに養子に出した慶童丸（志岐諸経）を援助するため、有馬義貞と大村純忠を派遣した。出陣にあたり、大村純忠は平戸・松浦に鉄砲隊二〇人の応援を求めたが、松浦は（気前よく）鉄砲隊三〇人を遣わして合力した。

ちなみに、一五四三年、中国人王直のジャンク船が種子島に漂着し、このジャンク船に乗っていたポルトガル人によって日本にはじめて鉄砲二挺が伝わった。松浦氏がいち早く鉄砲を入手できたのは、中国人王直の存在があったと思われる。

この時、双方の軍勢は上津浦を経て栖本で対峙したが、栖本城に兵士の人影が見えた際、（松浦の鉄砲隊は）「あいつを狙え」と指示があった標的を各人の眼前で狙撃して見せた。これを見て、各地から参戦した各武将は舌を巻いた。このため（鉄砲が一番となり）弓は次点の武器に凋落してしまった。これ以後、各勢力は、鉄砲を集めるようになった（平戸松浦氏の家臣大曲藤内著『大曲記』）。また、これにより栖本城側の勢いは弱まって、栖本氏は上津浦氏に棚底城を割譲した。

このようにして、天草での戦において初めて鉄砲が使用されたが、参戦した軍勢は皆、鉄砲の威力に驚き、仰天した。そして、志岐麟泉は「鉄砲は貴重な武器だ」と知って、鉄砲を入手するためにはバテレンを抱き込む以外ないと判断したとされている。だが、そのことは栖本に着陣した有馬義貞、大村純忠も同様であった。その二年後に大村純忠が受洗し、有馬義貞がバテレンに好意を寄せ、南蛮貿易を期待した理由も、この栖本城合戦における鉄砲の威力を目の当たりにしたことがその動機となったと考えられる。その意味で、これまであまり一般的には知られてこなかった栖本城の戦いは、もっと注目されてよいと思われる。

志岐麟泉の受洗

志岐城主志岐麟泉は、有馬国主（義貞）の一兄弟を養子にしていたので同国主とは非常に親密な関係にあった。この養子は志岐諸経《もろつね》と呼ばれた。彼は有馬晴純の五男で、有馬義貞、大村純忠、千々石直員、松浦盛はその兄にあたる。そこで、大村や有馬と同様に、ポルトガルとの交易を期待した麟泉は、これまで何度か宣教師の派遣を要請していた。トルレスもまた、志岐の地が口之津から近かったことと、その殿は大村純忠の弟を養子としていたことから、志岐氏と家臣をキリシタンに出来ないか考えていた。

一五六六年六月末、トルレスは、五島での布教から帰ったばかりのアルメイダに修道士のベルショールを伴わせ、志岐（現・苓北町）へと派遣した。志岐に到着した後、アルメイダは志岐の領主と諸経に会って、両人から盛大な饗応を受けた。また、諸経を見たアルメイダは「この青年はすぐに身分が察せられるほど上品で、君主ドン・バルトロメウの兄弟でもある。それ故、私は彼をキリシタンにすべく、彼に対していっそうの好意を寄せている」とその感想を漏らしている。宴の終わりに、麟泉は城内にいた家臣全員を呼び寄せた。そしてアルメイダは、人びとでいっぱいになった大広間で説教を説いた。この日より以後、麟泉は絶えず熱心に聴聞し、家臣に向かってはデウスの教えが真実であると讃え、彼らにも聴聞するように勧めた。また、町の中でも最良の家をアルメイダの宿として与えた。アルメイダは殿の面前に出ることが出来ない人たちのため、毎日、個別に説教を行うことにしたが、新たに聴聞を望む者が後を絶たなかった。

ところで、アルメイダは新しい土地でデウスの教えを弘めるためには、下層の民衆から始めることは良い結果を生まないということを、豊後における宗門の発展から経験的に学んでいた。そこで、最初にまず、領主麟泉をキリシタンにできるかどうか確かめてみた。だが、麟泉は「予は洗礼は受けたいが、大村純忠殿が異国の教えを奉じたために家臣たちが謀叛を起こしたが、その二の舞となることを大いに恐れる。またそうなれば、伊留満様にとっても決して良い結果とはならないので、洗礼を授かるにしてもこれを秘してほしい。ただし、家臣たちがキリシタンになった後には、予は自らキリシタンであることを公にし、家臣全員が早急に改宗する手立てを講ずるつもりである」と述べた。

だがしかし、アルメイダはこの言葉を疑い、彼の正体を見極め、その本心を探った。その結果「すなわち、彼はもう六〇歳をすぎた老人で、裕福であり、自らは甚だ勇猛果敢な人物で、また彼は富むためとあらば、自分のやれるところでは強奪までした。偽ることを好み、陰謀や策略にはなはだ巧みで、真理にはほとんど耳を傾けず、熱心な悪魔（仏教）への奉仕者で、心から悪魔に献身しているように見受

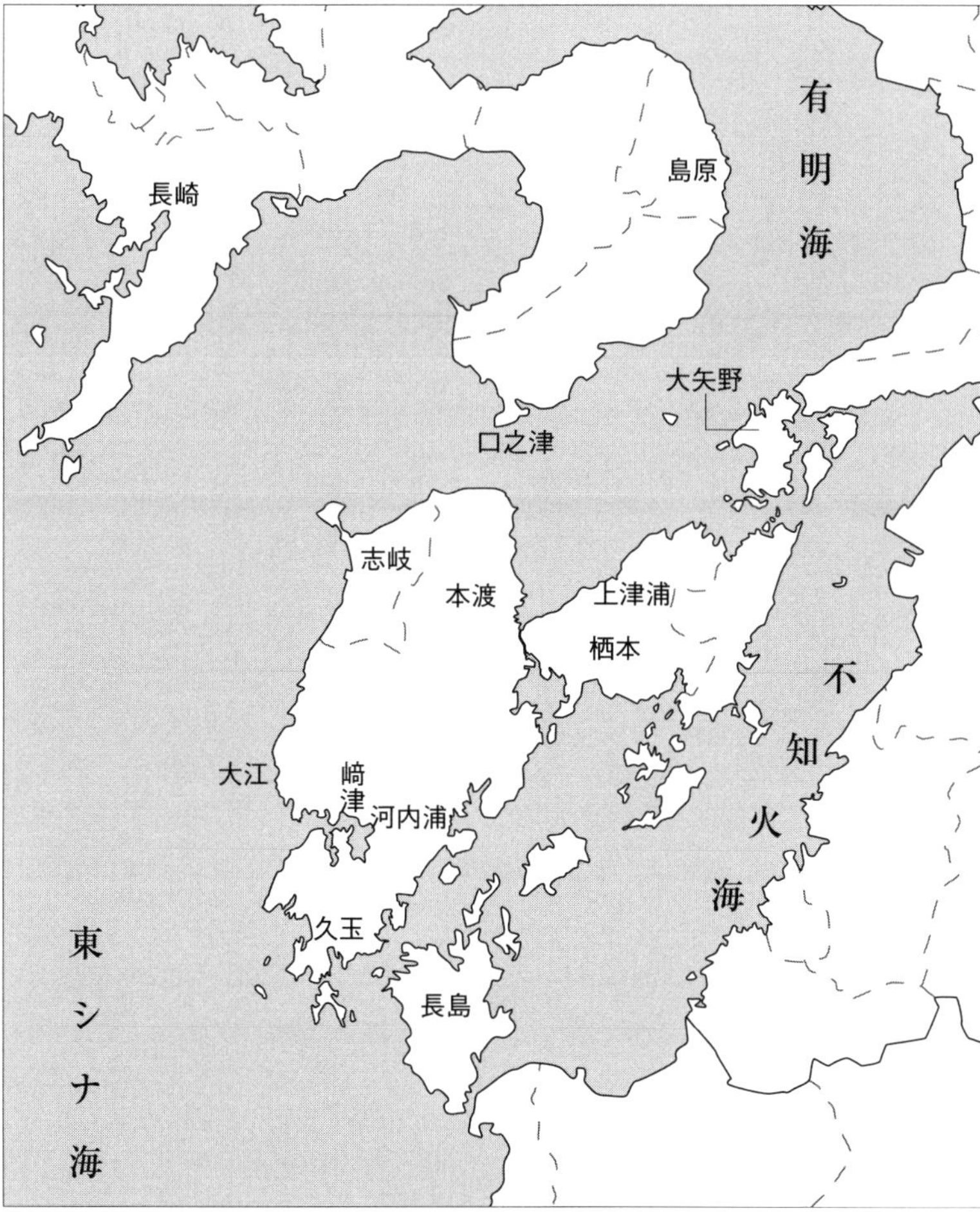
有明海
長崎
島原
大矢野
口之津
志岐
本渡
上津浦
栖本
不知火海
大江
崎津
河内浦
久玉
長島
東シナ海

天草とその周辺図

けられた」として、手厳しい評価を下した。

その折、たまたま一隻のポルトガル船が志岐領内のある港に来航した。そこで、麟泉は「自分がキリシタンになれば、それによって伴天連やポルトガル人たちに大いに恩義を着せることが出来、つねに志岐の港にポルトガル船がやって来て、莫大な利益が得られる」と期待した。事実、「志岐は日本における良港の一つ」(『ポルトガル人水路誌』)とあり、ポルトガル人もこれを認めている。そしてキリスト教を理解したかのように装って、切に洗礼を授けてくれるようアルメイダに懇願した。

アルメイダは、麟泉の動機がどこまで真実であるかを見極めるため、内密に、家臣たちに対して殿のことをどう思っているか訊ねてみた。すると、彼らは「殿の気持ちはキリシタンになりたいとの一念にほかならず、殿が受洗することによって、すでに改宗しているキリシタンたちは勇気づけられ、異教徒たちをキリシタンにするのも今より容易になるだろう」と答えた。彼らの答えはもっともと思われた。そこで麟泉にカテキズモの説教を続けつつ、洗礼の秘蹟を授けるのに十分と思われることを教えた後、麟泉に洗礼を授け、ドン・ジョアンという教名を与えた。

イエズス会修道士ら宛て「志岐の島発信、一五六六年一〇月二〇日付、アルメイダ書簡」の末尾に、アルメイダは「本書簡を認《したた》め終った後、我らの主キリストは、領主が多数の貴族とともにキリシタンになることを嘉《よみ》し給うた」と追伸している。そして「当国(志岐)帰依の始めについては詳細を述べない。何となればことごとく順調であるためである」と記している。

フェルナンデスの死去

麟泉に洗礼を授けた直後の九月、アルメイダは別の用件で福田に渡った。そのアルメイダの代わりとして、サンシェス修道士が志岐に駐在した。一五六七年一〇月一三日付、サンシェスの書簡によれば「アルメイダが福田に赴く必要が生じたため、これに代わるため、予は昨年九月、トルレスの命により志岐に来たったが、志岐に到着したその日、彼は土地の領主に洗礼を授け、またその出発前一〇人または一二人に洗礼を授けた」。そして「アルメイダによって着手された教会の工事はほとんど終わり、数日後落成した」とある。

そのサンシェスは志岐の地で「混声」聖歌隊を編成したが、その一年後、アルメイダは志岐を訪れた際、「少年と少女の各聖歌隊がかくも信心をこめてカント・リャノ（グレゴリオ聖歌）に調子を合せて挽課を歌うのを聴いて感激した」と述べている。

同じく、一五六六年一〇月二四日付、口之津からローマのイエズス会総長宛て書簡の中で、トルレスは「ベルショール・フェゲイレド師は豊後国主の国々に駐在している。ここに我らは日本の主なる修道院と修道士二名を擁する。同修道院には病院があって数多くの治療を実践してきたが、今も内科と外科の医療を行っている。ジョアン・バプティスタ師と私はキリシタン領主の兄の国（口之津）にいる」とあることから、島原にあったフェゲイレドは、同年九月末か一〇月初めに豊後に派遣されたと思われる。

また、同書簡で、トルレスは「都から追放されたガスパル・ヴィレラ師に都から来るように命じたが、同師は今、大村純忠の国に留まっており、ジョアン・カブラル師が彼に伴っている」。そして「本年、私はルイス・デ・アルメイダ修道士を二つの国に派遣し、彼は両国で多数のキリシタンを作った。私はその一方の国（五島）に一日本人（註・ロレンソ）を留め置いたが、同人は十六年間我がイエズス会に在籍する通訳で、はなはだ徳があり、デウスのことについて非常によく理解している。領主（志岐麟泉）がキリシタンになった他の土地（志岐）に、アイレス・サンシェス修道士を留めた。以上の国々は皆隔たっている」と報じている。また、ヴィレラと逢って京都における状況を聞いたトルレスは、フロイスを援助するために五島からロレンソを呼び寄せ、京都へと派遣した。

同年一二月末には、ヴィレラがトルレスに呼ばれて志岐に着任した。ヴィレラはサンシェスやベルショールとともに精力的に志岐での教化を進め、志岐の城下町をはじめ、二江（現・五和町）、袋ノ浦（現・富岡）、都呂々など付近の漁村や農村を巡回した。その結果、領主の兄弟（志岐経弘）、甥たち、およびその他の重臣や庶民も洗礼を受け、受洗者の数は六〇〇人ほどに達した。またヴィレラは、四旬節の中ごろに再び口之津に戻った。

ところで、先のサンシェス書簡に「この地のキリシタンの信仰熱心甚だしく、椰子油または少量の軟膏、その他類似の薬をもって我らの主は種々の病気を快癒し、大なる不思議を行い給うた。また多くの人は発熱すべき日に教会に来て、祭壇の前に跪座《きざ》すること一回または二回にして別に薬を用いることなく健康を回復した」とある。天草において、アルメイダが医療行為を行ったという記録は一切ないが、志岐の地において、サンシェスによって椰子油や軟膏を使って治療が行われたことは注目される。

福田から志岐へ戻ったアルメイダは、一二月、臼杵において教会と司祭館を建てるために大友宗麟のもとへ派遣された。一五六七年九月二七日付、ベルショール・デ・フェゲイレドが豊後よりしたためた書簡に次のようにある。

「過ぐる年の初め、コスメ・デ・トルレス師は豊後国主が幾年も前から示している意向を実現するため、ルイス・デ・アルメイダ修道士を当豊後国に派遣した。すなわち、その意向とは同国内の彼が居住している地（同所は臼杵と称する）にイエズス会の教会とし司祭館を建設することであった。かくして彼の望みは一宇の教会を建設することによって果たされたが、彼はそのために同地にある最良の土地の一つを無償で与え、己の工事のために有していた木材を分け与えた」

アルメイダによって手掛けられた臼杵の教会は、一五六七年の八月か九月ごろ完成した。また臼杵の教会と司祭館が完成したとき、宗麟は世子（義統）と他の一子（親家）、ならびに側近八人を伴って訪問し、その後、フェゲイレドら宣教師と食事を共にした。

一五六七年の初春、アルメイダは府内を離れ、口之津へ帰って病弱のトルレスを助け、多忙な日々を送った。その折、トルレスのもとに衝撃的悲報がもたらされた。同年六月二六日、聖ジョアンと聖パウロの祝日のこの日、平戸に残って布教に挺身していたフェルナンデスが、来日一八年目にして逝去した。

フェルナンデスの帰天については、ジャコメ・ゴンサルヴェスからトルレスに宛てた一五六七年七月三日付、平戸発信の書簡に詳細に述べられているが、彼の臨終に立ち会ったゴンサルヴェスは、フェルナンデスが息を引き取ったとき、籠手田の家族やキリシタン皆が大声で泣き、互いの声を聴くことができない程であったと述べている。ドゥアルテ・ダ・シルヴァに続くフェルナンデスの死は、トルレスにとって筆舌に尽くせない衝撃を与えた。そして以後、憔悴したトルレスの病はいっそう悪化した。また一五四八年、フェルナンデスとともにリスボンを出帆してゴアに向かい、豊後、平戸、横瀬浦等で苦楽をともにしたアルメイダにとっても、大きな悲しみをもって受け止められた。

ちなみに、フロイスは「メストレ・ザビエル師が山口より都に至り、さらに同所から平戸へ帰った次第、および彼がコスメ・デ・トルレス師を伴い、再度山口に赴いた次第」（『日本史3』第一章）に記載した文章は、フェルナンデス修道士の没後に見出されたいくつかの書類と、横瀬浦や平戸でのわたしとの談話の際に伝えてくれたものから採用した、と述べている。そして「彼は非常に鋭い知力と優れた賢慮の持ち主でありながら、幼児のような清らかな心と無邪気さを身につけていた」と記している。

アルメイダ、ヴィレラの長崎布教

一五六五年七月、五畿内から帰った直後、福田に出向いたアルメイダは、その間、福田在住のフェゲイレドと連絡をとりながら、福田港に代わる大村領内での良港をさがすことにした。その後ロレンソを伴って大村を訪れた際、アルメイダは初めて長崎に立ち寄っているが、当時の長崎は未開拓の土地で人口は数百人ほどしかいなかった。ただ港としては水深があり、将来貿易港として発展する条件を備えていた。

一五六七年初冬、アルメイダは、トルレスによって口之津からその長崎に派遣された。長崎は大村の重臣である長崎甚左衛門《じんざえもん》（ベルナルド）が領していた。甚左衛門は一五六三年六月初め、大村純忠とともに洗礼を受けた重臣二五人のうちの一人で、純忠の娘とらを娶っていた。さっそく、アルメイダは甚左衛門の舘の近くの寺に住んで、長崎の殿の家臣や一般住民に宣教を開始した。アルメイダが長崎を離れるとき、五〇〇人が信者となっていた。「長崎の町の知名人は皆、そして一般庶民の五〇〇人ばかりが、我らの聖なる信仰に改宗しました。彼らは実に正しい習慣と模範的な行いとで、自分のお召し出しに従いました。そしてこの町の近くの部落にも信者が大勢いて、彼らは長崎の教会に行くのです」（アルメイダ書簡）。

また一五六八年の初め、平戸に派遣されていたヴィレラは、アルメイダと交代して長崎赴任を命ぜられ、長崎に移り住んだ。この地でヴィレラは、アルメイダが住んだ寺院を住居としたが、一二月の終わりごろ、長崎甚左衛門はこの寺院を教会にするようヴィレラに授けた。ヴィレラはこの小さな寺を美しい教会に建て直した。教会は、ポルトガル語で「トードス・オス・サントス（諸聖人）」と称された（禁教後、この跡に春徳寺が建てられた）。ヴィレラは「これにより諸人の信心は深まり、主なる（デウス）が恩寵を授けて彼らを従前の暗黒から救い給うたことについて主を讃え、彼らはその感謝として当地にある偶像の館をすべて破壊した」と記している。そしてヴィレラは、約一年間長崎に滞在したが、彼の説教を聴いた一五〇〇人近くの人たちに洗礼を授けた。

こうして長崎のキリシタンの歴史は、アルメイダによって開拓され、ヴィレラによってその繁栄の礎が築かれた。

一方、志岐においても教勢はますます盛んとなり、一五六七年のキリスト降誕の八日間の第二日目、トルレスは豊後にあったミゲル・ヴァス修道士を志岐に派遣し、長期にわたってその地に住まわせた。また翌六八年の割礼の日（一月一四日）、ミゲル・ヴァスに少し遅れてトルレスも志岐へと渡った。大村において、トルレスの大村滞在を嫌う異教徒の家臣らが純忠に対して反逆し始めたため、純忠は領内が静まるまで、トルレスを志岐に移したほうがよいと考えたためであった。こうしてトルレスは、志岐から差し向けられた船に乗って上陸したが、領主麟泉や信者たちから熱狂的歓迎を受け、同地で四旬節や復活祭を盛大に営んだ。トルレスが去った後、口之津にはヴィレラが赴いた。

なおまた、一五六八年にミゲル・ヴァスが志岐より送った書簡の中にも、志岐において薬を用いた伝道の様子が記されている。

「諸人病に罹れるとき、予（ヴァス）は薬を与えて極力これを援助する。彼らは非常なる信仰をもってこれを用い、一定の時間をおいて熱がある者が来れば薬を与え、発熱の時刻まで終日ひざまずいて祈禱を行えば癒えざる者なし。ただしこれについては薬の効果よりも信仰の力が大きい。デウスが慈悲を垂れ、必要に応じて慈善の実を用い、不思議なる業をもってこの新たなる植物のため働き給うことは賞賛すべきことである」

一五六八年四月、アルメイダは口之津にあって、時々長崎に出掛けて布教を進めた。そして五月、再び志岐に渡った。

トルレス、大村に移る

六月二六日、エチオピアの総大司教から日本に派遣されたアレシャンドゥレ・ヴァラレッジオ（イタリア人）が乗船したシナからのジャンク船が福田の港に入港し、異常な大歓迎を受けた。その後ヴァラレッジオを乗せた船は、トルレスが居住する志岐の港に来航した。志岐のキリシタンたちは、彼らの到来を知るとさっそく駆けつけ、ヴァラレッジオを抱きかかえて陸に運んだが、そこには多くのキリシタンが参集しており、彼らは、ヴァラレッジオの手や足、衣服に接吻して道をふさぎ、パラレッジョらは前に進めなかった。そんな中を一時間近く歩き、トルレスがアルメイダとミゲル・ヴァス、さらに男児と女児の合唱隊を伴って来た。トルレスと逢ったヴァラレッジオは、トルレスの足に接吻しようと地に伏したところ、トルレスも同様に地にひざまずき、一五分近くこのような状態が続いた後、ヴァラレッジオはやっとトルレスの手に接吻した。また、アルメイダやその場にいた数人のキリシタンと抱擁を交わした。この歓迎が終わると一同は教会に向かい、男児と女児の合唱隊が種々の詩篇と喜びの賛美歌を歌いながら進んだ。全員が教会に着くと祈禱がなされたが、ヴァラレッジオは、かつてイタリアにいた時には見ることがなかったものを、このような遠く離れた地においてて目のあたりにするなど思いもよらず、これもデウスの御取りはからいだと感謝した。

その後、トルレスは五島にいるバプティスタを口之津に呼んで助任司祭とし、代わって五島にはヴァラレッジオを派遣した。そして、ヴァラレッジオにジャコメ・ゴンサルヴェスを同伴させ布教にあたらせたが、その後ゴンサルヴェスに代わって、養方パウロがヴァラレッジオの援助のために五島に赴いた。

七月初旬、トルレスはそのヴァラレッジオを含め、豊後のフィゲイレド、平戸のコスタ、口之津のヴィレラら司祭、アルメイダとミゲル・ヴァス両修道士計七人を招集し、第一次志岐宗教会議を開催した。会議は二週間にわたって続けられた。この中で、これまでの布教活動の総括と今後の方針について協議し、各宣教師の移動を決めた。

一五六八年一〇月二〇日付、アルメイダ書簡に「トルレス師が滞在した六カ月間で三〇〇人が改宗し、志岐麟泉の領内におよそ一〇〇〇名のキリシタンがおり、聖なる洗礼の水を受けている」とあり、この当時、天草島の志岐は日本布教の中心地となっていた。

ところで、一五六九年八月一五日付、氏名不詳の一ポルトガル人から「日本よりポルトガルのイエズス会の司祭および修道士宛の書簡」が残されているが、彼は「前年の一五六八年を当日本地方において、デウスの喜び給うこともなしえず無為に過ごしたので、当六九年は、神の御助けを得て尊師らに奉仕すべく尽力しようと決意した」として、一五六八年に志岐に赴いた。

そのポルトガル人某によれば、五月一〇日か一五日ごろに復活祭が終わると、大村純忠は多くの品々を持たせ、トルレスのもとに使者を遣わした。そして一子が誕生したことを伝え、その子をキリシタンにするためトルレスの来訪を切に願った。しかし麟泉は、今は降雨が激しいので動くべきではなく、雨が過ぎれば大村へ行くための許可を与えるなどとして、トルレスが志岐から去るのを恐れて色よい返事をしなかった。また麟泉は、大村からトルレスを迎えるための船が到着するや否や、船の櫂を取り上げさせた。トルレスは人を遣わして櫂を求めさせたが、純忠の家臣はトルレスを伴わず帰ってしまった。

その後も純忠からの書状は途切れることなく、トルレスもまた、純忠に逢うことを願ったが、その望みを実現できる一事が起きた。九月七日、アルメイダが腕にできた腫れ物のために死にかけているとの知らせが、口之津からトルレスのもとに届いた。そのため、ミゲル・ヴァスとポルトガル人某がアルメイダの容態をトルレスに知らせるため口之津に向かった。同時に、トルレスはアルメイダに逢いに行くため麟泉の許可を求めたが、麟泉は老齢のトルレスにとって、その労苦は益にはならないなどと言って許可しようとしなかった。そこでトルレスは、たとえ自分の命を失うとしても、アルメイダの命が救われるならば本望であると応じたため、やむを得ず、麟泉はこれを許可した。

聖母の祝日（九月八日）、トルレスは口之津に着いたが、アルメイダは快方に向かっていた。純忠はトルレスが口之津に到着したことを知ると、ただちにトルレスへ大村に来るようにとの書状をしたためた。それから一五日、ないし二〇日が経過した後、トルレスは口之津を発って福田に向かった。

一〇月五日、トルレスは福田から大村に赴き、その地に留まることになった。大村純忠から教会建設のための敷地が提供され、教会は一二月八日に落成した。そして、大村において最初のクリスマスが盛大に祝われ、二〇〇〇人の公衆の前で宗教劇が演じられた。

一五六八年一〇月二〇日付、日本より司教ドン・ベルショール・カルネイロに宛てたアルメイダ書簡において、都から平戸に至るまで、本年、生じた事柄を簡略に述べている。

「口之津は小さな町で、およそ一二〇〇名の住民はすべてキリシタンにして一人の異教徒もいないため同地は非常に平穏である。ここで諸々の祝祭が深い信心とともに行われ、特に聖週の木曜日、四〇〇名以上の男性と五〇〇名以上の女性が多大な熱意と涙と嘆息をもって、結節の付いた鞭で非常に激しく身体を打つのをこの目で見た」

「天草島の志岐にはおよそ千名のキリシタンがおり、トルレス師が滞在した六カ月間で、三〇〇名を改宗させた。河内浦の領主からも己の領地で福音を説くよう要請があり、私をその仲介者とした。トルレス師はこれに同意したが、我らは皆、数多くの用務を抱え、その地に行く者がいないので、これはそれほど急なことにはならぬように思われる」

ミゲル・ヴァス書簡にも「天草と称する他の領主も己の所領でデウスの教えを説きに来るよう求めたし、今も頻りに求めているが、いまだにその願いは持たされていない」とする記述がある。だが、トルレスは宣教師の不足もあって、その要望を先延ばしていた。そして志岐の布教から三年後の一五六九年、トルレスは天草殿の求めに応じて、アルメイダを天草に派遣してその意向を確かめさせることにした。

天草＝河内浦の布教

天草の五人の領主の中、もっとも主要な人物である天草鎮尚《あまくさしげひさ》は、覇権を競う志岐氏に先立つ六年前から宣教師の派遣を要請していた。

一五六九年二月二三日（灰の水曜日）、大村を発ったアルメイダは、大村からおよそ一五里の河内浦へと向かった。天草の諸領域は、長さが一四里、幅は所によっては五、六里または二里である。領内に三五の集落と四つの城（河内浦城・下田城・本渡城・久玉城）があり、天草殿の主な居宅は河内浦にあって、四人の息子と二人の兄弟がいた。だが、アルメイダが河内浦に着く早々、鎮尚の二人の弟である大和守《やまとのかみ》と刑部大輔《ぎょうぶだゆう》は、兄の鎮尚が自分たちの同意を得ないまま、日本古来の神仏を捨て、バテレンの教えを領内に持ち込むことに強く反発した。そのためアルメイダは、﨑津《さしのつ》（当時は「さきつ」ではなく「さしのつ」と称した）と称する港での滞在を余儀なくされたが、たとえいかなる労苦があるにせよ、天草の人びと

河内浦城山頂から撮った城下町（現・河浦町）

へデウスの教えを伝えるという大功を立てんと決心し、天草氏の本拠である河内浦に向かった。領主鎮尚は、さっそく、アルメイダを彼の邸（現・下田の崇円寺）のそばにある一寺院に泊らせた。

しかしながら、アルメイダが河内浦に到着して二〇日が経過しても、領主鎮尚からは何の伝達もなかった。そこでアルメイダは、鎮尚の真意を探るため、河内浦城を訪れ、領内に滞在するのを望まない素振りを見せたり、当地を去るための船を求めさせたりした（後述するポルトガル人某は「（アルメイダは）殿の町の一寺院に宿泊してから二〇日が経過したが、己にとって好都合なこと以外は何もせず、この間、修道士が必要としたのは、たびたび警報を鳴らすことと彼がはなはだ精通している多くの策略を用いることであった」と記している）。これを聞かされた鎮尚は深く悲しみ、自ら聴聞を怠り、また家臣らに聴聞を受けさせるための配慮が足りなかったことを詫びた。そしてアルメイダに、家臣が聴聞してキリシタンになりたいと望むならば、その許可を与えると約束した。

河内浦に来て早々、アルメイダは領内を支配しているの

河内浦城址（詰めの城、現・河浦町）

は重臣たちであり、鎮尚には実権がないことを理解したが、殿自らは、彼が領内に留まることを強く望んでいることを看取した。そこで、領内に留まるにあたって、五つの条件を出した。

第一、まず領内どこにおいても布教してよいとの許可をいただきたい。

第二、殿ご自身、家臣らの信奉すべき教えを知るため八日間、説教を聴聞すること。

第三、デウスの教えが立派だと思われたら、ご子息の一人の息子をキリシタンにすること。

第四、河内浦の領内に、教会を建てる用地を与えること。

第五、同地より志岐までの七里の海岸をキリシタンになることを許す御触れを出すこと。

領主鎮尚は、この条件をすべて受け入れた。そして自ら一〇日間、アルメイダの説教を聴聞し、人間が神によりいかに救われるかを理解し始め、また家臣たちもデウスの教えを受け入れるようになった。そして河内浦の城下に教会が建てられた。

アルメイダが出した第五の条件として、同地より志岐までの七里の海岸（﨑津・大江・高浜・都呂々）の布教の許可を求めているが、このことから、天草西目筋一帯はアルメイダによって布教が開拓されたと考えられる。以下、横道にそれるが、そのことに触れてみたい。

一九九八年、博多遺跡の発掘調査によってヴェロニカのメダイと十字架の土製の鋳型、イエスとマリアのメダイ（無鈕穴《むちゅうけつ》メダイ）が出土した。その博多遺跡とは、かつて石見銀山を鉛を媒剤とする銀の精錬技術（灰吹法）によって再開発し、石見銀山の経営に成功したことで知られた紙屋寿禎《かみやじゅてい》の孫で、博多の豪商神屋宗湛《そうたん》の屋敷跡地であった。徳川幕府の禁教令後の一六一七年（元和三）年、イエズス会より遅れて来日したスペイン系修道会派より「イエズス会は日本の信者を見捨てた」とか、「彼らは宣教の義務を疎かにした」などと批判を受けたイエズス会布教長マテウス・デ・コウロスは、全国七五五人の信徒代表の証言文書をスペイン宮廷のイエズス会ポルトガル管区代表に送った。いわゆる「コウロス証言文書集」である。そして、筑前においてこの証言文書に署名した一人に神屋彦右衛門とあることから、神屋一族もキリシタンであったと思われる。

ところが、博多で出土した遺物とほぼ同じサイズのヴェロニカのメダイ、およびマリアとキリストのメダイで、天草町大江の潜伏キリシタン子孫の家に伝来したという信仰具が、天草町の「天草ロザリオ館」に展示されている。このことに関し、大分県埋蔵文化財センター・後藤晃一氏によれば、「天草ロザリオ館」のヴェロニカとマリアとキリストのメダイは、博多出土のマリアとキリストと同じ朝鮮半島の鉛を使っていた可能性が高い。そして、現物は国内に四例しかないが、そのうちの二点が大江資料で、残り二点のうちの一点は、豊後府内で出た一五八六年以前のもので、もう一点は島原の信者が所有していたもので、すべてがアルメイダの布教地と関係している。そして、それらのことから、後藤氏は「天草西目筋から発見されたこのメダイは、アルメイダが布教のために使ったとまでは言えないが、アルメイダが触った可能性はある」と指摘されている（天草文化協会機関誌『潮騒　第三四号』）。

話は戻って、アルメイダが河内浦に来てから約一カ月後の復活祭（三月二二日）のこの日、河内浦における最初の洗礼式が行われた。まず初めに、同地一帯の代官であるリアンと彼の五〇〇人ほどの家人が受洗し、続いて、彼の義父・ジョウチンが約一二〇〇人の人と天草殿の家臣多数を伴って受洗した。アルメイダは地方の村にも説教に出かけて、四〇〇〇人以上に洗礼を授けた。それほどの成果を収め得たのは、第一に、代官リアンの多大な助力があったからであった。

ところで、アルメイダはこの地でも同様に、人びとはできうるならば数隻のポルトガル船を自分たちの港に来航させたく願っていることを知ったので、アルメイダはまず彼らの（希望する）門から入り込んで、その後、自分自身の（望む）門から出ようと考えた。そこで、インドから来る船を迎え入れることができる港があるか聞いたところ、﨑津の港へと案内された。そこは領主鎮尚が言ったように、商品や船舶や商人の安全をはかるため、一城を築き得るところであった。そこで、さっそくアルメイダは﨑津という寒村の港の山上に木製の大きい水槽を作らせ、そこに鉄でできた二門の小砲を配置させた。それは中国で製作された非常に微力な砲であったが、二基の水槽と二門の小砲、それに小さな矢来を囲んで一応城らしき体裁を整えたことで、河内浦の一同は大いに満足した（伝承によれば、その場所は「島原・天草の一揆」後、異国船見張り、密貿易取締まり、難破船救助等の役目をもって創設された遠見番所の山頂近辺だとされている）。

また、﨑津は背後に山が迫った港町に町並みが形成されているが、アルメイダが育ったリスボンがそうであり、アルメイダにとって、﨑津の町はどこか懐かしいものがあったと想像される。

ちなみに、中国明末期（一六世紀末）の『図書編』に、肥後州領一四郡の主要な港町が記されているが、天草の港の三つ〝阿麻國撤・昏陀・西撤昏鳥喇〟（天草・本渡・軍ヶ浦）が紹介されている。この阿麻國撤とは、天草氏の本拠であった河内浦を指している。河内浦は羊角湾の奥部に位置し、一町田川にのぞむ一町田港という広大な良港を持っていた。そして、古来より﨑津は河内浦（天草氏）の外港的役割を果たし、羊角湾を経由とする対朝鮮、対中国の交易の窓口として栄えていた。そのことを示す遺物として、かつての天草氏の居城であった河内浦城跡から磁州窯系《じしゅうようけい》鉄絵龍文瓶、ベトナム産鉄絵盤など希少な貿易陶磁が出土している。

六月八日、既述した氏名不詳のポルトガル人が、アルメイダに尽力しようと志岐から河内浦に着いた。そのポルトガル人某が河内浦に着く早々、アルメイダから二カ月足らずの間に約五〇〇人をキリシタンにしたと聞かされ、次のような話を書きとめている（以下、天草弁を交えてそのことを記す）。

ある日、天草殿の長子（久種）は、一〇歳の男児が道を歩いているのに出会い、名を訪ねたところ「クリストヴァンばな」と答えた。そこで、長子は「そん名は何か。親からつけてもろた、ちゃんとした名前があっとが」と問うと、「キリシタンになったでか、バテレン様に付けてもろた名前さな」と答えた。そこで、「そんキリシタンちゅうとは何かい」と聞くと、男児は「この天地のすべてを創造された主（デウス）という偉か人さな。そのデウス様ば信じて、デウス様が説かす戒めや教えを立派に行うこつが大事なことばな」と答えた。この返答に、長子は「そんデウス様ちゅうとは何かい。そん人ば何ちゅう呼ぶとか」と聞くと、「イエス・キリスト様さな」と答えた。この答えに、長子は「我が日の本にゃ大昔から天照大神という神様がおらすとぞ。そんほかには神様はおられん。お前たちの教えは間違うとる」と言うと、「キリスト様の教えこそ真の救いで、キリスト様が本当の神様ばな。これまで日本人が信じとった神様たちゃ、人間ばだまくらかす悪魔ばな」と答えた。これを聞いた長子は「お前は何ちゅうこつば言うとか。そがんバカんこつ言えば打ち殺すぞ」と腰の刀に手をかけ、「今ん言葉ば取り消せ」と脅したが、件《くだん》の男児は「あんたは若様じゃっで、俺《おる》がごたる子童《こどん》ば斬ったっちゃ誰も文句ば言うもんはおらんどけん斬ってくだっせ。ばってんが、俺ば斬っても、俺が霊魂《たましい》まではおっ取りゃできんばな」と答えた。

この男児のけなげな性根を知った天草殿の長子と、彼に同伴していた人びとは驚き、かつ「相手にならん」と笑いながらその場を去った。このことを知った河内浦のキリシタンたちは、この男児が死の脅威に対して何ら恐れを見せなかったことに驚き、「こがんこまんか子どんちゃ、キリスト様の教えば我がもんにしとる」と喜び、さっそく、この出来事をアルメイダのもとに来て誇らしげに語り合った。元来、アルメイダの風貌は日本人に似て、肌浅黒く頭髪・瞳孔も黒く、中背でやせ形だったとも言われているが、長い南蛮キセルを口にしながら、足を投げ出し、彼らの話に「ウン、ウン」と目を細めて聞き入っているアルメイダの姿が想像される。

こうして河内浦の子どもさえ理解したように、ザビエルをはじめとする宣教師は、これまで日本人が信じて来た神仏は真の神仏ではなく、悪魔の惑わしであると信じ込ませた。一方、それを信じたキリシタンにとって、キリスト教を南蛮渡来の新興宗教として受け止め、来世における救済を願い、また現世利益的観念から入信する者も多かったと思われる。

天草一族の内紛

天草領内における布教は著しく進展した。そのころ、アルメイダは「この国（天草）はすべての人が動かされ、信者になりたくない者はいませんでした」と述べている。しかしながら、このような自分たちの死活問題にかかわる事態を、仏僧らが静観する訳がなかった。河内浦の仏僧らは、領主鎮尚の弟である大和守と刑部大輔を味方につけ、アルメイダやキリストの教えについて幾多の悪口を並べ立てた。そして二人の弟らは、まず領内におけるキリシタン改宗の張本人だとして、代官のリアンを血祭りに挙げようとした。

一夜、鎮尚の二人の弟らは領内の重立った人びとともに、七〇〇人の武装兵を率いて某寺院に終結した。そして夜明けとともにリアンの家を襲撃し、彼と、彼の義父・ジョウチンもろとも殺そうと企てた。暴徒らは襲撃に先立ち、一人の僧侶を使者として河内浦城の天草殿に遣わし「ドン・リアンは我らの地において有害なるが故、彼を殺すために参集したが、これに同意していただきたい。さもなくば、殿自らが自害なさるがよい」と伝えさせた。鎮尚は「彼らに言うがよい。もしリアンを殺すのなら、予も同時に死ぬ覚悟である」と答えたが、使者の仏僧から、彼らが自分に従わないことを聞かされると、この件から手を引き、リアンを庇護しようとはしなかった。

次いで、使者の仏僧はリアンの家に赴き、彼に自害を勧めた。だが、このことを事前に鎮尚から知らされていたリアンは、すばやく襲撃への準備を備えた。また河内浦のキリシタンらも皆、リアンを守って討ち死に覚悟でリアンの家に集合した。婦人や男女の子どもたちも自分たちが持っている最良の着物を着て、キリストの信仰に殉じて死のうとリアンの家に立て籠もった。こうしてリアンは武装した六〇〇人の人びとを従え、防衛のために多数の軍需品を集めさせ、屋敷まわりに板で囲んだ棚を設けて、銃眼を構えて敵の襲来に備えていた。そしてリアンは、使者に対して言い放った。「彼らに言え。某《それがし》ここで待ち受けているから、いつでも攻めて来い」と。

これを聞かされた暴徒らは、大いに恐れをなしてリアン襲撃を中止した。そこで鎮尚のところに赴き、「領内の平和を望むのであれば、リアンを河内浦から追放するように」と申し入れた。鎮尚はこれを受け入れ、リアンに対し、領内が鎮まるあいだ退出するようにと伝えた。リアンはこの言葉に従い、妻子、親戚、および召使いら五〇人ほどの人びとを引き連れて、悪天候の折、自分の持つ大船に乗り込み、アルメイダが指示する口之津へと向かった。

この騒ぎに、一時アルメイダは﨑津に避難したが、リアンが領外に去ったことによって河内浦の地はいくらか平穏を取り戻した。しかしアルメイダには、敵がこれで満足したとは思えず、再び何事かを仕掛けてくるものと思われた。そこで、キリシタンの一人に一通の書状を持たせて豊後の大友宗麟のもとに遣わした。そして今、私は同地に滞在しているが、この地の殿に宛てた国主の書状を必要としていることを伝えさせた。宗麟は、さっそく、アルメイダから依頼された通りの書状をしたため、それとともに、非常に高価な三反の緞子を鎮尚に届けさせた。その書状の内容は、天草の殿に対して、その領内においてデウスの教えが宣布されることに同意するように—と、強く求めるものであった。

ちなみに一五五九年、大友義鎮《よししげ》（のち宗麟）は九州探題職に補され、また一五六三年には将軍義輝の相伴衆となるなど全盛を極め、天草五人衆もその支配下に置かれていた。そして天草鎮尚《しげひさ》、志岐鎮経《しげつね》、栖本鎮通《しげみち》、上津浦鎮貞《しげさだ》、大矢野鎮運《しげかず》といずれも大友義鎮の一字を拝領している。

宗麟からの書状を受け取った鎮尚は、この内容に大いに満足し、かつ喜び、彼の家臣一同に見せるよう命じ、一方、アルメイダにはこれまで通りに説教するようにと伝えた。そこでアルメイダは、再び公然と説教を開始し、二五日間にわたってある町（﨑津と思われる）で説教を行ったところ、五〇〇人が洗礼を受けたいと申し出た。ところが、これを知ったすべての仏僧が鎮尚のところに押しかけて、アルメイダを領外に追放するか、さもなくば、自分たちが一人残らず立ち去るであろうと脅迫した。鎮尚は、アルメイダに対して「先ずさしあたってかの仏僧らの怒りが静まるまで待つように」と述べ、仏僧たちに向かっては、「豊後の国主に従わざるを得ない」と言って弁解し、宗麟からの書状を彼らに見せ、「汝らのしたいようにするがよい」と言って立ち去らせた。

こうして、諸人が豊後国主の書状に従ったので、もはや事は起こらないだろうと思われたが、仏僧からの賄賂を懐にした三人の重臣が天草殿のもとに人を遣わして、領内にデウスの教えを入れさせぬよう強く求め、さもなくば、殿に戦いを挑むことになろうと脅迫した。そこで鎮尚は、彼らに対しては、あたかもその要求を受け入れるような返答をし、アルメイダには「予は己の生命を終えるか、それとも領国挙げてキリシタンになるかいずれかであると思っているから安心すべきである。すぐに大規模な改宗が行われないからと言って気にかけることはない」と伝えさせた。そのため、アルメイダはすでにキリシタンになることを決意していた人びとに対して、洗礼を授けることができなくなった。

天草の殿である鎮尚の態度は、二股膏薬とも言える何とも煮え切らないものだった。このため、この地での改宗は長引くと判断したアルメイダは、およそ五カ月間告白をしていなかったこともあり、これまでの経過をトルレスに報告するため河内浦を去ることにした。

一五六九年八月一五日付、先のポルトガル人某の書簡によれば、アルメイダが河内浦からの退去をほのめかしたので、天草殿は一〇日の猶予を請い、これが終わると、さらに一〇日の猶予を求め、この間にアルメイダの要求を実現するため、領内の武将や大身らと協議した。そしてアルメイダが再訪したとき、彼の長子と重立った者二人をキリシタンとし、かつまた、一六の集落をことごとくキリシタンのものとするため伊留満様に委ね、また希望する者は誰でもキリシタンになることを許す旨の自ら署名した保証書を与えた。以上のことがすべて認められ、協議が整うと、アルメイダはポルトガル人某を伴って鎮尚に会いに行ったが、大いに歓迎された。そして二人は殿の家で午餐をとった後、教会に戻った。鎮尚は、アルメイダに別れを告げるため教会までやって来た。

その後アルメイダは、自分の代わりに、未だ教会に迎えられてはいないが改宗者にドチリナを教え、連禱を唱える二人の修道士（誰かは不明だが、同宿だったと思われる）を教会に残し、崎津《さしのつ》に向かった。崎津の港に着いたアルメイダは、「その周囲にある数カ所の集落をキリシタンにするために殿が建てた教会に至った」（ポルトガル人某）と記録されているが、この記述から、崎津港近くの一角に教会が建てられていたことがわかる。ただし、教会といっても、民家を改造した粗末なものであったと思われるが。

そして八月一七日、アルメイダは崎津から大村に向けて発った。

ところが、アルメイダが領外に去ったことを知った鎮尚の二人の弟は、家臣を味方に引き入れ、兄である鎮尚に叛旗を翻した。二人の弟たちは久玉城を接収した後、激しい勢いで河内浦に突入し、たちまち一切を掌握してしまった。このため鎮尚は妻子、およびごく少数の家人とともに天草氏の第二の城であった本渡《ほんど》の城へと逃避した。アルメイダが残した二人の修道士（註・同宿）も口之津に追放された。

城主鎮尚の二人の弟の叛乱が勃発するや否や、鎮尚の大勢の家臣たちは暴動の原因がわからないまま河内浦城に参集した。そしてその原因がわかると、先に口之津に追放された代官リアンの義父・ジョウチンは、大勢の家臣を前にして長々しい説教を始め、その最後に「某《それがし》はこのキリシタンという神聖な教えに殉じて死ぬ覚悟である。殿の二人の弟は、この天草を思いのままに支配せんがために、この地でキリシタンの教えを絶滅させようとしている。某、すでにキリシタンなれば、デウス様を賛美して某の生命を犠牲として捧げもうそう」と、両手を合わせてひざまずき、首を差し出した。辺りにいた者は皆、唖然として言葉もなく、彼に手をかける者は一人もいなかった。

一方、河内浦を追われた天草鎮尚は、一時は飢え死に寸前まで追い込まれるほど困窮しながら五、六カ月間、本渡の城に引き籠っていたが、これまで仇敵の間柄であった麟泉に援軍を求め、援助を請うた。麟泉は、かつて両者が幾度となく交戦した島子（現・有明町）の一城を代償として提供することを条件に加勢に応じた。また、鎮尚は口之津に追放されていた代官のリアンを呼び戻した後、旧臣のほとんどを味方に引き入れることに成功し、某日、大勢の部下を率いて猛烈な勢いで自領に攻め入り、要地河内浦を奪還した。放逐された弟たちは、薩摩国主、出水の島津義虎《よしとら》、相良の相良義陽《よしひ》から援助を受け、三、四カ年、久玉の城（旧・牛深市）に籠城した。

そして、フロイスは『日本史9』（第二〇章）の中で「彼ら（天草殿の）弟たちの一人（刑部大輔）は肥後の国に逃れ、そこで別の戦（註・一五八一年一二月、御船城主甲斐宗運と相良義陽が対峙した八代・響ヶ原の合戦）で相良殿とともに殺された。もう一人の弟（大和守）は大矢野島に行き、その数年後（一五八七年）、この島を挙げて我らの聖なる信仰に帰依した時に、彼もまたキリシタンとなり、かつて異教徒として自分の兄に対して不正と暴虐を行った悪行と叛逆を心から後悔した」として、後々の出来事まで書き加えている。

また「天草殿は領国を獲得してしまうと、さっそく布教事業を続行してもらうため、とくに名指ししてルイス・デ・アルメイダ修道士を呼ばせた。その修道士の多大な努力と神聖な熱意によって、キリシタン宗団はいよいよ増大し、殿もデウスのことを聴聞し、それを喜び、心服した」と記している。このことから、記録にはないが、アルメイダはこの後も河内浦を訪れたことが想像される。

日田の宗麟を訪う

一五六九年一〇月二二日付、日田から、ニセヤの司教ベルショール・カルネイロに宛てたアルメイダ書簡の末尾に、

「殿（天草鎮尚）は私に書状を送り、豊後の王（宗麟）に請うてその敵に書簡を遣わし、イルマン・アルメイダを招くよう命じ、その領内にデウスの教えを弘めるよう勧告することを求めた。私は豊後国主にその事態となすべきことについて書状をしたためたところ、彼はさっそく、一人のはなはだ権威ある人物を派遣し、同人にデウスの教えに敵対する人びとへの書状を託したが、これは私が依頼したものより良く整った書状であった。また、同じく領主に宛てた非常に好意的な書状もあり、私を早急に招くことを請うものであった。私は豊後国主を訪問しに行く道中で、この書簡を携えた使者に出会った。国主は私を己れの兄弟であるかのように深い愛情をもって迎え、コスメ・デ・トルレス師が彼に求めていた多くの必要な事柄を許可した」

とある。この書簡（一〇月二二日付）によれば、河内浦においてデウスの教えを弘めるため、アルメイダがデウスの教えに敵対する人びとに宛てた豊後国主の書状と、その事態となすべき援助を求めたところ、宗麟からさっそく、敵対者へ宛てた書状が使者に託された。そしてアルメイダは、豊後国主への訪問の道中でその使者と出会ったという。

一五六九年一〇月三日付、ミゲル・ヴァス修道士が志岐からしたためた書簡にも「天草の領主の要請により河内浦に派遣されていたアルメイダは、同国の混乱がますます拡大していたので、トルレスは天草の領主の意見を徴したうえで、アルメイダを河内浦から退去させるのがよいと判断し、また豊後国において聴聞を希望する大身数人がいる数カ所に彼を派遣した」とある。

ところが、翌一五七〇年一〇月二五日付、平戸発信、イエズス会の司祭及び修道士宛ての書簡の書き出しで、アルメイダは「一一月の初め、ジョアン・バプティスタ師と私は冬を過ごしに豊後へ発ったが、私は豊後と山口の国主を訪問せねばならなかったので、互いに異なる経路によった」と記している。そうなると、平戸発信の日付が「一五七〇年一〇月二五日」とあるので、アルメイダは一五六九年一〇月初め、そして同年の一一月初めに二度も大友宗麟を訪問していたことになる（ここらの経緯はフロイス『日本史』を読んでもよくわからず、松田毅一の注釈にも「このあたりの記事は、より詳細ではあるが、アルメイダの行動ははなはだ不明瞭である」とある）。

しかしこの問題は、一五七〇年一〇月二五日付の書簡に「一一月の初めに口之津を発った」とあるのは「一〇月の初め」の誤りであるとすれば、すべて辻褄が合う（『キリシタン研究　第二四輯「ルイス・デ・アルメイダ年譜」』）。そしてこの二つの書簡は、一五六九年一〇月初めの大友宗麟訪問のことを別々に報じたものだと理解される。また、このあと述べるように、一五七〇年一〇月二五日付の書簡において、アルメイダは大内輝弘《てるひろ》を訪問したことを記しているが、アルメイダは一五六九年一〇月二二日付、日田からの書簡をしたためた後、日田から大内輝弘を訪問している。輝弘が杵築から周防へ渡ったのは一〇月末であり、アルメイダは一〇月二二日以降、一〇月末の間に輝弘に会っていたはずである。

一五六九年一〇月初め、アルメイダとバプティスタは口之津のキリシタンらと別れ、豊後に向かった。別れに際し、およそ六〇〇人が船まで二人を見送り、出発を悲しんだ。また何人かの少年が乗った小舟が約一里のあいだ同行し、彼らは盛んに詩篇や祈りを歌った。途中、高瀬の町でトルレスから特命を受けていたアルメイダは、豊後へ直行するバプティスタと別れて日田に向かった。

そのころ、中国、山口地方を席巻した毛利元就は、その勢いに乗じて本格的に九州進出に乗り出した。

元就は七万の軍勢を従え、自ら周防長府に在陣し、毛利軍を督励した。そして本営を小倉におき、その先鋒吉川元春の軍勢は博多の郊外、立花城に達していた。

これに対して、宗麟は旧山口国主大内義隆の血族の甥である大内輝弘を挙用し、彼こそ山口国主であると宣言して毛利軍と対峙した。そして大友勢八万を率いて本陣を日田においたが、こうして両者の間で一大決戦が展開されようとしていた。大友と毛利の決戦は、イエズス会の命運を左右する重大な戦いでもあった。

一五六七年一〇月一七日付、宗麟からマカオに滞在中のドン・ベルショール・カルネイロ宛ての書簡に「予《よ》（大友宗麟）が山口の国主（毛利元就）に対して勝利を望む理由は、かの地にパードレ等を帰任させ、始め彼らが受けたるよりも大きな庇護を与えんがためである。しかして予が希望を実現するために必要なのは、ポルトガル船の司令官によって毎年良質の硝石（火薬）二百斤を、他の領主にはいっさい渡さず、予にお与え下されば、これに対し百タイス（銀一貫目）を支払うこととする。この方法によって、山口の暴君は領地を失い、予がもとにある正統の領主（大内輝弘）がその国に入ることができるだろう」とあるが、これらの書簡はアルメイダが仲介したものと思われ、アルメイダは大友対毛利の決戦の二年前（一五六七年）から、宗麟のため南蛮からの火薬弾薬調達の仲介をなしていた。

さらに宗麟は、一五六八年にもインド副王から大砲一門が贈られたが、途中、船が難破して沈んだことを残念がり、もう一度送ってくれるように―との書簡を送っている。こうして「アルメイダは（火薬弾薬調達のため）舞台裏で暗躍する強力な黒幕でもあった」（東野利夫『南蛮医アルメイダ』）。

口之津を発して四日後、アルメイダは大友軍団の本陣日田に到着した。アルメイダの訪問を宗麟はたいそう喜び、歓待をもって迎え入れた。そこで、さっそく宗麟に対し、先にアルメイダと天草のキリシタンが仏教徒からひどい迫害を受けていたとき、宗麟がキリシタン宗団を庇護するよう天草の領主に書状をしたためてくれたことについて感謝を述べた。そして天草殿が私どもに非常な好意を示してくれたため、天草殿の二人の兄弟と家臣が叛旗してそのすべての領地を奪ったが、天草殿はその領地を奪回し、彼は今やその兄弟を一城に包囲し、彼らはほとんど餓死寸前であることを報告した。

次いでアルメイダは、毛利との戦さで大内輝弘が山口を攻略できれば、再び山口において教会を再興し、キリシタン宗団を大きくすることが出来るかもしれないというトルレスの指令を受け、毛利元就軍七万と戦っていた大内輝弘の陣地を訪問することにした。アルメイダから大内輝弘の訪問を聞かされた宗麟は、これを喜び、輝弘の陣地に向かうアルメイダのため一人のキリシタン武将と、矢と弓と槍で武装した三〇人の護衛の兵士を派遣してくれた。この道中に二日を費やしたが、道はことごとく非常に高い山の間を通っており、兵士らはたびたび、手と足を使わねば先に進めなかった。アルメイダは生まれて以来、これほど悪しき道は見たことがないと述懐している。このとき大内輝弘は、杵築から周防へ渡ろうとしていた。大内氏の滞在地に着くと、さっそく国主輝弘から多大な名誉とともに饗宴に招かれた。輝弘は、領地を奪回した暁には、山口領内に大きなキリシタン宗団を作ることを約束した。

大内輝弘と別れたアルメイダは、次に秋月に向けて出立した。杵築から秋月に至るまでの二日間の道中、輝弘もまた護衛を伴わせてくれた。筑前秋月（現・甘木地方）を治める秋月家第十六代当主秋月種《たね》実《ざね》は、大友対毛利との戦いにおいて、毛利方に呼応して一五五七年、別次鑑運（立花道雪）に攻められて自刃した父・文種への報復として、一五六一年、旧家臣たちを集めて大友氏に反抗した。しかし大友軍はこれを攻撃して降伏せしめ、種実は大友氏に服従を誓った。そして種実は、豊前の非常に高い山岳に山城を築き、その周辺に七、八つの城を構えていたが、その要害の一つが巌石城であった。

同地に到着後、秋月種実の信頼厚い一人のキリシタンを介して、さっそく種実にお目通りした。種実はアルメイダを饗応し、多大な栄誉を授けた。アルメイダは同地に一〇日間滞在し、二四人に洗礼を授けた。その後秋月から豊後に向かった。

秋月を発して五日目にして豊後に到着した。豊後の市にバプティスタとともに八日間滞在し、その後臼杵の教会を訪れた。ここに一〇日間留まり、同所のキリシタンに説教した。またキリシタンの教化のために日本人修道士一人を残して、バプティスタが居住する豊後の教会に戻った。

ところで、トルレスは、バプティスタに豊後のすべてのキリシタンを訪問するよう命じていたため、バプティスタは各地を訪問することになった。そこでアルメイダは、バプティスタの代わりに豊後の教会に留まった。その間、豊後でもっとも名誉ある一人のキリシタンが死亡した。そのため、アルメイダが聖務と埋葬を執り行った。当地の近くにいたバプティスタも葬儀に赴いた。アルメイダは、この葬儀を「これは異教徒らが驚嘆するほどいとも荘厳なものであった」として貴重な記録を残している。

「(死者の)遺体を納めて埋葬する棺《ひつぎ》は緞子の内張りが施してあり、担架に乗せて、慈悲の組の者四名がこれを担いだ。また、担架には金襴の緞子風の織物を掛け、担架の周囲に小縁を設け、これにことごとく色を付けて金銀を塗った欄干が設けられている。棺の覆いも同様に飾りを施し、担架には長さ三パルモの脚があるため、地面におくと人間の背丈ほどの高さになった。運搬人が疲れた時、それらの脚で棺を支えるためである。担架の上部には金の十字架を一つ建てた金銀製のカルヴァリオの山(註・キリストが十字架にかけられた小丘)の模型を据え、四隅にはそれぞれ銀の燭台一つを置いて、ことごとく金を塗った蝋燭を灯してあるが、これらが担架(内)の四隅に据えられている。棺の前には長さ一ブラッサ以上、幅は三パルモの白絹の旗十二旒《りゅう》があり、旗の一つには十字架が、ある旗には冠など、一つ一つに（キリストの）受難の苦しみが描かれていた。次いで、百名のキリシタンがそれぞれ火を灯した蝋燭を持って進み、その後に我らの教会から運ばれた金を塗った十字架と燭台が続いた。それから司祭が修道院の修道士らを伴って進み、その後方に男女、子供ら多数のキリシタンが彼らの後に続いた。この葬儀は異教徒がキリシタンになることを決意するほどのものであり、事実、彼らは後にそうなった」

このようにして、宣教師の記録にはキリスト教徒が亡くなれば、イエズス会宣教師の指導下で組織されたミゼリコルジアが中心となって、盛大な葬儀が営まれた事例が数多く報告されている。また、フロイスは「日本人は特に葬式を重視し、彼らが繊細な点までその規則を遵守する儀式の一つ」と述べているが、戦国末期当時、一般の病人や貧者の中には死んでも傍らに打ち捨てられる者もあったが、キリシタンたちは安心して後生を願うことが出来た。そしてそのためにキリシタンになる者も多かった。

一方、このころ、アルメイダのもとに豊後国主が毛利軍との戦に勝利したとの知らせが届いた。大内輝弘が宗麟から授けられた兵七〇〇〇で毛利軍の後方周防を衝いたため、虚を衝かれた毛利元就はあわてて退却した。このため、輝弘は山口に到ると同地が手薄であったため、多くの地域を占領しはじめた。この報が毛利の軍勢に届くと、毛利軍は密かに退却した。豊後国主の武将たちはこれを知ると、大軍団を擁して、およそ一カ月で一〇カ所の城を陥落させた。これにより、宗麟は豊前・筑前を奪還することに成功した。また、フェゲイレドによれば「年齢五〇歳になる輝弘はわが聖教のことをよく理解し、自らキリシタンになることを希望するにいたった」という。そのため、輝弘は大内縁故の寺院を焼いたとも言われている。

翌一五七〇年二月の初め、トルレスは、もしアルメイダの病が和らぎ、可能であるならば、戦争に勝利した豊後国主を訪問して祝辞を述べ、併せて自分の企図のため、宗麟から九通の書状をしたためてくれることを請うようにと命じた。冬の寒さが少し和らいだようだったので、アルメイダは二月一五日、豊後を発って宗麟が在陣する日田に向かったが、道中、雪と風に苦しめられた。多量の雪を伴う西風が吹き始め、雪は三日間絶えることなくアルメイダの顔を叩き続けた。風に激しくあおられた雪が、身体中の小さな隙間にいたるまで入り込んできた。こうして宗麟の居所に至るまでの三日間、アルメイダと同行者たちは、相当な苦難を余儀なくされた。

アルメイダが日田に到着すると、宗麟は「このような難儀な時期に来訪するとは心苦しい限りである」という伝言を寄こし、寒さをしのぐために豪華な掛け布を与えた。この掛け布は秋月種実から宗麟に贈られたものだったが、宗麟自身はまだ一度も着用したことがなかった。さらに就寝用の頭巾、アルメイダが見た中でも最大級だと思われる猪が届けられた。それとともに、酒二斗が贈られた。

翌日、アルメイダは宗麟のもとを訪れ、先にトルレスから依頼された書状の件を願い出た。その一通は薩摩の国主に宛てた書状で、自分の兄である主君に謀叛を起こした天草殿の弟たちに好意を寄せないよう求めるものであった。他の一通は、豊後国主の家臣の一大身に宛て、天草殿がキリシタンを庇護したために失った所領を取り戻すよう、天草殿を助けて兄弟らに対抗することを求めたもので、他の書状は、いずれも天草殿のすべての領内に宣教師を招いて領内にキリシタン宗団を作ることを願うものであった。また別の一通は島原殿宛ての書状で、司祭らを招いて島原領内に大なるキリシタン集団を作るよう請い、そうなれば豊後国主が大いに喜ぶであろうとするものであった。宗麟はただちに右筆を呼び寄せて書状をしたためさせ、これに署名した。

アルメイダが要件を片づけ、宗麟に別れの挨拶に行くと、宗麟はどこの街道を通っていくのかと尋ねた。そこでアルメイダは、秋月種実の秋月領に若干のキリシタンがいるので彼らを訪問し、その後で大村へ帰ることを告げた。そこで宗麟は秋月種実に宛て、アルメイダが当地を訪れたときはこれを大いに歓待するように。また秋月領内においてもキリスト教の教えを弘めるように要請する書状をしたため、アルメイダのもとに届けさせた。

秋月に着くと、すでに秋月種実の家臣である多数の貴人がアルメイダを待ち受けていた。彼らは豊後国主宗麟がアルメイダを遇していることから、宗麟はすでにキリシタンであると見なしていた。アルメイダはこの地に五日間滞在し、幾多の重臣、およびその家臣に説教をした。しかし彼らは皆、禅宗を奉じていて霊魂は肉体とともに滅びるとか、来世においては善に対する報い、悪に対する懲罰などはないと信じていたので、霊魂が不滅であることを認めようとはしなかった。種実自らも、自分が尊敬する高僧を恐れ、あえて説教を聴こうとはしなかった。アルメイダは彼らがあまりにも頑固なのを見て、この地では収穫が得られないのではないかと何度も心配したが、彼らのうち三〇人がキリシタンとなった。

ところで、一五七〇年一〇月二五日付、「アルメイダ書簡」には記されていないが、一五六九年一一月の末、山口の輝弘討伐のため、吉川元春が率いた毛利の大軍は周防長府を発し、輝弘の軍を壊滅させ、数日後、輝弘は家臣らとともに自刃した。

フロイスは、そのことを次のように記述している。

「(他方) かの十三カ国を手中に収めていた暴君 (毛利) は、狡猾であり、戦術にはなはだ長じていた。そこで (毛利) は (輝弘の軍勢) を難なく国内に (おびき) 入れさせた。だがそこで彼は、彼らに対して落とし穴と罠を仕掛けており、突如大軍をもって彼らに襲い掛かり、そこで輝弘ならびに彼に伴っていたほとんどすべての殿たち、および勇敢な兵士らを殺害した」(『日本史7』第三一章)。

海賊に襲われる

三月二〇日、高瀬の町で大村行きの船に乗るため、秋月の三〇人のキリシタンと別れて出発したが、この際、ヴィセンテ洞院がアルメイダに同行した。高瀬に着くために二日を費やしたが、聖週の月曜日に高瀬で乗船し、木曜日に大村で告白して聖体を授かるのに間に合う予定だった。しかし高瀬を出帆すると強い逆風が吹き付けた。このため、逆風が静まるまで高瀬から三里の入り江に避難した。

火曜日の夜になって強風がおさまったので、聖週の木曜日には大村に着けると喜んで出帆した。夜半に有馬の海岸に至り、岸に沿って船行していたところに、突然、陸の側にいた海賊の船一〇隻が現れた。そのうちの二隻がアルメイダの乗った舟に近づき、舟に何の防御もないことを確かめると、四人の海賊はまずアルメイダに襲いかかり、彼の上衣、短袴《たんこ》、胴衣、下着を剥ぎ取った。そして乗組員全員の持ち物すべてを奪い、船の櫂、帆、錨、その他まで奪ってしまった。一人の水夫がせめて一対の櫂を残してほしいと言っても、海賊はその水夫を何度も激しく殴りつけ、お前ら全員の首を斬るぞと脅し、全員を素っ裸にしたまま、陸地から四分の一里くらい離れた海上に小舟を置き去りにして遠ざかって行った。そのうち陸地から西風が激しく吹き始め、波が大きくなるにつれ、小舟はますます陸から遠ざけられた。

こうして、アルメイダ一行は寒さで死にそうになりながら夜明けを待った。翌日は空一面、厚い雲に覆われ、ひどい暴風と高波によってひと波ごとに水が船に流れ込み、アルメイダらが乗った小舟は今にも沈没しそうに思われた。そんな中、一人の水夫が船底に海賊が残していった三枚の腐った筵《むしろ》があるのを見つけ、これを分配するため抽選を行った。その結果、アルメイダと一人の水夫がその一枚を手に入れたが、我らの一日本人修道士（同宿のヴィセンテ洞院）は他の三人と抱き合い、筵で頭を被った。そして一人の水夫が、残った筵を帆にして陸地に着けないかどうか試してみた。船は有馬の港から遠ざかり、その距離は五里ほどの距離になっていた。だが、これが功を奏し、アルメイダ一行は何とか陸地にたどり着くことができた。浜には多数の漁師が待ち受けていて、寒さで凍え、半死の状態であったアルメイダらを自宅まで連れて行き、盛んに火を焚いて暖をとらせ、彼らの常食である夕食を振舞ってくれた。

そのころ、アルメイダが有明の海で海賊に略奪されたことを知らされた高瀬のキリシタンたちは、アルメイダを連れ戻すための馬とか、すべて絹製の大量の衣服とか、おびただしい食料や酒や金子などをたずさえて高瀬を出発した。アルメイダ一行を見つけた彼らは件《くだん》の漁師や水夫たちに相当な謝礼金を与え、アルメイダを高瀬へと連れ戻した。高瀬に戻る途中で、豊後国主の家臣である一人のキリシタンに会った。彼もまた、アルメイダたちが海賊に襲われた出来事を聞いて、一頭の馬と沢山の食糧、絹衣などをたずさえ彼らを探しにやって来ていた。高瀬に着いたアルメイダ一行は、あまりに多くの人びとが徒歩や馬に乗って同行したので、アルメイダは「まるで豊後国主自らが出向いたかのようであった」と述べている。

金曜日の朝、口之津の住民の多数が施し物と衣類を持って駆けつけて来た。その夜、口之津のキリシタンから復活祭を行うため同地に赴くようにとの要請があったため、同夜、高瀬から口之津行きの大船二隻に乗って一四里離れた口之津に出発した。ただ、湾の中央にいたって風がはなはだ強く、また波も高かったため、口之津に着いたのは夜半であったが、ただちに上陸して教会に赴き、上長としてこの地にあったフェゲイレドや住院の人たちから歓迎を受けた。

口之津において熱心な復活祭に列席した後、重要な案件についてトルレスと協議するため（キリスト降誕）八日間の第二日目に大村に向かった。大村に向かう途中、同地の三里手前で激しい雷雨に見舞われたが、雨に対する何の備えもなかったため、びしょ濡れになりながら大村に到着した。そしてトルレスから深い慈愛をもって迎えられた。

久留米の大友陣営に赴く

永禄年間、肥前国佐賀を本拠とする龍造寺隆信は北部九州を支配していた周防の大内義隆の滅亡後、肥前国内で自立して急速に勢力を伸長させ、頭角を現した。その隆信は、北部九州の制覇を狙う大友宗麟の支配を嫌い、九州への進出を企てた安芸の毛利氏と提携し、勢力を拡大させていた。しかしながら、宿願の豊前と筑前を掌中に収めた宗麟は、次の目標として肥前佐賀の龍造寺隆信を討伐し、さらに西九州を撃破して強敵島津に勝利し、九州制覇を達成する心積もりであった。

一五六九年、大村純忠のもとへ「筑前国立花城をめぐる合戦で毛利軍に勝利した大友宗麟は、毛利氏と和睦した。しかし宗麟はこの戦争中、龍造寺隆信をはじめとする肥前の領主たちが毛利方に味方したことに対し、復讐するべく軍を派遣し、九州制覇をもくろんでいる」という知らせが届いた。このため純忠は、龍造寺領に隣接する大村の地が侵攻される危機感を抱き、トルレスに長崎の教会に移るよう要請し、トルレスは長崎に移った。そしてトルレスの代わりとしてアルメイダが大村に留まった。

一五七〇年四月、大村純忠からトルレスのもとへ、大友軍の大村領への侵攻を中止してほしいとする懇願が届いた。このためトルレスは、有馬国が滅ぼされる際に我が四つの教会と約四〇〇〇人のキリシタンに危険が及ぶことを怖れた。そこでトルレスは、アルメイダに特命を授け、豊後国主と大友軍の大将である戸次道雪《べっきどうせつ》、臼杵鑑連《うすきあきはや》、吉弘鑑理《よしひろあきまさ》（高橋紹運の父）を訪問するよう指示した。

大村に残って一五日後、アルメイダは大友宗麟を訪問することになった。これを知った純忠は、アルメイダに対して、宗麟に臣従を誓うこと、戦争においても援軍を送りたい所存であるが、止むを得ぬ不便のため、いまだ実現しておらぬことを遺憾に思っている旨、重々伝言してもらいたいと懇願した。

四月一五日ごろ、アルメイダは大村を発ち、口之津にいたって身支度を整えた。そうして、佐賀を攻めるために久留米の高良山に在陣していた宗麟に逢うために口之津を発った。口之津から海上五里出たところで、一四隻の海賊が横行しているのを目撃し、アルメイダはじめ船中のキリシタン全員が恐怖におびえた。しかし幸い、快適な追い風を受けて中央突破をはかったところ、彼らの船は近づいてこなかった。あるいは、彼らは海賊ではなく漁師だったと思われた。船が高瀬に着くと、ただちに高瀬の町を発ち、同地から二日の道のりにある宗麟の滞在地に赴いた。そして宗麟に逢ってトルレスからの書状を手渡した。宗麟はトルレスへの返書をしたため、たとえ大村領を攻略することになっても、かの地方においてはいかなる艱難も生じないようトルレスを守るから安心するようにと伝えさせた。

アルメイダとの別れに際し、宗麟はトルレスのもとへ帰るのかと問うたところ、アルメイダはその前に同じ目的で、宗麟配下の三人の武将らを訪問するため、その陣営まで赴くことを伝えた。宗麟はたいそう満足の意を示し、別の場所に陣を構えている陣営には、各地の出身者やはなはだ悪しき者もおり、無作法な兵士が出ないようにと護衛を付けてくれた。その武将らの陣営はおよそ一里にわたって展開しており、全体がたいそう長く広い道で仕切られ、宿舎はすべて木で造られ藁で被られていた。アルメイダはキリシタンらの宿舎に泊まり、護衛を伴って、まず戦場で国主宗麟の代理を務める武将・戸次（立花）道雪のもとを訪問した。そして多くの人から歓迎を受け、道雪もまた、宗麟にも劣らない饗応をなした。そこでアルメイダは、先に大村純忠から託された伝言を述べたところ、道雪は大いに喜んだ。その後臼杵鑑連、吉弘鑑理の陣営を訪問した。

その翌日、別の地に出発しようとしたところ、雨が激しく降ったため中止した。その三日間、アルメイダは同地のキリシタンの親戚や友人である多くの兵士に説教を行った。また、この陣営のひとつの通りを歩いていたところ、ある宿舎の上に美しい十字架のついた旗が立っていた。アルメイダが「誰の旗か?」と聞くと、「秋月種実の家臣のものだ」と答えた。その人物は、秋月領においてアルメイダがキリシタンにした三〇人のうちの一人であったが、数多くの諸侯と十万の兵(アルメイダ書簡)を擁するこのような大きな陣営において十字架の旗を掲げていることに、感動を覚えずにはおられなかった。

翌早朝、大友軍勢は敵に近づくため二里前進した。アルメイダはその地域にいる若干のキリシタンを訪問するため戻ることにした。彼らの多くは、アルメイダが同地を通る際に洗礼を授けた人たちであった。その夜半、大友軍の陣営から各部将の法螺貝がいっせいに鳴り始めた。兵士たちに食事をとらせ、夜明けの一時間前に出陣の準備を整えさせるための合図だった。兵士が食事を終えると法螺貝が再び鳴り、それぞれの武将は馬に乗って、またいずれも十分に武装したその軍勢の兵士は、整然として武将に従って出発を始めた。野営地は一里四方の広さがあり、約三〇の地域に別れていた。戦闘が開始されると、兵士らは自らの宿舎に火を放った。火はまたたく間に野営地全体に広がった。家屋の材質はすべて竹と木と藁であったからわずかな時間でも燃え落ちて炎となり、そこかしこから上がる叫び声と煙のため、地獄絵さながらの光景が展開された。その一方で、それぞれの武将は多数の働き手を抱えており、正午になると、朝に焼き払ったと同じような宿舎と家屋を整えた別の陣営を築いた。アルメイダが泊っていた宿舎も焼かれた。そのため、予定より早く出発したが、風が彼の目的地に向かって吹いていたため、一里余りの道を煙に巻かれながら進んだ。その日、武将らは火を放ちながら前進したので、終日にわたって村落は燃え続けていた。

大友の陣営を発って、目的地の秋月領のキリシタンの集落に到着した。この地に約七日間留まってキリシタンらに説教し、何人かの異教徒がキリシタンとなった。その地でアルメイダは、大友宗麟とともに大友軍の武将たちの書状を一人の男に託して、トルレスのもとに遣わした。その書状には、有馬国で何事が起きたときには（その恐れは少ないが）、ただちに教会を保護して防御兵を派遣することや、アルメイダが遠路はるばる我らを訪問してくれたことに感謝する旨の挨拶を伝えるものだった。

アルメイダが同地に滞在していた折、そこから二日を要する地から聴聞を希望する若干の異教徒がいるので来てほしいとの要望が届けられた。アルメイダは博多の町を通ることを望んでいたので、この願いを聞き届けた。ところで、大友宗麟はイエズス会のため博多の市の中央の海側に一つの広大な地所を与えていたが、その周囲には八〇人のキリシタンがいて、毎年、八〇タエルを支払っており、これによって博多の中央にある教会を維持していた。この博多の市は、九年前の戦さのために破壊されたが、アルメイダが博多に着いたとき、町の跡は森林のごとく変貌して二〇戸ほどが居住しているだけだった。

それから二カ月後、アルメイダが再び訪れてみると三五〇〇戸になっていて、さらに四カ月もすれば住民は一万人に達するだろうと人びとは話していた。アルメイダは、教会建築のために与えられていた地所の周囲をすべて竹矢来で囲わせ、同所にいた住民に皆、こぞって家を建てるようにアドバイスし、博多のキリシタンの世話を一キリシタンに託した。その後先に要請のあったキリシタンの集落に赴き、八人に洗礼を授けた。

こうしてアルメイダが記すように、一五七〇年以後、博多の町は急速に復興し、大友宗麟の時代、博多の町はもっとも富裕な町だったとされ、また、博多商人の活躍する博多の町は「有力商人を中心として自治が行われていた」（フロイス）。しかし、アルメイダは「博多は日本でもっともキリスト教を受け入れず、布教しづらい土地であった。その理由は裕福で贅沢な町であったからである」と述べている。

なお、大友軍団六万は龍造寺隆信の本拠佐賀城の本陣まで約一〇キロと迫ったが、龍造寺の大将鍋島信生が捨て身の奇襲戦法を敢行し、大友勢は不覚の大敗を喫した。このことによって、龍造寺勢はかろうじて危機を脱することが出来た。

新布教長カブラルの来日

博多に近いこの集落から、平戸の島々のキリシタンを訪れるため平戸へ向けて出発した。平戸にはバルタザール・ダ・コスタが駐在していた。アルメイダはコスタのもとで二〇日間滞在し、数多くのキリシタンの集落を巡回し、絶えず説教を行った。

一五七〇年六月一八日、スペインの貴族に由来するポルトガルの旧家の出であるフランシスコ・カブラルとニエッキ・ソルド・オルガンティーノ（イタリア人）の両司祭が、エステヴァン・レイテのジャンクで志岐の港に来航した。同時期に、シナからの定航船でポルトガル人司祭バルタザール・ロペスが福田港に着いた。カブラルの来日は、これまで様々な苦労と困難に遭遇して病気を患い、また高齢でもあった日本布教長トルレスの職を引き継ぐためであった。カブラルの到着を知らされたトルレスは、「今、後継者を得て、何の心配もなくこの世を去っていける」と非常な慰悦を感じた。

ただ問題は、来日前、同時期にマカオに到着したカブラルとオルガンティーノの間で、マラッカ、マカオの巡察の権限を巡って対立・不和が生じていた。同時に、イエズス会入会のキャリアからすればオルガンティーノが上で、オルガンティーノはカブラルの剛毅な性格と、困難な課題を解決する気力、豊富な経験と優れた説得力を評価しつつ、「（彼は）自己過信、謙譲と自己認識の欠如、独善的で名誉欲が強く、自分を畏敬する者には盲目的愛情を示し、反する者をば嫌悪する」と指摘し、カブラルは日本の布教長としてまったく不適当な人物であるとして、イエズス会総長に対してカブラルの罷免を懇請した。こうして両者は、来日前から反目していた。

アルメイダは、平戸においてカブラルら一行が志岐に到着したことを知らされたが、平戸に滞在中、大友宗麟から、重要な事柄があるので訪れてほしいという書状が届いた。そこで、平戸を発って宗麟の城に向かった。その間、昼夜を問わず雨が降り続く中、途中の村々での休息もとらずに歩き続け、また非常な危険を冒して大きな河川を渡った。それというのも、途中の村々で疫病によって多数の人が死んでいたためであった。ある集落では夫婦と子ども、また従僕が病にかかって死んだが、感染への恐怖のため彼らを埋葬する者がなかった。そのため、アルメイダに同行した異教徒らは土地の人びととの接触を嫌って間道をたどった。こうして宗麟の居所に着くまでに三日を費やした。

宗麟と逢ったアルメイダは、病弱のトルレスと交代して新布教長としてカブラルが来日したことを伝えると、宗麟はトルレスに書状と品物を贈ることにすると述べた。そして宗麟から、近いうちに戦さが終わったら、ただちに教会を維持するための俸禄を与えるとの書状、およびカブラルへの挨拶と招待状をたずさえて志岐へと向かった。

同七月末、第三代日本布教長となったカブラルは、インド管区長が規定したいくつかのことを伝達するため、九州駐在の司祭たちを志岐に招集して、イエズス会第二回宗教会議を開いた。この会議に、長崎からガスパル・ヴィレラ、平戸からバルタザール・ダ・コスタ、五島からアレシャンドゥレ・ヴァラレッジオ、口之津からメルショール・フェゲイレド、豊後からはジョアン・バプティスタ・デ・モンテの諸司祭が来島したが、志岐にはすでに、オルガンティーノとバルタザール・ロペスがいた。この会議に、アルメイダとジャコメ・ゴンサルヴェスの両修道士も参加を許された。また大村から長崎に移り、トードス・オス・サントス教会で静養していたトルレスも志岐に赴いたが、彼の病気はほとんど回復の見込みがないまでに悪化し、そうして、トルレスとアルメイダらが相見える最後の場となった。

この志岐での会議において、カブラルはインド管区長からの指令として、日本においてイエズス会員が絹の衣類をまとっていることを禁ずることや、マカオと日本間の南蛮貿易に参加してはならないことなどを伝えた。カブラルは一五七一年、総会長に宛てた書簡の中で「アルメイダが入会して貿易を開始して以来、ザビエル以来の創始者たちの時代の福音的清貧が破壊され、修道会の戒規が弛緩してしまった。即ち、貿易収入に伴って衣服やベッドに絹を使用し、豊かな食事をとり、従僕を所有し、労働と祈りに対する情熱を失い、まるで日本ではパードレが清貧の修道士というより領主のように見えるようになった」と述べている。事実、アルメイダの入会に伴って、マカオ・日本間の貿易が開始されたことは、その後の日本イエズス会に大きな影響を及ぼした。イエズス会修道士が商業活動に従事することの是非や、貿易収入によってイエズス会の経済状態が豊かになって、会員の弛緩を招いたという批判の声は早くから上がっていた。

ただし、インド管区長はカブラルを日本に派遣するに当り、絹の使用を禁じてあらゆる無駄を省き、そして貿易は必要最小限度に制限するように、という厳命を与えたが、イエズス会の貿易そのものを禁じたものではなかった。貿易を禁じても、それに代わる収入源を求めることは出来なかったためである。また、絹の着物を着るについては、日本人は清潔に生活する風習があり、彼らを訪問するときも清潔に装って行かねばならず、特に仏僧はこの点に意を用いていた。このため、宣教師もこれに倣い、絹の衣服を着用するようになっていた。

そこで、この場において、やり玉に挙げられたアルメイダに発言の機会が与えられたかはわからないが、アルメイダ自身、このことについて一切弁明しなかった。また、このカブラルの方針に二名を除きすべての司祭は反対を主張した。しかしカブラルがこれを制し、黒木綿の服をしつらえさせ、絹衣を回収させた。以後、イエズス会宣教師は〝黒木綿〟の修道服を着用することが義務付けられた。だが、このとき都にいて会議に参加しなかったフロイス、そしてこの後都へ派遣されたオルガンティーノは、来日時の態度を変え「もし日本で黒い木綿服を着用すれば、日本人は外見を重んじる国民であるから、自分たちを軽蔑し、ひいてはキリスト教の権威にもかかわる」として、絹衣を着用し続けた。

この宗教会議において、貿易港も長崎に変更された。これまで、南蛮船の貿易港は福田港であったが、当地は、南方から襲来する台風に対して無防備な港の位置にあった。そうして外海に近く、数百トンのポルトガル船の入港には不向きであった。そのため、福田港に代わる貿易港として長崎の港が選ばれた。長崎港は日本人にとって古くから商港として知られていたが、トルレスの指示を受けたベルショール・フェゲイレド、そしてポルトガル船の航海士が付近の海岸を調査して長崎が天然の良港であることを認め、大村純忠と交渉して南蛮との貿易港として承諾を得た。その実現のために、トルレスは必要な方策をすべて講じた。そしてこの翌年から、ポルトガル船は長崎を主たる港として定めたが、この陰には、かつて貿易商人であったアルメイダの進言があり、またアルメイダ、およびヴィレラによって長崎の宣教が開始されたことも大きく影響したと考えられる。

一五七一年、開港後間もなく、長崎の岬の先端あたりに六つの町ができたが、アルメイダと親交の深かった博多の豪商末次興善は、長崎開港後同地に移り、私費を投じて興善町を開くなど初期長崎の町づくりに貢献し、南蛮貿易によって富をなした。今の長崎市の〝興善町《こうぜんまち》〟は彼の名に由来している（のちに興膳の次男・平蔵は長崎代官となる）。そしてこの後、長崎は他領から逃れて来たキリシタンや宣教師の避難場所ともなった。

またこの年、長崎において最初のミゼリコルジアができたが、長崎のミゼリコルジアの下地を作ったのはアルメイダであったと思われる。

志岐における宗教会議後、オルガンティーノは都地方で孤軍奮闘しているフロイスを援助するため京都へと派遣された。一方、布教長カブラルは各地を巡回することにしたので、アルメイダが案内人となって同行することになった。八月、カブラルはアルメイダを伴って志岐を発ち、樺島のキリシタンを訪問した。そこから福田に渡って同地のキリシタン宗団を訪ねた。次いで、長崎の教会に至って一五〇人以上人の人びとに洗礼を授けた。さらに同地からコスタ神父、来日したバルタザール・ロペス、そしてアルメイダを同伴して大村に赴き、大村純忠を訪問した。

この大村の地で、カブラルによって西郷純堯の妹である純忠の妻、嫡子喜前《よしあき》（一五六八年春に誕生）と二人の娘、および約一〇〇人の家臣が洗礼を授かった。受洗後、純忠とその妻は婚姻の秘蹟を受けた。その後盛大な祝宴が催され、輪舞、舞踊、奏楽、その他の出し物が続いた。また受洗した要人たちに祝賀の意を表するために、大勢の人が大村を訪れた。その上、福田港にいた司令官、およびポルトガル人たちは、船に旗をかかげ、祝砲を放った。さらに、深く仏門に帰依していた七〇歳になる純忠の母堂、ならびに長女も多数の侍女たちとともに洗礼を授かった。

カブラル一行は、島原半島西岸を巡回して口之津に向かい、有馬義貞を訪問し、次に島原を訪れたが、同地の領主島原純豊はキリシタンと良い関係にないため、この四年間、司祭も修道士も訪れていなかった。その後、口之津や島原のキリシタンに別れを告げ、大友宗麟のもとへ向かった。カブラルは、アルメイダとともに黒木綿の服とマントの姿で宗麟を訪問したが、その際、宗麟は「これまでの日本のイエズス会士は、商人のようであったが、今や修道会士だ」と称賛し、「国主宗麟は、キリシタン宗団への支援を約束した」と、カブラルは誇らしげに語っている。

府内に続いて、秋月領のキリシタンのもとを訪れ、秋月から博多の市に赴いたが、同地で一行は、トルレスの死去を知らされた。

さらに平戸のキリシタンを見舞うため、平戸に向けて出発した。アルメイダは「そして今、五島の領内に赴く途中であるが、同所においてカブラル師と私が来るのを待ち受けているが、その詳細をしたためる時間がないことと、またカブラル師が長く書くだろうからこの間のことは簡略にしたためる」と、一五七〇年一〇月一五日付、平戸からの長文の書簡の末尾に記している。

トルレスとヴィレラの死去

志岐における宗教会議後、カブラルは、病気のため長崎へ戻れる状態にはなかったトルレスの介抱のため、ヴィレラとミゲル・ヴァスに志岐に留まるよう命じた。トルレスは、早くから「自分はもはや降誕祭をイエズス会の兄弟たちと現世において祝うことはあるまい」と語っていた。そして病気はどんどん悪化した。自らの臨終が近づいたことを知って、トルレスはヴィレラに懺悔をなした翌日、教会に赴き聖体を拝受したが、その際、デウスに対して涙を流して楽しく話しかけ、その場にいた人びとは感涙にむせんだ。また死の直前、健康を損ねてゴアの学院へ帰ることになっていたヴィレラを招いて抱擁し、多くの慰めの言葉をかけ、二人の修道士（ミゲル・ヴァス、およびジャコメ・ゴンサルヴェス）に祝福を与え、喜んでその魂を創造主の手に委ねた。

一五七〇年一〇月二日、日本布教長の職をカブラルに託したことで、並々ならぬ慰めと安心のためか、ついにトルレスは死去した。満七〇歳であった。帰天する直前、トルレスはヴィレラを呼んで抱擁していたが、突如としてトルレスの顔に微笑と尋常でない喜悦の様子が浮かんだ。そして、ヴィレラは「彼の顔は死せずにあらず、生きているかのようにははなはだ秀麗であった」と記している。トルレスの死は、トルレスを知らず、また会ったことがなかったキリシタンまでが涙してその死去を惜しんだ。

一五四九年、ザビエル、フェルナンデスとともに来日して二一年間、トルレスは幾多の過酷な試練に遭遇し、また数知れない多くの人びとをキリストの教えへと導いた、その間、日本の習慣にあわせて肉食を絶ち、酒を禁じた。そしてザビエル同様に、日本人の資質を高く評価した。トルレスの死は、キリシタンのすべてに深い悲しみをもたらし、翌日、多くの村々より人びとが集まり、七、八里の地より参列する者もあった。志岐から一日行程離れた所にいたパードレ二人（フェゲイレドとヴァラレッジオ）も来て、ヴィレラが日本語で説教し、キリシタン一同は涙をもってこれに聴きいった。トルレスが埋葬されようとする時、キリシタンのある者はその足に接吻し、他の者は手または着衣に接吻し、ヴィレラらを困らせた。またトルレスが葬られた後、キリシタンらはトルレスがまとっていた小布、シャツ、コンタツ、その他の品を遺物としてバラバラに分け、そのすべてを持ち去った。ヴィレラとミゲル・ヴァスが制止しても、彼らはそれを止めようとしなかった。

こうして「日本のキリスト教史の第一段階は、トルレスの死とともにその幕を閉じた」（ヴァリニャーノ）。だがしかし、トルレスが葬られた場所が（志岐の）どこかについては、今もって不明である。

また、アルメイダは秋月から博多へと赴いていて、トルレスの臨終に立ち会えなかった。トルレスの死は、アルメイダにとって最大の悲しみをもって受け止められたと思われるが、トルレスの死去に関して、アルメイダ自身は何一つ語っていない。

一方、トルレスの死から三〇日が経過した後、ヴィレラは体力を回復するためと、日本の情勢を報告するためゴアの学院（コレジヨ）に帰された。同じく、五島に一年間滞在したヴァラレッジオはその地の粗末な食べ物によって胃を悪くした。そして「いくつか目立った症状があるほかに、しばしば血を吐いた。また時には黒い液を吐き、三回はこれとともに殻がついたアーモンドほどの大きさの碧玉色の堅い石を吐いた」（一五七一年二月四日付、ヴィレラ書簡）。このため、これを知ったイエズス会総長はヴァラレッジオをヨーロッパへ召還することにした。ヴァラレッジオは大村純忠に別れを告げたが、純忠は「不幸なる日本のキリシタン宗団よ。ガスパル・ヴィレラ師はインドへ行き、コスメ・デ・トルレス師は亡くなり、アレシャンドゥレ師はヨーロッパへ行く。おお、孤児なる日本よ、誰が汝を助けるのか」と言って、涙を流して別れを悲しんだ。

そのヴァラレッジオは日本からの帰途、インドより、ポルトガル司祭ら宛ての書簡において、一年間滞在した五島の布教の様子を詳しく報じているが、特にドン・ルイス（宇久純堯）は公子として、また五島のキリシタン宗団の保護者として、様々な徳行を成したこと。そして異教徒である領主の一兄弟（宇久盛重《もりしげ》）や仏僧、さらには父・純定も領内に動揺をもたらすためキリシタンを止めるよう求めたが、ドン・ルイスは「すべての所領を手放し、生国や生命までも棄てる覚悟であり、ただし、一度受け入れた信仰において死ぬであろう」と答えた。ヴァラレッジオは「キリシタンとなってわずか一年の公子が我が聖教のことにおいてかくも堅固であるのを見て、私はまったく驚嘆させられた」と報じている。

また、宇久家の家臣が一人残らずキリシタンになることを目指した純堯の熱情は、純堯の妻・マリアの父でもある叔父の宇久盛重を中心に激しい抵抗と反駁を招いたが、父の純定は「息子（純堯）が自ら示したようなはなはだ強き柱を倒すことは不可能であると悟った」と、ヴァラレッジオは記している。

後日談になるが、一五七六年にその純定が死去した後、純堯が五島第十九代目の領主に就任した。しかしその三年後の一五七九年、純堯は三五歳の若さで急死した。また純堯の死後、ハンセン病のために早世した世子の遺児で、純定の孫にあたる純玄《すみはる》が一五歳にして後を継いだ。純玄は大叔父の盛重や仏僧らの影響を受けキリシタンを嫌い、しかも弱年であったため実権は盛重が握り、純玄を盛んにけしかけてキリシタン弾圧に乗り出した。

一五七九年に来日したヴァリニャーノの『日本巡察記』中に、「平戸には領主（松浦）の親族である貴人数人が領するいくつかの小島に四〇〇〇名近くのキリスト教徒を作ったが、その数人の貴人のうち一人はドン・アントニオ（籠手田安経）と称したが、昨年（註・一五八一年）死去し、他の一人はその兄弟ドン・ジョアン（一部勘解由）である」。続けて「この五島は平戸に似たところで、キリスト教徒にとり、その領主は平戸に劣らぬ敵である。これらの島において、我らの聖なる信仰に改宗した人びとが受けた過去の迫害から残った信徒は、およそ四〇〇名であろう」とする記述がある。

そこで、宇久純定と純堯は、ヴァリニャーノが『日本巡察記』を記す以前に死去していることから、このキリスト教徒の敵である五島の領主とは、宇久純玄を指していると思われる（文禄の役出兵に当たり、宇久純玄は五島と改姓し、初代五島氏を名乗った）。

同じく、インドへ帰ったヴィレラは、日本におけるイエズス会の布教の状況をヨーロッパの司祭らに発信しているが、一五七一年一〇月六日付、「日本の諸事に関する書簡」において「まず、私が九年間住んだ都から話を進めよう」として、都・奈良・大阪・堺・豊後等の寺社のことを詳細に報じている。

面白いのは「清水寺の途中に、すでに朽ちた非常に古い橋があり、昔、ここで時の皇帝の兄弟で牛若殿と称する青年が誓いを立て、戦において援助を受けるため、悪魔と契約を交わした。その誓いとは、多くの人が訪れる件《くだん》の橋で悪魔のため千人を殺すことであり、昼夜、橋で待ち伏せ、彼独りで数カ月のうちに九百五十人を殺したが、それも一人のはなはだ勇ましく名だたる仏僧が通行人とともに現れるまでのことであった。仏僧は彼を負かしたが、その素性を知ったので殺さず、彼はそれ以後誓いを棄てた」と、五条の大橋における牛若丸と武蔵坊弁慶との一件の物語を書き留めている。

さらに、日本中でもっとも有名な高野山の創建者である弘法大師の生涯について調べ、「(弘法大師は)かなり年老いた頃、同僧院の地下に一つの部屋を作らせ、生きたままその中に入って外から部屋を塞がせた。(中略)かくして入口は閉ざされ地中に埋められたが、彼の魂は今、地獄で大きな苦しみを受けている。この者が同地にいるため、件《くだん》の高野と称する僧院は日本人から大いに信仰され、多くの寄進を受けているのである」などと記している。

そして、最後に「(これまでの書簡に記しているので)私がこの日本国に滞在した十七年間に我らの主が行い給うた多くの事柄につき尊師に報告する義務はないと考えた」としながら、日本国内や蝦夷《えぞ》、さらには高麗《こうらい》に至るまでの長文にわたる「諸事」をしたためている。しかしながら、ゴアに帰国したヴィレラは、この書簡をしたためた直後、重態に陥り、一五七二年逝去した。四七歳の若さであった。

ヴィレラが志岐を去った後、ミゲル・ヴァスが志岐の教会に駐留して、キリシタンの教化に努めた。またトルレスの死去後、志岐へ戻ったアルメイダは、当地に八日間滞在した後、再び平戸に赴いてイエズス会の司祭および修道士に宛て、過去一年間についての書簡をしたためた。

天草殿親子の受洗

天草鎮尚と久種親子の受洗については、一五七一年九月二二日付、口之津発信、カブラルからマラッカの某司祭に宛てた書簡で「私は目下、ルイス・デ・アルメイダと日本人ヴィセンテの両イルマンを伴って訪れた天草にいる」として、詳しく報じている。

天草の領主天草鎮尚は、カブラルのもとに再三にわたって使者を遣わし、同地に来て、デウスの教えを説いていただきたいと切に要望した。一五七一年の初め、カブラルは鎮尚の要請に応じて、アルメイダと同宿（通訳）のヴィセンテ洞院を伴って天草を訪れた。カブラルらが最初に到達したのは、天草殿の臣下である一人の領主（註・天草種元）が属する本渡の城であった。この城ははなはだ広大かつ堅固にして、城内および付近に一万人または一万二千人がいた（現在、「天草キリシタン館」が建っている城山一帯が本渡城主天草種元の城域であった）。カブラル一行は、まず居城近くの寺院で歓待を受けた。天草鎮尚はさっそく、数人の家臣を伴ってカブラルを訪問し、次に本渡の代官らが歓迎の挨拶を述べ、デウスの教えを説くようにと希望した。カブラルは数日間、仏像を取り出した寺院に宿泊して説教を続け、同地の重臣の何人かはただちに洗礼を授かりたいと願い出た。だが、このとき障害が生じた。天草鎮尚らの前に、宿敵・志岐麟泉が立ち塞がったためであった。

カブラルは「この領主（麟泉）はポルトガル人の船が己の港に来る利益のために偽ってキリシタンになった」と断じているが、カブラルが志岐の港に到着したとき、エステヴァン・レイテの乗組員と住民の間にトラブルが生じ、ポルトガル人三人が死傷した。このこともあって、南蛮船の志岐への入港は途絶えてしまった。また福田に代わる貿易港として長崎が決定したため、南蛮貿易の夢が潰えた麟泉はこのころ棄教して仏教徒に立ち返り、キリシタンを嫌悪するようになっていた。そして麟泉は、天草鎮尚が自領にキリストの教えを受け入れないように仏僧らに働きかけ、あらゆる手を尽くして天草氏のキリスト教入信を妨害した。天草氏に海外貿易を横取りされることへの猜疑心と、天草が富国となることを怖れたためであった。

この麟泉の策謀によって風向きが変わり、鎮尚の態度が一変してカブラルを失望させた。このため、カブラルは天草布教を断念して帰途につこうとしたが、アルメイダは彼をなだめ、天草殿の本拠である河内浦城へと赴いた。だが、ここでも麟泉が河内浦の数人の仏僧と結託して妨害を始めた。こうして何も行えないまま、河内浦に二、三カ月間滞在した。その間、同地での厳しい寒さや苦労に耐えつつ、実りを諦めかけていたその予期しないときに、天草鎮尚は大半の家臣を伴ってキリシタンとなった。これに続いて多数の村々がキリシタンとなり、河内浦で偉大な説教師として知られた一向宗の頭の僧侶までが改宗した（この間、何らかの形でアルメイダが根回ししたものと思われる）。そして、カブラル書簡には「さらに、一八歳になる殿の一子（註・久種）も洗礼を授かった。殿（天草鎮尚）はドン・ミゲル、一子はドン・ジョアンという教名を授かった」とある。

天草鎮尚の嫡子である久種はデウスの教えを聴き、大いにこれに関心を抱き、いかなる危険があってもこれに対抗する決心を固めて洗礼を受けた。そして、カブラルが豊後に向けて出発するのを聞き、出発前に告白を聴いてほしいと求めてきた。これに対し、カブラルは受洗してまだ一二日も経たないこと、また洗礼前の罪は受洗によって許されるからとこれを断ったが、久種は「伴天連様が当地を去った後、何事が起こるかわからないので告白を聴いてほしい」と訴えた。そのため、カブラルは同夜告白を聴いたが、その告白の様子と、デウスが彼に与えた光明、および恩寵につき誠に驚いたと述べている。そして「彼はこの地方の信仰の柱たるべき資質を有せり」と。

また、カブラルはドン・ジョアン久種の受洗に関して次のように記している。

「（彼は）善き資質を備えており、はなはだ有望な人であるが、キリシタンになるに先立って、仏僧の側と殿（鎮尚）の奥方の側から大いなる苦難を受けた。しかし、件《くだん》の青年はデウスの教えを聴いて切にそれを望んだので、いかなる危険にも身を挺する覚悟を決めて洗礼を授かった」。そして「天草殿の奥方で、彼を養子にしていた上様は彼がキリシタンになったことを知ると彼を呼び寄せ、彼女の意に逆ってキリシタンになったのは事実かと尋ねた。彼はその通りであると答えた。彼女はかつて彼に与えてきた諸々の恩恵を語り、彼女の意に逆らってキリシタンになったことにより彼がいかに恩知らずであるかを説き、この上は即座に家を去り、彼女の前に姿を現してはならぬと命じた。青年はそのようにするであろうと答え、また、デウスへの愛により国を追われ、このささやかな労苦を甘んじて受けるのは己にとって深い喜びであることを承知されたいと言った」。

この書簡の中で、カブラルは天草殿の一子・ドン・ジョアンは養子であったとしている。しかし久種の養子説はカブラル書簡にあるだけで、久種はどこから来て天草殿の養子になったかは不明である。

この後、カブラルとアルメイダらは豊後に向かったが、途中、説教聴聞を勧める鎮尚からの書状をたずさえ本渡に赴き、八日間滞在して説教した。その間、バテレンに味方する数人の仏僧とともに、本渡城の重臣二〇余人にキリシタンの洗礼を授けた。カブラルは「したがって、当地ではこれまでに二千人以上がキリシタンになった」と記し、この地に教会を造ることが協議された。また、この地の領主もキリシタンになることを強く希望したが、ある理由によって今年は延期して、今は祈禱を学んでいることを伝えてきた。ある理由とは、『大村記』に「本渡城主天草伊豆守は志岐林専《りんせん》の伯母婿なり」とあることから、志岐林専（諸経）の養父である志岐麟泉を刺激しないための配慮であったと考えられる。

次いで、本渡を発して豊後に向かったが、カブラルとアルメイダは博多の町に四日間滞在した。ここにはかつて一万軒の家が建っていたが、一二年前（一五五九年）に幾人かの大身が国主宗麟に叛旗して戦さが行われた際、すべてが破壊され焼き払われた。しかし現在、同地には三〇〇〇軒の家があり、また一キリシタンの自費によって教会が建設されつつあった。カブラルは、キリシタンたちから司祭の来訪を切に訴えられながら、博多を後にして豊後に向かった。

一五七一年九月二九日、この日より織田信長は三万の兵を分けて比叡山の周囲を囲み、武器を持って抵抗する仏僧ら一五〇人を、山麓の坂本の町から逃れてきた男女や子ども共々殺害した。さらに九月末日、多数の鉄砲隊を遣わして山や森の中に潜んでいた仏僧を狩り出させ、一人残らず殺させるとともに、比叡山の甚だ有名な大学の四〇〇余に上る寺院をすべて焼き払うように命じた。寺院はその日のうちに一つ残らず燃え崩れて灰と化した。次いで軍勢を堅田の町に向かわせた。堅田の町は、たちまち炎と血に濡れて滅んだ。人びとが言うところによれば、一五〇〇人近くの仏僧が死に、俗人も男女や子どもを合わせて同数が死んだという。フロイスは「このことが諸国をどれほどの驚嘆と恐怖に陥れたかは、到底語りつくせるものではない」と記しつつ、「デウスは随時、そのいとも聖なる教えを当地方に十分に弘めるため、かくも大なる障害が完全に消えるよう計らい給うたが故に、デウスの全能と至高の善を讃えるべきである」（一五七一年一〇月四日、フロイス書簡）として、これを喜んだ。

その直後の一〇月二一日、カブラルは五畿内巡回のため、山口出身のジョアン・デ・トルレスを通訳として同行させ、臼杵を出帆して都に向かった。そうして紀伊、堺、三ヶ、高槻を経て京都に着いたカブラルは、オルガンティーノ、フロイス、ロレンソを伴って足利義昭に拝謁したが、あいにく信長は岐阜に帰っていた。そのため、カブラルはフロイスとロレンソ、および同宿の高井コスメを伴って岐阜へと赴き、信長に謁見を求めた。信長はこの来訪を喜び、一行を丁重にもてなした。その後カブラルは、豊後へと帰着し、さらに豊後から口之津に至り、天草、大村を経て長崎に赴いた。

信長への挨拶のとき、笑い話のようなエピソードが残っている。カブラルは近視であったため、時には眼鏡をかけていた。眼鏡をかけた異国人をはじめて見た人びとは、バテレンには目が四つあり、二つは普通の位置に、他の二つはそれから少し外れたところにあって、鏡のように輝き、恐るべき見ものであると珍しがった。この噂はたちまち岐阜市中に広まり、近隣の地からも見物人が殺到し、その数は四〇〇〇人～五〇〇〇人を数えた。彼らの好奇心は大変なもので、われ先にその新奇なものを見ようとして、カブラルが宿泊していた家へと大挙して詰めかけた。そのため、家主はカブラルらが宿泊する二階に上る階段を取り外したが、彼らは、今度は家の柱をよじ登ろうとさえした。そうして人びとが必死になってカブラルを見ようと三、四時間待っていたところ、家の戸口から最初に出てきたのは、なんと馬に乗った盲人のロレンソであった。呆気にとられた人びとは、大声をあげて笑うほかなかった。

カブラルは一五七三年から翌年にかけ、引き続き、五畿内を訪問している。このときは都にいたフロイスとロレンソ、またジョアン・デ・トルレスを伴って数日間、高槻城に滞在した。そして城主である高山右近に、改めてキリシタンの教理の説教を聴かせることにした。というのも、幼少時に洗礼を受けた右近は、両親（飛騨守とその妻）がキリシタンの信仰を堅く守っていること以外、デウスの教えについて理解していなかった。ジュスト右近は、非常に活発で明晰な知性と、きわめて稀にみる天賦の才を有する若者であった。彼はデウスのことどもを好むことにおいても、またそれらを認識することにおいても、実に顕著な進歩を遂げたとして、カブラルは「彼（右近）はその大いなる徳操によって都地方の全キリシタンの柱になるだろう」ことを期待した。

その他、カブラルの第二回五畿内巡回において京都で信長を訪問したことや、これまで一〇年近くを同宿として使い走りの身分で過ごしてきた高井コスメに心霊修行を授け、イエズス会修道士として受け入れたこと以外、特筆すべき事項は記録されていない。

天草発・アルメイダ書簡

一五七一年から翌七二年にかけ、アルメイダはミゲル・ヴァスとともに天草、志岐の布教に努めた。

そのころ、天草の河内浦に駐在していたアルメイダは、インド管区長アントニオ・デ・クワドロス神父に宛てた書簡の中で「私が住んでいる天草は殿がキリシタンであるので、教義を学ぶ者、キリシタンの者など大きな成果を挙げている。クリスマスには洗礼を授けるために多くの人びとと共に七週間を過ごした。そこには一八の教会を持つであろう」と述べ、天草鎮尚の庇護の下に、天草の領内にレジデンシア付属の教会の増加を予想し、そのことを報じている。

アルメイダの通信書簡は計十三通現存し、そのうち十二通は他者の手によって筆写されたものだが、天草から発信した書簡は、唯一、彼自身の手書き（自筆）のものとされている。そしてアルメイダの性格を反映するように、丹精な美しいポルトガル語で書かれている。また、アルメイダが天草から発信した書簡はこれ一通だけとされ、原文の写しは上智大学に所蔵されている。ただ、その訳文はイエズス会宣教師の書簡をまとめた諸文献のどこにも掲載されていない。そこで長文になるが、未発表と思われる翻訳の全文（結城了悟訳）を次に掲げる。

イルマン・ルイス・アルメイダからアントニオ・デ・クワドロス神父宛

キリストにおいて敬愛する神父様　精霊の恵みが神父様の心に在すよう　アーメン

神父様がみんなからこの国についての情報を受けたいと望んでおられることを知っていますので、この手紙によって、簡単ながら便りをお伝えします。わが主キリストの無限の慈悲によってこの教会が発展しています。その発展にはフランシスコ・カブラル神父の影響が大きいと思います。

彼はいろいろの所を訪れ、みんなはその模範を見て主のぶどう畑で働くため励ましを受けています。私は、彼がここに長年いることを神に祈っています。それは彼が今、この国のことを理解しはじめ、どこから出入りすべきかが次第に分かって来つつあるからです。このことは六年間でも、彼が行ってきたようにすでに出来上がっているすべての信者の共同体を見回っても、その知識は得られません。それらの訪問は、彼に対して光とこの国で神に仕えここでその骨を埋めるという望みをお与えになりました。

インドから訪問が来るとき、目上が三年間や四年間ごとに代わるのは間違いだと思います。今、考えていることですが、たぶん将来には経験から別のことを教えるでしょう。

日本のすべての地方から、特に都から良い便りがあります。都からちょっと前に帰ったフランシスコ・カブラル神父は、そこで働き手があれば大きな収穫が結ばれるでしょうと言いました。平戸と五島からも同じ便りがありましたが、これまで信者を開拓した以上に、新しく信者になった者はいません。それはそれらの港にポルトガル船が入っていないからです。豊後では、キリスト信者からも未信者からもいつも実が結ばれていますが、それはゆっくりした形です。博多ではだんだん道が開き始めていますし、その住民たちは神の御教えを聴くことを熱望しています。だが、今のところ、誰がそこに赴くことが出来るかわかりません。たぶんフランシスコ・カブラル神父が訪問を終わっていますので、行くかも知れません。そこでは金持ちの信者がきれいな教会を造りましたので、信者はみんな神父が来ることを待っています。（カブラル）神父がそこに行くことが神のみ旨になりますように祈ります。今、彼には通訳を借りてでもそうできればと思います。

今、ドン・バルトロメウの有馬領内の教会が一番栄えているところです。殿たちがみんな受洗したので、今度は民衆に対する働きかけを行っています。そして、だんだん説教を聴くことが終わって、いよいよ受洗するところまで来ていますが、村が多く散らばっている上に、こんなに大きな仕事に手を貸す働き手がいないので、時間がかかるでしょう。口之津では今年、周りの村で宣教が始められ、沢山の未信者が改心しました。ここでも働き手が足りません。神父一人と、希望された時に説教する通訳の一人だけです。島原では今から神の御助けで実が結ばれると思います。そこの殿は、一隻のポルトガル船が入港したことをとても喜んでいます。バルタザール・ロペス神父はそこを訪れ、殿からもすべての信者からも歓迎され、前に私が住んでいた口之津に戻りました。

イルマン・ミゲル・ヴァスが住んでいる志岐での布教は、何時もある程度まで実が結ばれますが、それはゆっくりした流れでしかありません。その理由は、そこの殿が神の教えの敵だからです。

私が住んでいる天草では、殿が信者になったので、信者、未信者を問わず大きな収穫がありました。降誕祭から今日まで七百人以上が洗礼を受けました。ここには十八の教会があって、全部、半人前のイルマンによって育てられました。それは私の色々な病気のためですが、私がすでにその大きな荷物に耐えることが出来ないことをわが主キリストはご存じです。今は、手伝う人が誰もいません。四年前から我らの家に住み、通訳として手伝って、神の御教えをよく理解していると思われた一人の日本人がおりましたが、彼は熱心にフランシスコ・カブラル神父に帰るための許可を願いました。ところが、神父がその許可を与えた時、彼は天草の大部分を廻って千五百人の信者に暴動を起こさせました。そして、彼らが彼を支えることと、自分たちに説教することを決め、教会と関係しないといいました。私はその問題を解決するために仲介しました。そして、その領地の殿ドン・ミゲルの助けを得て、その人物をここから退去させるように促しました。しかし、八日間だけで彼の呪われた言葉によって可哀相な信者の間にいろいろの問題を残しました。今では私は、説教と勧めによって彼らが教会の愛に戻るように努めています。また、この敵が志岐へと行って、そこの殿と親しくなりました。その時、イルマン・ミゲル・ヴァスがいなかったので信者たちに悪い影響を与えるのではないかと心配しました。私は、ここから手紙によって彼らに知らせを送りました。彼らがしっかりするようにわが主キリストに祈ります。

日本人の通訳にはあまり期待していません。彼らは善の行いにおいて変り易いのです。従って神父様が日本で大きな収穫を結ばれることをお望みなら、それを結ぶ人を送ってください。沢山来なければすべてがゆっくり進むでしょう。

天草より　一五七二年一〇月五日

この書簡の翻訳者で、カトリック・イエズス会司祭でもある結城了悟は「ここには重要な事項は記されていない」と述べている。しかしこの書簡から、カブラルの日本布教に関わる重大な問題点が、すでにこの時点で萌芽していたことを示している。

カブラルの前任者トルレスは、ザビエルと同様に日本人を信頼した。そして、日本人の生活に溶け入ることこそ肝要だとして、日本人の衣食住の様式に己を適応させようとした。オルガンティーノもまた、「日本人は全世界でもっとも賢明な国民に属しており、彼らは喜んで理性に従うので、我ら一同よりはるかに優っている。我らの主たる神が何を人類に伝え給うたかを見たいと思う者は、日本へ来さえすればよい」とまで、日本人を高く評価した。これに対して、カブラルは日本人を嫌悪していた。

和辻哲郎は「カブラルはトルレスのような柔軟な心の持ち主でなく、偏狭で、主観的な判断を固持する人であった。彼は日本人教師がこのまま伸びて行けばやがてヨーロッパ人教師を見下すに至るであろうことを怖れ、その成長を阻止する態度に出たのである。その布教の態度もまた、トルレスの様に広く政治的な見通しを持ったものではなく、むしろ偏狭的に殉教をあおるというような猪突的なものであった」(『鎖国・下』)と記している。

松田毅一も「カブラルは日本人ほど傲慢、貪欲、不安定で偽善的な国民は見たことがないとして日本人を見下した」。そして「自分たちヨーロッパ人の会話が日本人に聴きとれないようにするために、また日本人が学問をして、日本人の中から司祭が出ないようにするために、日本人がラテン語やポルトガル語を学ぶことを許さなかった。彼は日本の風習を野蛮的と見なし、西洋式の生活に甘んじ、日本人が嫌う肉食を好んだ。九州の諸侯に対しては、キリシタンであるということを条件に、いわゆる『上から下へ』の布教方針をとって、彼らをして領民を強制的にキリシタンに改宗せしめようと考えた。そして、日本人が、低級で野蛮であることを自覚させようと努力した」(『南蛮のバテレン』)と評している。

アルメイダは、目上であるカブラルをかばってか「日本人の通訳にはあまり期待していません。彼らは善の行いにおいて変わりやすいのです」と、珍しく日本人を批判している。しかしながら、天草で通訳として四年前から奉仕していた某日本人は、カブラルに解職を願い出て、それが聞き容れられると、一週間で小さい分派をつくった。その影響は千五百人の信者に暴動を起こさせるまでに発展し、そのためアルメイダを悩ませたというが、その背景には、カブラルの日本人蔑視に対する不信感と反発があったと思われる。

一五六三年、イエズス会の修道士に採用されたカブラルの伴侶であったダミアンは、その後イエズス会のもとを離れて俗界に戻ったため、カブラルは苦労してようやく教会に引き戻した。同じく、カブラルの通訳で、のちにキリシタンとなった有馬義貞、および大友宗麟から深い信頼を寄せられたジョアン・デ・トルレス修道士もカブラルのもとを離れた。そのため、カブラルは「自分が説教師、また通訳として伴ったジョアン・デ・トルレスが、不従順であり、このことでは忍耐させ給えと祈るほかはなかった」として、彼を連れ戻すのに苦労しなければならなかった。

また、カブラルは「キリスト教徒になった領主たちは南蛮貿易によって利益が得られるという打算的目的からであり、本心からそうなったのではない。ただ彼らは封建君主として意のままに住民を信仰に入らせ、また棄教させることができる。よって、日本においては法権君主に優る宣教師はいない」として、キリスト教徒になったり、また洗礼を希望する領主の受け入れを便宜的な手段と見なした。そして宣教師たちは、下《しも》（豊後を除く西九州）、および豊後教区の諸領主のそのような意図を逆手に取り、貿易と宗教を一体とした布教方針をとりながら、キリスト教信者の拡大をはかってきた。その意味では、宣教師の布教方針と封建君主の利害は合致していた。ただし、領内において家臣や仏僧らの抵抗にあってキリシタンとなった領主が棄教したり、背信してキリシタンを弾圧すると、自然「下」の人びともキリスト教の教えから遠ざかって行った。そこに、当時の宣教師の限界があったと思われる。

一五七二年、長崎の港にポルトガル出身のガスパル・コエリョ司祭が到着した。ただちにコエリョは、カブラルによって下地方（西肥前・天草地方）の上長に任命された。その後コエリョは、一五七九年に来日した巡察師ヴァリニャーノによってカブラルの後任の日本布教長、また一五八一年に日本宣教区を準管区に昇格させるに伴い、初代日本準管区長となる。しかしながら、コエリョもまた、日本人を見下し、ヨーロッパ人としての優越感を強く宿していた。

志岐麟泉の棄教

ところで、天草氏がキリシタンを導入するきっかけも、一五六〇年、上津浦氏と栖本氏の戦争に参戦し、平戸・松浦隊の鉄砲の威力を目の当たりにしたことにあった。さらに一五六五年、天草氏が栖本氏との戦いのため上島の志柿（現・天草市）まで出陣して下天草地方一帯の防備が手薄になったすきを狙って、出水の島津義虎が天草氏領の長島（現・鹿児島県長島市）を併呑してしまった。このため、天草氏と島津義虎の関係は緊張をはらみ、対立が続いた。その上で、天草氏にとっても軍備拡大の必要に迫られていた。この後志岐、天草両氏は領内にキリスト教を導入しようと躍起となるが、その目的とするところは、第一に、鉄砲を手に入れるとともに南蛮貿易によって領国を富まし、体制の強化と維持・拡大をはかるという経済的・政治的利害に基づくものであった。そして天草氏は、天草領内のキリシタン化をはかることによってその封建的統率力を高めて行った。

だがしかし、鎮尚はひとたびキリシタンになってからは、現世利益を求めることなく、心の底からキリスト教に傾倒し、バテレンたちへの親愛を貫き通した。ただし、宣教師の記録の中に、南蛮貿易にかかわった領主として有馬氏や大村氏とともに天草氏の名も挙げられていることから、天草氏もアルメイダを介して、何らかの形で南蛮貿易の恩恵に与っていたと考えられる。

二〇二一（令和三）年、天草市の学芸員の発掘調査によって、かつての天草氏の城下の一角から南蛮貿易によってもたらされた代表的な遺物である華南三彩貼《かなんさんさいちょう》花文壺《かもんつぼ》（トラディスカント壺）の破片が発見された。この壺は一六〇〇年にフィリッピンで沈没したスペイン船や、一六〇六年にリスボンで沈没したポルトガル船からも見つかっている。また日本でも、キリスト教と関わりの深い大友宗麟の城下である豊後府内遺跡や、九州西岸各地で出土しているが、この約三センチのごく小さな破片は、世界とつながる天草氏の海上交易の広がりを示すものであると考えられる。

片や、貿易港が長崎に決まったことによって、ポルトガル船の入港を期待していた志岐麟泉は落胆し、以後、一転して領内のキリシタンを迫害するようになった。そしてそれ以前、鎮経を名乗っていた志岐麟泉は剃髪して兵部少輔入道麟泉《りんせん》と称し、阿弥陀寺を建立し始め、キリシタンに改宗した者たちにもその建築を援助するように命じた。特に二人の重臣に棄教を命じ、さもなくば殺すといって迫ったため二人は棄教した。しかしながら、この命令に背いた家臣のガスパル親子は、夜分、志岐を抜け出し、長崎に渡った。このことを知った麟泉は、他の連中も同様に自分の領地から逃散することを怖れ、その見せしめとして刺客を放ち、ガスパル親子を殺害させた。こうしてガスパル親子は、天草における最初の殉教者となった。長崎に亡命した志岐の羊群中、残留したキリシタンらは殉教という幸福な終焉に加われなかったことを悲しみつつ、涙を流して友であるガスパル親子の葬儀に参列した。

しかしその後も、志岐から長崎に逃亡するキリシタンは後を絶たなかった。このような事態に驚いた麟泉は、家臣や領民が志岐から逃亡するのを恐れてか、はたまた、その後も南蛮貿易への期待からか、家臣がキリシタンになったり、教会を建てたり、宣教師の世話になっても全然差支えがないという態度を示した。しかしながら、アルメイダが「私はこの青年を愛し、何とかキリシタンにしようと思った」という養子の諸経がキリシタンになることだけは許さなかった。

そしてフロイスによれば、その一〇数年後、麟泉は自分が所有していた財産を諸経に残し置くまいとして諸経と対立し、薩摩国主によって肥後の国に追放された。そうして「その地で捕虜のように保留され、まだ所有していた銀で一千クルザードを超える金を没収された。追放されて六、七年後、ついにこの不運で憐れむべき老人は、不遇と背教のうちにその悲しく不幸な生涯を終えた」(『日本史9』第一七章)。

大村、および天草における集団改宗

大村領と高来領の間にある伊佐早領主西郷純堯の父・純久《すみひさ》は、有馬晴純の弟であり、西郷氏の養子となって兄・晴純をよく補佐し、有馬に服従していた。また嫡男の西郷純堯は、彼の妹を大村純忠に嫁がせるなど、有馬家とは婚姻と近親関係で結ばれていたが、西郷純堯は義貞の姉婿でもあった（フロイスの『日本史』には、しばしば、伊佐早殿は有馬義貞の娘と結婚したとある）。だがしかし、熱心な仏教徒であった純堯は、大村純忠がキリシタン大名となり、大村領内にキリストの教えが弘まっていることが気に食わなかった。また長崎の開花発展を不快に思い、ことごとに純忠を呵責してやまなかった。そこで純堯は、キリストの教えを大村領から追放し、かつ純忠を殺害して大村の主権を奪おうと企てた。そこで、有馬義貞を呼び「幾つかの要件で相談したいことがあるからと純忠を小浜の温泉まで来させ、ついては、帰途の途中、伊佐早領を経由するように仕向け、彼を城内に招き入れて殺害し、大村領を占拠する」という策略を授けた。

この義貞に関し、フロイスは「義貞は純堯から一家臣同然に扱われた」として、純堯は義貞が自分に反抗できないことを知っていたとしている。だが、小浜の地で弟・純忠と会った義貞は、純堯の謀略を純忠に知らせるとともに「命を狙われているので棄教した方がよい」と忠告した。このため、伊佐早城の前までやって来た純忠は「予はこの道中、先頃から激しい痛みに襲われ、それゆえ伊佐早殿に挨拶できなくなった」と述べるや否や、馬の脇腹を蹴って一目散に大村領に逃げ帰った。こうして純堯の計略は水疱に帰した。

このことがあって後、右の悪事が露見することは必至と見た純堯は、武力によって事を決しようと、策略を練り、異教徒である純忠の重臣と親族、また領内で大いに勢力があった仏僧たちと結託し、また後藤貴明、平戸勢の援軍とも密に示し合わせ、大村領のせん滅を企てた。

一五七二年九月九日の一夜、西郷純堯、後藤貴明らは大村領を襲撃した。西郷勢は純忠の居城から一里足らずの地に陣営を構えた。純忠がこのことを知らされた時、すでに海と陸からの敵兵二〇〇〇人以上によって三城城は取り囲まれていた。そのため、家臣たちは純忠のもとを離れ、純忠と七人の家臣、そして純忠に仕える侍女四、五〇人が無防備な城内に留まった。そのうち純忠の危急を聞いて、三〇人の忠臣が馳せ参じ、彼らは大声でゼズス・マリアの名を称え、果敢に敵の陣営に打って出て、各々が敵将の首級を手にして引き揚げてきた。これには周りにいた者たちがびっくり仰天し、一時は離反した家臣五〇〇人が再び城内に戻って来た。その後純堯と松浦の兵が共同で開始した攻撃は、激しい暴風雨のため失敗に終わった。このため、純堯は夜分、激しい雨と雷、そして暗闇の中を逃亡した。こうして純忠は、西郷・松浦・後藤との戦いに奇跡的に勝利した。世にいう「三城七騎籠り」である。

長崎市の南西部に位置し、長崎港から二里離れた湾の入り口に、西郷純堯の弟である深堀純賢《ふかぼりすみかた》がいた。彼は兄の純堯に助勢し、かつ、キリシタンに対する憎悪から、長崎城からはほとんど攻撃を受けないと考えて家臣を集め、長崎の町を焦土と化す決意を固めた。

一五七三年に至って深堀は、キリシタンらが立て籠もる砦まで打ち寄せる満潮を利し、六〇艘の船で夜襲をしかけた。そして海上と陸上から襲撃して、長崎甚左衛門の城下まですべてを焼き、城の砦と麓の民家、さらにはトードス・オス・サントス教会まで焼き払った。

すでに長崎の街が敵の手に陥ようとする時、勇猛なキリシタンの何人かが砦のあちこちから出撃した。その先駆となったのが、志岐の出身で、国と故郷を捨てて、長崎に亡命していた小軀ではあるがはなはだ勇猛な老人と、その二人の息子、および女婿の四人であった。彼らは大いなる勢いと不撓不屈の勇猛心とでおびただしい敵の軍勢に襲いかかった。彼らは目前に迫った恐怖をもろともせず、最初は矢と小銃で、ついで槍でもって猛烈に攻撃した。こうして果敢に敵中を突破し、敵を切り倒して、敵を完全に打ち負かして逃亡させ、味方を勝利に導いた。そしてそれに引き替えに、敵の槍と銃弾で貫かれて死んだが、長崎のキリシタンらは、かの四人の勇者が、勇敢にも城壁を越えて敵に立ち向かった様に鼓舞され、そのあとに続いて立ち上がった。この戦況を遠方から観察していた深堀は、有力な武将たちが戦死し、味方が陸路逃亡するのを見ると、船に乗っていち早く城塞に逃げ帰った。

一五七四年、イタリア人のジョアン・フランシスコ（・ステファノーニ）は、来日すると同時に、アルメイダとロレンソによって伝道が開拓された五島へと派遣された。しかし翌七五年、コエリョに呼ばれて大村に赴いた。大村純忠の領内において集団改宗が始まったためであった。

一五七四年のいつ頃か、純忠は突然、出家入道して理専《りせん》と号した。それ以前、三城城には千手観音を祀り、かつ伊勢神宮に寄付し、伊勢神宮の御師からお札まで受けている。熱心なキリシタンでありながら、その一方で神仏を崇拝するという、何とも矛盾した話のように思われるが、これは「大村純忠の謎」というより、日本人の宗教感のひとつを表わしているように思われる。しかし、イエス・キリストを唯一・絶対の神とする宣教師から見れば、到底理解しがたい、許されざる振る舞いとしか映らなかった。

一五七四年一一月一日（諸聖人の祝日）、大村純忠と会見したコエリョは、出家入道した純忠を厳しく諌め、先に西郷、および深堀らの襲撃に対し、奇跡的に勝利を収め得たのはデウスの御恵みにほかならず、その感謝の印としての業として、大村領内からあらゆる偶像礼拝とか崇拝を根絶し、全家臣団にキリシタン宗門への改宗を命ずることをもって報いるべきである――と純忠を説得した。そして純忠はこれを受け入れ、大村のもっとも主要な寺院をイエズス会に与え、異教徒にはキリシタンの説教を聴くように命じ、これまで不熱心な何人かの家臣を回心させた。さらに、キリシタンにならない者は、僧侶であろうと俗人であろうと領内から追放した。キリシタンになった僧侶は以前の知行が約束されたが、神社仏閣はキリシタンの聖堂に改造しない限り破壊され、仏像はことごとく破壊された。

カブラルは「ドン・バルトロメウ（大村純忠）はコエリョが計画したキリシタンへの強制的な改宗を、自ら実行するよう決心した」として喜び、コエリョが盛大に行った聖週間と復活祭の後、豊後からバルタザール・ロペスと日本人修道士を連れて大村に来た。ジョアン・フランシスコも「ドン・バルトロメウは己の領土にキリシタンにならない異教徒が一人も存在せぬことをいとも熱心に望んでおり、これを実行する手立てを求めていた」として、大村純忠自らの意思によって改宗が行われたと述べている。

こうして、大村における集団改宗の結果、家臣団や武将、また僧侶ばかりではなく、一般領民もキリシタンとなって大村のキリシタン信者は約二万人を数えられた。しかしこの原動力となったのは、領主大村純忠ではなく、純忠に強制改宗を強要したコエリョ、およびカブラルであった。有馬からきた養子の純忠は、再び領内での叛乱を怖れ、新しい問題を起こすまいと伝道も控えめにしていた。事実、純忠はのちに来日した日本巡察師ヴァリニャーノに対して、教会側の態度の誤りを指摘し、宣教師たちは日本人に対して多くの非礼をなし、気が利かぬと言い、そして「神社仏閣の破壊はバテレンたちがキリシタンの教えに反するというから不本意に行ったに過ぎない」と、不満をぶちまけている。そうして後年、純忠とコエリョは不和となり、憎しみあうようにさえなった。

一方、アルメイダは布教が開始された天草氏の家中において、実質的権限を握り、仏僧らに強い影響力を持っていたのは領主鎮尚の奥方であった、と記している。一五七一年、鎮尚と嫡子・久種はカブラルによって洗礼を受けた。また宣教師の記録には記されていないが、久種に続いて、次男（三郎左衛門）と三男（新助）も受洗した。そして鎮尚とその子どもらが改宗すると、領内の家臣の多くもキリシタンとなった。だが、キリシタン嫌いの鎮尚の奥方は、夫や子どもに抵抗して五年間、強情と意地を張り続けていた。その間、奥方は仏僧らを味方につけ、仏教徒らを鼓舞し、キリシタンになろうとする人びとに対して妨害を加えた。

その天草殿の奥方のもとを夫の鎮尚や子どもたち、代官のリアン、そしてカブラルやアルメイダが再三訪れた。その結果、彼女は心が打ち解けて、カテキズモの説教を聴聞し、デウスの教えを深く理解するようになった。そして一五七六年、ついにカブラルによって洗礼を受け、ドナ・ガラシア（恩寵の意）という洗礼名を授かった。それと同時に、それまでキリシタンになることを許さなかった末っ子も洗礼を受け、コルネリヨという教名を授けられた。それに倣い、天草殿の重臣の婦人たちもこぞって受洗した。このことは、天草のキリシタン宗団にとって大きな喜びをもたらした。だが反対に、領主の奥方の後ろ盾を失った仏僧らに大打撃をもたらした。同時に、天草領における集団改宗が開始されると、大方の仏僧はキリシタンに改宗したが、キリシタンになりたくなかった仏僧は、肥後や薩摩へと逃れた。そして、それまで仏僧らが住まわっていた寺院は破壊され、その跡に教会が建てられた。

一五七六年九月九日付、カブラル書簡に次のようにある。

「多くの人口と約十里の長さを有し、すでに多数のキリシタンを擁する島の領主にして、豊後国主の家臣である天草殿の息子（註・四男種真）もまた、父が四年前に受洗し、国主の息子（註・嫡子久種）がキリシタンになったのを見たが故に、彼は領内の大身一同や全領民とともに洗礼を受ける決心をし、領主自らの手で多数の偶像を粉砕し、寺院を焼き払ったが、ジョアン・フランシスコ師やルイス・デ・アルメイダ修道士、ガスパル・コエリョ師が度々かの地に洗礼を授けに行ったにもかかわらず、未だ全員の洗礼を授けていない」

このようにして、天草領内においても天草殿（鎮尚）は自らの手で多数の偶像を破壊し、寺院を焼き払ったとされている。しかしながら、天草における集団改宗もカブラル、コエリョの最強コンビによる強引な働きかけがあったと思われる。

同一五七六年、出水の領主島津義虎と天草鎮尚の間で正式に和睦が成立した。さらに翌七七年、天草殿の奥方の兄弟である本渡城主天草種元も受洗し、ドン・アンドレの教名を授かった。

フロイスによれば「当（天草）は、その後、一つは河内浦に、他は本渡城内にと二カ所のレジデンシアが設立され、つねにデウスの御慈悲のもとにはかどっている」。そして「天草の領内ではすべての家臣や領民、一万から一万二千人がキリシタンとなって、領内には三五の教会が建てられ、領内のあちこちに十字架が建てられた」。こうして天草の地は、天草殿ドン・ミゲル（鎮尚）のもと、平和で安定した日々が長く続いた。そうして、宣教師たちがローマに送ったカタログの記録には、天草氏の本拠は河内浦と呼ばれ、通常は天草と記された。

第九章

有馬義貞の受洗と死去

一五七二年～一五七五年までの三年間、どういう理由かわからないが、アルメイダの足跡と書簡など一切の史料が欠如している。布教長カブラルとの間に何かトラブルがあったのか、これまでの東奔西走の活躍による疲れから、どこかの地で静養していたのかもしれない。またこの間、他の宣教師たちの通信文も少なくなっているので、何かの理由で通信文が紛失したとも考えられるが、ポルトガル船は一五七一年から毎年長崎に入港している。

ただ一五七六年一月三一日付、口之津より豊後の司祭にしたためたアルメイダ書簡において、口之津や有馬・島原等における布教の状況を簡単に報告しているが、重要な事項は記されていない。そしてこれ以後、アルメイダによる書簡は途絶えている。このことから、すでに長文をしたためるだけの体力と気力も衰えていたことが想像される。また、一五七六年九月九日付、カブラル書簡に「一五七六年四月八日御受難の日曜日に、アルメイダが有馬城主義貞に洗礼を授けました」とあることから、結城了悟は「空白の三年間は、島原半島の有馬領や天草のあたりで活動していたのではないか」と推定している。

こうしてアルメイダの書簡は残されていないため、以後、フロイス『日本史』や他のイエズス会宣教師の記録を参考として、アルメイダの足跡をたどることとする。

有馬義貞の受洗

フロイスは『日本史10』（第二九章）において、「肥前国高来の屋形義貞ドン・アンドレの改宗、及びこの人物の性格について」として、有馬義貞の改宗について記している。

「肥前の国で第一位を占めていたのは、高来の国主有馬義貞であった。フロイスは、義貞について「彼は、大いに真理を愛好する君侯であり、性格は温厚で正義の味方であり、所業は完全で、家臣の間ではきわめて好かれ、寛大、寛容なことで愛され、日本の詩歌に造詣が深く、優れた書道家であり、統治においては老練、慎重かつ賢明であった」と褒め称えている。この後、義貞は改宗することになるので、当然といえば当然である。

アルメイダによれば、義貞は受洗に先立つ八年前の一五六八年、口之津港の大泊に錨を下ろしている船の上から、教会から岬の聖母に向かう「償いの行列」を眺めていた。

「口之津は小さな町で、およそ千二百名の住民はすべてキリシタンにして、一人の異教徒もいないため同地は非常に平穏である。ここで諸々の祝祭が深い信心のもとに行われ、特に聖木曜日の行列は、私が生まれて以来目にしたうちでもっとも多くの涙と嗚咽を伴うものである。私は聖週の木曜日、四百名以上の男性と五百名以上の女性が多大な熱意と涙と嘆息をもって、結節の付いた鞭で非常に激しく身体を打つのをこの目で見た。また、はなはだ重い梁《はり》を持って進む者もあれば、十字架を背負う者や身体に鉄の鎖をたずさえた者もあった。これは聖霊の炎であり、十分に整った人の心にはいとも容易に燃え上がる炎である。行列は我らの教会から、良き小銃の一射程ほど離れた非常に厳かな高い所にある岬の聖母の教会まで行った」

そして、図らずもこれを見ていた義貞は、事の目新しさに心を動かされ、少なからず感じ入って「キリシタンらは高い代償を払って、来世の安息を十分に得ている」と語ったという。

既述したように、横瀬浦における反大村純忠の内乱に有馬義貞も巻き込まれてしまった。このため隣国の敵、とりわけ伊佐早の西郷純堯に脅威を感じた有馬仙巌は、二人の息子の領地を保持するため純堯に和平を申し出た。これに対して純堯は、仙巌の孫で、義貞の嫡子である義純を自分の娘と結婚させ、義純を義貞の後継者とするようにとの条件を付けた。そして仙巌は、義貞が家督となった以後も一五六六年に卒去（八四歳）するまで実権を握った。また、父・仙巌が没してから実権を持った義貞は一五七〇年になって隠居し、それに伴って二一歳の義純が家督を継いだ。

その義純から叔父にあたる志岐諸経に宛てた「有馬義純書状」が志岐家に伝わる『志岐文書』（東京大学史料編纂所蔵）に残されている。

「その後、長く連絡せずに過ごしまして、申し訳ありません。ちゃんとお話ししたかったのですが、便りにできなかったところです。（中略）いずれ詳しい内容は、お出でいただいた時か、また使者を送って申し述べたいと思います。（追伸）大したものではありませんが、火縄道具三つ、鉛二〇点を進上します。こころざしばかりのものです。まだまだ申し上げたいことはありますが、このあたりで筆をおきます」

この有馬義純からの書状によって、有馬氏から志岐諸経に鉄砲道具が贈答されたことがわかる。ところが、その一年後の一五七一年、義純は突如没してしまった。それ以前、次男の信時《のぶとき》は肥前国波多家に養子に出されていた。そこで義貞は、三男の晴信《はるのぶ》を後継者としたが、晴信がまだ幼かったので、その後見として義貞が政柄を執った。

この高来の地には、たいそう豪華な寺院がいくつかあって、そこへ大勢の名望ある仏僧たちが多数参集し、その地で多大な収入を得、人びとの間に権勢を保っていた。有馬の城から三里隔たった山頂の雲仙には「温泉神社」が建てられ、霊場の一つとして、多くの巡礼者が訪れることで有名で、たいそう賑わっていた。そこで、ガスパル・コエリョはこの高来の地にデウスの教えを弘める方法を模索した。というのは、この地の人びとは高尚であり、ここは肥前国の中でもっとも美しい地方のひとつだったからである。しかしながら、この地で絶対的権勢を持つ僧侶たちは、この地の権力者たちと交わりを結び、キリシタン布教の門戸を閉ざし、バテレンが入り込む隙はなかった。そのため、「バテレンは、有馬国主義貞から高来の地に一つの小さな聖堂と、わずか数人の貧しい漁夫たちに洗礼を授けることが許されるだけで満足していた。彼ら漁夫は、口之津湾の西南の岬にある早崎に五〇軒から四〇軒の人家がある村に住んでいた」(フロイス書簡)。

こうしてフロイスは、一五六三年にアルメイダによって高来で布教が開始され、多数の信徒を得たはずなのに、高来における布教の成果はほとんどなかったかのように記している。しかし、この当時「口之津にはただ独り、健康を害していたアルメイダが残っていた」と記録されている。また、この後の『日本史』の記述からも、口之津には教会と司祭館があったことがわかる。結城了悟も「アルメイダは、一五六三年に初めて島原半島に赴いて以来、有馬義貞が受洗した当一五七六年をふくめ、一五七七年まで、ほとんど欠かさず島原半島を訪れている」。そして「為政者による迫害が迫っても、高来において宣教師の存在がなお続く一四年間に、彼らを裏切って(信仰を棄てた)百姓はただの一人もいなかった」(パチェコ『ルイス・デ・アルメイダ』)と述べている。

ところで、この有馬国を統治していたのは、東殿という身分の高い代官であった。彼は僧侶たちと深い姻戚関係にあり、かつ国主義貞に大いに重んぜられていた。そこでコエリョは、たいそう骨を折って、彼の身辺調査を行った。その結果、彼は人並み外れて金銭欲が強いことがわかった。そこで、コエリョはアルメイダに働きかけさせ、この東殿を密かに買収し、仏僧たちがキリシタンの改宗を妨害しそうな時には、東殿から仏僧らの攻撃を押さえ込んでもらおうと考えた。幸い、この目的はアルメイダによって達成された。このことを喜び、フロイスは「デウスはアルメイダに特別の恩寵と恩恵を嘉し給うたから、彼は自分が交際した日本の君侯なり殿たちの心を掴む方法を心得ていた」と記している。

有馬国主有馬義貞は、これまでアルメイダとの交際などを通してキリスト教の何たるかを熟知していた。そして、南蛮船が自分の弟である大村純忠領の長崎にのみ入港することに羨望し、自領にも南蛮船を入港させたく思っていた。しかしそのためにはキリシタンになる必要があり、それには家臣や僧侶の側からの猛反対を覚悟せねばならなかった。また、義兄である西郷純堯は、デウスの教えを憎悪し、激しい敵意を燃やした。そして義貞に対し、キリシタンになることや、有馬の地でキリシタンの教えが弘まることを諫め、弟の大村純忠をなんとかして仏教に立ち返らせよと多大の圧力をかけて促した。その上、キリシタンを嫌う父の仙巖は没したが、有馬家の高貴な縁者が多数おり、また仏僧たちは、領内のすべての人に強い影響力を有していた。このため、自分が突然キリシタンだと名乗り出ることは、多くの犠牲と損失を伴うことになる、などの理由から洗礼を受ける決心がつかなかった。

一五七六年二月、アルメイダは有馬義貞に呼ばれて、口之津から有馬の日野江城に赴いた。そして義貞から「アニマ（霊魂）の幸せを奪う障害が生じないように信仰を導き、そして密かに洗礼を授けてもらいたい」との決意の意向を告げられた。さっそく、アルメイダはカテキズモ（公教要理）の説教を始めたが、この説教の場に義貞とその妻、同好の家臣らが同席した。アルメイダはそのことをコエリョに報告した。その伝言を受け取るや否や、コエリョは大村から高来に赴き、義貞に自分が高来に到着したこと、そしてデウスの教えを聴聞したいのであれば、口之津で殿をお待ちするとの報せを送った。

それから五、六日後、義貞はコエリョに次のように伝えさせた。「予はデウスのこと、その神聖な教えについてよく理解するに至ったので、キリシタンになろうと決心した。ただ、キリシタンになるについては、仏僧たちにも、当家の貴人たちにも伝えていない。なぜなら、もしそのことを彼らが知れば、予自身の改宗について幾多の障害が生じてくることは確かだからである。そこで、自分が近いうち、ある日を決めて口之津に出向き、そこで特に説教を聴聞し、その地において予の家臣数人とともに洗礼を授けられるようにしてほしい。このようにすれば、伴天連殿が予の家臣や仏僧たち全員を強制的にキリシタンにするに違いないという者もいないだろうと思われる」と。これに対して、コエリョは「有馬の殿の思うようになされるように」と答えた。義貞はこの返事を受け取ると、気晴らしのために口之津に行こうとしているように見せかけて、代官の東殿と数人の忠臣を同行させ、口之津に赴いた。その翌日、義貞は家臣を一人ずつ呼んで、自分が何のために来たか、その目的を明かしたが、異議を唱える者は誰一人なく、そして家臣らは、自分たちもキリシタンになることに同意した。

御受難の主日（イエス・キリストが十字架にかけられた金曜日）の週に、義貞は住居としていた邸においてすべてのカテキズモを聴いた。そして枝の主日（一五七六年四月一五日）、ミサに先立って口之津の教会において洗礼を授けられた。彼が選んだキリシタン名は、アンドレ（安天烈）「たやすく天国を我がものにする人」というものであった。そうして代官の東殿や、同行してきた約三〇人の家臣とともに受洗した後、枝の主日（復活祭の直前の日曜日）の祭儀、およびミサに列席し、それが終わってから一同は司祭館において食事を供された。

翌日、義貞は有家に向かって出立した。有馬から一里離れたこの大きな集落に、義貞は保養のための湯治場と庭園を設けていた。その四、五日後、コエリョはアルメイダと日本人説教者である同宿の一人を連れて義貞を訪問した。義貞は大いに歓待して彼らを迎えた後、多くの家臣や有家の地の住民たちにも説教を聴くように命令し、キリシタンになりたいと思う者は洗礼を受けてもよいと語った。

このようにして義貞は、家臣や仏僧たちの猛反対を押し切ってキリシタンとなったが、ここでもフロイスは、義貞の改宗をコエリョの功績のように記している。が、実際は、一五六二年に義貞とアルメイダが初めて出会って以来の交流の下地があってこその賜物であった。そして義貞は洗礼を受けて後、着物に代々の家紋の代わりにＪＥＳＵＳの組み合わせ文字をつけるまでにキリスト教に傾倒した。兄・義貞の改宗を、かつてはキリシタンであるため憎悪され、排斥された純忠が、どれほど喜んだかは察するに余りある。

ただ、義貞がキリシタンになるについては、父・晴純の最盛期には、島原半島有馬の日野江を本城とし、肥前各所に一一ヶの城を構え、肥前最大の大勢力から、一気に島原の一地方の領主レベルまで落ちこちた失地を、ポルトガル国との交易によって回復するという思いも込められていたはずである。

後日談になるが、この思いが有馬晴信に引き継がれ、江戸時代に入った一六一二年、徳川幕府の実力者であった本多正純の与力岡本大八は佐賀の鍋島領になっていた旧有馬領（肥前三郡）を取り戻せるよう斡旋すると持ちかけ、晴信から多額の金品をだまし取った。そしてこの陰謀と贈収賄が絡んだ疑獄が発覚して、晴信は領地没収のうえ甲斐国谷村に配流され首を刎ねられた。

さらに有馬で生じたこと

有馬義貞が有馬に帰還した数日後、コエリョは義貞の奥方や、その子どもたちの改宗の件で義貞のもとを訪れた。義貞の室は安富得圓の娘で、その間に嫡子の義純や晴信ら五人の子どもがあったが、夫人が死亡し、義貞は波多盛の娘と再婚していた。義貞は、再婚した奥方に日野江城内においてカテキズモの説教を聴かせた。その後、その奥方（マリア）は城から降りて司祭館までやって来て、数人の次女とまだ乳呑み児である純忠（サンチョ）とともに洗礼を受けた。この洗礼を見るために、どっと大勢の人が押し寄せたが、このようにして布教のたびに多くの人が集まって来るようになった。そしてコエリョが有馬に滞在している間、洗礼を受けに来る人があまりに大勢だったため、コエリョは体力と健康を保てず、病気にかかりそうだからと言って口之津に逃げ出した。有馬からコエリョが去った後、アルメイダ独りが残って布教活動にあたった。

この有馬には、大勢の仏僧たちの中に、大いなる知識と権威を有する高僧がいたが、彼は西光寺《さいこうじ》という寺院の住職であった。有馬義貞はこの柱石ともいうべき僧侶を改宗させて仏教徒の力を弱めさせようとして、そのことを伝えさせた。しかし、かつて義貞の師匠でもあったその僧侶はそれを好しとしなかった。それどころか、彼は自分のそれまでの地位とか権威とか名声を保ち得ないことがわかると、僧院にすべての家財を残したまま、数名の弟子を伴って密かに肥後の国に亡命した。そこで義貞は、伴天連たちにもっと良い場所に住んでもらい、そして彼らのために教会を建てるのに好機会が到来したとして、仏僧たちの寺院と宿坊をイエズス会に贈与し、仏僧たちが有していた全財産を授けようとして、アルメイダにそれらを撤収するように命じた。

これに対して、アルメイダは日本の諸事についての知識と経験からその申し出に反対し、寺院や建物の受贈にとどめて、次のように答えた。

「教会は絶対にそれを受理いたしますまい。それは仏僧たちに、伴天連のことで、彼らは布教を口実として貪欲から自分たちの収入を奪ったという間違った考えを（万一にも）抱かせないようにするためであります。さしあたっては、仏僧たちがここに残していった寺院や建物をお与えくださって、司祭たちがそこに籠れるようにしていただけば十分でございます。そして後になってキリシタン宗門が広く受け入れられ、この地が平穏に帰するに至りましたならば、殿は、ヨーロッパにおけるキリスト教徒の諸侯大身が行っていますように、司祭たちが生計を支え得るよう、教会に対して適当と思い召される喜捨をなされるべきであります」（『日本史10』第三〇章）。

この一言からも、アルメイダ自身は、宣教師の主導による神社仏閣の破却に対しては否定的だったのではなかったかと思われる。またアルメイダには、日本という国を深く知ることによって、ヨーロッパと日本の宗教観の違いにどのようにして整合性を付けるかということについて、そのことがつねに頭から離れなかったと思われる。そうして有馬義貞は、アルメイダの見識を認め、その意見を取り入れて、西光寺跡に教会を建てさせるにとどめた。そのことによって、キリシタンたちが来てミサ聖祭を与れるようになり、人びとに洗礼を授ける適当な場所を持てるようになった。

これ以前、豊後にあったカブラルに対して、コエリョは有馬国主の改宗や、彼の家臣が示した非常な熱意など、高来においてそれまでに起こったことを伝えていた。これを喜んだカブラルは、ただちに豊後から高来へ向かった。高来に着いたカブラルは義貞と会い、義貞はこれを非常に喜んだ。

また、この年の六月二二日、シマン・ガルシーア・ダコスコのジャンク船が、スペイン人司祭アフォンソ・ゴンサルヴェスを乗せて口之津に入港した。それより遅れて、リスボン出身のアントニオ・ロペス司祭と他の一司祭を乗せたドミンゴス・モンデイロの船が長崎に着いた。

一五七六年九月二四日付、アフォンソ・ゴンサルヴェスの書簡によれば「我らが到着したこの口之津の港でルイス・デ・アルメイダ修道士に会ったが、彼は独りであり、大いに成果が上がっているとはいえ、いっさいのことに応じきれぬため、はなはだ多忙であった。すなわち、受難の日曜日（四月八日）から私が到着するまでに八千人以上をキリシタンにしたのである」。そしてカブラルは、有馬の新しい布教地にアルメイダを付けてアントニオ・ロペスを派遣した。そこでアルメイダは、有馬の城下町でアントニオ・ロペスとともに伝道を続け、島原半島の主要な三つの町、島原、口之津、有馬の地に教会を建てた。

またカブラルは、来日した彼ら司祭から巡察師ヴァリニャーノからの通報を受け取った。ヴァリニャーノは、日本にコレジヨ（聖職者養成のための高等教育機関）を設立するについて、基金によるべきか、喜捨によって維持されるべきか。修練院《ノヴィシアド》（修道会員の養成機関）を設立すべきかどうか。いずれの場所に建てるべきか。いかなる手段でそれらを維持すべきかの見解を求めてきた。そこでカブラルは、口之津、大村、有馬地方に駐在していたガスパル・コエリョ、ジョアン・フランシスコと新たに到着した二司祭、およびアルメイダと一日本人修道士を召集して会議を催した。この中で、日本のイエズス会は宣教師の生計、教会の建築、調度、祭壇、看坊《かんぼう》（教会の世話、信徒の生活の維持と扶助、キリシタンの葬儀等に専念する日本人）の生計、貧者の扶養のため、あまりにも経済的負担が大きい。また信者たちは物質的利益を求めて改宗する者たちであり、こうした人びとからの喜捨など期待できないなどとして、日本イエズス会が経済的に厳しい立場にあることを全員の意見として伝えることにした。

なおまた、アフォンソ・ゴンサルヴェスは「到着二日目（栄光のバウチィスタの祝日）、二百名に洗礼を授け、それから数日後には千百名に、また別の洗礼式では千二百名に、さらに他の機会に百三十名に施した。到着以来、デウスの栄光のため五千名に洗礼を授けたであろう」（一五七六年九月二四日付、アフォンソ・ゴンサルヴェス書簡）と記している。そうして、アルメイダとロペス、およびゴンサルヴェスによる精力的な布教活動の結果、有馬国では一万五千名以上がキリシタンの洗礼を受けたという。また「現在までの六カ月間で、キリシタンになった人は二万人を超えている。その中には有馬国主有馬義貞とその妻、彼の一兄弟と三人の甥、天草の領主とその兄弟二人、および多数の貴人とその家臣、さらに豊後国主の第二子と多数の大身が含まれている」（前掲・ゴンサルヴェス書簡）と報じている。

有馬義貞の死去とバテレン追放

有馬義貞の死を報じるにあたって、フロイスは「デウスの御子キリストがこの世に来り給うてからこのかた、カトリック教会は、その初代から、つねに葡萄酒と油によって養われて来た。あるときは教会は繁栄し、カトリック信者の数は度を超えて増加し、またある時は、異様な呵責とか、きわめて苛酷な殉教事件をもって迫害された」として、「教会と信徒団は、この両極端に共に与かることを決してやめなかった」と記している。

有馬領において改宗が順調に発展しつつあった聖アンドレの祝日（一一月三〇日）、カブラルは義貞と重立った重臣たちを食事に招待し、盛大な祝宴が催された。ミサと説教が終わった後、司祭館において劇や催し物が行われ、それは夜まで続いた。だがその直後、義貞は背中に腫物ができるという膿瘍を患って重態に陥った。義貞は以前にも同じ病を患ったことがあった。そして膿瘍は日々に悪化して不治の兆候を呈した。義貞がまだキリシタンになって八、九カ月と経たない中での出来事だった。

義貞の病は、仏僧らにとって勢力の巻き返しをはかる格好の機会となった。また、父・義貞の重篤を知らされた晴信（大友義鎮から一字を賜り鎮純《しげずみ》と名乗っていた）は、千々石氏が断絶に至って後、有馬氏がこれを没収して直轄地としていた千々石の城から日野江城へと呼ばれた。そこで仏僧らは、うら若き青年（一六歳）である晴信に対し、「殿の父君がキリシタンとなり、伴天連の滞在を許したことから、神と仏の懲罰が下され、このように重大な災禍に至った」と説き明かした。

一方、そのことを知らされたカブラルは、日本人修道士ジョアン・デ・トルレスを義貞のもとへ送り込み、信仰のことで彼を勇気づけようと試みたが、仏僧らは絶対にトルレスを入城させないばかりか、教会からのどのような伝言も義貞の耳に入れようとはしなかった。そして義貞に同情したり説得したりして、仏教に立ち返るよう促した。だが義貞は、彼らの言葉に耳を貸さず、カブラルの代理であるトルレスを呼ぶように命じたが、トルレスの入城はことごとく阻止された。また義貞は、長崎にいるポルトガル人の一外科医を招こうとしたが、この外科医に託して、カブラルが信仰を強めるような何らかの伝言を送ることを恐れた彼らは、それをも許さなかった。

同年一二月末、ついに義貞は臨終のときを迎えつつあった。仏僧らは、晴信に対し「自分たちは神や仏に、父君の生命を長らしめ給えと、ただひたすらに懇願し祈願したが、その願いは叶わなかった」と語った。しかし内心では、身に付けていた十字架を一度も外すことなく、そして最後までそれを手離そうとしなかった義貞の死を願っていた。そして義貞は帰天した。時に五六歳。

義貞の死後、彼の亡骸は大勢の仏僧たちに引き渡された。カブラルは晴信のもとに伝言を送り、父君は洗礼を受けたキリシタンなのであるから、その遺骸をキリシタン宗門の儀式をもって葬る許可を与えていただきたいと切に願った。しかし、晴信は「父君は仏教徒として亡くなったのだから僧侶たちが葬儀を行うであろう」と取り合わなかった。そして仏式によって葬儀を営み、仏教の儀式による、あれこれの飾りつけとともに義貞の遺骸を焼いた。そこで、カブラルとアルメイダは義貞の弟で、晴信には叔父にあたる大村純忠の怒りを買うことになるとして純忠を引き合いに出し、教会から海岸の十字架の立つ場所に至るまで葬儀ミサを行うための許しを得た。そうしてドン・アンドレ（義貞）のために、教会の中に、国王にふさわしい棺を作らせ、楯と武器を上方に吊るし、教会は一面、最良の緞子と絹衣で飾らせた。また葬儀ミサに先立って教会をめぐる行列を催したが、教会の内と外に大勢のキリシタンが馳せ参じた。彼らは、平素ならば蝋燭を手にするのが習わしなのに、仏僧たちからの妨害に備えて、各々が自宅から持ち出した銃を肩に火縄を腕に、大小の刀を腰に、さらに槍とか長刀とか弓をたずさえ、矢をいっぱい詰めた矢筒を持ってやって来た。義貞の葬式は、敬虔な宗教行列には違いなかったが、まさに勇敢な兵士たちの隊列のようであった。

その後、カブラルが口之津に戻ってくると、その地のキリシタンから「どこそこに建てていた十字架が切り倒された。明日はまた別の十字架が切り倒されるだろう」という報告が毎日のように届いた。そして仏僧たちは絶えず街路を練り歩き、大勢のキリシタンを罵倒し、散々に脅し文句を浴びせかけ、また口之津の領主に対し、重立った重臣や一般民衆を仏教に立ち返らせるようにと脅迫した。そのため、大勢の者が棄教した。彼らは信仰心が弱かったというより、ほんの数カ月前に洗礼を受けたばかりで、教理を教わってもまだ十分それを理解する時間的余裕がなかった。有馬領の重立った重臣や家臣たちの多くも、一般の人たちと同様に仏教に立ち返った。

明けて一五七七年一月早々、晴信は「バテレンらが住んでいる土地は、父・義貞が与えたとはいえ、もともとは寺院が建っていたものだから、教会に変えた家屋と寺院を取り片づけ、一月四日までに仏僧に返還せよ」と命じた。そこでカブラルは、そこに住んでいたアントニオ・ロペスとアルメイダに、その家にあった家財や祭具を片付けるようにと命じた。そして二人は、期限の一日前に退去して口之津に赴いた。その際、教会の畳とか、いくらかの食器類など、ほとんど価値のない物を家の中に残し、教会には日夜、見張番がいつもいるように命じた。そして約束の一月四日の前夜、教会と司祭館は二人のキリシタンによって放火され、燃えてしまった。教会に残された家財を我が物にしようと思っていた仏僧らは、その思惑が外れたことに落胆した。

この後、カブラルは高来にいた司祭と修道士たちを呼び返した。ただ、死者の埋葬をしたり、何人かの子どもたちに洗礼を受けさせるため、アルメイダ独りを口之津の司祭館に残した。それから少し後、カブラルは豊後に帰り、それとともに、アルメイダとロペスに対し、口之津から七里離れた天草殿の領地である本渡城に行くように命じた。アルメイダとロペスの二人は、天草の本渡に滞在して伝道活動を続け、すべての人に洗礼を授け、数年後には一人の異教徒もいなくなるという多大な成果をもたらした。

一五七七年九月一日付の書簡で、カブラルは「主のお蔭で、私がこの書簡を認めているこの天草全土がキリシタン宗門を信仰するようになった」と記している。

アントニオ・ロペスは一五七七～八一年まで本渡の司祭館に駐留したが、一五七七年、本渡の司祭館発信、アントニオ・ロペスの書簡によれば「下の諸国でデウスの最大の敵であった伊佐早殿が死去し、純忠も安堵した」とある。そして、天草半島の本渡に「悪魔に憑かれた女」がいたため、ロペスは彼女を教会に連れてくるように言った。翌日、一〇人の男たちが彼女を連れて教会にやって来たが、彼女は連行されるに際して大いに反抗し、男たちの力だけでは手に負えなかった。しかしロペスが彼女の首に十字架をかけ、少量の聖水を飲ませるように命じたところ、たちまち悪魔は哀れな女性に取り付いたまま大きな叫び声を上げげた。こうして悪霊から解放された彼女は健康になり、翌日、自ら歩いて教会を訪ね「デウスより賜った恩寵を感謝した」とある。そのロペスは「日本語をよく話し、説教もできた」と珍しがられた。そして一五八一年の初め長崎に移り、長崎の学院長になった。

なおまた、この年（一五七七）の一月一八日、フロイスはジョアン・フランシスコの上洛を機に、七年前から五畿内で活躍していたオルガンティーノに中日本布教長の座を譲り、都を離れて豊後に赴いた。

再び薩摩へ

一五七七年一〇月、第十六代当主薩摩国主島津義久は、一五七〇年に大村純忠が長崎をイエズス会に寄進して、南蛮貿易を独占しようとしたことに刺激され、山川港を第二の長崎にしようと考えた。そして宣教師の派遣を要請する島津氏と布教長カブラルとの間で書状による協議があった後、ミゲル・ヴァスが薩摩に派遣された。

一五七七年一〇月二七日付、ミゲル・ヴァス書簡によれば、薩摩国主はミゲル・ヴァスを厚遇し「イエズス会のために地所を与え、教会の建設と布教の自由を認め、山川と称する町の住民から始めるように言ったが、その後彼らは説教を聴き洗礼を願い出た」とある。

ミゲル・ヴァスはこの地で、フランシスコ・ザビエル時代のキリシタン数人に会った。そして「彼らの内の一人は一城の守将で、一六年前にルイス・デ・アルメイダ修道士が洗礼を授けた人である。彼は夜間に私のもとを訪ね、キリシタンであると自ら名乗れる時が来たことを喜び、また、彼は我らの聖母画像を持っており、その前でつねに祈りを捧げていると述べた」。この一城の守将とは、アルメイダによって洗礼を受けた鶴丸城城主新納康久の一子であった。また、ミゲル・ヴァスは薩摩で司教のような権威を有する一人の老僧侶に会った。そしてヴァスは彼を訪問し、親交を深めたという。この老僧侶はフランシスコ・ザビエル師の親友たったとあるので、アルメイダとも親交のあった忍室だったと思われる。

そのミゲル・ヴァスは、薩摩国主からの提案を上長へ報告するため薩摩を去ることを告げると、義久は非常に美しい馬二頭と口之津までの船を提供した。そして船が口之津に着くやいなや、今度はロペス・バルタザール師とルイス・デ・アルメイダ修道士が準備を整え、かの地に向かった（ミゲル・ヴァス書簡）。

一五七七年九月か一〇月、カブラルは島津義久から領内で便宜を与えるので誰か宣教師を派遣してくれるようにとの督促を受け、バルタザール・ロペスと、アルメイダの二人を薩摩に派遣した。アルメイダは、すでに一六年ほど前薩摩に半年ほど滞在し、約二〇〇人に洗礼を授けていた。だが、当時の国主であった島津貴久は一五七一年に死去し、そのあとを義久が継いでいた。

ところが、薩摩に着いてみると、薩摩国で絶大な権勢を持っていた仏僧たちは、薩摩国主の目論見に気付き、国主ならびにその一族に対して、鹿児島の市に教会を建てるための土地や場所を提供しないように、またデウスの教えを公に説く許可を与えないようにと説得した。仏僧らは、キリシタンの教えが弘まった暁には、大村純忠や天草鎮尚の領地の仏僧たちのように、自分たちの宗教家としての価値と名誉が失われてしまうことを恐れた。

一五七八年、薩摩国発信、カブラルに送った書簡において、アルメイダは薩摩における布教の状況を記し、「当地では仏僧らが栄えており、我らに対してたいそう敵意を抱いている。この地の住民は裕福であるため我らの滞在を快く思っていない。しかし主デウスの御慈悲によって、悪魔に憑かれた一人の聾唖《ろうあ》より恐ろしい悪魔を追い出させ給うた。このことによって彼の父、ならびに全家族、および他の一子とその部下は主デウスの御慈悲を思い、キリシタンになることを望んだが、この評判が伝わって洗礼を請う者が出来始めた」と報じている。同じく、フロイスも「アルメイダは、その後患った重症のために同地を去らざるを得なくなるまでの一年間、同地で多大な労苦を味わった」と述べている。

だが、アルメイダとロペスは仏僧らの強い抵抗にあいながらも、根気強く耐え抜き、義久が第二の長崎にしようと考えた山川港を中心に、山川に入港していたポルトガル人の世話を行うなどしながら布教に専念した。その結果、説教を聴いてひそかに受洗を希望する者が何人かいた。しかしアルメイダは、薩摩で本格的な改宗が始まり、実を結び、改宗とは何であるかを人びとが真に理解するために、彼らがまず祈禱を覚え、教理を学んだ後に洗礼を授けることにするとして、彼らの願いを引き延ばした。

一五七三年、三四歳の若さで東インド（日本を含む）巡察師に任命されたアレシャンドゥロ・ヴァリニャーノは、カブラルの切なる要請に基づいて、有能な宣教師を派遣することにした。そして一五七七年七月四日、ドミンゴス・モンテイロの船で、バルタザール・ロペス（一五七〇年に来日したバルタザール・ロペスと同姓同名だが別人）、アントニオ・ロペス、ペドゥロ・ラモン、メルチョール・デ・モーラ、セバスティアン・ゴンサーレス、ゴンサロ・ラベロ、グレゴリオ・デ・セスペデスの司祭七人、およびフランシスコ・ラグーナ、フランシスコ・カリオン、アルヴァロ・ディアス、ディオゴ・デ・メスキータ、シモン・デ・アルメイダ、ディエゴ・ペレイラ、バルトロメ・レドンドの修道士七人が渡来した。カブラルは、ただちにペドゥロ・ラモンを府内の司祭館の上長として、他の司祭や修道士たちも都へ、大村へ、口之津へ、平戸へと現地の必要に応じて彼らを配置した。

さらにヴァリニャーノは、一五七八年にはアントニオ・プレネスティーノ、ジュリオ・ピアーニ、ホセ・フォルナレテ、アフォンソ・デ・ルセーナの四司祭を派遣して、日本に人手を増やした。

第十章

大友宗麟の改宗と耳川の合戦

一五六九年、日向国の三分の二を掌中におさめる十一代当主伊東義益《いとうよします》が二四歳の若さで病死した。義益の妻・阿喜多《あきた》は大友宗麟の妹の子であった。二人の間には長女阿虎、五歳になる義賢《よしかた》、三歳の祐勝《すけかつ》と三人の子どもが誕生していた。そして義益の妹が町の上で、町の上と伊東家の侍大将の一人であった伊東祐青《すけはる》との間に生まれたのが、虎松（女）、虎千代、虎次、虎亀（女）であった。また義益には、十代当主であった伊東義祐《よしすけ》の腹違いの弟である伊東祐兵《すけたけ》がいた。当主の義益の亡き後、先代の義祐が再び当主に復帰した。

それから歳月が流れ、一五七七年七月、伊東義賢は一一歳の若さで家督を継いだ。その直後、伊東祐兵と義賢の姉・阿虎との間で婚儀が交わされた。こうしてしばし、伊東家は慶びに包まれた。だが、その平安を打ち破る出来事が生じた。一五七八年一月、島津義弘を先鋒とする島津勢は、一気呵成に日向へ侵攻した。このため、伊東義祐をはじめとする伊東一族は、都於郡城、佐土原城を放棄し、大友宗麟を頼って豊後へと逃亡を始めた。道なき道を分け入り、全長一九四キロメートルにおよぶ極寒の逃避行は悲惨をきわめた。また島津の追撃兵との交戦において、虎千代の父・伊東祐青が討ち死にした。

その後豊後に逃れた虎千代は、府内の司祭館と修道院の長を務めるペドゥロ・ラモンによって教会に受け入れられ、洗礼名（伊東）マンショを授けられた。

このころ、豊後においてバテレンは大友宗麟の庇護を受けて二十何年かの活動を続けていた。しかし宗麟はキリシタンとはならず、家臣たちも改宗する者はなかった。カブラルによれば「イエズス会が豊後府内にレジデンシア（修道院）を設置してから二〇年間、少数の武士たちがキリシタンになっただけであった」。

大友宗麟、キリシタンとなる

日本において国王に二人の兄弟がいる場合、その一人が後継者となれば通常、陰謀と謀叛が生じることを怖れ、他の一人は坊主となる習慣があったが、一四歳になる宗麟の次男である親家《ちかいえ》は、何としてもそれを嫌って僧侶になろうとしなかった。そこで、息子の激しい性格を知っていた宗麟は、彼がキリシタンとなれば強い心が折れて兄に服従し、謀叛を起こさないことを期待してカブラルに助言を求めた。そしてカブラルを臼杵に招いて親家に洗礼を受けさせた。そのことによって、豊後領内の領主の多数の青年武士がキリシタンとなった。

ポルトガルのイエズス会のイルマンら宛ての書簡で、カブラルは「府内においてキリシタンとなる者が初めて出た頃、我らは病院を有し、ここに来る諸病人を治療したが、キリシタンとなるのは下賤の者と伝染病に罹った者だけで、身分ある者はなく、デウスの教えの評判が悪いため、キリシタンはあえて人前に出ようとしなかった。しかし国王の子ならびに多数の武士がキリシタンとなったのを見て、府内のキリシタンらがいかに大きな満足を感じたか、尊師ら察せられよ」と、誇らしげに報告している。

また、宗麟は奈多八幡の大宮司である奈多鑑基の娘と結婚し、三人の男児と五人の娘（奈多の連れ子を含む）をもうけ、すでに三〇年近くを共に過ごしてきた。その間、奈多の方は気性が荒く、二人は性格の相違からことごとく対立していた。殊に宮司を父に持つ奈多の方は徹底的にキリシタンを嫌悪していた。さらに息子の親家に続き、奈多の方の兄・田原親堅《たはらちかかた》のもとへ京都の公家・柳原家から来た養子である親虎《ちかとら》までがカブラルによって洗礼を受けた。このため、奈多の方とカブラルとの対立は日増しに激しさを増していった。バテレンらは、この奈多の方を〝イザベル〟（イスラエル王アシャーフの妃名＝夫に対して悪影響を及ぼす妻の典型）などと命名した。

このような事情を背景に、すでに五〇近くの年齢にあった宗麟は、これ以上正室との生活に耐えきれないと臼杵の丹生島城を出て、街の外れの海岸に住居を造り、そこに移り住み、かねて思いを寄せていた奈多の方の侍女頭（親家の夫人の母）を自分の妻として側に置いた。そして、ロレンソ了斎と並び称された優れた説教師を父に持つ山口出身のジョアン・デ・トルレス修道士を呼んで、キリシタンの教義を熱心に聴き始めた。

この出来事に先立つ一年か二年前、宗麟は家督を嫡男である義統に譲っていた。新国主となった義統は、伊東家の所領であった日向国を奪還するため、三万の兵を従え出陣した。この日向の国は、耳川という大河によって二つに分かれていた。その河川から豊後の国堺にあった一七の城は、義統の大軍の前に怖れをなして何ら抵抗することなく降伏し、薩摩と同盟していた土持《つちもち》の領主土持親成《ちかなり》は撃滅せられ、戦死した。こうして大友軍の第一次日向遠征は勝利のうちに終わった。

それから数カ月後が経過したある日、宗麟は修道士のトルレスを一室に招き、「二一歳のときザビエル師の教えを聴いてから四八歳になるまでの二七年間、デウスの教えは十分理解したので、家督を嫡子に譲った今、伴天連様（カブラル）によって洗礼を授けていただきたい」と申し出た。

一五七八年八月二八日、宗麟は臼杵の司祭館を訪れた。そこですべての教理を聴き終えた後、臼杵城においてカブラルから洗礼を受けた。教名はフランシスコ・ザビエルにちなみ、フランシスコと命名された。フロイスをはじめとする宣教師の記録には、宗麟の改宗に関して詳細に記されているが、長年にわたる悲願であった宗麟の受洗は、バテレンにとって最高の喜びを持って迎え入れられた。

「豊後の諸事がその時まで歩んできた道は、まさに聖書の中に描かれていることと同様にて、我らの主（デウス）は、しばしば人を高揚させんがために試み辱め給うのである。事実、司祭や修道士たちがここ三〇年間に豊後で味わった幾多の労苦、恐怖、悲嘆は、到底書き表し得ぬほどである。この期間中、彼らはこの布教という森を開拓するために全力を尽くしたが、道すら拓くことができず、その間に得られた習慣といえば、幾人かの跛《あしなえ》、ハンセン病患者、その他の身体障害者たちであった。これらの人びとは司祭たちの大いなる愛情と憐憫によって癒され助けられ、改宗したのであった。だが異教徒たちは、そうした業にいっそう大いに反感を抱いた。というのは、彼らは、愛とか徳とかはどういうことなのか理解できなかったから、司祭や修道士たちは、これらの哀れな人びとに対して行ったことを見て、我らキリシタンの教えはきわめて卑賤なもので、名誉を重んじる者ならば、とうてい受け入れるに価せぬものと判断していたからである。したがって豊後においてイエズス会の司祭たちは、人間の汚辱であり、民衆の恥辱、かつ不名誉と言われて来たのである」（『日本史7』第五三章）。

しかるに今、国主宗麟は本心からキリシタンになる決心をするに至った。バテレンたちは「国主は、日本中においてもきわめて聡明で権威を有し、日本の諸宗派の知識に精通した人物として知られていたので、彼がキリシタンに改宗したことは世間の人びとに大いなる衝撃を与えることになった」と喜んだ。そして「豊後国主宗麟はイエズス会のみならず、全キリシタン宗団の保護者であり、その説得と模範によって彼の領内すべての地にデウスの教えが弘まること」を期待した。

この吉報は、ただちにアルメイダに届けられ、アルメイダが歓喜したことはもちろんであった。その一方で、宗麟の改宗は離縁された奈多の方をはじめ、豊後国内はおろか島津その他、遠隔地にも大きな衝撃をもって受け止められた。豊後の地にデウスの教えがもたらされてから約三〇年後の今、宗麟の突然の改宗はあり得べからざることとして、人びとは容易にこれを納得し、信じることができなかった。日本の諸宗派にも精通していた彼は、学問が過ぎたため発狂したとまで揶揄された。

大友の日向遠征

一五七八年一〇月、大友宗麟がキリシタンに改宗して後、大友の家臣団や領内に動揺と混乱が生じるなか、宗麟は日向国の薩摩勢を一掃するため、日向国遠征を決定した。だが、大友の老臣は毛利元就、龍造寺氏らの動静、豊前、筑前の動向などから勝利はおぼつかないとして極力諫止しようとしたが、宗麟は聞き入れなかった。そして将兵のほとんどが戦を望まないなかに、一〇月三日、宗麟の率いる船団は臼杵湾を発ち、十万とも十万三千余騎ともいわれる大軍と幾門かの大砲（南蛮渡来の大の石火矢）をしたがえ、宗麟は新夫人ジュリアを伴って日向の土持領（現・延岡市辺り）に向かった。宗麟の船には、白緞子に金糸の刺繍を施し、真紅の十字架を描いた旗がひるがえっていた。

宗麟は薩摩を滅ぼした後、務志賀《むしか》（現・延岡市近郊）に壮大なキリスト教王国を建設し、俗世に煩わされることなくキリシタン住民や宣教師たちと魂の平安に満ちた余生を送ることを夢想していた。そのことが、一五九七年、フランシスコ・カリオンからローマの総長に宛てた書簡に記されている。

「このキリスト王国には神父一二名以上をおく。そのため教会二カ所、駐在所多数をおき、ここではキリシタンならびにポルトガル人の法律と制度によって統治されることを彼（宗麟）は希望している」

そして、この宗麟と島津との戦いに際し、カブラルは新たな布教事業が開拓されるという期待から、豊後にあった立派な装飾品とあらゆる優れた豪華な品々をたずさえて、三人の修道士を伴って船出した。そのうちの一人は日本人ジョアン・デ・トルレスで、もう一人はアンドゥレ・ドーリア（マラッカ出身）という若い修道士で、これにアルメイダが加わった。

アルメイダは、それまで一年近く薩摩に派遣されていたが、九月初めごろ、この日のためにわざわざカブラルから呼び返されていた。新たな企てにおいて、デウスから特別の才能を授かっているという期待からであった（カブラルは、バルタザール・ロペスも薩摩から引き揚げさせた）。だがアルメイダは、豊後に帰り着くやいなや病床に伏してしまった。しかし日向出陣に際し、宗麟はどうしてもアルメイダを連れて行くと言ってきかなかった。カブラルはこれを制止したが、アルメイダは宗麟の思いに応え、死を覚悟して同行することにした。「今、司祭（カブラル）は、豊後国主に従って日向国に行っているが、これにはルイス・デ・アルメイダと日本人ジョアンの両修道士が同行している」（フロイス）。そしてフロイス、また宗麟の信頼を得ていたダミアン修道士は臼杵の教会に残った。

宗麟は務志賀を本陣としたが、出征するに先立って、三人の武将を日向に派遣し、大規模な寺社の破壊を行わせた。フロイスは「かの（日向）地において仏僧たちの寺院で行われつつあった破壊はすさまじいものであった。かつて同国において無上の尊敬と名誉を受けていた者は、（いまでは）打ち萎れ、その寺院も屋敷も解体され、その偶像は打ち毀された」と記述している。

大友軍の総大将は、宗麟の前妻であった奈多の方の兄である田原親賢であった。親賢を先陣とする日向遠征軍は、日向の国の奥深く侵入し、幾つかの城は流血を見ずして降伏した。

その一方、嫡子の義統は、島津との戦いを有利に進めるため、また従軍の将兵の士気を鼓舞するため臼杵を出発し、野津《のっ》と称される人口二万の場所を居住地と定め、そこから豊後国と日向国の諸事を司ることにして、屋敷を造らせた。また、豊後国の布教長として臼杵に留まったフロイスと深い親交を結び、フロイスを父とも師とも仰いでいた義統は、自らの受洗に先立ち、自分に奉仕していた家臣たち数名に洗礼を受けさせるため、フロイスに宛て「自分の許に来てほしい」という書状を毎日のように送った。

一〇月一七日、フロイスはグレゴリオ・デ・セスペデスを伴い、臼杵を出発して義統が滞在していた野津に到着した。セスペデスは、一五七七年七月四日に来日した司祭七人、修道士七人の一人として五畿内に赴任する途上にあったが、特に義統に指名されてフロイスに随行した。

その翌日、義統の邸宅では、これ以上望めないほど立派な祭壇が設けられ、一八人の身分の高い若者たちが受洗した。さらに義統は、妻である奥方に洗礼を受けさせるため臼杵に赴き、その足で母親である宗麟の元妻・イザベルに会いに行き、奥方の受洗に同意してくれるようにと、長時間にわたって説得した。だが、この話を聞いたイザベルは怒り狂い、もし彼の奥方が受洗するならば、自分は自殺するほかないと言い切って、取りつく島がなかった。面目を失った義統は、フロイスや修道士たちのために饗宴を催し、さらに司祭館まで来て「今は戦争のため何かと混乱した時節であり、望み通りにできなかったことを許されたい」と繰り返し詫びた。

ところが、野津に向けて出発した義統は、途次、日向から出された父・宗麟の書状を受け取った。そこには、薩摩にもっとも隣接した日向の三城が豊後勢の手に落ち、その後に豊後の主将を配置した—と書かれてあった。義統はこの吉報に接すると、その書状を最後まで読むことなく馬から降りてひざまずき、両手を挙げ、大友勢が血を流すことも、また兵士を失うこともなく勝利したことを主なるデウスに感謝した。義統に従っていた兵士たちは、主君の突然のこの挙動をただ驚いて眺めていた。そして義統は、この吉報をただちにフロイスらの許に届けさせた。

大友軍の大敗

大友の軍勢は、日向国内深くに侵入し、いくつかの城は流血を見ず、何ら抵抗することなく降伏した。こうして緒戦は豊後勢が優勢であったが、過去の軍事成果にすっかり慢心していた豊後勢は、ついに薩摩が防衛線としていた耳川を渡り、高城《たかじょう》という城を包囲した。そこは薩摩国主島津義久の弟である家久が守備にあたっていた。豊後の兵士たちは、城の麓まで来ると、侵入しようとして見境なく攻撃を開始した。だが、猛烈な抵抗にあっていったん退却し、城全体を包囲し、飢餓戦法によって城の攻略を試みることにした。

一方、豊後の軍勢が高城を包囲し、同城が苦境に陥ったことを知らされた国主義久は、この城を落とされれば、新たに征服した日向国を失うのみならず、薩摩国すら失う危険にさらされると判断し、ただちに高城を援助することを決意し、全勢力を投入することを決意した。そのために薩摩の全地方から人びとの召集をはかり、老若男女を問わず武器を手にし得る者はことごとく、いかなる逃げ口上も許さず、薩摩国のために参集するように命令した。その際、義久は「各々、ただ四、五日分の米を帯に入れてたずさえよ、その糧食が尽きる時までには、戦の勝敗は決していなければならない」と厳命した。

こうして薩摩から国主の島津義久、弟の義弘率いる五万人近い本隊が到着すると、薩摩国を挙げて猛反撃に打って出た。このため、たちまち形勢は逆転した。大友・島津の両軍は日向小丸川《おまるがわ》（現・児湯郡木城町）を挟んで戦闘を展開したが、大友軍は指揮系統の乱れから大敗した。

フロイスは、豊後勢が敗北した最大の原因は、豊後の指揮官や宿老、また一般兵士らは、全ての者がキリシタンの教えの敵であり、その罪は積もり積もって、我らの主なるデウスが彼らを罰し、恥ずべき屈辱を与えず見過ごすことを許し給わなかったことにあったと見なした。そして「彼らは、敵との戦いをいかにすべきかを協議するどころか、そうしたことを一切忘れ、たらふく飲み食いした後で、日々に催す協議といえば、キリストの教えがこれ以上弘まらないようにするにはどうしたらよいか、いかにしてキリシタンになった者を棄教させるか、いかにしてキリシタンになりたがっている者の邪魔をするか、いかにして国主の嫡子の受洗の計画を断念させるか、いかにしてキリシタンの福音を説く人びとを殺害するか、その他これに類ことばかりであった。また兵士の勇気と規律は、これを率いる指揮官の巧みな統率と勇敢な精神いかんによるものであるが、豊後勢はそれらすべてにおいて欠けていた。各指揮官は、他の指揮官の言葉を受け入れることも互いに援助することもなく、単独で戦うことを欲した。そのため指揮系統は支離滅裂で劣勢を強いられた」と述べている。

豊後の大軍が大敗を喫した後、豊後勢は耳川まで退却して頽勢挽回を図ろうとしたが、島津の急迫を受けて多くの諸将および士卒が討ち死にした。豊後兵は雪崩をうって豊後へ敗走を始めたが、総大将である親賢が一戦を交えることもなく、真っ先に逃走した。彼は巨体の持ち主で、すでに四〇歳を超えていたが、元来が大の臆病者で、味方の救出に駆けつけるどころか、槍や刀の刃音、鉄砲の轟音、襲撃する者どものわめき音を聞くと、足に毛が生えたように驚くほどの軽快さと敏捷さをもって、空を切って逃走した。これに勢いを得た島津勢によって、幕下の国士どもはことごとく敗軍した。

合戦の二日後、ひどい恐怖心にかられ、茫然自失の態の数人の使者が、国主宗麟と兵士、ならびにカブラル、修道士たちがいるところに到着し、悲しく予期せぬ知らせを報告した。豊後勢敗退の知らせを受け、宗麟は放心状態に陥ってしまった。だが、カブラルは、もともとスペイン家系の貴族の出身で、軍人としてインドに渡り、一五五二年ホルムズ遠征軍に参加して、トルコ艦隊と戦い、その後イエズス会に入会するという経歴を持つ。その経験をふまえて、宗麟に対して「本陣（務志賀）は堅固であり、敵もすぐには近づくことができず、ここで退却すればどのような損失が生じるかを考え、陣容を再構築するように」とアドバイスした。だがしかし、パニック状態に陥った家臣たちにあおられた宗麟は、命からがら豊後へと逃走した。やむなくカブラルも豊後に退くための準備を整え、急きょ出発した。このとき、カブラルが所有していた莫大な財産が失われた。またカブラルは、偶然そこにいた一頭の駄馬を、病気で動けなくなっていたアルメイダのもとに届けさせた。

厳寒の冬の逃避行は困難をきわめた。途中、人気のない険しい山坂や急流の河川を越えねばならず、食糧も底をつき始めた。それ以上に憂慮されたのが、戦場から敗走してきた豊後兵だった。彼らは戦闘の敗因は国主宗麟がキリシタンとなったために、神仏が下した天罰だと言い出し始めた。そしてバテレンこそ、この新しい教えを吹き込んだ張本人だと、カブラルらに憤懣をぶちまけて脅迫した。

二日目の夜、カブラルと別の道をたどっていたアルメイダが合流した。アルメイダは道中、仏僧らから少なからぬ危険と侮辱を被ったが、豊後兵の一人からは「貴様は豊後の国を滅茶滅茶にし、怖ろしい破滅をもたらしたバテレン屋敷の頭か」と問い詰められた。アルメイダは「私ではない。私は司祭《パードレ》の位など持っていない。上長は国主とご一緒に先のほうにおいでになる」と述べ、ようやく彼の怒りをなだめることができた。だが、その兵はなおも多くの脅迫と侮辱を加えた上でアルメイダを解放した。

こうしてカブラル一行は、飢えと寒さにさらされ、その一方で、豊後兵による恐怖を受けながら先発した宗麟たちに追いつき合流し、そして三日間の道中の末に臼杵へとたどり着いた。

このとき野津にあった義統は、大友軍の敗退を知らないまま臼杵からフロイスを呼び、キリシタンの教えを話してもらいたいと請うた。そこで野津に赴いたフロイスは、夜半、義統と大勢の貴人たちの真ん中にあって、人びとの盛んな拍手を受け、深い満足をもって教理を読み上げていた。そこに突如、大友の全陣営は敵によって破壊され、大友軍勢は全員急きょ敗走し、誰が、そして何人が戦死したかもわからず、正確な事情が判明次第、次の使者が伝えるだろうとの知らせが届いた（フロイスは大友軍の戦死者は二万人以上、また五万人ともしているが、「大友家文書録」には諸将、および士卒戦死、およそ三千余人とある）。このあまりにも予期しなかった突然の悲報に、義統は言葉を失った。

大友軍の敗退後、キリシタンを嫌う重臣や家臣らは、多年、豊後の国は平和であったが、国主がキリシタンとなり、その嫡子が受洗を望んだことがすべてが破壊されるに至った原因だと見なして、このたびの敗北を、逆にわが意を得たとばかりにそのことを吹聴してやまなかった。

そんな中、大友軍の最高指揮官で、一時は戦死を伝えられていた田原親賢がひょっこりと豊後に姿を現わし、みんな驚いた。そして彼は、負け戦の責任を反省するどころか、敗戦の責任をことごとくキリスト教やキリシタンの責任に転嫁し、日本の神仏をないがしろにしたバテレンや信者たちを激しく攻撃し始めた。親賢の御託《ごたく》は、敗戦に対して不満や不安を抱く人びとの心を捉え、豊後国中でキリスト教に対する反感を高め、豊後国の諸所で騒ぎが起きた。

耳川の合戦における大友軍の壊滅的な打撃の代償はあまりに大きかった。長年にわたって築いてきた宗麟の名声、信用、国主としての威信は一朝にして地に落ちた。大友家臣団の宗麟に向けるまなざしは尊敬の念から嫌悪へと変わり、重臣の中には、せめて宗麟が国外に放逐されればよいがと考える者が出るなど、大友家臣団は亀裂を深めた。また一時、強くキリシタンの洗礼を受けることを希望していた義統もその決意を翻した。そして伯父の田原親賢、および母親の奈多方に同調して、偶像崇拝に熱中し、人びとのキリシタンへの改宗を妨害し、教会を迫害するようになった。こうして反キリシタン派が再び勢いを増し、豊後のキリシタン宗団は最悪の事態にまで立ち至った。

九州における勢力図も大きく塗り替えられていった。築後、肥後、筑前は大友の支配を離れ、龍造寺の旗の下に参じ、龍造寺・原田・筑紫・宗像らが蜂起して、大友家は内憂外患の様相を呈した。さらに、勢いに乗じた薩摩が勢力を北上させるに至り、大友・島津・龍造寺の三大勢力が鼎立し、新たな緊張関係が生み出された。

日向の耳川において豊後勢が大敗した後、天草の五人の領主は大友の支配を脱し、今度は島津に従属して自領保全の道を講じた。天正六（一五七八）年一二月二一日、天草鎮尚は「日州表耳川合戦の勝利千秋万歳」の賀使を喜入末久のもとへ送った。志岐麟泉もまた、日向での戦勝の賀使を島津氏に送り、栖本鎮通は、島津軍勝利の祝儀として太刀一腰を島津氏に贈った。

翌天正七年三月二日、島津義久は天草鎮尚の懇望により島津家幕下となることを認め、鎮尚は尾張守に任ぜられた。また一子・久種は島津義久の一字を拝領し、このときから久種《ひさたね》と名乗るようになったと思われる。キリシタン大名となった宗麟への畏敬と恩義を感じつつ、島津に鞍替えするという、これも乱世を生き延びるための戦国武将の宿命であった。

大友宗麟、復権する

高城・耳川の戦いで大友軍が敗北した直後、秋月種実は反大友の旗を翻し、龍造寺、筑紫、宗像らの武将と手を結んだ。こうして大友家は、凋落の一途をたどった。しかしながら、宗麟の信仰は微動だにしなかった。ただし宗麟は、領国とわが身は失われたと考え、司祭や修道士たちに豊後を出て、下、もしくは都地方に移るように願い、また嫡子の義統に政権を委ね、自らは津久見に隠居し、政治に関してはいかなることにも介入することを嫌った。だが、年齢が若い上に経験が乏しい義統は、母・イザベルの意のままになってしまい、宗麟の妻ジュリアの出産に際して、生まれる子どもが男であろうと女であろうと殺してしまえと、人伝てに宗麟に頼ませるなど、父・宗麟に対してははなはだしく遠慮を欠き、大友親子の間は、ほとんど妥協の余地がないまでに立ち至った。このことを知った豊後の大身たちは、大友を見限って離脱する者が続出した。それとともに豊後国中が動揺し、荒廃していった。

大友家支流の二大勢力田原・志賀両氏のうち、田原本家の当主である田原親宏《ちかひろ》は、秋月種実（親宏の長女は秋月種実の室）と共謀して挙兵し、豊後府内を攻撃して大友親子を討とうとした。親宏は豊後のもっとも勢力ある大身で、その実力には宗麟も一目置き、警戒していた。しかし七〇歳を越えた老練な親宏は、背中にできた癌のためあえなく急死した。その後、親宏の婿養子である親貫《ちかつら》が義父の遺志をついで叛旗を翻した。さらに、大友家の家臣である大分郡の有力武将・田北紹鉄《たきたしょうてつ》は、大友家が衰退すると田原親貫、秋月種実らと共謀し、謀叛を起こした。紹鉄は強大であり、非凡の大胆さと策略をもって知られていたため、豊後の人びとは恐怖し、これで豊後の命運も尽きたと思われた。

だがしかし、事ここに至って、無力な義統の後見として宗麟が大友全軍の陣頭指揮を取り、紹鉄は八日か一〇日を経たぬうちに、居城である熊牟礼城に籠城した。その後、紹鉄は筑前の秋月種実を頼って逃亡したが、その途上、八〇人の部下とともに大友軍に殺害された。時に天正八（一五八〇）年四月一三日。こうして大友家は存亡最大の危機を脱した。またこのことによって、田原親貫は気勢をそがれ、田原軍は弱体化していった。それに反して、宗麟はかつての信用と威信を回復し「人びとは皆、彼のみが、その賢明さによって豊後国を支えていることを認め、彼はかつて見られなかったほどの畏敬と服従を受けるようになった」（フロイス）。

こうして一五七七年一月、京都を発して豊後についてからの四年間、豊後の大名大友宗麟の居住地臼杵にあったフロイスは、宗麟の次男・親家と親虎の改宗、大友宗麟の改宗、宗麟の日向遠征と耳川合戦の大敗北、大友軍敗退後の大友家の動静、それに続く島津、龍造寺と大友との間の九州争覇戦等々、この間に起こったさまざまな劇的事件を記録として残している。そしてフロイスは、府内と臼杵の民衆によってイエズス会が再三にわたって窮地に陥った様子をつぶさに記録した。その中で、フロイス自身やフェゲイレド司祭、ギリェルメ修道士や他の修道士たちが、キリストの教えに反感を抱く民衆の暴力によって、かろうじて一命を取りとめたことなどを報じているが、アルメイダに関する記述は一つもない。その間、アルメイダは宗麟の指示によって郊外のキリシタンの家で病気療養に専念していたものと思われる。

第十一章

日本巡察師ヴァリニャーノの来日

時代はさかのぼるが、一五五九年、尾張一国を平定した織田信長は、翌六〇年、尾張国桶狭間において二万五〇〇〇~四万五〇〇〇人を擁する今川義元を三〇〇〇~五〇〇〇の兵によって急襲し、これに勝利した（桶狭間の戦い）。さらに一五六七年、美濃国主斉藤竜興を下し、天下取りに乗り出した。信長、三四歳のときであった。

一方、三好三人衆と松永久秀によって殺された足利義輝には嫡子がなかったので、その職位を継承する権利は次弟の義昭に帰属した。義昭は、義輝の元奉行州であった甲賀の土豪和田惟政《これまさ》と足利将軍家の直臣であった細川藤孝に対し、自らの将軍職復位と上洛の援助を全国の諸大名に呼び掛けてもらいたいと懇願した。しかし助力を求められた近江守護六角義賢や越前国主朝倉義景、越後の虎・上杉謙信らはこれを実現不可能だとして拒絶した。だが、幕府再興のための協力を願い出た惟政に対して、信長ひとりはこの願いを聞き届け、ただちに難事を克服し排除して、義昭を将軍職に復位することを約束した。こうして義昭は、信長によって長年の念願であった将軍職に就く道が開けた。また、義昭を擁することによって上洛のための大義名分を得た信長は、全国制覇への足掛かりをつかんだ。

一五六八年二月、三好長逸らは足利義栄を阿波から迎えて、義栄は室町幕府第十四代将軍の座に就いた。だが、足利義昭を擁する信長の上洛の前に、松永久秀と三好義継はいち早く信長に恭順し、これに抵抗した三好三人衆は信長に屈し、三好長逸は阿波へ逃れた。またその後、義栄は病死した。

同年九月、信長は五万人以上の兵を率いて上洛し、ここに室町幕府は再興され、第十五代将軍足利義昭・織田信長連合政権が樹立した。しかし義昭を傀儡として、その実権は信長が握った。

ところで、フロイスは足利家の将軍職復帰について、和田惟政の功績しか触れていないが、義昭と信長の連合には、細川藤孝、また義昭や京都の公家たちとの交渉にあたった明智光秀の存在が大きかった。だが彼らは、室町幕府の復活を願って新興勢力の信長を利用しただけだったが、ついには義昭と信長が対立するに及んで、藤孝と明智は義昭を見限り、信長に恭順の意を表した。

また惟政は、入信こそしなかったが、つねにキリシタンに好意を寄せていた。その和田惟政は、足利義満が将軍職に復位した後、京都奉行に任ぜられるとともに摂津領を兼管していた。そして惟政の親友の一人であった高山飛騨守は、居城沢城が三好一派の軍勢によって陥落した後、惟政に仕え、摂津芥川城の守将となっていた。その飛騨守の居城の山中にフロイスは避難していた。そこで、飛騨守はロレンソを伴って和田邸を訪れ、惟政を介して、フロイスらが一刻も早く京都に戻れるようにと信長への斡旋を依頼した。この要請を受けた惟政は、フロイスが京都に復帰するための許可を得るべく、フロイスの信長への面談を願い出た。

一五六九年三月、フロイスは大きなヨーロッパの鏡、美しい孔雀の尾、黒いビロードの帽子、およびベンガル産の籐杖をたずさえて、信長屋敷に赴いた。九州から戻ったロレンソが通訳として同行した（カブラルは「在日宣教師の中では、一六年間日本語の研究を積んだフロイスでさえも異教徒の前では公然と説教をすることはなく、キリシタンの前で説教するのにも支障があった」と述べている）。その他、ベルショール、アントニオ、コスメ、および重立ったキリシタンが同行した。このとき信長は、奥の間で音楽を聴いていた。信長は一行に馳走を供させたが、フロイスをそっと観察し、贈り物の一つを手にしただけで言葉かけはしなかった。のちに、信長は「幾千里もの遠国からはるばる日本に来た異国人をどのように迎えてよいかわからなかった」とフロイスに語っている。

信長とフロイスの二度目の会見は、二条御所の建築現場で行われた。信長はフロイスにいくつかの前置きをした後、「バテレンはいかなる動機から、かくも遠隔の国から日本に渡って来たのか?」と問うた。それに答えて、フロイスは「日本にこの救いの道を教えることにより、世界の創造主なるデウスの御旨に沿いたいという望みのほか、司祭たちには何の考えもなく、何らの現世的利益を求めることもしない」と述べた。そして最後に、フロイスは、信長に仏教の学僧との宗教論争と、都での居住の許可を願い出た。その後フロイスと惟政は、信長の指示によって将軍義昭を訪問し、義昭からも破格の饗応を受けた。

四月二四日付、信長は、一、伴天連が都に居住することの許可、二、課役を含む義務免除、三、信長の領国内での滞在の許可――を記した朱印状をフロイスに下付し、この内容に対して妨害したり、バテレンに苦痛を与える者たちへの処罰を保証した。義昭もまた、信長と同じ内容の制令を発給した。この二つは板の上に大書され、教会の門に掲げられた。

五月七日、フロイスが希望した宗教論争は、信長の面前において、比叡山の僧院の出身で、信長の信頼を得ていた朝日山日乗上人との間で争われた。宗論は延々と続いたが、フロイスの「全能のデウスは、この霊魂ならびにすべての他の創造主である。それゆえ、老人となって死が訪れて来ても、霊魂は破戒されないし、消滅もしないのである」という答弁に激高した日乗は、理性を失った。そして信長の部屋にあった長刀の鞘を抜き、フロイスに向かって「しからばロレンソをこの刀で殺してやろう。このとき、人間にあるという霊魂をみせよ」と迫った。日乗は、その場にいた人びとによって取り押さえられたが、信長は「日乗、貴様のなせるは悪行なり。仏僧がなすべきは武器を取ることではなく、根拠を挙げて教法を弁護することではないか」と叱責した。

その四日後、朝日山日乗は内裏のもとに伺候し、日本諸国からバテレンを追い出し、海外に駆逐してしまうように、との勅令を得た。そのため、フロイスはロレンソを伴って岐阜へと赴き、岐阜城で信長に謁見した。信長は、フロイスとロレンソの来訪を喜び、自ら先導して宮殿の中を案内した。

フロイスが二度目に信長と語らったとき、信長は大勢の重臣たちがいる前で、フロイスに向かって「内裏も公方様も、気にするには及ばぬ。全ては予の権力の下にあり、予が述べることのみを行い、汝が欲するところにいるがよい」と述べ、バテレンとキリシタン宗門の保護を約束した。

当時では考えられない近代的感覚をもっていた信長は、バテレンの西洋的合理主義を好んだ。そして未知の世界に対する強い好奇心と視野拡大の強い要求、また南蛮貿易による利潤獲得の目的からバテレンに破格の優遇を示した。そして以後、信長は一貫してキリシタン保護の政策をとり、バテレンの教線の拡大を支援していった。

一五七〇年、信長は浅井長政・朝倉義景・足利義昭・武田信玄・石山本願寺・三好ら反信長包囲網の前に最大の危機を迎えるが、近江国姉川の戦いにおいて浅井・朝倉連合軍に勝利し、これを脱した。

一五七一年九月、高槻城主の和田惟政は、新たに池田領との境に二城を築いた。このため摂津・池田城の荒木村重、茨木城主中川清秀らと対決し、あえなく討ち死にした。フロイスは最大の賛辞を連ね、これまでの惟政の業績、そしてその悲報を断腸の思いで報じている。

その直後の九月三〇日、信長は数日にわたり、朝井・朝倉に味方した比叡山を焼き討ちにした。

一五七三年、信長は信長包囲網を企てた義昭を追放し、室町幕府を滅亡させ、次に朝倉・朝井両氏と三好義継を滅ぼした。一五七四年には、本願寺が盟主となって、上杉謙信、毛利輝元、武田勝頼（信玄はその前年に死亡した）が同盟し、信長に戦いを挑んだ。信長は本願寺を包囲する一方、伊勢長嶋、紀伊雑賀、越前の一向一揆を壊滅させるなど、本願寺の勢力を挫いた。さらに翌七五年、三河長篠合戦で武田勝頼の騎馬隊を鉄砲で迎え撃ち、武田勢に壊滅的打撃を与えた。

一五七七年、松永久秀は信貴山城に立てこもり、再び信長への対立姿勢を表したが、織田軍の攻撃の前に名器・平蜘蛛の茶釜（信長から何度も所望された）をたたき割って、天守に火を放ち自裁した。

一五七八年四月には、上杉謙信が上洛の寸前に病死した。また一〇年間の長きにわたる戦いの末、本願寺も屈服し、反信長派の連合は潰えた。ここにおいて信長は、天下取りへの王手をかけた。

一五七九年五月、信長は、安土山上に、石造り五層七重の天守閣を中心とする大城郭安土城と宮殿を完成させ、拠点を岐阜から近江の安土へ移した。

同年一一月、先に信長から摂津国の領主に取り立てられた有岡城の荒木村重は突如、毛利方に寝返って信長に叛旗を翻した。信長軍の有岡城包囲は一年近くに及んだが、村重はついに妻子を捨て嫡男・荒木村次が守る尼崎城に逃避した。その一方で、有岡城に取り残された村重の妻子や荒木一族、城内の貴婦人に下した魔王信長の厳罰は、前代未聞ともいうべき、きわめて無慈悲で残酷なものであった。

そして、フロイスは「（信長は）毛利輝元を征服して日本六十六カ国の領主となった後、一大艦隊を編成して支那を征服し、諸国をその子どもたちに分かち与えんと計画した」と述べている。

有馬晴信、受洗する

一五七九年七月二五日、日本巡察師ヴァリニャーノを乗せたポルトガル船が口之津に到着した。東洋に展開するイエズス会を束ね、また総会長代理の特権を有するヴァリニャーノの来日の目的は、日本布教の実際を巡察し、その状況をヨーロッパに報告することにあった。ヴァリニャーノの伴侶としてロレンソ・メシアが、また補佐役としてイタリア人のオリヴェリオ修道士がともに来日した。

一五七一年九月二〇日付、長崎発の書簡の中で、カブラルは「アルメイダは四〇〇〇～五〇〇〇クルザードをもって入会したが、この金でもって当日本とシナにおいて悪徳な商法が始められた。貿易によって大きな収益があげられるようになったので、日本イエズス会内部で初期の頃のような清貧の風から弛緩してしまった」と批判したが、一五五〇年代後半に貿易が開始されてから一〇余年を経た一五七〇年頃には、当初資本の四倍ほどの蓄積ができていた。

来日に先立ち、ヴァリニャーノはイエズス会総会長から、現実に貿易収入なしに日本イエズス会を維持できるものかどうか、その判断を委ねられていた。ヴァリニャーノはマカオに来てみて、日本イエズス会の経済状態からして貿易は不可避であると判断し、日本イエズス会がマカオ＝長崎間のポルトガル貿易に正式に参加するため、マカオ市と契約を結んだ。ただ、この貿易によって収入を得ることを、カブラルやコエリョは「イエズス会の会則に反するばかりか、すべての修道誓願の掟に反する」と批判した。こうしてヴァリニャーノの来日前から、カブラル、およびコエリョとの対立の火種が生じていた。

ヴァリニャーノの定航船が口之津に到着する早々、有馬晴信が挨拶に訪れた。ヴァリニャーノは、晴信に対する答礼として日野江城の晴信を訪問した。その場で晴信から、自らキリシタンになり、また領内にキリシタンになりたいと望む者があれば、その全員に許可を与えたいとする申し出があった。しかしキリシタンになった父の義貞が死去した後、高来領国の統治を継承した晴信によって高来の教会はすべて閉鎖され、家臣たちも次々と仏教に立ち返っていた。そのことを知らされていたヴァリニャーノは晴信の真偽を疑い、すぐには快諾しなかった。

耳川の合戦で大友が島津軍に大敗した後、龍造寺隆信が急激に台頭して肥前、筑前、筑後を切り従えて九州の北半分を領して大村純忠、有馬晴信ら周辺大名に重圧を加えるに至った。そして一五七九年後半から一五八〇年初めにかけ、龍造寺軍は盛んに有馬に侵攻し、また家臣の離反が相次いだ。そのため、有馬は危機にさらされ、領内は動揺と混乱が続いた。晴信は、この危機的状況から脱するには、イエズス会からの援助を受ける以外に打つ手はないと考え、キリシタンになる決心を固め、ヴァリニャーノに洗礼を授けてくれるように懇願した。

一五八〇年三月、ヴァリニャーノは日野江城に乗り込み、晴信や身内の者、重立った重臣たちにカテキズモの説教を行った後、晴信（洗礼名、ドン・プロタジオ）をはじめ全員に洗礼を授けた。そして龍造寺によって有馬のキリスト教徒が滅ぼされるという危機感から、イエズス会としてできうる限りの援助をなすため、多数の食糧、金子を補給し、口之津に入港させていた定航船から鉛と硝石（弾丸と火薬の原料）を仕入れて、晴信にそれを提供した。それらの金額は六〇〇クルザードに達していた（当時イエズス会士の一年間の生活費は、一人あたり二〇クルザードであった）。その一方で、コエリョは大村の地に赴き、長崎の港を要塞とするよう大村純忠を説得し、これを援助した。

ただし一五九〇年、二度目に来日したヴァリニャーノは、イエズス会が軍事品を所有したり、キリスト教徒の領主たちのためにそれらの物質を調達することを禁じている。

一方、有馬がバテレンからの援助を受けたことを知った龍造寺隆信は、これを過大評価し、また筑後の強力な武将（蒲池鎮並）が蜂起したこともあって、自ら和睦を申し入れた。こうして、イエズス会から経済的・軍事的援助を受けた有馬国は滅亡を免れた。

有馬領内の危機が去った後、晴信は領内の寺社のいくつかを破壊した。日野江城の上《うえ》三里の地にある雲仙岳は、古くから霊山として信仰を集め、盛んな巡礼をもって知られていた。そして大乗院満明寺をはじめ数多くの寺院が立ち並んでいた。しかし破壊はこの霊山にもおよび、フロイスは「神殿や僧院、および神仏像は、ドン・プロタジオの改宗後に破壊された」と記している。

さらに晴信は、破壊させたその空き地を、教会の建物や地所としてイエズス会に授与した。これを受け、布教事業の将来を見すえ、日本人司祭を養成する必要性を感じていたヴァリニャーノは、高来の中でもっとも主要な町である有馬の城下町に、日本人の少年たちのためのセミナリヨを建てることにした。セミナリヨとは、上級階層の子弟に宗教教育とともに科学や語学、倫理学、音楽、美術などの中等教育を施し、将来、聖職者となるよう養成する学校のことで、そのために各地から身分の高い士分の子弟が集められた。

有馬セミナリヨは、一五八〇年四月三日の復活祭の直後に開校したが、初代校長としてメルキオル・デ・モーラ（一五七七年来日、イタリア人）が就任し、第一期の生徒は二二人であった。その中に、のちに天正の遣欧少年使節となる千々石ミゲル、原マルチノ、中浦ジュリアンがいた。また豊後から伊東マンショも呼ばれた。セミナリヨの生徒たちは、キリスト教理はもちろんラテン語を習い、また西洋楽器を学ぶなど、日本の少年たちがヨーロッパの文化を学び、それを受容するという画期的な場となった。

また、ヴァリニャーノはセミナリヨに収容する子どもたちは、いずれも剃髪するように命じた。その理由として、日本の仏僧たちの間でも行われているように、教会で生活する誓いを立てた者は、みな剃髪することが風習となっているからであるとしている。

大村親子の長崎寄進

六月初め、ヴァリニャーノは有馬領口之津から天草領に赴いたが、次いで大村を訪れた。この機に大村領主大村純忠は嫡子・喜前と連署して長崎、茂木の地（大村と高来の地を結ぶ通り道）の譲渡をイエズス会に申し出た。ヴァリニャーノによれば、大村純忠から「長崎港を教会のために受納せんことを切に要求された」という。そしてヴァリニャーノは、イエズス会総会長宛ての書簡で次のように述べている。

まず第一に、この港が龍造寺の手に落ちれば、彼が大村氏からすべての領土を奪い取ることは明白である。また、（龍造寺が）入港船の税金を手に入れることによって非常に強大となり、この地域のキリスト教徒たちに対して多くの危害が加えられるのみならず、現在彼が激しく争っている豊後との関係においても、彼は強大になってしまうだろう。

第二には、そうすることにより大村純忠の領土のみならず、これらの地域の教会住まいのすべてが安全を保障されるからである。なぜならば、キリスト教徒たちにとって、非キリスト教徒の彼らの主君たちが彼らに信仰を棄てさせようとしたり、その他圧迫を加えようとした場合に、大きな避難場所となるからである。

第三には、日本で生活をしていくための資金面と、これまで非常に危険にさらされていた安全面の双方に関して、安全な地を確保できるからである。

第四に、この地の領主の申し出を受け入れれば、彼の領地内にある我らの住まいの生活を支えるに足る収入を毎年得られるからである。なぜなら、半年間入港するポルトガル船によって支払われる碇泊税が、毎年一〇〇〇ドゥカードにものぼるからである、等々。

こうして龍造寺隆信を脅威に感じていた純忠は、龍造寺に長崎を奪われることを恐れ、先手を打って長崎をイエズス会に寄進し、もって同領からの利益を確保するとともに、最悪の場合、わが身の避難所たらしめんとした。

このことに関し、日本側の文献には、大村純忠、またその娘婿で長崎の領主であった長崎甚左衛門が、イエズス会から多額の借金をしていたことが記されており、高瀬弘一郎は「長崎寄進は、一方的に大村側の思惑からイエズス会に対して受納を求める強い要望が行われた、というものではなく、大村氏が教会に負債を追っている状態の中で寄進が行われたこと、即ち、恐らく借金の返済という意味を含んだものであろう、ということは、寄進状の記載そのものからも推定出来ると言える」(『キリシタン時代の研究』)と記している。これに対し、片岡弥吉は「長崎や大村の旧記に『借金の抵当に強要して』キリシタンが長崎を奪ったなどと記してあるのは、キリシタンを邪教視した徳川時代に、真相を知ることができず、また真相を知ったとしてもキリシタンの悪口しか書くことが許されなかった時代に曲解された誤りである」(『切支丹風土記　九州編』)としている。

ただし、大村で二〇年以上生活を送り、一五八七年、純忠の臨終にも立ち会ったアフォンソ・デ・ルセーナは「長崎の市《まち》をイエズス会に与えよと要求したのはコエリョであり、殿(大村純忠)はこれを深く喜んだ。そしてそれは実行され、その時にこの(長崎の)市は我らのものとなった」と証言している。

一五八〇年六月九日付、純忠から長崎を譲渡されたヴァリニャーノは、イエズス会の経済的基盤を固めるためのマカオ＝長崎間の貿易の秩序作りを行い、貿易の仲介者として財務担当者(プロクラドール)を置いたが、来日当初からプロクラドールの任に当たっていたミゲル・ヴァスが任命されたと推察される。そしてヴァリニャーノは、イエズス会の権益と維持をはかり、長崎と茂木の地を敵から防御するために、長崎、および茂木に弾薬、武器、大砲その他必要な諸物資を備えさせた。こうして長崎の軍事要塞化を進める一方、長崎付近の村落にいるキリシタンやポルトガル人に火縄銃を持たせ、自衛のための兵士を組織した。

さらに有馬晴信からも、長崎に近い浦上をイエズス会の知行地として譲渡された。そのことによってイエズス会は、毎年五〇〇クルザードを超える安定した収益を得られるようになった。

アルメイダ、神父に叙階される

アルメイダについて、ヴァリニャーノはイエズス会総長宛ての書簡の中で次のように記している。

「アルメイダは一五五六年に入会の際、所有の資産を分配し、日本の司祭たちには四千ドゥカードを寄進して次のように定めた。この金子を生糸に替えて日本行きの船に積み、それによって得られた利益でイエズス会員を援助する。元金は消費してはならず、むしろ増やさなければならぬ。その理由は、司祭や改宗者の数が増加するに従い、経費は日々増加していくからである。……この金はアルメイダの友人である他のポルトガル商人によって運営されることになった。シナで生糸を購入し、彼ら自らこれを船に積載して日本で売却したが、イエズス会の司祭たちはこれに介入せず、ただその運営によって生じた収益をポルトガル人の手からうけとるのみであった。このような方法で何年かが経過し、一五七八年まで続いた」

このようにしてヴァリニャーノは、イエズス会日本布教の当初、アルメイダがイエズス会の中で果たした功績を大きく評価した。

一五七八年一二月、大友軍の敗退という不吉な年が明けた翌一五七九年、すでに年老いたアルメイダにとって、修道士在職二四年目にして司祭叙階という思いもかけない道が開けることになった。

有馬や豊後、天草での新しい信者を世話するために、多くの司祭をつくる必要性を感じ取っていたヴァリニャーノは、アルメイダら五人の修道士を司祭に叙階するため、マカオへ送ることを決めた。そのため、アルメイダは、一五七七年七月四日に来日したフランシスコ・カリオン、フランシスコ・ラグーナ（大友義統から非常に愛され、また宗麟の霊的指導者として知られ、宗麟の臨終にも立ち会った）とともに、豊後から口之津に向かった。

その他、司祭叙階のため、一五六三年にフロイスとともに来日し、日本で修道士に採用されたミゲル・ヴァス、そして一五六一年に来日してイエズス会に入り、日本語の知識に優れ、多年、説教や教理教育に従事したアイレス・サンシェスが選ばれた（パチェコ・ディエゴ『ルイス・デ・アルメイダ』には、「この数人とはフランシスコ・ラグーナ、フランシスコ・カリオン、ミゲル・バス、それとルイス・デ・アルメイダでした」とあって、なぜか、サンシェスの名が抜けている）。

ちなみに、ヴァリニャーノは一五五六年、東インド管区長メストレ・ベルショールに伴われて来日し、その後豊後や多くの地で説教をなし、多年にわたって子どもたちの教理教育に従事した修道士のギリェルメ・ペレイラも司祭に叙そうとした。しかし彼は、司祭に叙階されることを断っている。

これまで、アルメイダの長年にわたるイエズス会への功績は、計り知れないものがあった。そのアルメイダが司祭へ叙階されなかった理由は、アルメイダの出自がマラーノ系ユダヤ人だったため警戒されたとか、ヒエラルキーの厳しいイエズス会にあって、ユダヤ人アルメイダは、カブラル、コエリョら上司の偏見によって司祭叙階への道は閉ざされたままであったなどとも言われている。

また、来日当初、アルメイダは豊後において医療活動に挺身したが、その後イエズス会本部からの通達として医療活動禁止令が出されているにもかかわらず、時には積極的に医療行為をなした。そしてそのことを理由に、小岸昭はマラーノとしてのアルメイダの現実主義、その二重性を指摘している（『隠れユダヤ教と隠れキリシタン』）。

だが、本書でも触れたように、アイレス・サンシェスやミゲル・ヴァスらも「医療禁令」が出された後も医療活動を行っている。また、そのことに関し、結城了悟先生からいただいた私信を紹介する。

「（前文略）二番目はコレジオと関わりありませんが、『アルメイダ改宗の謎』についてです。私がはじめて本渡の教会から頼まれてアルメイダについて小さな伝記を書いたのは一九六四年でした。その後ポルトガルにも一九六九年にアルメイダについて書き、イエズス会の記録も、また外国でアルメイダについて書かれてあることは全部読んでいると思います。どこでも明らかにアルメイダはユダヤ人の家族の者で、それは秘密的にユダヤ教として生活したというわけではありません。ポルトガル王ヨハネ一世がユダヤ人で改心しない人をポルトガルから追い出したのは一四九七年のことで、アルメイダの生まれたのは一五二五年のことです。すなわち彼が生まれた時その家族はキリスト信者として生活していました。親の信仰がどうであっても、アルメイダは子供の時からキリスト教信者として育てられました。アルメイダが密かにユダヤ教を守っていたことなどどこにも書いてありません。あの時代の社会を見れば、第二の世代の人が、ある人は密かにユダヤ教として育てられ、またある人はキリスト信者として育てられました。例えば一五一五年に生まれたアビラの聖テレジアは小さいときからキリスト信者として育てられ、スペインの一番優れた聖女の一人になりました。アルメイダは商人として医者として、他のたくさんのポルトガル人と同じようにインドに行きました。彼の信仰については決して問題はありませんでした。彼の改心といえば商人としての生活をやめて宣教師になったことで、その決定をしたのはイエズス会の宣教師の指導のもとに聖イグナチオの霊操に従って黙想したときです。日本からポルトガルに戻らなかったのは、自分の仲間のトーレス神父、イルマン・フェルナンデス、ルイス・フロイスが同じように日本に残ったからです。アルメイダの家族がどうであったか記録はありませんが、ルイス・デ・アルメイダが密かにユダヤ教に従って生活したことは記録にありません。このことも歴史的な問題でいろいろの意見があるでしょうが、この問題も記録にしたがって解決すべきです。日本に来た宣教師の中でユダヤ人の子孫は他にも数人いました。イエズス会の創立者のグループやイエズス会の二番目の総長、ヤコボ・ライネス総長もユダヤ系の人でした（後略）」

この「結城書簡」からも、アルメイダはユダヤ人であったため神父になれなかったという説には首肯しかねるものがある。

キリスト教が伝来した戦国時代の末期、日本列島津々浦々まで村落共同体から上は大名家に至るまでの社会組織が神仏への信仰を核として形成されていた。これに対して〝人間はすべて平等であり、貧しい者こそ幸せである〟という人類愛を説き、日本の宗教界に果敢に挑戦し、時にはイエズス会の存亡さえ危ぶまれる中にあって、アルメイダは、特に西九州の大名や重臣との政治的交渉まで担わされるなど重責を担い、日々奔走していた。そのため、アルメイダの力を必要とするトルレス、およびカブラルにとって、アルメイダの司祭叙階など考える余裕はなかったと思われる。またアルメイダは、貿易商から中途で宣教師に転身した言わば叩き上げで、最初から聖職者を目指したわけではなく、そのため、司祭になるための正式な学校も出ていない。そのことは、来日後にイエズス会に受け入れられたアイレス・サンシェスやミゲル・ヴァスも同様であった。そうして、フランシスコ・カリオン、フランシスコ・ラグーナを含めた五人の修道士は、ヴァリニャーノの来日がなければ司祭叙階への道は閉ざされていたはずである。

もっとも、フロイスは「われわれの間では良き修道士は地位や名声の上がることを非常に嫌い畏れる。日本の坊主らは昇進には莫大な金銭がかかり、誰もが死ぬほどそれを求める」（『ヨーロッパ文化と日本文化』岡田章雄訳注）と述べている。そうだとすれば、アルメイダは心から司祭叙階を喜んだかどうかわからない。ただし、アルメイダがもっと早くイルマン（修道士）からパードレ（司祭および神父）になっていれば、もっと違った形で活躍の場が与えられていたと思われる。

アルメイダらは一五七九年一〇月か一一月ごろ、リオネル・デ・スーサの船で口之津を出発した。長い航海の船中で、アルメイダとミゲル・ヴァス、アイレス・サンシェスらは日本在留中の思い出話、そしてイエズス会の今後の展望について、熱く語り合ったことだろう。

同年の末ごろ、スーサの船はマカオに到着した。アルメイダは、一五五五年にマラッカを出帆して日本に向かってから二四年目にして再びマカオの地を踏んだ。感慨深いものがあったと想像される。

一五八〇年、アルメイダ一行がサン・アントニオ教会に赴くと、叙階式に用いる聖油（オリーブ油）がなく、また叙階式を行うために決められているだけの司祭がいなかったので、メルキオル・カルネイロ司教は叙階を行わないことにした。そのため、彼ら五人はインドのゴアに行くほかはなかったが、ゴアまで行って叙階されるには三年間を要した。だが、日本ではすぐに彼らの働きを必要としていたので再び日本に帰るしかなく、彼らを大いに失望させた。とりわけ、高齢のアルメイダにとって司祭となる最後の機会を失った落胆は大きかった。しかし、そのとき偶然、数人のカプチン会（カトリック教会の修道会）の司祭がマカオの港に到着した。彼らはシナでの布教を試み、広東の市に赴いて布教を試みたが、中国人の抵抗に遭い、マカオの港に退去して来たが、スペインからの聖油をたずさえていた。そのため、アルメイダらはその聖油を用いて聖別され、一同の深い喜びのうちに司祭に叙階された。
「イエズス会のそばにあったサン・アントニオ教会に行く階段を、ゆっくり、静かに上るアルメイダの心は、満ち溢れる喜びでふるえていたことでしょう。今、彼のあの全ての働きは、司祭職の冠を受けるのです」（パチェコ・ディエゴ『ルイス・デ・アルメイダ』）
そして一五八〇年七月ごろ、マカオに派遣されていたアルメイダら五人の修道士は司祭となって、ドン・ミゲル・ダ・ガマの定航船で長崎の港に帰着した。

ヴァリニャーノとカブラルの対立

それまでヴァリニャーノは、カブラルはじめ日本からのいくつかの報告書により、日本布教に大きな希望を抱かされた。そして日本文化・習俗の理解方策を意図し、大きな期待をもって島原半島の口之津に上陸した。しかしヴァリニャーノは、日本の地に足を入れ、これまで日本の布教に関して報告されてきたことと、現実の違いをまざまざと思い知らされた。

その当時、日本のキリスト教徒は約十万人を数えたが、日本人修道士を含めわずか一〇数人ほどのイエズス会士が司牧に当たっていた。そのためヴァリニャーノは、一五七五年から七七年にかけて二〇数人のイエズス会士を送り、カブラルに対し「我らがすべて日本語に習熟するため、最良の教師をつけるように」と要望していた。しかし、彼が送り込んだ二〇余名という従来に倍する新宣教師らに対し、カブラルは日本語を学ばせるとか、その他の配慮について熱意がなく、そのため、彼らは語学的に何ら上達していないばかりか、その便宜さえ供与されていなかった。そこで、日本語に通じていなければ告解、説教などの聖務励行に差し支えるばかりではなく、日本人の感情・生活が理解できず、宣教師と日本人キリシタンの間は疎遠になるばかりであると考えたヴァリニャーノは、これをカブラルに詰問した。すると、カブラルは「貴殿は日本語を知らぬからで、日本語はどんな才能があるものでも説教するには一五年はかかる」と一笑に付す有様であった。

その後ヴァリニャーノは、イエズス会が長崎、豊後、その他「下」のキリスト教徒にいかに対応しているかを実際に見聞し、大いに不満を持ち、かつ落胆消沈した。そしてその責任は、すべて熱意に欠ける布教長のカブラルにあることを理解した。ただし、来日したカブラルは極めて積極的に福音宣教を進め、イエズス会士に対して修道会の戒律を厳しく強調し、大村・天草・豊後などで集団洗礼を行わせた。しかし司祭・修道者・宣教師として熱意に燃えてはいたが、元ポルトガル貴族としてのプライドや軍人として他の民族に対する理解が困難で、日本の言葉、ひいては文化に通じなかった。

フーベルト・チースリクは「(カブラルは)その時代の思想を受けて自分を『キリストの征服者』とみなし、必要に応じて強制や武器の利用をも問題としなかった。むろん、政治的な征服のためではなく人々の霊魂を天国に導くためであった」(『キリシタン史考』)としている。

一五八〇年七月、ミゲル・ダ・ガマの定航船が、アルメイダら五人の新しい神父を乗せて長崎に入港した。そしてこの定航船によって、インドのイエズス会内部に動揺が生じているという情報がもたらされた。オルガンティーノによれば、この際、カブラルとコエリョは、インド人を援けるべしとの口実のもとに、ヴァリニャーノに対してインドに帰るように促し、都地方を訪れる必要はないと言った。それを聞いたオルガンティーノは、ヴァリニャーノに対して五畿内に来訪するよう強く要請したという。

そして、カブラルは「ヴァリニャーノが日本を離れれば、ヴァリニャーノの仕事は紙上の空論として残るだろう」と言ってヴァリニャーノを脅かした。ここに至って、ヴァリニャーノは自分が日本を去れば、カブラルによって日本のイエズス会は破滅すると考え、日本に留まって巡察を続けることを決意した。

この直後の七月末、ヴァリニャーノは布教長のカブラル、下教区長コエリョ、ヴァリニャーノの伴侶として来日したロレンソ・メシア、そして日本に戻ってきたアルメイダの出席を求め、これから行われる日本での第一回協議会の予備会議を催した。

予備会談では、一、ゴアから極東の副管区を分離させる件。二、長崎、茂木の譲渡に関する件。三、日本の布教区を、下、豊後、都の三つから組織する件。四、布教の統轄に関する件。五、各教区のセミナリオに関する件。六、日本人聖職者養成に関する件。七、日本人をイエズス会に採用する件。八、日本人在俗聖職者に関する件。九、日本司教が着座すべきか否かの件。十、在日イエズス会員の絹衣着用の件。十一、布教をさらに拡大すべきか、現在の信仰を深めるべきかという問題。十二、教会に奉仕する日本人の処遇に関する件――について話し合われた。

この中で、六、日本人聖職者養成に関し、神学生はラテン語を修め、次いで哲学、神学に及ぶべきかについて、ラテン語に関しては全員了承したが、哲学、神学に関してはアルメイダ一人が明白に拒否し、カブラルは明らかには発言せず、アルメイダの説が正しいという意見を暗示するに留まった。七、日本人をイエズス会に採用する件については、ヴァリニャーノとカブラルは見解をまったく異にし、日本人に高度の学問を授けることに、アルメイダとカブラルは反対を表明した。十一、布教をさらに拡大すべきか、現在の信仰を深めるべきかという問題については、全員が拡大説に賛成した。十二、教会に奉仕する日本人の処遇に関する件につき、カブラルは、適時、愛情を示さねばならぬことはもとよりであるが、厳格なことが必要であると説き、他の全員は厳格さよりも温和をもって接すべきであると主張した。

このとき、なぜアルメイダがカブラル寄りの意見を述べたか、その真意はうかがい知れない。ただ、アルメイダはカブラルと同じポルトガル出身であり、また長年、カブラルの下で布教活動に従事し、苦楽を共にしたことから、カブラルに対する身内意識があったかもしれない。

さらにカブラルは、日本の改宗のためには日本語を学び日本の礼法に従うべきであり、日本人司祭を養成すべきであるというヴァリニャーノの案には耳をかそうとせず、「私は日本人ほど傲慢、貪欲で偽善的な国民を見たことがない。生活に困った時だけは従順に働くが、生活ができるようになると勝手に振舞う。日本人修道士はラテン語も知らないくせに日本の異教徒の前でとうとうと説教し、私らパードレを見下している。彼らにわれわれと同じ知識を持たせたらどんなに威張るか」と異を唱え、あくまで日本人を軽蔑し、蔑視した。これに対し、ヴァリニャーノは「日本人は礼儀正しく有能であり、理解力も優れている。しかも日本人ほど名誉を重んずる国民はない。彼らに高等な教育を与えたら日本の布教はどんなに発展することか」と反論し、二人の意見は激しく対立した。

ヴァリニャーノはカブラルの布教方針について、有馬晴信や大村純忠にも意見を求めた。晴信と純忠は、教会側の態度の誤りを指摘し「バテレンたちは、幾多、日本人に対して無礼であり、かつ気がつかない。神社仏閣の破壊は、バテレンたちが、キリシタンの教理に反するというので不本意に行ったにすぎない」。そして「我が国（日本）に住んでいるバテレンたちが、日本人の美しい習慣や高尚な態度を学ぼうとあまり努力をせぬことは、まったく無知なことと思われる」と語った。ヴァリニャーノは、日本人の大いなる天稟の才を評価し、同時に、カブラルが日本布教長であるかぎり、日本教会の新たな発展はあり得ないとしてカブラルの罷免を決し、カブラルもまた、日本布教長の辞意を表明してヴァリニャーノ、および一五八〇年八月二〇日付、口之津発信の書簡でローマの総長に解職を願い出た。

こうしてカブラルは、日本人と日本文化に対して一貫して否定的・差別的であり続けたが、カブラルをはじめとする宣教師たちが日本の他の諸宗教との共存共栄をはかる方途を講じていれば、あるいはキリスト教はこの日本の中で土着し、生き延びる道があったかもしれない。しかしながら、当時、ローマ法王庁はスペイン・ポルトガル両国の貿易事業に莫大な資金を提供する代わりに宣教師を送り込み、世界中にキリスト教を布教するよう命じていた。これを受け、救世主デウスは異教徒を改宗させ、霊魂の救済を命じたとして、彼らの教えに耳を傾けようとしない野蛮国に対し、武力で彼らを従属させる戦争は正当であると見なしていた宣教師も多くあった。

ちなみに、高瀬弘一郎『キリシタン時代の研究』で明らかにされているが、一五八七年七月二四日、豊臣秀吉の「伴天連追放令」が出された直後、日本準管区長コエリョは秀吉のキリシタン迫害に対する自衛策として、ポルトガル＝スペインの軍事力を行使して秀吉に軍事力で対抗しようと画策した。また、ヴァリニャーノと対立し、一五八三年に日本を去ったカブラルは、のちにインド管区長となったが、一五八四年にスペイン国王に宛て「多くても一万人の軍勢と適当な規模の艦隊で中国を征服できる」として、「これだけの軍勢や軍艦が調達できない場合は、日本に駐留しているバーデレ（神父）たちが容易に二、三千人の日本人キリスト教徒を送ることができるであろう」とする書簡を送っている。

なお、一五八〇年、スペインのフェリペ二世がポルトガル王位を継承し、両国は連合国家となったが、実質はスペインによるポルトガル国の併合であった。この結果、ポルトガルという国家が消滅したわけではないが、スペインはポルトガル植民地も合わせ「沈まぬ太陽」として世界に君臨した。その影響は日本にもおよび、在日ポルトガル人、スペイン人宣教師の間に微妙な対立感情を生じさせた。そして後年、徳川幕府による禁教下、在日イエズス会と来日を果たしたスペイン系修道会との間で、日本における布教のあり方をめぐって激しい対立が生じた。

また、ヴァリニャーノによれば、カブラルは日本の風習を悪しざまにいうのがつねで、他の同僚もそれに見習って日本の風習を見下していたという。カブラルは修院内の高い机で食事し、テーブルクロスやナフキンを用いたが、それが甚だ不潔であったため日本人は嫌った。またカブラルは肉を常用していた。そして修院内には豚や山羊を飼い、牛を解体し、その皮を吊るして乾燥させ、売却した。その上、修院の台所は油の臭いで充満して不衛生極まりなかった。そのため「キリスト教徒の間には冷たい空気が支配し、教会を訪れる人は稀であり、……キリスト教徒の殿たちはカブラルを嫌い、彼に逢おうとはしなかった」。

それまでトルレスに倣い、粗末な日本食になじんでいたアルメイダにとって、カブラル、そしてその後任となるコエリョと比べて「トルレスの時代は良かった」と、何度思ったことだろうか。

大友宗麟と織田信長に謁する

これまで述べたように、ヴァリニャーノは「従来、日本のキリスト教界は、布教長カブラルによって誤った方法で導かれてきた」「日本のイエズス会とキリスト教会がカブラルという人物の専横と権力に支配され、しかもなんらの適切な対応策も講ぜられておらず、このままならば日本のイエズス会はかならずや自滅するであろう」として、カブラルの布教方針を厳しく糾弾した。

しかしながら、来日当初の日本人観は、カブラル同様に「下、及び豊後教区の諸領主は、自領の港に入るポルトガル船に関連して、常にイエズス会から治められる利益に着眼している。したがって、領主たちはキリスト教徒であっても、常にその脳裏には司祭たちはその希望するところにポルトガル船を入港させうるし、同船の積み荷の中、相当量は司祭の者であるという考えが離れられないでいる」としか映らなかった。これに対して「都の教区では、諸領主は、我らから何らの利益を得ようとは考えていない。そのためキリスト教徒になった場合には、はるかに優れており、その支配下にある人びとも同様である」。そして「日本における評判は、すべて都地方を基としており、同所は他の地方全般の基準である」と評価し、イエズス会は日本国の中心である都教区をもっと重視しなければならないと――。その後五畿内への来訪を促すオルガンティーノの要請にこたえて上洛し、五畿内のキリシタン宗団を訪問し、またキリシタンに好意を寄せる織田信長への謁見を果たすため、五畿内に赴くことにした。

一五八〇年九月八日、ヴァリニャーノは口之津を出発して豊後に向かった。カブラルとロレンソ・メシアの両司祭、オリヴェリオ修道士が随伴した。

九月一四日、豊後に到着したヴァリニャーノは、府内にしばらく留まった後、府内から三里隔たった地で田原親貫の城を包囲している義統を訪ねて行った。その後臼杵に向かい、臼杵の居館で大友宗麟と懇談した。宗麟は濃茶、薄茶を用意し、茶器、手前も二種類準備していた。この宗麟との懇談において、特に宗麟の茶道と禅の素養は、ヴァリニャーノの日本事業についての知識に決定的な影響を与えたとされている。また、宗麟は「キリシタン間のあらゆる冷たい態度は、司祭たちが日本人を遇する方法を知らぬからであることは間違いない。日本人を改宗させようというのであれば、日本語を学び、日本の礼法に合うように生活しなければならない」と、カブラルの誤った指導理念を指摘し、宣教師は出直すべきであるとして宣教師たちの日本化を訴えた。これを受け、ヴァリニャーノは、すべての宣教師は日本の文化に順応しなければならないという指針の必要性を痛感した。

その後ヴァリニャーノは、府内にいた豊後の布教長フロイスをはじめ司祭全員、ならびに臼杵の司祭館にいた司祭、イエズス会員を臼杵の修道院に招集し、第一回協議会を開催した。この協議のなかで、イエズス会入会を希望する日本人を受け入れるため、丹生島城の近くに修練院《ノヴィシアド》を設置することを決めた。修練院は降誕祭（一二月二四日）に日本人とポルトガル人各六人、計一二人の修練生を受け入れて発足した。日本人六人の中に、宗麟の三男である親盛とともに、日向国主伊東義満の遺児である伊東義賢、祐勝の兄弟がいた。そして、臼杵の修練院長にペドゥロ・ラモン（スペイン人）が任命された。

翌年一月、ヴァリニャーノは府内の住院を改築し、修練院を終えた後、さらに学問を修めるためのコレジヨを建てた。コレジヨでは、ラテン語、ポルトガル語、日本語学科のほか、哲学の講義も行われた。修練院、コレジヨの設置は、日本人の優秀さを認めたヴァリニャーノが、日本人司祭の養成を目指したものであった。さらにコレジヨでは、ヨーロッパから来た修道士のため、日本語の文法や辞書、日本語による公教要理書なども編纂されたが、ヴァリニャーノの著書がテキストとして使われ、また日本人修道士のために日本語訳が作られた。なお、イエズス会創設者イグナチオ・デ・ロヨラは、イエズス会士に対し、哲学・文学・科学にわたるルネサンス人的教養を身につけることを要求した。そして、ヴァリニャーノをはじめとする宣教師たちはイタリア・ルネサンスのヒューマニズム（人文主義）の影響を受け、合理的、科学的精神を重んじた。

ヴァリニャーノはまた、この豊後において養方パウロとヴィセンテ洞院を修道士としてイエズス会に受け入れた。養方パウロはすでに七〇歳を越えていたが、ヴァリニャーノは養方パウロの人柄と学識を非常に高く評価し、キリスト教文学の翻訳に当たらせた。日本語の文法や辞書、日本語による公教要理書の編纂には、養方パウロと息子のヴィセンテ洞院の協力なしには完成できなかったとされている。後年（一五九一年）、日本における最初の活字印刷本である加津佐版『サントスの御作業の内抜書』には、

「伊留満養方パウロの翻訳」になることが四篇、注記されている。その後天草のコレジヨにおいて出版されたキリシタン版『コンテムツス・ムンジ』、『ヒデスの導師』等々の在日イエズス会員の翻訳事業は、養方パウロの協力によって完成したとされている。

また、ヴィセンテ洞院は「それまでに日本でイエズス会に入会した人びとの中ではきわめて稀な才能の持ち主の一人で、表現力巧みな大雄弁家であり、和漢の文字に造詣が深く、日本の諸宗派、ことに全宗派中第一位を占める禅宗について然りであった」（フロイス）として、日本人修道士中第一の説教師と評された。

ちなみに、一五七七年に一六歳で来日し、大友軍の日向遠征に従軍したジョアン・ロドリゲス（ポルトガル人）は聖職者になるため、臼杵の修練院や府内のコレジヨで学んだが、府内のコレジヨで日本語・日本文化の教師を勤めていたのが養方パウロであった。その後ロドリゲスは、豊臣秀吉や徳川家康との交渉の通詞として活躍──。また『日本教会史』や『日本大文典』『日葡辞書』などを次々と著した。

豊後のコレジヨの長には、日本での経歴も豊富なベルショール・デ・フェゲイレドが就任したが、ヴァリニャーノもまた、自ら修練院やコレジヨで二カ月ほど講義し、その通訳にフロイスが当たった。

カブラルもまた、ヴァリニャーノの豊後訪問に同行した。豊後における自分の威厳や存在価値を見せつけたいという思いもあったと思われる。だが、ヴァリニャーノによれば「著名なキリスト教徒の殿たちは、カブラル師を嫌い、彼に会おうとしなくなった。ただ豊後王だけは、カブラルのとりなしによってポルトガル船による利益があったから、彼に対してある程度の愛情を示した」と記している。ここに至って、カブラルは自らの役割がすでに終わっていることを自覚せざるを得なかった。

一五八一年三月、ヴァリニャーノはロレンソ・メシア神父とオリヴェリオ修道士、および豊後からフロイスを伴って京都へと向かった。ヴァリニャーノは上洛に際し、臼杵の修練院で優秀であった伊東祐勝（のちに伊東マンショの姉を妻にした）を安土のセミナリヨに入学させるため随伴させた。

この上洛の途次、ヴァリニャーノはカブラルに代わる日本布教長としてガスパル・コエリョを指名した。来日以来の経験からすれば、オルガンティーノやフロイスが豊富だったが、オルガンティーノは自分と同じイタリア人だったため、身びいきしたと思われないための配慮であった。しかし本心は、オルガンティーノは極端な楽天家で、またあまりに知性に欠け、独断に走り、彼の放漫なやり方ではイエズス会の財政が破綻すると危惧した。もっとも、オルガンティーノは、ヴァリニャーノから意見を求められ「ガスパル・コエリョ師は非常に冷静であり、日本人の友であり、大いに勇気があるから、彼を選ぶべきであると提案した。そしてヴァリニャーノもこれに同意した」と語っているが。

フロイスについては、彼の能力と性格を評価しなかった。ヴァリニャーノから見れば、フロイスは大いに慎重さに欠け、修道会外部の人との対話の際、警戒すべき人に対しても口が軽く「誇張癖があり、小心者で細事にこだわり、中庸を保ち得ない人物」としか映らなかった。だが、コエリョの能力を高く評価したヴァリニャーノは、大きな誤算を犯した。のちに新布教長として指名したコエリョの軽挙によって、豊臣秀吉による〝伴天連追放〟というイエズス会最大の危機を招くことになる。

一五八一年三月一八日、堺の町に着いたヴァリニャーノ一行は、日比屋了珪の屋敷に案内された。そこでヴァリニャーノは、当主の了珪から九百両で購入したという傷だらけの五徳蓋置《ふたおき》の一つを見せられた。先にヴァリニャーノは、大友宗麟からも銀九千両で入手したという陶土製の茶入れを見せられたが、ヴァリニャーノは「我らから見れば、まったく笑い物で、ヨーロッパでは鳥籠に入れて水をやること以外には何の役にも立たないものに、何でそんな大金（日本教会が一年間生きてゆけるような値段）を投じるのかはなはだ理解に苦しんだ」と記している。ただし、その後も茶人として知られた高山右近らと接したヴァリニャーノは、日本の文化を理解する上で、茶室の持つ意義の大きさを思い知らされ、教会建築のなかに茶室を設け、茶器をおくように命じ、禅僧の儀礼を学ぶことを心得とした。

ヴァリニャーノ到着の報が伝えられると、結城弥平次、池田丹後守、伊地智文太夫ら大勢のキリシタン武将や貴人たちが来訪した。その後ヴァリニャーノ一行は、堺から八尾、飯盛の麓の三ケ、河内と歩を進めたが、八尾では池田丹後守夫妻とその息子が、和江の貴婦人らとともに出迎えて、たくさんの食物を準備してくれていた。三ヶを通過するにおいては、三ヶ頼照とその妻が家族ともども、また三ヶの人びとが多数、街道に畳を敷いて待っていた。河内の岡山においても城主結城ジョアンをはじめとして、多数のキリシタンから言い尽くせぬほどの親愛をもって歓待された。

この五畿内の巡察で、ヴァリニャーノがもっとも喜びとしたのは、高槻の城主高山右近に会うことであった。この高槻において、ヴァリニャーノは数日を逗留し、聖週間の祭典や、復活祭の式典を挙行した。復活祭においては、日の出の二時間前に、二万人のキリシタンたちが色とりどりの多数の絹の旗のほかに、多くの絵を描いた紙製の提灯を高く掲げて行列をなして行進した。その様は、ヨーロッパのそれに比肩し得ると思わせるものがあった。

二月二六日、ヴァリニャーノ一行は京都に到着した。その二日後、ヴァリニャーノは本能寺を訪れ、信長に謁見した。最初、ヴァリニャーノを見た信長は、あまりの背の高さに少なからず驚かされたという。その後信長は、長時間にわたってヴァリニャーノを引き留め、手厚くもてなした。それも道理で、これまで信長はフロイスはじめカブラル、オルガンティーノ、ステファノーニらバテレンに会っているが、東洋に展開するイエズス会を束ね、また総会長代理の特権を有する日本巡察師ヴァリニャーノの位階は、彼らの比ではなかった。

四月一日、信長は京都御所の東に造営された馬場において、壮大な「馬揃え」を挙行した。それに先立って、ヴァリニャーノはじめイエズス会員全員に、この催しに列席するように命じた。午前八時に本能寺を出た信長は室町通を上り、大騎馬隊とともにパレードをなしつつ、馬場に入場した。この前代未聞ともいえる「馬揃え」を見物するために、諸国から二〇万人に近い人びとが参集した。「馬揃え」の挙行は派手好みな信長と、その軍団の威容を見せつける一大軍事パレードでもあった。

この行事が終わると、信長はヴァリニャーノに安土山を見るように命じた。フロイスは、安土山頂に築かれた五層七階からなる宮殿と安土城を「ヨーロッパのもっとも壮大な城に比肩し得るものだ」として、その建設技術を高く評価した。

ヴァリニャーノ一行が安土山に到着すると、信長は安土城と御殿を見物するよう命じた。その後ヴァリニャーノと会見した信長は、美濃から取り寄せた干し柿をプレゼントし、他日、再び招待したいと言って別れた。ヴァリニャーノと信長は、都合五回以上会談したとされ、ヴァリニャーノは予想をはるかに上回る上洛の成果を得ることができた。

七月、ヴァリニャーノは安土において第二回協議会を催したが、安土におけるヴァリニャーノのもうひとつの主要な任務が、すでにこの地で準備が整っているセミナリヨを開講させることにあった。ヴァリニャーノの上洛に先立ち、オルガンティーノは信長に願い出て、安土で最良の土地を与えられ、その地に三階建ての修道院を建てた。その最上階には、ヴァリニャーノの意向に従い、セミナリヨとして使用するための住居が建てられていた。すでに集められていた生徒の中に、三木パウロ兄弟、三ヶアントニオ、永原ニコラオ、木村ミゲルらがいた。それにヴァリニャーノが豊後から連れてきた伊東ゼロニモ

（祐勝）が加わり、安土セミナリヨは発足した。初代の院長にはオルガンティーノが任命された。またセミナリヨの教師として、ジョアン・フランシスコ、メシアン・デ・アルメイダ、ディオゴ・デ・メスキータが就任した。

ヴァリニャーノは安土に一カ月近く滞在した。その間、摂津高槻の領内や河内国を訪問し、その地の領主やキリシタンから大歓迎を受けた。こうして約半年にわたる都教区の巡察を終えたヴァリニャーノは、一五八一年九月、豊後に向かって出発し、一〇月初めに豊後に到着した。またヴァリニャーノは、安土を去るに際し、メスキータ修道士をマカオで司祭に叙階させるため随伴させた。

ヴァリニャーノの上洛の間、宗麟は著しくその威信を回復させていた。宗麟は義統に命じて田原親貫を国東の鞍懸城に包囲し、天正八（一五八〇）年一〇月これを陥落させた。親貫は城とともに自刃したとも、秋月種実を頼って逃亡途中、殺害されたとも伝えられている。さらに宗麟は、翌天正九年二月、龍造寺隆信と戦うため諸侯に命じて筑後、肥後に進撃せしめた。同年七月、岩屋城の高橋紹運は、大友家を裏切った龍造寺麾下の筑紫広門と大宰府において対峙した。さらに九月三〇日、筑前立花城の城主戸次道雪、高橋紹運らは秋月種実の秋月領に侵入し、秋月勢に大勝利した。宗麟は耳川の合戦において大敗したものの、このとき、キリスト教排斥を唱える多くの重臣たちが戦死し、このことは宗麟に僥倖をもたらした。過去三〇年間に誕生したキリシタンは二〇〇〇人で、しかも身分の低い者が多かったが、この二年間で、今や信者数は一万人を超え、その中には身分の高い武士が多く含まれていた。

一五八一年一〇月初め、ヴァリニャーノは五畿内から豊後に戻り、八日間にわたって修練院に滞在したが、その間、宗麟はこれまで日本では見られない規模の「聖堂」を臼杵に建立することにした。その定礎式のため、ヴァリニャーノは府内、および幾つかの司祭館にいる四〇人の司祭や修道士たちを集合させたが、こうして臼杵における会堂の定礎式は、ヴァリニャーノのもとで盛大に挙行された。

河内浦への来島

アルメイダとともに司祭に叙階されたフランシスコ・カリオンが、帰国した直後の一五七九年一二月一〇日付、口之津よりイエズス会総会長に送った書簡の中に、次のようにある。

「肥後国においては天草という島にキリシタンがいます。諸村の人口は一万人以上の信者がいてそこには二つの住院《カーサ》があります。第一はこの地の首都天草にあって、平常そこには神父二人とイルマン一人が駐在しています。もう一つの住院は、その地方の大きな城下町である本渡に神父一人、イルマン一人がいます。この両駐在所は領内の諸会堂を分割管理し、会堂の数は皆、小さいながら、数多くあります」

ところで、ヴァリニャーノの来日以後、宣教師の個人的な書簡に代わって「年報」や歴史書が書かれるようになり、それとともに、日本に住んでいるイエズス会員のカタログ（名簿）が作成されるようになった。そこで、ヴァリニャーノとともに来日したロレンソ・メシアの一五八〇年度日本年報の中に、「今年天草の領内で二〇〇人のキリシタンが洗礼を受けた。また久玉という一城の他の司祭館が増設され、従って、われわれは三つの司祭館を擁している」とある。この記述によって、一五八〇年のいつ頃かに天草（河内浦）・本渡のほかに、新たに久玉の城に司祭館が増設されたと考えられる。

一五八一年一〇月二〇日、天草のカーサ（住院）とレジデンシア（駐在所）のイエズス会名簿

（註・カーサは院長と数人の宣教師が住んでいる所。レジデンシアは一人か二人の宣教師が住んでいる家）

天草領ウラ（浦）の城塞　パードレ・ジュリオ・ピアーニ　イタリア人

本戸の城塞　　パードレ・アントニオ・ロペス　　ポルトガル人
クタミ（久玉）　　パードレ・ルイス・アルメイダ

そしてこのカタログによって、帰国したアルメイダは、一五八〇年に増設された久玉の城の司祭館に派遣されたことがわかる。

一五八一年一〇月末、ヴァリニャーノは陸路での危険を避け、宗麟が提供してくれた大きな船に乗って下教区に向かったが、今回は九州南部を船で巡回した。豊後を出帆して日向、次いで薩摩の幾つかの港に立ち寄り、一一月の半ばごろ、天草（河内浦）に赴いた。フロイスは薩摩から先、ヴァリニャーノが天草へ来たことにはまったく触れていないが、ヴァリニャーノは『日本巡察記』「第四章　日本管区の区分、及び同管区、特に下の諸地方において我らが有する諸修院、学院、教会」の中で、「ここ（河内浦）にも我らは非常によい場所を有している。ただし修院は、寝室三つを伴った一室のみで狭小である」と述べている。このことから、イエズス会の修院は「寝室三つを伴った一室のみで狭小」ではあるが、河内浦城下の立地条件の良い場所にあった。そして、ヴァリニャーノは「所領内に一万五〇〇〇人のキリスト教徒がいた」。また「一〇〇〇人の信徒が志岐領にいるが、この地の領主（註・志岐諸経）は異教徒で、キリスト教徒に対してほとんど好意を持っていないから、人びとは改宗する機会を与えられないでいる」と報じている。

長崎における第三回協議会

天草から有馬へ帰着したヴァリニャーノは、一一月末ごろ長崎に戻った。そして、先に豊後と安土で行われた協議会を受け継いで、一二月末に長崎において第三回協議会を開催し、日本布教の抜本的改革をはかった。この協議会には、下教区のすべての司祭が参集したが、天草の修院と住院の上長としてアルメイダも参加した。

一五八二年一月六日、ヴァリニャーノは長崎の協議会の諮問事項につき採決したが、協議の内容は、日本布教全般にわたる広範なものであった。

一、日本をインド管区より独立させる件については、ゴア管区に準ずる準管区に昇格させることにした(以後、コエリョは日本準管区長となった)。

一、在日イエズス会員が、日本食をとるべきかどうかについては、日本人側からの非難を受けないよう日本食をとる。

一、在日イエズス会員の服装については、仏僧のような絹衣は着用せず、黒色のスーダン(長衣)、外衣としては日本風の胴服、帽子は丸い黒帽とする。またマントは、祝日や、特別のとき以外は用いないこととする――等々。

このようにして、ヴァリニャーノは、在日バテレンは全面的に日本の風習を学び、それに順応するようにという、いわゆる順応方針(郷に入らば郷に従え)をとるよう指示するとともに、日本の布教管轄区域を下、豊後、都に分け、三区の上長を準管区長に所属させるようにした。

ちなみに、日本布教を物質的に維持するために求める対策として、安定した収入を確保するために、日本において土地取得をすすめることの是非について議論が行われた。そしてコエリョ、アルメイダら八人が賛成したが、反対論者は一八人のパードレであったと註記されている。

このことに関し、一五八三年二月にマカオに転出し、マカオのコレジヨの院長となったカブラルは、一五八三年一〇月五日付、マカオ発、総会長に宛て、日本で要する通常の経費を記すなかで、「(中略)

パードレ二人とイルマン二人がいる天草は、殿が一〇町程のレンダを与えた。これは米と野菜を産する土地である。それは、これ以上を維持するのにも充分なレンダである。このため、故パードレ・ルイス・デ・アルメイダは、このレンダから奪うことも、これ以上与えることもしてはならないと、私に語った。しかし私は、このレンダの外に、何か臨時の出費のために三〇タエルをこれに与えることを望む」と記している。

この後ヴァリニャーノは、セミナリヨで学ぶ生徒のヨーロッパ派遣を通して、日本の優秀性・文化性を示すとともに、日本布教の成果をヨーロッパの教会人に見せ、教皇はじめヨーロッパの信者の関心を日本に向けさせる。また日本の少年たちには、キリスト教がヨーロッパの中でどんなに偉大な力を持っているかを知ってもらい、そしてこの教えを信仰する君主と諸侯の威厳、ヨーロッパの広大さと富裕、さらには、その歴史と文化をその目で学ばせることを意図し、少年使節のヨーロッパ行きを計画した。

このため、大友宗麟、有馬晴信、大村純忠の名代として、有馬のセミナリヨで学んでいた伊東マンショ、千々石ミゲル、原マルチノ、中浦ジュリアンの四人の少年がヨーロッパに派遣されることになった。またメスキータ修道士がヨーロッパまで彼らに同行することになった。さらに、有馬セミナリヨに学んでいたジョルジェ・デ・ロヨラ修道士、そして同宿のコンスタンチィノ・ドラードとアグスチィノには、活版印刷術の習得と、印刷活字を鋳造する技術を学んでくるよう使命を託して同行させた。

二月二〇日、ヴァリニャーノとその伴侶であったロレンソ・メシア、および天正遣欧少年使節ら一行一〇名を乗せたイグナシオ・デ・リーマの定航船は、ポルトガル人の極東の根拠地であるマカオを目指して長崎を出帆した。

オルガンの伝来と天草

ところで、フロイスは「日本では大身を訪ねるときには、何か献上品を進呈するのが習わしである」として、ヴァリニャーノの来日に際して、異教徒の大身らが喜ぶ贈物を手配するよう求めた。

その目録の一部を見るだけでも、ポルトガルの帽子、砂時計、ビードロ、眼鏡、コルドバの皮革、財布、上等なハンカチ、金平糖、蜂蜜、ポルトガル製の外套、シナ製の絹織物、上等の伽羅《きゃら》か沈香《ちんこう》、じゃ香、砂糖菓子や菓子パン、酢漬の唐辛子、フランドルの布地、毛氈等々が記されている。また、都や他の地方のキリシタン貴人のため、銀製聖宝匣《せいほうこう》、祈禱用のロザリオ、キリストか聖母、あるいは諸聖人の画像――、シナのカンガ綿花、ダマスコ織風の布も右のことに役立つだろうなどとある。

都地方の上長であったオルガンティーノもまた、教会の祭壇と礼拝用の大きな毛氈二枚、金襴かビロードの祭服数着、および美しい画像数個を入手するよう求めた。その理由として、日本の異教徒は、このような物事の外見に心動かされキリシタンになることが多いからだと述べている。またオルガンティーノは、これに先立つ一五七七年にイエズス会総長に宛て「五畿内にオルガンやその他の楽器、また聖歌隊を送ってくれさえすれば、わずか一年以内に、日本の主要都市である京、堺を改宗せしめよう」とする書簡を送っている。

これに応え、一五七九年に来日したヴァリニャーノは、様々な南蛮からの珍しい物品とともに二台のパイプオルガンをたずさえてきた。ヴァリニャーノは上京の途、豊後臼杵で降誕祭のミサの初めにオルガンを演奏し、また、聖週間の数日を高槻に逗留して聖土曜日の儀式の始め、および次のミサの始めにオルガンを奏でたところ、キリシタンたちはかつてこのような楽器を見たことがなかったので驚嘆し、喜んだという（オルガンの一台は臼杵の城内聖堂に、もう一台は安土のセミナリヨに設置された）。

ところが、一五七九年一一月一〇日付、天草発信、イエズス会総会長に宛てたモンティ書簡に次のように記されている。

「一五七九年にヴァリニャーノが天草を巡回したときのことを、モンティ（ジョアン・バプティスタ）が『われわれは音楽と、日本人たちが驚嘆しているオルガン。日本では極めて斬新な楽器であるオルガンをもってミサを祝った』と報じており、このオルガンは船載後ひとまず天草に持参されたものであったとも推察される」（海老沢有道『洋楽伝来史』）

同じく、「オルガンは、典礼をより荘厳に執行するため、まもなく布教地に導入された。一五七九年、パードレ・ヴァリニャーノが天草巡察の折『このキリシタン教会がすべて数多の儀式によって典礼を荘厳にするのを見て、深い慰籍を受けた。［…］これは私がこの諸国でまだ見たことのないものである。我々は音楽で、まだ日本では珍しい楽器のゆえに日本人から絶賛されたオルガンでミサを執行している』とするパードレ・ファン・B・モンテの書簡で明らかにされている」（Jesus Lopez Gay,S.J.『キリシタン音楽』キリシタン研究　第十六輯）とある。

これらの記述から、ヴァリニャーノは口之津に到着直後に天草を巡回し、その際、日本で初めてオルガンを弾奏し、ミサを行ったと考えられる。

後年の一五九八年八月五日、ヴァリニャーノは新任の日本司教セルケイラとともに、三度目の来日を果たした。そして一五九九年三月、長崎奉行寺沢広高《てらさわひろたか》との敵対を避けるため、長崎にあったセミナリヨを天草の河内浦に移した。それから五カ月が経過した八月ごろ、河内浦にあったセミナリヨは長崎に近い志岐へと移された。

「私はこの志岐の町［ここには以前イエズス会の住居地があった］において、非常な配慮と熱心さをもって我らのために司祭館を再建するように世話した」（ヴァリニャーノ）。

ところが、一五九九～一六〇〇年、「日本諸国記」（フェルナン・ゲレイロ編『日本年報』）に、志岐のセミナリヨに関して「ここ志岐には、本年、絵師の同宿らが住み、一年間を種々の教会のために祭壇画を描くことに専念した。また、数台のオルガンが竹の管を用いて製作されもしたが、竹はヨーロッパ産の植物よりもずっと太く丈夫なある種の茎であり、ブリキと同等かあるいはそれに優る心地よい音色を備えている。これらのオルガンは重立った教会に提供されている」とあり、二〇一〇（平成二二）年、その竹製パイプオルガンが古楽器製作家・平山輝秋氏によって制作復元され、現在「天草コレジヨ館」に展示されている。

余談になるが、二〇一一（平成二三）年六月二十八日、作家の石牟礼道子さんから、古楽器演奏グループ「コレジヨの仲間」で、天草コレジヨ館の職員でもあった上口浩子さんに宛て、書簡が届けられた。

「先ほどは初めての方に不躾なお電話をかけ恐縮いたしました。貴所にキリシタン時代のオルガンがあるということを新聞記事で読んだ記憶があって、念のためお尋ねしてみました。お答えをうかがって近年になくうれしく存じました。お手間をかけることでございます」

「たいそう程度の高い資料目録をご送付下さいまして、父母や祖父母の故郷天草のことをいまさらのように誇りに思います。ただ今病気静養中にて行くことがかないませんけれども万が一元気になりましたらぜひとも拝館に行きたく願っております。御地のすぐそばの宮野河内に生まれた身にはひとしおなつかしく存じました。お礼まで申し上げます」

石牟礼さんは、『潮鳴り』（連載「草の道」『熊本日日新聞』一九九二年一二月二四日）の中で、「この年（一五七九年）オルガンが口之津に荷上げされ、日本ではじめてという「西洋音楽」の指導が行われたとある。習ったのは子供たちだったのだろうか。波おだやかな海浜の村の、笛や太鼓や三味線になじんでいた人々の耳に、オルガンの音と讃美歌はどのように響いたことか。天上の至福を思い浮かべる調べにきこえなかったろうか」と記述されている。

第十二章 アルメイダの終焉

信長が交わったバテレン一一人のうち、もっとも多く交わったのがフロイスであった。フロイスは、一八回以上も信長と親しく交わったとされている。その信長について、フロイスは「彼がきわめて稀にみる優秀な人物であり、非凡の著名な司令官《カピタン》として、大いなる賢明さをもって天下を統治した者であったことは否定し得ない」（『日本史5』第五八章）と評価している。

そのフロイスの信長を見る目が変わったのは、信長が安土山に摠見寺《そうけんじ》を建立し、万人が礼拝に参詣するように命じてからである。フロイスによれば「信長は、予自らが神体であると語った」という。そして信長の破滅を予測するかのように、本能寺の変が起こる一カ月前に、イエズス会の修道院にいた七、八名の者が、彗星とも花火ともつかない物体が、空から安土に落下するのを見て、驚愕したという。

本能寺の変

一五八二年六月二一日の早暁、信長の重臣である明智光秀は、信長が宿泊する本能寺を約三〇〇〇人の兵で包囲した。信長はちょうど手と顔を洗い終え、手拭いで身体を拭いていた。そこに光秀の兵が放った矢が、信長の背中に刺さった。信長はその矢を引き抜き、鎌のような形をした長槍である長刀を手にして戦った。だが、しばらくして胸に銃弾を受けた信長は、自らの部屋の戸を閉じて切腹し、悲運の最期を遂げた。また本能寺に火を放たせ、焼死したともいわれている。

一方、司祭となって帰国し、都地方へ派遣されていたフランシスコ・カリオンは、本能寺から数十メートル離れた南蛮寺において早暁のミサ聖祭のため祭服に着替えようとしていた。そのとき、近くで銃声が聞こえ火の手が上がったので駆けつけたカリオンは、明智光秀が主君の信長を襲撃したことを知って戦慄した。そして彼は、自ら目撃した信長の最後を、島原半島の口之津にあったフロイスにつぶさに報告した。フロイスは日本各地から集まってくる諸情報をまとめ、ローマの総長に伝える日本報告書の執筆者であったが、信長の悲報を知らせる急信に接し、驚愕した。そして、このカリオンからの報告を基に、フロイスは『日本史5』（第五六章）において「明智が謀叛により、信長、ならびに後継者の息子を殺害し、天下に叛起した次第」を、まるで現場にいたかのように生々しく描写している（フロイスはこの情報を日本年報としてまとめ、いち早くヨーロッパのイエズス会本部に送付し、反響を呼んだ）。

フロイスは「我らが知っていることは、その声だけでなく、その名だけで万人を戦慄せしめていた人間が、毛髪といわず骨といわず灰燼に帰さざるものは一つもなくなり、彼のものとしては地上に何ら残存しなかったことである」と非業の死を遂げた一代の英雄・信長への告別を述べつつ、「信長が稀なる才能を有し、懸命に天下を統治したことは確かな事実であって、その傲慢さのために、彼は身を滅ぼしたのであった」。そして「その霊魂は地獄に葬られた」と記している。

六月二三日、安土に到着した光秀は、信長の居城と館を占拠し、信長が長年にわたって築いた財産を部下に分配した。豪壮をきわめた安土城も焼き払われた。しかし、本能寺の変の二日後に光秀謀叛の知らせを受けた豊臣秀吉は、備中高松から急きょ軍を返し、いわゆる「中国大返し」といわれる素早さで都に取って返し、光秀討伐に向かった。そして摂津国と山城国の境に位置する山崎において明智と秀吉の軍勢が対峙したが、戦局は一気に豊臣方に帰した。惨敗した光秀は、再起を図るために近江へ敗走する途中、小栗栖《おぐるす》で土民に刺殺され、哀れな最期を遂げた。本能寺の変から一一日目のことだったが、光秀の三日天下と揶揄された。

ヴァリニャーノは、『日本事要録』（一五八三年）の「第二章　日本人の他の新規な風習」の中で「この国民の第二の悪い点は、その主君に対して、ほとんど忠誠心を欠いていることである。主君の敵方と結託して、都合の良い機会に主君に対し叛逆し、自らが主君となる。反転して再びその味方になるかと思うと、さらにまた新たな状況に応じて謀叛するという始末であるが、これによって彼らは名誉を失いはしない。事情かくのごとくであるから、自領に安堵しておれる者は皆無であるか、あるいは僅かであり、我らが今見るように激しい変転と混乱が続いているのである。したがって、血族や味方同士の間で、数他の殺戮と裏切り行為が繰り返される」と記している。

しかしながら、ヴァリニャーノは絶対的権勢を誇り、天下統一を目前にした信長までが、まさか一家臣の造反によって仆れることなど想像もできなかったと思われる。

天草鎮尚の最後

一五八二年二月一五日付、長崎発信、ガスパル・コエリョからイエズス会総長に宛てた「天草の修道院およびキリシタン宗団について」の項で、次のように記述されている。

「天草の島は入海によって肥前国から隔てられた肥後国にあり、同島は目下、薩摩の国主と同盟している五人の領主によって分割されている。その内、重だった者は天草の領主であり、彼の所領においては多数の町村におよそ一万五千人のキリシタンがいる。当地方にはかつて三つの司祭館があったが、今ではただ一カ所に減り、司祭二名および修道士二名が駐在し、他の司祭館と同様に彼らの助けとなるより多くの人手を待ち望んでいる」

右のコエリョの書簡の中に、「当地方にはかつて三つの司祭館があった（河内浦・本渡・久玉）が、今では一カ所に減っている」とあるが、ヴァリニャーノは司祭不足のため、本渡と久玉にあった司祭館を廃止し、天草全域を巡回する宣教師のチームを河内浦に置くように採決した。そして、一五八一年の終わりか八二年の初めに本渡と久玉のレジデンシアは廃止され、河内浦のレジデンシアに統合されたと思われる。そうしてヴァリニャーノは、まだ司祭になったばかりのアルメイダを天草の伝道地区の院長（上長）に任命した。

こうして一五八一年の終わりか二年の初め、アルメイダは天草の伝道地区の院長として久玉から河内浦に移り住んだ。そのことが、一五八二年の『イエズス会の目録』に記されている。

一五八二年二月、日本のカタログ

天草領河内の浦　パードレ・ルイス・アルメイダ　ポルトガル人

パードレ・ジュリオ・ピアーニ　イタリア人

イルマン・ジョアン・ベルナンデス　ポルトガル人

イルマン・ゴメス　日本人

なお、その年の二月付の「日本援助の簡明な経費目録」には、「天草殿の領内にあるコレジヨ風のカーサ、三〇〇ドーカド」とあり、河内浦のカーサへの毎年の必要経費の割り当てが記されている。そうして、天草領内のレジデンシアは河内浦に統合され、本渡・久玉の分を加えた三〇〇ドーカドの経費が割り当てられ、河内浦のカーサが天草全域のキリシタンを掌握した。また、天草久種もイエズス会に土地・森林・労役を提供したとされ、これらは全部で毎年およそ銀二五〇両に価した。

ところが、本年、すでに七〇に近い老境にあった天草鎮尚は重い病（癌）を患って床に臥せっていたが、その間、いつも離れずアルメイダが傍らに付き添っていた。そして鎮尚は、アルメイダから霊的に大いに助けてもらっていた。だが、いよいよ自らの死期が近づいたことを感じ取った鎮尚は、激しい疼痛に苦しめられながら、ドン・ジョアン（久種）はじめ四人の息子、身近な縁者たち、天草氏の古くからの家臣らを枕元に集めさせた。そうして、彼ら全員に我らの信仰を固く守り、デウスの教えを棄てるようなことのないよう言い渡し、キリシタン宗団に対していかに振舞うべきかについて説いた。つね日ごろ、口数の少ない彼の言葉に、一同は深い感銘を覚えて涙を流し、ある者は自ら告白をし、他の者は行状を改め、また信仰を固くし、いっそう教会への信心と愛を深めた。

サン・フィリペの祝日（五月一日）、鎮尚はデウスに捧げるといって、新調の甲冑数種を教会に贈呈した。同時に、妻のドナ・ガラシアは、京都で作られたという金と絹糸で木の葉の刺繍をあしらった豪華な着物を貧しい人びとに分け与えた。また鎮尚は、いつも合掌して祈る長い習慣から、息も絶え絶えになりながら、依然として合掌したまま、その手には聖遺物と、イエズスの御名のコンタツを握りつつ、その御名を呼ぶように自分の手助けをしない者たちを叱責した。

同年五月、イエズス会に入って約二〇年――。そしてアルメイダとともにマカオに派遣され、司祭に叙せられたミゲル・ヴァスが熱病のため長崎で死去した。フロイスは「彼はそのほとんど全期間を、責任が重く多くの労苦を伴う役職である日本のプロクラドール（管区会計係）として仕えたほか、つねに改宗の事業に従事することによって人々に多大の感化を及ぼして来た。キリシタンたちは司祭の慈善行為と愛情によって助けられるところが大きかったので、司祭の死去について特別の悲しみを示した。ミゲル・ヴァスの死は、イエズス会が日本にあること三〇年間に、シルヴァ、フェルナンデス、トルレスに続いて第四番目であった」として、その死を深く惜しんだ。

七月末、鎮尚はいよいよ臨終を迎えようとしていた。鎮尚は、アルメイダに「今、心の底から大いなる平安と深い喜びを感じる」と語り、最後に、片手を挙げて「もう飛んでいく」と言いつつ、息を引き取った。バテレンらは、大友宗麟、大村純忠、籠手田安経、天草鎮尚を「下」（註・豊後、肥前、天草）の四本柱と称えたが、一五八一年一二月二五日、平戸の籠手田安経は扁桃腺炎のため窒息して短時間のうちに急死した。そして今、もう一本の柱である天草鎮尚（ドン・ミゲル）が仆れた。ドン・ミゲルの死を知らされた準管区長コエリョは、数人の司祭や修道士、および有馬セミナリヨの少年たちを連れて河内浦に赴いた。そして「今日まで日本において催されたことのないようなもっとも盛大な葬儀」によって彼を葬った。

天草鎮尚の逝去は、アルメイダにとって大きな悲しみとなって、その落胆は余人には伺い知れないものがあったと思われる。そしてまた、自らの死期も近いことをひしひしと感じずにはおられなかった。

雪の聖母の祝日（八月五日）、ドナ・ガラシアは亡夫のための法事を営み、その日、息子のドン・ジョアンとともに、一〇〇〇人を超える貧しい人びとに食事を与え、その他多くの喜捨を行った。

またフロイスによれば、この息子（久種）は、二つの点で、徳操に長《た》け信用があつかった父親にふさわしい息子であることを証明した。

その第一の点は、彼が薩摩国主の軍勢とともに戦場にいた時のことであった。薩摩国家老の一人からキリシタン信仰を棄てるように幾度も勧告されたが、ドン・ジョアンはこう答えた。「戦で御奉仕することでは、御命令にただちに従うよう備えていますが、信仰を棄てることには、全能のデウス様に対してそのような大罪を犯すよりは死を選ぶ覚悟でおります。私が同意できぬことを御勧告なさるなら、いっそ私を殺して下さるようお願い申す」と。そのあまりにも毅然とした態度に呑まれ、相手はそれ以上説得することを思いとどまった。

第二の点は、父（ドン・ミゲル）の霊を弔うために大きく美しい教会を建立するのを手伝ったことである。彼はその建築にもっとも必要な材木の調達を担当した。そして「ある山麓に、彼は人手（を動員して）一つの広場を切り開かせ、そこに大きい十字架を建てさせた。大勢の者がそこに参詣するようになり、彼は父の墓を鄭重にそこに設置した」（『日本史10』第四五章）。

ただし、結城了悟は「ある山麓に、彼は人手（を動員して）『私たちの家の中で』一つの広場を切り開かせ、そこに大きい十字架を建てさせた」として、「私たちの家の中で」という言葉が何故か松田氏の翻訳に欠落しているが、フロイスの原文には書かれている。そして「この言葉が河内浦にイエズス会のレジデンスの場所を決定させるための一つの手がかりになるであろう」（『天草コレジョ』）と指摘している。

薩摩への最後の旅

一五八一年の一〇末、五畿内視察を終えたヴァリニャーノは豊後から船に乗って、九州南部を巡回したが、その途、薩摩の坊津に寄港し、一人の修道士を島津義久のもとに派遣し、その修道士と島津氏の間で交渉が続けられていた。そしてヴァリニャーノがインドへ向かって帰路に着こうとする直前、島津氏から教会に地所を与え、布教を許可するという返書を持った使者がヴァリニャーノを訪問した。ヴァリニャーノは後事をコエリョに託した。国主義久は、キリシタンは嫌っても、宣教師の斡旋によってポルトガル船が薩摩の港に来航するという期待を捨てきれずにいた。

一五八二年一〇月、かねてコエリョと親交のあった島津藩の主席家老伊集院右衛門から、「イエズス会の誰か伴天連を派遣してほしい」との伝達が届けられた。伊集院ら重臣は、山川港をイエズス会に提供し、毎年ポルトガルの定期船が来航することを願っていた。そのため、コエリョは薩摩の地を熟知するアルメイダにその任務を課した。そのころ、アルメイダは病を抱え、同時に、長年の労苦のために衰弱しきっていた。だが、アルメイダは病身の体に鞭打って、これまで長く苦しい巡礼の旅を支えたのは、神に奉仕するという意志と強い精神力であったとして、大きな満足と熱意をもってこの使命を引き受けた。そしてその命運を主（デウス）の手に委ねた。しかしながら、今回こそは二度と帰らぬ死出の旅路となるかもしれないという不安が頭をよぎったかもしれない。

こうして天草殿ドン・ミゲルの葬儀に立ち会った直後の一〇月、アルメイダは薩摩に向かった。フロイスは、このアルメイダの薩摩での出来事を「彼が死ぬ数カ月前に彼から聞いた通りのことをここに述べる」として、「アルメイダ師は、薩摩の国主（島津義久）から快く迎えられ歓待された」と記している（松田毅一は『上井覚兼日記』をもとに、島津義久から歓待されたという『日本史』の記述は事実として認められないとしている）。さらに、アルメイダは薩摩国主の目付け役を務める数人のきわめて高位の仏僧を訪問し、彼らからも名誉あるもてなしを受けた。そして鹿児島の市の一角に、さしあたって家を建てて滞在できるようにと地所が与えられた。

その鹿児島の市で、アルメイダが投宿していた家に、親に対して不順応なため手を焼かせる若者とその継母がやって来た。そして、アルメイダに「この息子にとりついた悪魔から受ける苦しみを解き放ち、何とか助けてもらいたい」と訴えた。そこで、アルメイダが彼のために祈りを捧げると、若者は悪魔から解放され、これまでの行為を反省した。その親子は、アルメイダがその地に滞在していた間、ほとんど連日のように宿舎に来て、果物、その他の食物を贈物として届けた。

この薩摩国は、日本のいずれの国よりも仏教信仰が盛んで、また仏僧や寺院の数も特別に多かった。そして権力者はじめ庶民に至るまで、仏僧たちに対する畏敬の念は驚くほど深く、仏像の崇拝が盛んになされていた。しかし、アルメイダが国主から許可を得て、小さいながら清潔で立派な造りの家を建ててからは、バテレンとその教えの新奇さにひかれて、これを見、これを聴こうとして、貴賤を問わず大勢の人びとが訪れてくるようになった。

またフロイスは、アルメイダから聴いた話として、次のような出来事を書き留めている。

アルメイダが鹿児島の市に着いた最初の晩のことであった。アルメイダが宿泊した家の家主のもとに、両親が溺愛する一八歳くらいの独り娘がいた。その娘が突然、激しい苦痛に見舞われ、一日半、生死の境をさまよった。両親は苦しむ娘の姿をみて嘆き悲しんだが、近隣や親類の者は、バテレンを家に泊めるようなことをしたから、天罰が下ったのだと中傷した。そこで両親はアルメイダのもとへ来て、その苦悩を打ち明けた。アルメイダは彼らには何も答えることなく、自分が起居している小部屋に引き籠って、聖画像の前にひれ伏した。そして、涙ながらに「主よ、御身にお仕えするために私ははるばるここに参りました。この地においてすら、主なるデウス様は、私を受け入れてくれたこの人たちが私のために（彼らはそのように言っています）、かくもひどく苦悩することをお許しになるのでしょうか。主よ、御身の御手を差し伸べ給わんことを。そしてこれら異教徒たちが、主なるデウス様の聖なる御力と御哀れみを知るに至らしめ給え」と祈りながら、なおも長い時間、ひたすら神に祈りを捧げ続けた。

その家の娘の両親は、アルメイダが何をしているのかわからず、戸口で待っていた。祈りを終えたアルメイダは立ち上がり、両親とともに、すでに死んだようになっている娘のところへ行き、再び何ごとか祈り始めた。すると娘は突然起き上がり、眼を開き、天に向かって両手を挙げ「キリシタンになりたい」と叫んで、とたんに癒されてしまった。それを目撃していた両親と親族は驚嘆し、さっそく我々もキリシタンになろうと決心した。

フロイスは「同地において勝手次第であった悪魔は司祭（アルメイダ）にたやすく追い出されたことで面目を失い、同夜に彼の家で大きな音が響き、悪魔の恐ろしい顔と姿が現れた」。そして「察するに悪魔たちが恨みを晴らすため彼を襲ったのであろう」と書き加えている。

こうした出来事があった後、アルメイダは何人かを集め、密かに洗礼の準備を進めた。というのも、国主義久は仏僧たちのことを考慮して、公に説教する許可を与えておらず、国王の許可なしには洗礼を授けることが出来なかった。その一方で、仏僧らは種々の策謀をめぐらして、アルメイダの布教を妨害した。ある夜、仏僧らが騒音を立て、恐るべき形相をしながらアルメイダのところに現れ、アルメイダを手荒く殴打した。そのために、アルメイダは数日間寝込まねばならなかった。その噂は、たちどころに市中に広まった。

折しも、国主義久が重傷を患い、さっそく占い師や大勢の（女の）陰陽師たちが召し出された。これら祈禱師に続いて、高僧たちがやって来た。そして彼らは、口をそろえて「あのバテレンを薩摩国から一掃しない限り、殿の病気は快癒しません。そうしない限り、仏僧の祈りも、陰陽師の祈りも何の役にもたちません」と告げた。義久は、すでにアルメイダに鹿児島在住の許可を与えていたが、身内からのすさまじい圧力に抗することができず、アルメイダに薩摩からの退去を命ぜざるを得なくなった。

さらに、仏僧や陰陽師、および重立った重臣たちは共謀して、薩摩国の貴人や身分の高い者、およびその家臣がキリシタンにならないことを仏の前で誓わせ、その際、それを証する血判書を差し出すよう義久に進言した。だが、それだけでは収まらず、いったい誰が、バテレンを国主のもとに迎えさせ、バテレンを擁護していたかを密かに探索し、そしてその人物が、義久と幼児からともに育ち、義久が絶大に信頼し、絶えず側近に置いているもっとも身分ある貴人（近習の野村民部少輔）であることをつきとめた。この人はアルメイダと義久が語らう機会を作り、また、兼ねて機会あるごとにデウスを賞讃し、「信長やその他、都地方の大身たちがバテレンを庇護し、その領内に聖堂を建てていることを見れば、その教えが善きことは疑いない」と語っていた。そのため、ある夜、野村某は離れの厠に入っていたところを暴漢に襲われ、刺殺されてしまった。

翌日になってそのことを知った義久は激怒し、全力を尽くして彼を殺害した者を探索するように命じた。そのため、犯人である執政の従兄弟の二人はその罪が露見することを恐れ、都に逃げた。そこで義久は、二人の暴漢が都に行き、筑前殿（豊臣秀吉）の宮廷に入ったことを聞き、一人の武士を都に派遣して彼らに帰ることを勧め、これを庇護することを約束した。しかし義久は、鹿児島に帰った彼らを引見するどころか、彼らの首を持ち来るように命じ、ただちに実行させた。このことは僧侶らに危機感を抱かせ、彼らは義久がアルメイダを庇護し、領内にデウスの教えを弘めるためではないかと疑い、聖堂を焼き、アルメイダの殺害を企てた。ここに至って義久は、アルメイダに対して薩摩から退去するよう正式に伝えてきた。

上井覚兼（島津家重臣）の天正一一（一五八三）年三月八日の日記には、「南蛮僧に対する世間の評判が悪く、藩公（義久）の病気は之に由来するとの神託があったとのことで、鹿児島在住の南蛮僧を有馬へ追放した」とある。

同年一二月、こうして薩摩での布教は無理と判断したアルメイダは、このことをコエリョに報告するため失意のまま薩摩を退去し、高来に赴いた。高来でコエリョに会った後、アルメイダを心から慕い、かつ汚れなく素朴に生きる人びとが待つ河内浦へと戻って来て、その後はずっと河内浦に引き籠った。

永遠の旅立ち

フロイスによれば、「同地（河内浦）はドン・ジョアンと称するキリシタンの領主の所領であるが、キリシタンの数は一万二千ないし一万五千人である。天草はことごとく山であり、道が険阻であり、また土地が甚だ寒く、一切の物が欠乏しているので、巡視は困難であるが、これにかかわらずパードレ二人とイルマン二人はこの地方を巡回して、昼夜コンパニアの職を尽くしている。それで肉体の苦痛は甚だしいが我らの主がかくのごとき地方においてその僕らに与え給う精神的の慰安は一層大なるものである。殿の母はドナ・ガラシアといい、昨年死亡したドン・ミゲルの妻であるが、彼女は徳高く賢明で、そのよき模範と行いによって同地方のキリシタンらは皆、大いに助けとなっている」（一五八三年度年報）。

一五六三年六月一日、豊臣秀吉は近江に出陣してきた柴田勝家と近江の賤《しず》ヶ《が》岳《たけ》で対峙し、秀吉軍はこれに勝利、秀吉は信長の後継者としての地位を固めた。

七月二五日、マカオからの定航船が長崎に入港し、のちに準管区長となるペドゥロ・ゴーメスら五人の司祭と三人の修道士が来日し、大きな喜びをもって迎えられた。ゴーメスは豊後の上長に就任した。

九月に至り、オルガンティーノは秀吉を訪問し、大坂において教会の建築用地の下付を願い出た。秀吉は自ら城外へ出て、同行していたロレンソに城下町の広大な一角を与えると約束した。こうしてイエズス会は、信長という偉大な支援者を失ったが、その後継者となった秀吉も、当初はバテレンに対して好意を示した。このため、バテレンらはキリシタンの宣教に新たな希望と展望を抱いた。だがこの後、すべての宣教師、および全キリシタン宗団にとって、最大の悲しみが訪れた。アルメイダの死去である。神父に叙階されてからわずか三年余のことであった。

アルメイダは長年の布教活動にともなう労苦のため、また加齢と病のため、薩摩に旅したほかは、近ごろではほとんど河内浦の地に引き籠っていた。来日以来、アルメイダは精力的な宣教を展開する一方、ずっと患っていて、身体の激しい苦痛を味わい続けていたが、病気はさらに悪化し、いよいよ死期を迎えようとしていた。そして河内浦城下の一隅の藁葺きのレジデンシアにつめかけた多くのキリシタンたちに見守られながら、一五八三年一〇月、ついにアルメイダは天国へと召され、永遠の眠りについた。その表情と優しいまなざしは、人びとを慰め、その身振りで彼らを心の中に抱いていることを示していた。時に五八歳であったが、その姿は、とうに八〇歳を超えた老人のように見えたという。

アルメイダ像（天草市殉教公園）

アルメイダの死後、司祭たちは、アルメイダのために荘厳な葬儀を営んだが、その場にいたキリシタン一同に深い感銘を与えずにはおかなかった。

その当時、フロイスはコエリョから「日本史」著述の命令を受け、「日本史」の執筆に着手していたところであった。アルメイダの訃報は、ただちに口之津のフロイスのもとへ伝えられた。優れたオルガナイザー（人心掌握術と人間観察力に長けていた）であったアルメイダを失ったことは、イエズス会にとって大きな打撃と損失であったが、来日以来、横瀬浦、五畿内、豊後でアルメイダと行を共にしたフロイスにとっても、大きな悲しみをもって受け止められた。

そして、その最後を伝えるフロイスの記録には、アルメイダへの哀惜の念が溢れている。

「彼は日本にあること三〇年に近く、年齢はほとんど六〇歳で、我らの主イエスが当地方において大いに用い給うた一人である。（中略）新しいキリシタン布教地を真っ先にみつけるのはいつも彼であった。あらゆる苦労危険・困難を堪え忍び、殿や要人を改宗させた後は、その世話を同僚にまかせ、自らは再び新たに困難な仕事に立ち向かった。彼は日本の習慣をよくわきまえており、日本の人々と談話して、その心を掴むことに不思議なほどの才能を有したから、人々にこの上もなく愛された。（中略）彼は近年大きな苦労と年齢のために、天草に引きこもっていたが、病気が悪化して死期が近づくと、彼の貧しい家はキリシタンたちで溢れた。彼は病気の間激しく絶え間ない苦痛を味わったが、最後は明るい喜びをたたえた面持ちを表して彼らを慰め、彼ら一同を懐に入れて連れ去るかと思われるほどであった。人々は司祭の足に接吻するために集まって、彼の死を惜しんで泣いた」

これに続けて、次のように記述している。

「ドン・バルトロメウの領地においては、諸聖堂においても、病院の世話およびキリシタンの教化についても、また奴隷を付近の海上にある多数の海賊の手より救出することについても、大いなる熱心をもって進んでいる。またミゼリコルジアの家を建て、ここで寡婦孤児および貧民のために寄付金を集め、またハンセン病患者のために病院を建てたが、このような慈善事業により遠方より当地に来たる他郷人が感動してキリシタンとなるに至る。長崎にはキリシタン約三万人、大村および付近にもまた同数のキリシタンがある」(一五八四年一月二日付、「一五八三年の日本年報」)

このようにしてフロイスは、豊後において孤児院、貧民、およびハンセン病患者らのために病院を創設したアルメイダの精神が、大村領において立派に引き継がれたことを示唆している。

アルメイダは一五六二年一〇月二五日付、横瀬浦発信の書簡の末尾において「日本の地において生の終わりまで、主に仕えし給わんことを祈れ」と書き付けたとおり、天草の河内浦を埋骨の地としてその生涯を終えた。そしてクラッセの『日本西教史』には、「アルメイダの望みを満足したるはただ天草のみなる可しと」と記されている。

その臨終に際し、アルメイダの脳裏に去来するものは何であったろうか。生まれ故郷リスボンのアルファマ地区のユダヤ人街のことだったか。貿易商人として、マラッカと浪白澳間を航海した大海原の雄大な光景だったか。はたまた、重い十字架を負わされ、ゴルゴタの刑場へと向かうイエス・キリストの姿だっただろうか。私には、雪降りしきる山坂の泥濘を、何かに急かれるようにして、先へ先へと歩を進めるアルメイダの姿が瞼に浮かんで離れない。

ちなみに、アルメイダが死去した一五八三年のマカオ・日本交易の年表には「アルメイダが一五五六年に四千から五千クルザードをマカオの絹交易に投資して日本の教会に寄付した」と記録されている。

ところで、今もってアルメイダの墓の所在は不明である。一六〇〇年、関ケ原の合戦で勝利した後、徳川幕府はキリシタン迫害に転じ、その墓を暴いてまで遺骨や副葬品を破棄した。わが天草においても、天草氏の滅亡後、アルメイダの墓は異教徒の手によって破壊されたか、あるいは、彼を慕う信者によって隠され、河内浦のどこか地下深くの一角で、今も静かに眠り続けているのかもしれない。

また、アルメイダの墓を下田馬場の信福寺に比定する説もあるが、一九六七（昭和四二）年に来町した松田毅一は、その後『南蛮巡礼』を出版。その中で、もっともな指摘をしている。

「日本に西洋医学を伝え、病院を開設したことで著名なポルトガル生まれのイエズス会司祭ルイス・デ・アルメイダは一五八三年三月（註・一〇月）にこの天草で死去した。だが河浦町の信福寺裏の歴代住職の墓のうち、右から二つ目のがアルメイダのそれであるとの推定は信じがたい。現地で筆者は発掘の際に、寝棺らしい痕跡があったと聞かされたが、そのような不確実なことで史実や遺跡を次々に決めてゆくことは大いに慎むべきだと思う」

ただし、徳川幕府による禁教下にあって、アルメイダの存在など忘れ去られてしまって、その存在が明らかになったのは明治のキリスト教復活後、一六・七世紀の宣教師の記録が公になってからである。だからして、アルメイダが葬られた正確な場所がわからないのは当然であり、そして、それをそれほど悲観的に考える必要はない。それより、アルメイダの終焉の地がこの河浦町であるという事実こそ、他に誇るわが町の歴史遺産であり、大きな財産である。そして、そのことを広く発信してゆく努力こそ重要ではないかと思われる。

アルメイダの遺産

結城了悟は「アルメイダの生涯を一口で言うなら、闇の中にはじまって、素晴らしく輝かしい活動を示してから、また次第に消えてなくなるまで、すべての力を日本国民のために捧げたということが出来るでしょう」（『ルイス・デ・アルメイダ』）と記している。

アルメイダの生涯を顧みるとき、アルメイダは宣教師として布教に専念する以外、特に西九州の大名や重臣らと接触する中で、貿易商、あるいはユダヤ人的才覚を生かして政治的交渉を図るなど、ある意味、宣教師の報告書では表に出せない闇の部分を担わされたことが想像される。

　また、戦国末期にキリシタンとなった多くの大名は、豊臣秀吉の「伴天連追放令」以後、信仰に殉じた高山右近を除き、小西行長をはじめとして信仰を捨てるには至らなかったが、その信仰を公にすることを避け、バテレンらを庇護しようとしなかった。それに比べて、アルメイダの時代は、宣教師と信者が直接触れ合えたという意味で、バテレンやキリシタン民衆にとって〝幸せな時代〟ではなかったかと思われてならない。

　そこで、本書の最後に、アルメイダの残した遺産と題して、アルメイダ没後の天草キリシタン史を中心に、その歴史を簡単に記したい。

　天草殿ドン・ミゲル（鎮尚）の逝去に続いて、アルメイダを失った悲しみをいちばん痛切に受けとめたのはドン・ジョアン（久種）であった。宣教師の記録には、アルメイダと天草久種の関わりを示す記述は見当たらない。ただ、天草久種はアルメイダの河内浦逗留中、そのほとんどの時間をアルメイダとともに過ごし、アルメイダの存在を身近に見守りつつ、その感化をもっとも受けた一人だったと思われる。そしてドン・ジョアン（久種）は、アルメイダの意思とその精神を見事に引き継いだ。アルメイダの死後、ドン・ジョアンは、イエズス会最大の支援者として宣教師の記録に大きく取り上げられている。

　アルメイダが死去した翌一五八四年の四月、島原沖田畷における龍造寺隆信対有馬・島津連合軍との戦いにおいて有馬・島津軍が勝利した。だが、この戦いに志岐、栖本、上津浦、大矢野の諸氏は島津に従軍したが、天草久種は病気を理由に参戦しなかった。そのため、久種は詐病《さびょう》とみなされ、鹿児島へ抑留された。では、なぜ久種は参戦しなかったのか。その理由はわからない。強いていえば「汝の隣人を愛せよ」と説いたキリストの教えに殉じ、人間同士が憎しみ合い、何の罪もない者が殺し殺されることの無意味さを自覚し、戦争そのものに疑問を感じていたかもしれない。

鹿児島に抑留された久種は、たびたび棄教を迫られた。そして「薩摩の地において俸禄を与えるので、天草を明け渡すように」と説得された。だが、久種はキリシタンの信仰を捨てるよりは、むしろ喜んで死を甘受する覚悟を語り、威厳をもってこれを拒絶した。

一五八六年一二月、島津義久は大友氏を討つため弟の家久を日向口から、義弘を肥後口から進軍させた。薩摩軍の怒涛の進撃の前に、大友軍はなす術がなく敵の侵入を受け、宗麟は臼杵の一城に閉じ込められ、投降寸前までに追い込まれた。またこのとき、宗麟によって建てられた臼杵の大きな教会とともに、イエズス会の新旧の建物すべてが焼却された。そして薩摩兵が去った後、その地の異教徒たちは、アルメイダが二〇年前に建てた修道院を焼き払った。同時に、一五五七年にアルメイダによって開設された府内の病院も消失し、約三〇年にわたって続いた医療活動の歴史に終止符が打たれた。

この大友氏攻略に際し、島津義久は天草久種を含めた天草五人衆に従軍を命じた。このとき、天草五人衆は一万田紹伝の居城を攻め、これを占拠し、その一城の守りについたが、その直後、秀吉が寄こした黒田官兵衛を先陣とする五万近くの大軍が到着した。薩摩兵は関白軍の強大な力に怖れをなし、それまで占領していた諸城を放棄してすべての兵士が逃走した。そのため、天草久種ら天草五人衆は岡城近くの小牟礼城に取り残されてしまった。

一五八五年、大友家の二大勢力の一つとされた名家・志賀の家督を相続した親次は、キリシタンの洗礼を受け、ドン・パウロの教名を授かった。そして、今回の大友対島津の戦いにおいて大いに名声を博したのが、弱冠の岡城主志賀親次であった。親次は、島津義弘をして「天正の楠木正成」とまで絶賛された。その親次は、小牟礼城に取り残された天草久種に使者を送って、「貴殿（久種）とは面識はないが、同じキリシタンの好みによって貴殿ならびに御家臣は助命する。しかし他の四人は異教徒であり、彼らは豊後及びキリシタンの敵であるから全員殺害する」と伝えてきた。そこで、久種は「我々五人は天草において深い友情で結ばれており、また縁故関係でもあり、切っても切れない間柄にある。それで全員を助命できないのであれば、自分もまた仲間と死ぬ覚悟である」と答えた。これを聞いた親次は「そういう事情ならば、ドン・ジョアン殿に対する愛情と友情に免じて全員を許そう」と全員を助命し、饗宴に招待した。このとき助命された天草の四人の領主は深く感謝し、感動した。

大友対島津の戦いで九州に下向した豊臣秀吉は、島津征伐後、佐々成政に肥後一国を差配するように命じ、自らは博多箱崎に滞在した。

一五八七年七月二五日、豊臣秀吉は、突如「伴天連追放令」を発布した。このとき、久種は「有馬と大村の領主が転向したのが本当であれば、すべての司祭を私の領内に送ってほしい」として、自分の地位と生命を賭して秀吉に背いてバテレンたちを密かに領内にかくまった。

その直後の九月、大矢野種基が受洗した。種基は、河内浦から赴いたアフォンソ・ゴンサルヴェスから「キリシタンにとって大変な災難に遭遇しているこの時期に、あえてキリシタンになろうとする理由はなにか」と問われ、「豊後のドン・パウロ（志賀親次）殿が示してくれた優しい心遣いと、キリシタンたちを固く結び付けている絆を目撃したことである。もしドン・パウロが異教徒ならば、我らを皆処刑していたはずだ。予はデウス様に感謝し、そのご恩に報いるため、家臣ともどもキリシタンになる次第である」と答えて、洗礼を授けられた。

ところが、秀吉から肥後一国を与えられた佐々成政は、検地を急ぐあまり、肥後国衆一揆を招き、その責任を取らされ切腹した。成政の失脚後、秀吉は肥後を二分し、加藤清正と小西行長を抜擢し、清正には十九万四千九百石を、行長には十四万六千三百石を与え、肥後国の差配を命じた。そして一五八八年七月八日、キリシタン大名小西行長が肥後半国の支配者となって宇土の地に着任した。

一五八八年六月、有馬領有家にあった修練院《ノヴィシアド》が最初に河内浦に移されたが、その名簿の中に、養方パウロ、不干斎《ふかんさい》ファビアン、木村セバスティアンとともに、ジョアン・デ・トルレスの名が見いだせる。

一五八九年七月二七日、天草の栖本に赴いたフロイス、およびゴンサルヴェスによって領主栖本鎮通とその妻、娘、孫たち、親族、および家臣ら八〇〇人近い人びとが洗礼を受けた。そしてこの直後、行長の宇土城築城の課役を拒否した天草五人衆と行長の間で、天正の天草合戦の口火が切られた。

同年九月二二日、志岐攻撃の先陣を切った伊地智文太夫が討ち死にして敗軍した後、小西行長・加藤清正連合軍によって志岐城は落城し、城主志岐諸経は甥の有馬晴信を頼って有馬に落命した。次に小西・加藤連合軍によって本渡城も落城し、城主天草種元が戦死した（本渡城内にあった教会に駐在していたジョアン・フランシスコがこの戦いを目撃した）。このとき、天草全領の領主天草久種は本拠の河内浦城に立て籠もっていたが、宣教師の斡旋によって行長と和解した。

天草合戦において志岐諸経が追放された後、小西行長は志岐城城代として（ヴィセンテ）日比屋兵右衛門を任命した。志岐の地には、ヴィセンテが心の師と仰ぐトルレスが眠っていた。また河内浦には、堺で起居を共にしたアルメイダが眠っていた。志岐の地に足を踏み入れたヴィセンテにとって、ひとしお感慨深いものがあったと想像される。

一五九〇年一月、上津浦の上津浦種直とその母、および代官や重臣らが受洗した。そして信仰の聖火は燎原のように燃え広がって、またたく間に三五〇〇人以上がキリシタンとなった。こうして天草全土が、キリシタン一色に染められていった。

一五九〇年七月二一日、ヴァリニャーノ、遣欧天正少年使節らを乗せたエンリケ・ダ・コスタの定航船が長崎の港に入港した。そして翌一五九一年五月ごろ、朝鮮出兵による秀吉の名護屋《なごや》下向に伴って、天草久種の強い要請によって、大村にあった修練院《ノヴィシアド》と、加津佐にあったコレジヨと印刷機が天草の河内浦城下に移された。同年七月二五日、ヴァリニャーノは河内浦の地において、伊東マンショら四人の遣欧少年使節をイエズス会に受け入れた。ヴァリニャーノは、伊東マンショらに、この河内浦には偉大な宣教師であったルイス・デ・アルメイダが眠っていることを必ずや語ったはずである。それを聴かされた四人の少年は、かつて訪れたポルトガル国リスボン出身の宣教師が、この九州の僻地に眠っていることに不思議な縁を感じ、宣教師になるための新たな決意を固めたことだろう。そして彼らは、約七年間近く河内浦の修練院、そしてコレジヨで学んだ。それとともに、コレジヨ付属の印刷所において「天草版」と呼ばれる種々のキリシタン本が発行されるなど、ここ河内浦において南蛮文化が花開いた。

本能寺の変に際し、明智光秀に組して三ヶを追われた三ヶ頼連《よりつら》は、その後伊予国半領を有する福島正則の家臣となっていたが、正則に従って朝鮮出兵に従軍し、正則から殺されそうになった。そのため、小西行長に救いを求め、戦争の一時休戦によって行長とともに日本へ帰った。そして頼連は、行長の指示によって天草の上津浦に上陸し、その家族、家臣ともども同地で立派な家屋、ならびに食料を授けられた。それ以前（一五九二年）、島津の梅北の乱に連座し、上津浦・大矢野・栖本の領主とその一族は小西の本拠宇土へと移されていた。そのことによって行長は、上津浦一帯の領地を頼連に統治させる目的があったと思われる。三ヶ頼連の上津浦時代の歴史は空白となっているが、小西行長が関ヶ原合戦で敗北するまでの間、上津浦、そして大矢野一帯のキリシタンは頼連によって司牧され、強固な信仰基盤が形成されたものと想像される（「三箇氏系図」によれば、頼連の息子、孫、曾孫と細川幽斎・忠興に歴任している）。

一六〇〇年、徳川家康と石田三成は美濃の関ヶ原で対峙したが、徳川が勝利した。関ケ原の合戦後、小西に従軍して長らく追放されていた天草久種は、西軍を裏切り、備前《びぜん》・美作《みまさか》二国（五〇石）の大名となった小早川秀秋に仕え、四〇〇〇石の禄高を賜っていた。当地でも久種は、秀秋の重臣や仏僧から強く棄教を迫られたが、彼は「余はキリシタン宗門を捨てるくらいなら、殿（秀秋）自身の寛大さによって享受していた所有物だけでなく、生命の危険をも冒す覚悟である」として、断固その要求を退けた。だが一六〇二年一一月、小早川秀秋の死去後、宣教師の記録、邦文献において、ドン・ジョアン（久種）に関する記録は一切ない。久種は、いずこかの地でキリスト教徒としての生涯を全うしたと考えられる。

関ヶ原合戦後、唐津城主寺沢広高は、天草四万石の飛び地領を加えて一二万石を領した。

江戸時代初期の一〇年間、徳川家康は、殊にスペインとの交易を期待して南蛮人やバテレンとの接触を開始し、宣教師の京都・大坂・長崎での居住を認めるなど、比較的穏やかな宗教政策をとった。そのため、宣教師の記録には「全日本に分散している司祭たちの報告書から明らかなように、日本全国には七〇万人に近いキリシタンがいるであろう」などと記されている。秀吉の没後、まさにキリシタンは最盛期を迎えていた。しかしながら、日本国のキリスト教化を目指すバテレンと、日本の在来宗教・政治思想とは相容れず、早かれ遅かれ、統一権力によって弾圧される命運にあったと思われる。

既述したように、一六一二年、本多正純の与力岡本大八と有馬晴信の間で贈収賄に絡んだ疑獄が発覚したが、大八と晴信はともにキリシタンであった。また二人の取り調べを通じて、駿府の旗本や侍女の間にもキリシタンの存在が露見し、以後の幕府のキリシタン政策に大きな影響を及ぼした。そして一六一四（慶長一九）年二月一日、徳川家康は、日本は神国・仏国であり、邪宗であるキリシタン宗団を日本から追放するという「キリシタン禁教令」を布達するとともに、厳しいキリシタン弾圧を開始した。

一六三〇年、激しいキリシタン迫害で怖れられた島原城主松倉重政が没し、その跡目を嫡男・勝家《かついえ》が継いだ。一六三三年には寺沢広高が没し、嫡男の堅高《かたたか》が唐津藩を継いだ。そして島原、天草において、以後も厳しいキリシタン迫害が続けられた。その一方で、天草の潜伏キリシタンたちは信仰維持のため、天草上島の大矢野村から上津浦一帯、また天草下島の志岐から河内浦一帯にかけ「コンフラリア」（信仰の基盤となった地下組織）を中心として、密かに信仰の灯をともし続けた。

一六三七年一〇月二五日、島原・天草のキリシタン一揆は、松倉による苛斂誅求に耐え兼ねた有馬から始まった。これに呼応して大矢野・上津浦一帯の転びキリシタンもキリシタンに立ち返り、島子・本渡の合戦に勝利し、富岡城に籠城した寺沢勢を攻め立てたが、ついに富岡城を落とせなかった。このため、天草四郎を総大将とする有馬・天草のキリシタンは南有馬の原古城に立て籠もった。幕府軍一二万対二万七千～八千人の一揆勢との攻防は約六〇日間に及んだが、四郎勢の食糧が尽きたのを知った幕府軍の総攻撃の前に原城は落城し、籠城していたキリシタンは首と胴体を切り裂かれ、皆殺しされた。

一方、河内浦一帯一四～一五カ村の五〇〇〇人～六〇〇〇人の転びキリシタンもキリシタンに立ち返り、一時は河内浦郡代中島与左衛門屋敷のお蔵米や家財、鉄砲などを略奪し、天草四郎勢に合流しようとした。だが、寺沢藩の河内浦郡代所の役人によって河内浦村々の庄屋が人質として捕えられ、富岡城へ護送されてしまった。このため、キリシタンの頭を失った河内浦一帯の一揆勢は降参させられた。

ところで、島原の原城跡から出土したメダイと、現在﨑津教会が所蔵するメダイはきわめて類似しているとされている。このことは、天草・島原の一揆によって島原一帯のキリシタン信仰は途絶えたが、天草西目筋のキリシタンは密かに、二五〇年近くにわたってキリスト教の信仰を守り続けてきたことを物語っている。

一八〇五（文化二）年、天草西目筋の今富・﨑津・大江・高浜の四カ村の五二〇五人の潜伏キリシタンの存在が発覚した。いわゆる「天草崩れ」である。この処置に苦慮した幕府は、彼らは「宗門心得違い」をしていたが改心したと、寛大な裁断を下し、全員に絵踏を科して一件落着とした。

二〇一八年六月三〇日、中東のバーレーンで開催されたユネスコの世界遺産委員会において、江戸時代の潜伏キリシタンの暮らしや、各集落で育まれた文化を中心とした「長崎と天草地方の潜伏キリシタン関連遺産」が世界文化遺産に登録された。戦国時代の末期、宣教師ルイス・デ・アルメイダによって長崎、天草地方のキリスト教信仰の布教が始まってから約四六〇年後の今、そのキリシタンの歴史がこういう形で再び脚光を浴びていることに対し、改めて深い感慨を覚えずにはおられない。

来たる二〇二三年はアルメイダ没して四四〇年を迎えるが、アルメイダがわが河浦町を終焉の地としたことに感謝を捧げつつ、これをもって本書の幕引きとしたい。

アルメイダ年譜（＊印はインドのイエズス会司祭、および修道士らに宛てた書簡である）

一五二五（大永五）年
はっきりした生年月日はわからないが、ポルトガルの首都リスボンに生まれる。両親は「新キリスト教徒」とされていることから、改宗したユダヤ系の人であったとされている。

一五四六（天文一五）年
外科医術の試験を受け、ポルトガル王室秘書局から外科医と医学教授の免許状を下付される。

一五四八（天文一七）年
三月一七日、インド行き艦隊でリスボンを出発し、一〇月九日にゴアに着く。この船にアルメイダと修道士のルイス・フロイスが、別の船にバルタール・ガーゴ神父と修道士のジョアン・フェルナンデスが乗船していた。その後東洋貿易に従事する。

一五五二（天文二一）年
八月二日、共同経営者であるドゥアルテ・ダ・ガマ（ヴァスコ・ダ・ガマの子）の船で、バルタザール・ガーゴ神父、ドウアルテ・ダ・シルヴァ、ペドロ・デ・アルカソヴァ両修道士とともに浪白澳《ランパカウ》を出帆し、日本に向かう。八月一四日、種子島に到着する。鹿児島を経て平戸に向かう。平戸から山口に赴いて、トルレス神父に会い、告解と聖体の秘跡を受ける。

一五五三、五四（天文二二、二三）年
浪白澳とマラッカの間で貿易に従事する。

一五五五（天文二四、弘治元）年
四月、ドゥアルデ・ダ・ガマの船でマラッカを出帆し、日本に向かう。イエズス会の東インド管区長メルショール・ヌーネスの日本渡航を可能にさせるためマカオの友人に二〇〇〇クルザードを預ける。七月、ドゥアルテ・ダ・ガマの船で平戸に着く。豊後府内に赴き、ガーゴ神父の指導のもとで数日間、イグナシオ・デ・ロヨラの霊操を行う。豊後府内において、乳児院建設のため一〇〇〇クルザードを寄付し、孤児のための乳児院を創建する。九月半ば、ガーゴ神父に伴われ、平戸に赴く。平戸から豊後に帰る。

一五五六（弘治二）年
五月か六月、トルレスによって正式にイエズス会に受け入れられる。四〇〇〇～五〇〇〇クルザードの全財産を、イエズス会と伝道活動のために寄付する。

一五五七（弘治三）年

この年の初め、府内病院が開設される。アルメイダは外科を担当する。

＊一一月一日付、メストレ・ベルショール・ヌーネス宛ての書簡を送る。

一五五九（永禄二）年

患者の増加に伴い、増改築を行い、二階建ての新病棟が完成する。一〇〇人を超える入院患者がいた。

＊一一月二〇日付、コチンのコレジヨ会学院長ベルショール・ヌーネス宛て、およびゴアのイエズス会某修道士宛ての書簡を送る。

一五六〇（永禄三）年

豊後。七月、イエズス会本部から、聖職者による医療行為を禁じる「医療禁令」が届く。以後、府内病院から手を引き、布教活動に専念する。

一五六一（永禄四）年

六月七日、平戸の教会再建のため、平戸訪問を命じられる。府内を出発―。博多に一八日間滞在し、七〇人に洗礼を授ける。六月末、籠手田安経が支配する度島に渡る。生月島、および獅子村や飯良村、春日の村々を訪れて教会堂を建てる。八月、平戸に戻る。平戸領主松浦隆信から聖堂建設の許可が得られなかったので、船上で聖ロレンソの祝日を盛大に行う。平戸で五〇人に洗礼を授ける。その後、ポルトガル船の水先案内人と一キリシタンに横瀬浦港を測量させ、ポルトガル船の入港が可能であることを確認し、大村家主席家老と交渉させる。八月一六日、生月、一七日に度島の信徒に別れの訪問をして帰路につく。府内に戻って一カ月間病臥し、再び健康を取り戻す。その後豊後領内のキリシタンの村々を巡回し、五、六カ所に小聖堂を建て、祭壇を設ける。一一月、トルレスより鹿児島行きを命じられる。一二月、豊後を出発―。朽網の教会でキリシタンから温かく迎えられる。朽網から高瀬に着き、乗船する。途中、逆風となってある町に上陸する。そこから阿久根に向かう。阿久根の領主を表敬し、饗応される。翌日、市来城に赴き、城主新納伊勢守の二人の息子と他の数人の子どもに洗礼を授ける。

＊一〇月一日付、豊後発信、インド管区長アントニオ・デ・クワドゥロス・その他のイエズス会司祭・修道士ら宛ての書簡を送る。

一五六二（永禄四、五）年

一月初め、鹿児島の市に到着―。島津貴久に謁見し、トルレスからの返書を差し出す。その後鹿児島から泊浦に向かう。メンドンサの船内にてポルトガル船員の病気治療を行う。船内に閉じ込められていた中国の婦女子の奴隷たちを親切に取り扱うよう、ポルトガル人に約束させる。その後鹿児島の市に戻り、四カ月間滞在して宣教を行う。その間、福昌寺の高僧忍室らと親交を深める。薩摩の武士ら二〇〇人余に洗礼を授ける。六月、鹿児島からの帰路、市来に立ち寄り、豊後へ帰る。　七月五日、大村行を命じられる。修道士のフェルナンデス、同宿のダミアン、ベルショールを伴い豊後を出発し、一一日に博多に着く。七月一二日、横瀬浦へ向けて出発する。途中、ダミアンを平戸で下船させ、一五日、横瀬浦に到着する。翌日、大村純忠を訪問し、横瀬浦の開港の件につき、交渉する。二日後、横瀬浦に戻り、その地に留まってトルレスからの通知を待つ。一方、トルレスは豊後を発ち、横瀬浦へ到着する。その翌日、大村純忠のもとへ派遣され、純忠との交渉が妥結する。七月二五日頃、豊後に派遣される。九月初めに大友宗麟を訪問し、九月二二日、横瀬浦に帰着する。

一一月初め、トルレスに先行して平戸に赴く。松浦隆信から晩餐に招かれる。平戸領の島々を巡回する。一二月二日、横瀬浦へ帰る。翌三日、トルレスは平戸に向けて出発する。

＊一〇月二五日付、横瀬浦の港より、イエズス会の修道士ら宛ての書簡を送る。

一五六三（永禄五、六）年

一月二三日、生月に渡り、一基の美しい十字架を建て、盛大な祝祭を催す。その後横瀬浦へ戻る。三月一四日、島原領主島原純茂の依頼により島原に派遣される。島原を訪れていた有馬国主有馬義貞に拝謁する。島原における伝道を開始する。四月四日、島原殿の娘と侍女に洗礼を授ける。その三日後、横瀬浦に戻り、聖週間の諸行事を手伝う。四月一二日、大村純忠を見舞う。その後、有馬国主に謁見する。有馬から島原に向かう。数日間滞在し、約七〇人に洗礼を授ける。島原から乗船し、途中、安徳（現・有家町）に立ち寄り、口之津に着く。口之津において一五日間、集中伝道を行い、領主とその妻、多数の子ども ら二五〇人に洗礼を授ける。その後、同宿のパウロを残し、島原へ戻る。仏教側から強い反対運動が起きるが、五月三〇日、聖霊降臨祭に二〇〇人に洗礼を授ける。翌日、領主純茂から教会を建設するための地所と、布教の許可を与えられる。島原から口之津に向かう。口之津において聖堂、および住院をつくる。六月一七日、口之津から島原へ戻り、教会堂の建築を監督する。六月二五日、口之津に十字架を建てる。口之津から島原に赴き、横瀬浦へ向かう。七月六日、横瀬浦港にルイス・フロイス神父、ジョアン・バプティスタ神父ら到着する。七月九日、横瀬浦においてフロイスと再会する。翌一〇日、出陣中の大村陣営に赴き、大村純忠と会見する。その後千々石直員を訪問する。横瀬浦へ帰る。

七月一七日、バプティスタとともに豊後に派遣される。途中、有馬義貞の陣営へ赴き、義貞と会い、その後島原へ行く。七月一八日、島原において二〇人に洗礼を授け、一九日に口之津に出かけ、口之津の子どもらに教理を説く。その夜、島原に戻る。七月二〇日、島原を発って豊後に向かい、二七日に臼杵の丹生島城へ赴き、大友宗麟と会見し、バプティスタを紹介する。その後府内の教会に留まる。八月一五日、トルレス、横瀬浦で盛式請願をたてる。その夜、朝長新助ら針尾瀬戸で殺害され、大村に叛乱が起きる。大村純忠、かろうじて危機を免れる。八月一六日、トルレスのもとに悲報が届く。横瀬浦の町は炎上破壊される。九月上旬、トルレスの安否を気遣い、府内を出発し、四日で高瀬に着き、三日間滞在し、島原へ向かう。島原において上陸し、口之津に向かう。ここでは上陸せず船上でキリシタンたちと会う。横瀬浦へ向かい、九月二〇日、港外のポルトガル船上でトルレスと再会する。一一月末、トルレスを伴い、横瀬浦を発って大友領の高瀬に向かう。途中、島原に八日間滞在した後、高瀬に渡る。病のためトルレスは高瀬に残り、アルメイダを豊後に派遣する。大友宗麟を訪問し、一二月の降誕祭から翌年四月の復活祭まで府内の教会で働く。
＊一一月一七日付、横瀬浦発信、インドの修道士ら宛ての書簡を送り、横瀬浦の悲報を伝える。

一五六四（永禄七）年

復活祭（四月二日）を府内で祝った後、肥後の川尻で布教中のシルヴァが重篤との連絡を受ける。府内を出発して五日間、雨の中を歩いて川尻に着く。シルヴァをトルレスのいる高瀬に連れて行き、高瀬に一〇日間滞在する。シルヴァ帰天する。その後島原に渡り、有馬国主と会見し、口之津での布教と教会設立のための許可を得る。トルレスは高瀬から口之津に移る。トルレスのもとで滞在する。九月、トルレスから度島のフロイスと合流し、五畿内に赴くようにとの指令を受ける。口之津を出発し、島原、高瀬を経て豊後に着き、大友宗麟を表敬訪問する。高瀬に引き返して平戸に向かう。途中、大雨のため異教徒のある村に滞在して説教し、続いて博多から一里離れたキリシタンの村を訪問し、六人の子どもに洗礼を授ける。そこから姪の浜（現・福岡市内）へ行って八日間滞在し、平戸への船便を待つ。一〇月二〇日、姪の浜から海路名護屋まで行き、翌日はそこのキリシタンとともに過ごし、平戸に渡る。平戸から度島へ渡り、フロイス、カブラル両神父、フェルナンデスと逢う。その翌日、フロイスとともに平戸へ戻り、一八日間平戸に滞在する。一一月九日、フロイスとともに平戸を出発―。翌日の夜半、口之津に着く。一一日、五畿内に向けて出発し、島原に着く。領主の島原純茂と夜食を共にし、四四人に洗礼を授ける。一五日、島原を出発して豊後へ向かう。高瀬、朽網を経て一〇日後、府内に到着する。一週間休養した後、フロイスを伴って臼杵に赴き、大友宗麟に会う。その後府内へ戻る。府内で京都に向かうため出帆を待つが、天候悪化のため府内に留まり、降誕祭を祝う。一二月二六日、フロイスとともに京都に向けて出帆する。三日後、伊予国の堀江へ着く。当地で公家マヌエル・マサアキ（賀茂在昌）ら数人のキリシタンと会い、八日間そこに滞在する。

＊一〇月一四日付、豊後の学院より、インドのイエズス会の修道士ら宛ての書簡を送る。

一五六五（永禄七、八）年

一月上旬、堀江を発ち、塩飽に寄港する。さらに播州坂越の港で堺行きの船便を待つ。この旅に四〇日間を費やして一月二七日、堺の日比屋了桂邸に到着する。フロイスは翌日京都へ向けて出発する、アルメイダは、日比屋邸に二五日間留まり、療養に専念する。二月、三ヶ頼連に案内されて河内飯盛の一城に向かい、ヴィレラと三ヶ頼照らに迎えられる。その後三好義継を表敬訪問する。次の日曜日、ヴィレラとともに三ヶ島を訪れ、三ヶ頼照と語らう。当地で病気がぶり返したため、京都に送られる。京都において二カ月ほど寝込むが、春の半ばごろ健康を回復する。四月二二日、復活祭に典礼を手伝い、翌二三日に信者たちに案内され、フロイス、ヴィレラと一緒に京都見物をする。四月二九日、ロレンソを伴い、京都から奈良に向かう。松永久秀の多聞城、興福寺、春日神社、東大寺を見物する。奈良の見聞記は貴重な興味深い史料として高く評価されている。二、三日、奈良に滞在する。五月三日、大和十市の石橋殿のもとに三日間滞在する。十市から沢城に赴き、高山飛驒守を訪問する。沢城内の教会に宿泊し、予定より長く一週間滞在する。　五月一〇日か一一日、沢城から堺へ帰り、日比屋邸に三日間滞在する。五月一五日、ロレンソ、養方パウロを伴って乗船―。五月二八日、豊後に到着して四日間滞在する。六月初めに臼杵の大友宗麟を訪問し、宗麟から教会建設のための新たな地所を与えられる。そこから府内に戻る。二、三日後に府内を出発し、八日間の旅で島原を経て口之津に到着する。トルレスに五畿内視察の成果を報告し、そこに一五日間滞在する。七月、ポルトガル船が福田に入港したので、ロレンソとともに福田へ出向く。そのころ、大村純忠の長女が病気になったので三城城へ出向く。大村から福田に戻ったが、トルレスから口之津へ呼び戻される。口之津に八日か一〇日間留まり、病気のトルレスに付き添う。トルレスに代わって島原に赴き、ドン・ジアンの葬儀を盛大に執り行う。八月末か九月、トルレスの命により豊後に向かう。途中、島原に八日間滞在し、その間、島原純茂を訪問し、信者のため説教を行う。島原から豊後に赴き、臼杵の地において大友宗麟と逢い、また福田へ戻る。一一月、ポルトガル船がマカオへ出帆するまで福田に残り、その後、口之津へ行く。

＊一〇月二五日付、福田より、イエズス会修道士ら宛て、長文の書簡を送る。

一五六六（永禄八、九）年

一月一三日、五島の領主宇久純定の求めに応じ、ロレンソとともに口之津を発ち、五島諸島の福江に向かう。途中で一日、福田に寄り、福江へ渡る。領主宇久純定に会って親交を深める。二月二四日、大値賀の純定屋敷において純定、および家臣団の前でロレンソ説教する。その翌日、純定が全身の疼痛を伴う激しい高熱に見舞われるが、アルメイダの治療によって回復する。

＊三月一七日付、平戸発信、島原のベルショール・デ・フェゲイレド宛ての書簡を送る。

五月、トルレスから豊後へ派遣する通知が届くが、領主純定はアルメイダを引き留め、家臣に説教を聴聞させる。その結果、重臣ら二五人に洗礼を授ける。二六月の初めに奥浦に行き、そこに聖堂を建てる。二〇日間の伝道の結果、一二三人に洗礼を授ける。それから大値賀（福江）へ帰る。病気がぶり返すも回復する。六月、トルレスに帰還を命じられる。五島を離れ、奥浦から乗船して福田に上陸し、ヴィレラと再会する。福田に四日間滞在し、陸路によって口之津へ帰る。口之津において、二〇日間ほど静養する。六月末、志岐領主志岐麟泉の要請に応じて、ベルショールとともに天草の志岐に派遣される。志岐での布教を開始する。九月、福田に渡る。その直前、志岐麒泉に洗礼を授ける。一〇月、福田から口之津に戻り、降誕祭最後まで同地に留まる。一二月末、教会と司祭館を建てるため、臼杵の大友宗麟訪問を命ぜられる。

＊一〇月二〇日付、志岐の島発信、イエズス会の修道士ら宛ての書簡をしたためる。

一五六七（永禄一〇）年

初春、府内を離れ、口之津へ帰る。病弱のトルレスを助けて多忙な日々を送る。冬の初めごろ、長崎に派遣される。領主長崎甚左衛門（ベルナルド）のもとで五〇〇人を改宗に導く。

一五六八（永禄一一）年

一月、ヴィレラによって長崎に教会（トードス・オス・サントス）が建てられる。ミゲル・ヴァス、トルレスが志岐へ渡る。四月、口之津にあって、聖週間（一一日〜一八日）を行う。たびたび長崎へ出かける。七月初旬、志岐で行われた宗教師会議に参加する。九月、口之津に戻ったが、腕の腫物のため病床に臥す。トルレスが見舞う。

＊一〇月二〇日付、日本発信、司教ドン・ベルショール・カルネイロ宛ての書簡を送る。

一五六九（永禄一二）年

二月二三日、天草領主天草鎮尚の求めに応じ、河内浦に赴く。二〇日間ほど滞在するが、何の効果もないので帰ろうとするが、鎮尚が彼を引き留める。河内浦において布教を開始する。また﨑津に出かけ、ポルトガル船の入港の可能性について調査する。河内浦に五カ月ほど滞在し、七〇〇人近い人びとに洗礼を授ける。天草殿の二人の兄弟や仏僧の激しい抵抗を受ける。八月一七日、河内浦を去って大村へ行く。一〇月初め、バプティスタとともに口之津を発って豊後に向かう。アルメイダは日田に在陣していた大友宗麟を訪問する。その後杵築から周防に渡ろうとしていた大友輝弘のもとを訪れる。その後秋月に向かい、城主の秋月種実のもとで一〇日間滞在し、二四人に洗礼を授ける。秋月から府内に行き、八日間滞在する。それから臼杵に出かけ一〇日間留まり、府内へ戻る。一二月、バプティスタが豊後領内のキリシタンの村々を巡回している間、府内に留まり、高貴な一キリシタンの葬儀を執り仕切る。
＊一〇月二二日付、日田より、ニセヤの司教ドン・ベルショール・カルネイロ宛ての書簡を送る。

一五七〇（永禄一三、元亀元）年

二月一五日、トルレスの指示を受け、府内から日田の大友陣営に至る。日田から秋月種実を訪問し、一三日間滞在し、三〇人に洗礼を授ける。三月一八日、秋月を出発し、大村に向かう。三月二〇日、高瀬で乗船する。二一日の夜、有馬の海岸に至って海賊船に襲われる。全員が裸となって漂流し、二二日、ある漁師に救われる。二三日、高瀬へ戻る。三月二三日、高瀬からまた乗船し、翌日口之津に到着し、復活祭を口之津で過ごす。　三月二七日、口之津を出発し、大村に到着して二週間滞在する。その後口之津へ戻る。四月一五日頃、久留米に在陣する大友宗麟のもとに派遣される。大友宗麟、および大友配下の武将の陣営を訪れ、三日間滞在する。秋月領内のキリシタンの村を訪れ、七日間説教し、数人に洗礼を授ける。五月、博多のキリシタンを見舞う。教会建設のために与えられていた地所を竹矢来で囲む。そこから別のキリシタンの集落を訪れ、七〇〇人に洗礼を授ける。平戸へ渡り、キリシタンの島々を巡回する。平戸に滞在中、新布教長フランシスコ・カブラル、オルガンティーノ神父が志岐に到着したことを知らされる。大友宗麟からの要請で、急きょ臼杵の大友陣営に赴き、宗麟と会う。宗麟からカブラルへの挨拶と招待状をたずさえて志岐へ帰る。七月末、志岐において第二次宣教師会議が開かれ、参加する。その後、カブラルは各地を巡回することになり、アルメイダが案内人となって同行する。八月、志岐を発って、樺島を経て福田に着く。福田から長崎の教会に至る。長崎から大村に赴き、大村純忠を表敬訪問する。数日間、大村に滞在する。それから口之津、有馬、島原を訪れる。島原から高瀬へ渡って大友宗麟の陣営に赴き、表敬訪問する。続いて秋月領内のキリシタンのもとを訪れる。一〇月、秋月から博多に赴く。五月の訪問以来、博多の町の復興を見て驚く。一〇月二日、博多においてトルレスが死去したことを知らされる。博多から平戸に向かう。一〇月一五日、平戸から五島に向かう。　一〇月末、志岐へ戻り、八日間滞在した後、平戸に赴く。その後五島、天草を巡る。

＊一〇月一五日付、平戸よりイエズス会の司祭・修道士宛て、過去一年間についての書簡をしたためる。

一五七一（元亀元、二）年

この年の初め、カブラルに従い、通訳のヴィセンテ洞院とともに天草の本渡を訪れる。本渡から河内浦へ赴き、数カ月間滞在する。その間、領主天草鎮尚と一子の久種、および家臣らの洗礼に立ち会う。本渡に戻って八日間滞在する。カブラルとともに本渡から豊後に向かう。その後、博多を経由して再び本渡を訪問する。数カ月間を本渡で過ごし、天草において降誕祭時に七〇〇〇人に洗礼を授ける。

一五七二（元亀三）年

ミゲル・ヴァスとともに志岐、天草で伝道する。

＊一〇月五日付、インド管区長アントニオ・デ・クアドロス宛て、天草からの書簡を送る。すでに一五〇〇〇人ものキリシタンがおり、一八カ所に聖堂ができたと報じる。

一五七三（元亀四）年～一五七五（天正三）年

口之津、天草、有馬で布教する。以後、一五七三～三五年までの三年間、アルメイダの足跡は空白となっている。

一五七六（天正四）年

＊一月三一日付、口之津発信、豊後の司祭宛て、簡単な書簡をしたためる。

二月、口之津から天草に出かけ、また口之津へ戻る。三月、有馬国主有馬義貞の改宗に向け、有馬の代官某に働きかける。日野江城の有馬義貞に呼ばれ、口之津から高来に向かう。義貞からキリシタンになる決意を聞かされる。四月、有馬義貞の受洗について交渉する。四月一五日、口之津において義貞は数人の家臣とともに洗礼を受ける。六月二二日、口之津、長崎の港にアフォンソ・ゴンサルヴエス神父、アントニオ・ロペス神父が到着する。アントニオ・ロペスとともに有馬の城下町で伝道を続ける。六月二三日、口之津にいる。四月～六月にかけ有馬領で八〇〇〇人以上に洗礼を授ける。九月、天草鎮尚夫人、末子の種真が受洗する。天草領内でガスパル・コエリョ、ジョアン・フランシスコとともに集団改宗を進める。一一月三〇日、使徒聖アンドレアの祝日に、領主義貞の霊名の祝日を祝い、有馬の教会で盛大な式典を催す。義貞、病気（癌）が悪化する。一二月末、有馬義貞が死去する。カブラルとともに壮麗な葬儀を執り行う。

一五七七（天正四、五）年

一月、有馬義貞の死去後、有馬領においてキリシタンの迫害が起こる。有馬晴信（鎮純《しげすみ》）の命令で、教会の建物を返還するよう迫られる。一月二〇日、ロペスとともに口之津へ退き、その翌日、有馬の聖堂が異教徒の手に入らないよう、信者たちはそれを焼き払う。カブラルは高来の教会をすべて閉鎖させ、自らは豊後へ移り、アルメイダとアントニオ・ロペスを天草の本渡へ遣わす。その後ロペスとともに本渡を中心に伝道活動を続ける。同年九月か一〇月、バルタザール・ロペスといっしょに薩摩に出かけ、数日間、鹿児島に滞在―。それから山川へ赴き、約一年間伝道する。山川に入港していたポルトガル人の世話をする。

一五七八（天正六）年

薩摩で布教する。薩摩の仏僧らの抵抗を受けつつ、伝道を続けていることをカブラルへ報告する。八月二八日、大友宗麟が受洗する（教名・ドン・フランシスコ）。九月、薩摩において病気になり、カブラルの命令で豊後に帰る。一〇月四日、大友宗麟、島津を討つため臼杵を発つ。カブラルといっしょに大友宗麟に同行して日向へ赴き、土持（現・延岡市）に至る。一二月一〇日、耳川の合戦において大友軍大敗する。カブラルとともに臼杵へ逃げ帰る。

一五七九（天正六、七）年

当年のイエズス会名簿で、口之津にいることが確認される。七月二五日、日本巡察師ヴァリニャーノ、定航船で口之津に着く。この後、アルメイダは四人の修道士とともに司祭叙階のためマカオに派遣される。一〇末か一一月初め、リオネス・デ・スーサの船で口之津を出発―。一一月の末ごろ、マカオに到着する。

一五八〇（天正八）年

本年、久玉の城に司祭館が増設される（ロレンソ・メシア「日本年報」）。アルメイダら、マカオのサン・アントニオ教会においてメルキオル・カルネイロ司教により司祭へと叙階される。同年六月～七月頃、ミゲル・ダ・ガマの船で長崎に帰着する。天草の伝道地区の初代院長（上長）となる。七月末、ヴァリニャーノは、長崎においてイエズス会第一回協議会の予備会議を催す。この会議にアルメイダも出席する。

一五八一（天正九）年

この年、ヴィセンテ洞院は本渡にあって、アルメイダから医術を学ぶ。一二月現在の会員名簿で、天草の久玉にいることが確認される。一二月末、天草地区の上長として、長崎管区におけるイエズス会第三回協議会議に出席する。第三代布教長コエリョ、この後初代日本準管区長となる。

一五八二（天正一〇）年

本渡と久玉にあった司祭館を廃止し、天草全域を巡回する宣教師のチームを河内浦に置く。このため、一五八二年の初めごろ、久玉から河内浦のカーサ（住院）へ移り住む。この年、天草鎮尚の病状が悪化したため、もっぱら鎮尚の傍らに付き添う。七月末、天草鎮尚が死去―。鎮尚の葬儀に立ち会い、コエリョらとともに盛大な葬儀を執り行う。一〇月、コエリョの命により薩摩へ派遣される。鹿児島の地に国主島津義久から宿舎を与えられる。一二月、薩摩の仏僧らの強い反対のため、薩摩を退去する。

一五八三（天正一一）年

二月現在のイエズス会員名簿で、河内浦にいることが確認される。一〇月、河内浦のレジデンシアで河内浦のキリシタンに見守られながら死去する。享年五八歳。

（著者作成）

あとがき

　一九七六年四月、二八歳のとき、地元河浦町に開設された特別養護老人ホームに介護福祉士として勤務し、福祉の仕事に従事できる喜びを感じていた。そんな中、三〇歳そこらになって宣教師の道を志し、また日本における社会福祉事業の先駆者とも言えるアルメイダの存在を知って親近感を持った。そしてアルメイダに関する緒文献を通して、その人間的魅力に強く惹かれ、精神的拠り所としてきた。同時に、そのような偉大な人物が、この河浦町を埋骨の地としたことを誇りにさえ思って来た。そうして、そんなアルメイダへの想いが高じて、二〇一三年『天草河内浦キリシタン史』を、二〇一八年『天草キリシタン遍路』を出版した。そして今回、アルメイダに関する諸文献を参考として、これまでの集大成となるべく本書の出版まで何とかたどり着くことが出来た。

　ところで、『南蛮医アルメイダ』の著者・東野利夫はそのあとがきにおいて「『医療禁令』により府内病院を去った彼はそのあと開拓伝道師として〝生ける車輪〟のように動乱下の九州、近畿を駆け巡っている。その行動はあまりに凄まじく、献身的というより消耗的であった。そこには何か秘められた贖罪的な行動とさえ感じられてならない。人間アルメイダのこの謎は最後まで解けず十年の歳月を費やし脱稿した」と記している。本書においても、使命感に燃え、忠実一途な聖職者というイメージではくくれない〝血も涙もある人間〟としてのアルメイダの多面性に言及した。だが、それでもアルメイダ書簡やイエズス会宣教師の記録では表に出ない、イエズス会布教史の上で果たしたアルメイダの〝秘められた貢献〟があったのではないかと想像される。

また、『アルメイダ神父とその時代』の原稿をまとめた直後（二〇二二年五月ごろ）、ローマのヴァチカンには、これまで公開されていない天草発信のイエズス会宣教師の書簡があると聞かされた。それが公開されると、アルメイダの全体像がより明らかになるものと期待される。ただ、それがいつ、どういう形で公になるかわからず、それを待つことなく、本書の出版に至ったことをご理解いただきたい。

なお、フロイス『日本史』には、何年かの出来事が一章にまとめられ、正確な年代や日時を追って記録されていないため混乱も多々見られることを指摘した。ただし、文豪の森鴎外は「人間のする事業に過誤《かご》のない事業はない、書物に誤謬《ごびゅう》のない書物はない、翻訳に誤訳《ごやく》のない翻訳はない、ある筈である。それをあらせまいと努力する外なし」と語っているが、本書において、できうる限り「それをあらせまい」と努力したつもりだが、もし誤謬があれば、ご指摘とご教示を願うばかりである。

最後に、令和三年度天草市立天草コレジヨ館企画展「Amacusaと九州西海岸のNAMBAN」を企画した天草市の学芸員である中山圭氏から貴重な史料を提供していただいた。また、本書の出版にあたって、弦書房の小野静男氏には編集面でひとかたならぬお世話をいただいた。共々、心より感謝申し上げます。

二〇二二年秋

玉木讓

参考文献

フロイス著、松田毅一・川崎桃太訳『日本史』1～12巻（中央公論社／一九七七～一九七九）
松田毅一監訳『十六・七世紀イエズス会日本報告集』第Ⅲ期第一巻～第六巻（同朋社／一九九一～一九九七）
東野利夫『南蛮医アルメイダ―戦国日本を生き抜いたポルトガル人―』（中央公論社／一九九三）
パチェコ・ディエゴ『ルイス・デ・アルメイダ―光を燈す医師―』（マカオ文化学会／一九八九）
結城了悟『キリシタンになった大名』（聖母文庫／一九九九）
結城了悟『ロレンソ了斎―平戸の琵琶法師―』（長崎文献社／二〇〇五）
結城了悟『天草コレジヨ』（日本二十六聖人記念館／二〇〇一）
結城了悟『長崎開港とその発展の道』（長崎純心大学博物館／二〇〇六）
若桑みどり『クアトロ・ラガッツィ―天正少年使節と世界帝国―』（中央公論社／一九八〇）
和辻哲郎『鎖国上・下』（岩波書店／一九八二）
村上直次郎訳・柳谷武夫編纂『イエズス会日本通信　上・下』（雄松堂書店／一九六八）
村上直次郎訳・柳谷武夫編纂『イエズス会日本年報　上』（雄松堂書店／一九六八九）
ルイス・デ・グスマン著、新井トシ訳『グスマン東方伝道史』（天理時報社／一九四五）
海老沢有道『切支丹の社会活動及南蛮医学』（冨山房／一九四四）
海老沢有道『ゼズス会府内病院の設立及びその当時』キリシタン研究　第一輯（東京堂／一九四二）
海老沢有道『洋楽伝来史―キリシタン時代から幕末まで―』（日本キリスト教団／一九八三）
外山卯三郎『きりしたん文化史』（地平社／一九四四）
著者代表片岡弥吉『切支丹風土記　九州篇』（宝文館／一九六〇）
ヴァリニャーノ著、松田毅一他訳『日本巡察記』（平凡社／一九七三）
高瀬弘一郎『キリシタン時代の研究』（岩波書店／一九七七）
芥川龍男編『大友宗麟のすべて』（新人物往来社／一九八〇）
井出勝美訳『日本イエズス会第一回協議会と東インド巡察師ヴァリニャーノの裁決』キリシタン研究　第二十二輯（吉川弘文館／一九八二）
『ルイス・デ・アルメイダ年譜』キリシタン研究　第二十四輯（吉川弘文館／一九八四）
服部敏良『室町安土桃山時代医学史の研究』（吉川弘文館／一九八九）

『キリシタン大名大村純忠の謎―没四〇〇年記念シンポジウム―』（西日本新聞社／一九八九）
ルイス・フロイス著、岡田章雄訳注『ヨーロッパ文化と日本文化』（岩波文庫／一九九一）
松田毅一『―近世初期日本関係―南蛮資料の研究』（風間書房／一九六七）
松田毅一『大村純忠伝―付・日葡交渉小史―』（朝文社／一九七八）
松田毅一『南蛮のバテレン』（朝文社／一九九一）
松田毅一『ヴァリニャーノとキリシタン宗門』（朝文社／一九九二）
フーベルト・チースリク『キリシタン史考』（聖母の騎士社／一九九五）
フーベルト・チースリク『キリシタンの心』（聖母の騎士社／一九九六）
加藤知弘『バテレンと宗麟の時代』（石風社／一九九六）
外山幹夫『肥前有馬一族』（新人物往来社／一九九七）
今村義孝『近世初期天草キリシタン考』（天草文化出版社／一九九七）
寺沢光世・鶴田倉造注『天草一揆書上』（苓北町／二〇〇〇）
小岸昭『隠れユダヤ教徒と隠れキリシタン』（人文書院／二〇〇二）
ルイス・フロイス著、柳谷武夫訳『『日本史』―キリシタン伝来のころ―』（平凡社／二〇〇四）
高橋裕史『イエズス会の世界戦略』（講談社選書メチエ／二〇〇六）
「海道」編集委員会『海道　第9号』（海鳥社／二〇一〇）
玉木譲『天草河内浦キリシタン史―イエズス会宣教師記録を基に―』（新人物往来社／二〇一三）
渡辺京二『バテレンの世紀』（新潮社／二〇一七）
石牟礼道子『春の城』（藤原書店／二〇一七）
福田八郎『有馬キリシタン王国記―信仰の耕作地―』（聖母文庫／二〇二〇）
『Amacusa と九州西岸の NAMBAN』（天草市立天草コレジヨ館／二〇二一）

〔著者略歴〕
玉木 譲（たまき・ゆずる）
一九四八年、熊本県天草市河浦町新合に生まれる。現在「天草市立天草コレジヨ館」に勤務、天草文化協会副会長
〈著書〉『天草 木漏日が照らす』（社会評論社／一九九六）、『宇宙院英三郎』（熊本日日新聞情報文化センター／一九九八）、『天草学林・東向寺説の欺瞞を暴く』（天草文化出版社／二〇〇一）、『天草河内浦キリシタン史』（新人物往来社／二〇一三／天草文化出版賞）、『天草キリシタン遍路』（熊日出版／二〇一八／日本自費出版特別賞）。共著に『天草吉利支丹史探訪』（天草殉教者記念聖堂／二〇一〇）、『保存版 天草の今昔』（郷土出版社／二〇一三）がある。

アルメイダ神父とその時代

二〇二二年十一月三十日発行

著者 玉木 譲
発行者 小野静男
発行所 株式会社 弦書房
（〒810・0041）
福岡市中央区大名二―二―四三
ELK大名ビル三〇一
電話 〇九二・七二六・九八八五
FAX 〇九二・七二六・九八八六

組版・製作 合同会社キヅキブックス
印刷・製本 シナノ書籍印刷株式会社

落丁・乱丁の本はお取り替えします。

ISBN978-4-86329-258-1 C0021

◆弦書房の本

天草キリシタン紀行
﨑津・大江・キリシタンゆかりの地

小林健浩［編］／**﨑津・大江・本渡教会主任司祭**［監修］ 禁教期にも信仰を守り続けた人々の信仰遺産（世界遺産登録）を紹介。貴重なカラー写真二〇〇点と、四五〇年の天草キリスト教史をたどる資料も収録。完全英訳付。〈Ｂ５判・１０４頁〉【３刷】２１００円

天草島原一揆後を治めた代官 鈴木重成【改訂版】

田口孝雄 一揆後、疲弊しきった天草と島原で、戦後処理と治国安民を12年にわたって成し遂げた徳川家の側近・鈴木重成とはどのような人物だったのか。重成が実行した特異な復興策とは。〈Ａ５判・２８０頁〉【２刷】２２００円

【評伝】天草五十人衆

天草学研究会［編］ 〈島〉であり〈天領〉であった天草は、独特の歴史を刻み、多くの異能の人々を生み出した。天草四郎から吉本隆明まで、天草スピリッツを体現した50人の足跡から、この島がもつ歴史の多面性に迫る。〈Ａ５判・３２０頁〉【３刷】２４００円

絹と十字架
長崎開港から鎖国まで

松尾龍之介 一五七一年の長崎開港から鎖国までの１世紀をたどる。ポルトガル人来航禁止令（一六三九）の八年後にやってきた最後のポルトガル特使ソウザと、最後の南蛮通詞にして最初のオランダ通詞＝西吉兵衛は、何を語ったのか〈四六判・３２０頁〉２２００円

蘭学の九州

大島明秀 江戸期を通じ蘭学の最前線を担った〈九州〉。蘭学は、幕末から明治、洋学の時代へ橋渡しをした。西洋を理解するために日本の言語と文化を追究したオランダ通詞・志筑忠雄の驚くべき業績も具体的に伝える画期的な一冊。〈四六判・１６０頁〉１６００円

＊表示価格は税別